時兆文化

在世上，你們有苦難；但你們可以放心，我已經勝了世界。

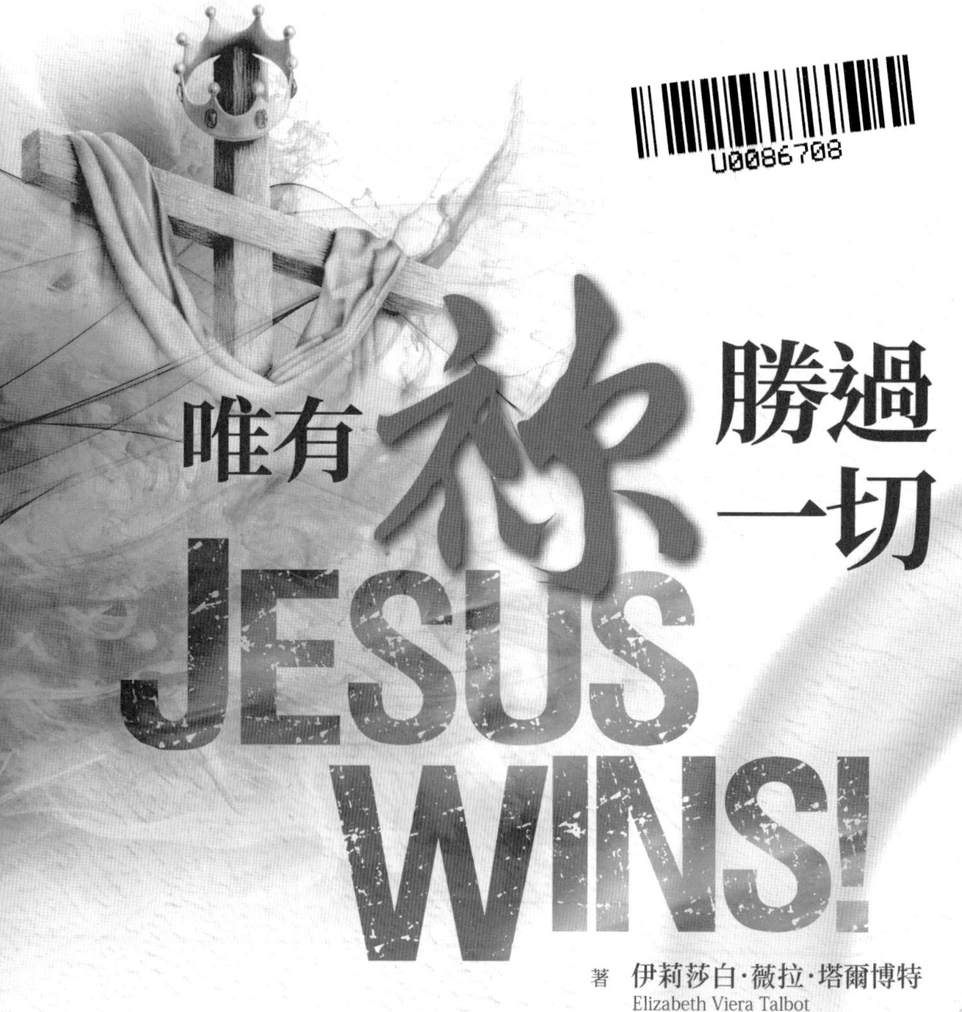

唯有祢勝過一切

JESUS WINS!

著 伊莉莎白·薇拉·塔爾博特
Elizabeth Viera Talbot
譯 吳金財

目錄

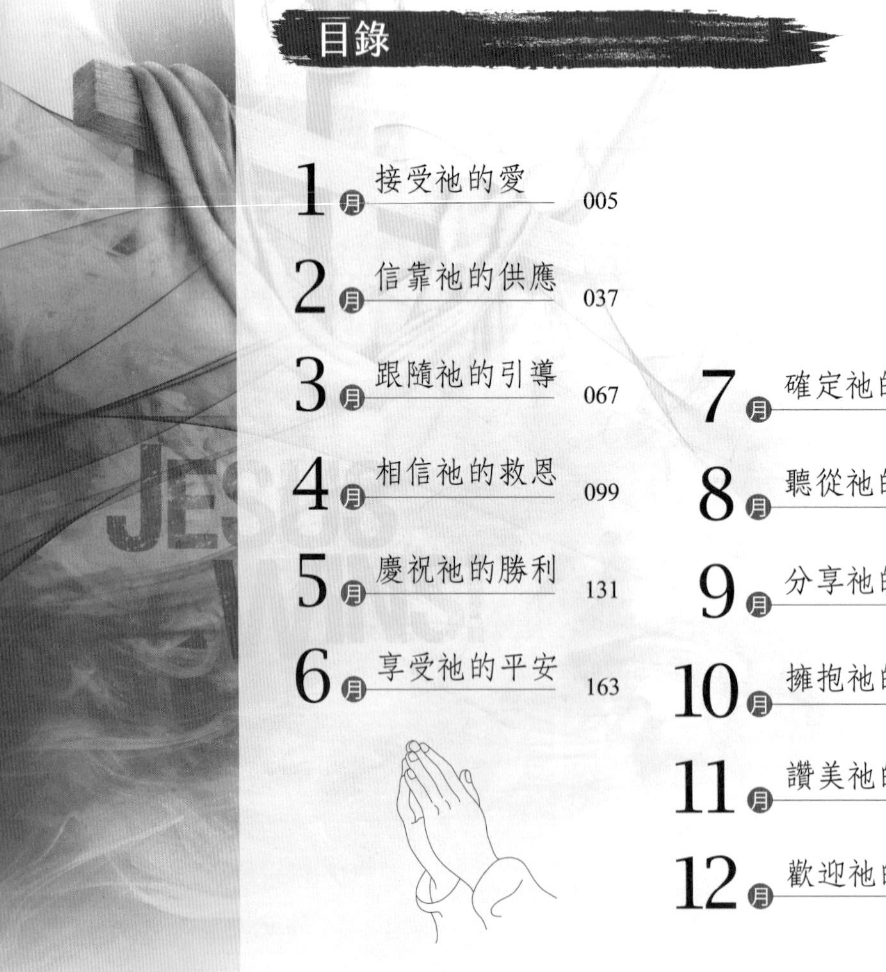

1月 接受祂的愛 005

2月 信靠祂的供應 037

3月 跟隨祂的引導 067

4月 相信祂的救恩 099

5月 慶祝祂的勝利 131

6月 享受祂的平安 163

7月 確定祂的恩典 195

8月 聽從祂的教導 227

9月 分享祂的慈愛 259

10月 擁抱祂的確據 291

11月 讚美祂的能力 323

12月 歡迎祂的同在 355

前言

是的，耶穌勝了！祂已經在十字架上獲得了勝利！透過祂的犧牲，祂為我們高唱凱歌。耶穌不僅在宇宙的善惡之戰中獲勝，祂也在每個接受祂犧牲的人心中獲得了勝利。當我們為個人永生的救贖而信靠耶穌時，一切都會改變，包括我們看待過去、現在和未來的方式——因為上帝賜下祂的饒恕、保證、平安、同在和喜樂給我們。

這本晨鐘課引用的經文主要是根據四福音書和〈使徒行傳〉的經文，以及一些來自〈啟示錄〉的章節——這麼做是為了使我們莫忘救贖故事的結局。這個設計的目的是為了激發您每日讀經，因為這些都是耶穌的見證。我的禱告是祈願每天的課文能夠直接將您帶入《聖經》，激勵您繼續學習當天的主題，讓聖靈恩膏您的閱讀，並將當天所需要的信息銘記在心。這本晨鐘課沒有依照《聖經》記述的順序；反之，每個月的主題都聚焦於不同面向的上帝恩典。這本晨鐘課也包含一個額外功能——即每日課文結尾的回應欄。您可以盡情使用這個空間寫上您的想法、禱告、喜愛的章節，或是將你聯想到的畫出來。您可以用任何可能的方式來回應——當您為自己的生命緊握上帝話語時，這將伴隨您度過一整天。祈願你隨時隨地都沐浴在祂的恩典之中。

我把這本書獻給你們每一個人，這些年來，在我最無助時，你們讓我想起了上帝奇異、絢麗的恩典。你知道自己是誰。在我生命中——無論晴雨、悲喜、健康或患病、處於信心的時節或心情混亂的時期，我發現上帝的愛確實超過我們所求所想，祂的恩典也的確夠我們用。願祂在十字架上得勝的保證，在我們熱切等候祂回來之時，使你的心充滿希望和豐盛。祂應許要回來接我們！直到上帝賜福的那一日，願耶穌犧牲換來的勝利永遠提醒我們救贖故事的結局：唯有祂勝過一切！

在世上，你們有苦難；但你們可以放心，我已經勝了世界。

1月 接受祂的愛

1月 Jan 01

祂的得勝

我將這些事告訴你們，是要叫你們在我裡面有平安。在世上，你們有苦難；但你們可以放心，我已經勝了世界。約翰福音 16：33

我聽過這個故事，也知道它的結局，可是每當我爸爸在證道中說起這個故事時，還是會被它深深吸引。這個故事是說到一個男孩，他非常喜歡、也很崇拜某個系列叢書中的英雄主角。他剛買了最新的一冊，卻發現這本不太一樣！不同於前幾本，這一次他的英雄一路挨打，似乎就快要輸了！書還沒讀到一半，男孩就再也忍受不住，他屏住呼吸，直接翻到了最後一章。用顫抖的雙手，翻到最後一頁的最後一段。從故事中的最後幾句話中他發現，儘管有許多表面上的失敗，他的英雄始終是勝利者，而壞人最後也被消滅。因為知道了結局，他平靜了下來，回到之前停頓的地方，繼續閱讀那本書。但這一次，因為已事先知曉了結局，每當那個壞蛋似乎要得逞的時候，這個男孩就會大聲地說：「他根本什麼都不知道！他不像我已經知道結局——等著瞧吧！」

耶穌已經告訴了我們救贖故事的結局：祂得勝了！此外，祂強調了兩個現實的對比：祂自己和這個世界。雖然在世上我們有苦難，但在祂裡面我們有平安（第33節）。耶穌在告訴了門徒他們個人即將面臨的失敗後（32節），祂宣告他們可以在祂裡面得到平安。每一天我們都要面對一個選擇：什麼可以幫助我們定睛仰望祂在十字架上為我們贏得的勝利？是這個世界和必將來到的苦難？還是在祂裡面可以找到的愛和內心的平安？如同上述的故事，預先知道故事的結局是非常重要的。當我們面對疾病、死亡、失敗和各種各樣的苦難時，讓我們記得魔鬼是一個已經被祂打敗了的敵人。當我PO出一張我握著父親手的照片，以此宣布他去世的消息時，我附註了一句話，那就是這本晨鐘課的標題：「Jesus Wins！」（耶穌贏了！）耶穌得勝的愛，是我們信心的根基！

祂的愛

上帝愛世人，甚至將祂的獨生子賜給他們，叫一切信祂的，不至滅亡，反得永生。約翰福音 3：16

打開二樓公寓的門，我就被眼前的一條大蛇嚇得退避三舍！出自本能我往後一跳，衝了出去。在我急急忙忙通知鄰居和動物管理局之後，終於有人來把這條大蛇抓出了我的住所，但我著實花了好幾個月才逐漸忘記這次的驚嚇。

這個經歷讓我想起耶穌如何用蛇來教導我們救贖和愛。蛇總有辦法吸引我們全神貫注，但這不是耶穌為何選擇用牠來提醒尼哥底母，舊約如何使用牠預表祂自己，上帝是多麼愛這個世界，以至於差派祂的兒子為世人犧牲的原因。在〈約翰福音〉首次的長篇對話中，耶穌向一個律法師解釋上帝的愛和救贖。而尼哥底母根據基督的行為推斷，以耶穌是從上帝而來、這一席刻意友好的主張來做開場白（約翰福音3：2）。但耶穌並不在意這番恭維；反之，祂直言不諱地告訴尼哥底母，他必須重生（第5，7節）。當尼哥底母曲解了耶穌的話時，救主訴諸於以色列的歷史。祂引用了〈民數記〉21章4至9節的一個記載，當上帝因為以色列人的不信，收回了對他們的保護時，毒蛇就開始攻擊他們。之後上帝吩咐摩西做了一條銅蛇並把它掛在杆子上，無論誰看了它就必得救。耶穌向尼哥底母解釋這個福音說，「摩西在曠野怎樣舉蛇，人子也必照樣被舉起來，叫一切信祂的都得永生。因為上帝愛世人。」（約翰福音3：14－16）是的，上帝的慈愛是如此奇妙，祂為祂犯罪的兒女提供了解藥。耶穌是天上最大的禮物！雖然我們可以在這個世界上享受愛，但它仍然被我們的罪和缺點所玷污。然而上帝對我們的愛是完美無缺的，我們可以永遠倚靠它！因為上帝如此愛你，甚至將祂的獨生愛子賜給了你！

1月 Jan 03

祂的描述

祂愛我們，用自己的血使我們脫離罪惡……但願榮耀、權能歸給祂，直到永永遠遠。阿們！啟示錄1：5、6

我站在以弗所古城主要街道的盡頭，震撼於以弗所迄今仍保存完好的古蹟和宏偉的圓形劇場。我想像著當初約翰寫〈啟示錄〉時，遊客們在城市裡熙來攘往的畫面。我也參觀了拔摩島，就是約翰領受耶穌啟示的地方。試著想像約翰在距離以弗所西南約五十英里處，於這個島上生活的感受；當他獲得啟示，看見了世界歷史的最後一章後，他堅定不移的宣告：「耶穌勝了！」

根據所得到的啟示，他會如何向他的讀者介紹耶穌呢？讓我們將焦點放在〈啟示錄〉開篇、用來描述耶穌的兩個動詞，因為它們在本書一開始時就給了我們保證。「但願從那昔在、今在、以後永在的上帝，和祂寶座前的七靈，並那誠實作見證的、從死裡首先復活、為世上君王元首的耶穌基督，有恩惠、平安歸與你們！祂愛我們，用自己的血使我們脫離罪惡。」（啟示錄1：4、5）讓我們從這句話開始：「祂愛我們。」（第5節）這個動詞以現在式表達，提醒我們耶穌基督對我們的愛是從今直到永遠的。它原來的意思是持續不間斷的——祂愛我們，且將會一直不停地愛著我們。然後是第二句：「用自己的血使我們脫離罪惡。」（第5節）。在希臘原文中，這個過去式動詞——「脫離」，乃是以過去分詞呈現，用來表示在過去已經完成的動作。因此，在這裡我們看到了兩個用來描述耶穌和我們之間關係的動詞：祂愛我們，持續不斷地愛我們，並且在十字架上為我們贖回了自由。這兩個動詞構成了永遠福音的核心。許多人在這個世界上沒有經歷過真正無條件的愛，然而上帝的信息改變了這一點。世界歷史的最後一章開篇就提醒我們耶穌愛我們，以及祂釋放了我們。這兩個事實將每天扶持著我們，直到我們面對面見祂的那一日。

祂的征服

日期滿了，上帝的國近了。你們當悔改，信福音！馬可福音 1：15

在奧運會的項目中，世界盃足球比賽是其中一項備受期待的全球賽事，許多國家都會派出自己的國家隊。1978年，阿根廷主辦了那一年的世界盃足球賽並贏得了冠軍。我永遠不會忘記那次的勝利。當時我還在讀高中，為了慶祝這一個重大的勝利，全國整整放了三天的假！雖然冠軍是由那些運動員拿下的，但我們所有人民都是贏家；他們的勝利屬於我們，也屬於整個國家；因為他們是我們的代表！

馬可在他的福音書中開宗明義說：「耶穌基督福音的起頭。」（馬可福音1：1）。希臘文名詞「euangelion」翻譯成英文是「好消息」或「福音」——這一詞來自古英文「godspell」，意思是「好消息」。這個詞當初是用在當傳令兵從戰場上回來，宣布國王代表臣民作戰並取得勝利的好消息；而傳遞好消息的信使就被稱為「傳福音的人」（Evangelists）。這個希臘文單詞被使用在舊約的希臘文譯本（《七十士譯本》）以宣告上帝對祂子民的最終拯救：

「那報佳音，傳平安，報好信，傳救恩的，對錫安說：
『你的上帝作王了！這人的腳登山何等佳美！』」（以賽亞書 52：7）

當耶穌宣告說，「日期滿了，上帝的國近了。你們當悔改，信福音！」（馬可福音1：15），祂宣告的是上帝藉著祂得勝的好消息即將顯現。馬可在他的書中選擇以這個詞來介紹耶穌是非常關鍵的。耶穌為我們贏得了這場戰爭！永遠不要因為對未來或其他任何事物感到恐懼，而帶走你得救的喜悅。耶穌——我們的代表和替代者，已經替我們贏得了勝利！我們要為此歡喜快樂！

1月 Jan 05

祂的王權

那生下來作猶太人之王的在哪裡？馬太福音 2：2

無論是在埃及的陵墓和寶藏，或在英國的白金漢宮，或在古代王國還是現代的君主制度國家，至始至終貫穿歷史的一條主軸是圍繞著列國國王以及王后的榮華。我曾經參觀過許多宏偉的建築，也曾因這些為記念凡人而呈現的壯麗和財富驚嘆。我不禁想著，若是將地上的君王與兩千年前活在世上的萬王之王——耶穌相比，向祂致敬的又會是誰呢？

〈馬太福音〉中有關東方博士來訪的記載震驚了當時的讀者。故事一開始就把耶穌置身於大衛王朝後裔的領土裡——猶大的伯利恆，即大衛王的出生地：「耶穌生在猶太的伯利恆。」（馬太福音2：1）當時希律是國王（第1，3節），那些博士直接前往他在耶路撒冷的皇宮，也許他們滿心期待著新國王將在王室中誕生，然而事情卻出乎他們意料之外！於是他們向希律王提及了另一個猶太人的王，因此故事從一開始就帶入了兩個王之間的緊張關係。希律王清楚知道他們的提問與彌賽亞有關（見第4節）。值得注意的是，東方博士使用了「猶太人的王」，而不是「我們的王」，表明他們是外邦人。顯然，馬太用這個故事來強調耶穌使命的包容性（參照耶穌吩咐使萬民作門徒的使命，太28：19）。然而，我發現「猶太人的王」這個稱呼最引人注目的地方，是它在〈馬太福音〉出現的另一處，就是在耶穌受審、被釘死在十字架上的記述（馬太福音27：11，29，37），同樣的，這一次也是出於外邦人之口，是由彼拉多所宣判、放在十字架上的罪狀：「這是猶太人的王耶穌。」（第37節）。那位至死不渝地愛著我們的耶穌，向我們揭示了故事的結局：祂得勝了！祂將以萬王之王的身分回來，帶我們回家。在那之前，讓我們尊榮祂，邀請祂成為我們生命的王，掌管我們的心。

06 1月 Jan

祂的威嚴

他們……就大大地歡喜……俯伏拜那小孩子。馬太福音 2：10、11

我在南美洲有一段快樂的童年回憶，那時我會把鞋子放在臥室外面，這樣在「東方博士」經過時，就會給我留下禮物。有時純粹為了好玩，孩子們會給駱駝留下稻草和水。在許多拉丁美洲國家中，「東方博士」的事蹟都會在1月6日——即主顯節（Epiphany）時再度受到記念，強調上帝如何向萬國傳達救主誕生的好消息。

馬太敘述這段故事時，特意把前來朝拜的博士（馬太福音2：2），與希律王和耶路撒冷所有因這一個消息而不安的人作了對比（第3節）。當來自東方的博士們跟隨上帝的指引，來到孩子所在的地方，他們就「大大地歡喜」（2：10）。馬太運用愉悅絢麗的文字，描述了一個如君王臨朝、大為喜樂的場景（見列王紀上1：40中的相似經文）。我喜歡希臘文「mega」 的意思——「大大」！即使到了現代，我依然相信那些跟隨上帝的人在耶穌偉大啟示的帶領之下，也將經歷大大的喜樂，而那份快樂可以超越任何當下我們所面臨的處境。當他們找到孩子時，「就俯伏拜那小孩子。」（第11節）原文指出他們俯伏在地，意思是完全的仆倒在地上。這是多麼震撼的一幕！非猶太人來朝拜耶穌，而以色列人卻沒有！這些人都是尊貴有學問的人，從遠方來，曾見過大希律王。現在，他們竟然向一個出生在簡陋處所的孩子朝拜！上帝有辦法翻轉我們的世界！他們甚至為祂帶來了貴重的禮物，這是一個尊榮君王的習俗（馬太福音2：11；對照列王紀上10：2）。在耶穌裡，上帝給了我們最大的禮物！我們將永遠喜樂地敬拜耶穌，向祂表達我們的感恩和尊榮。讓我們今天就開始！「曾被殺的羔羊是配得權柄、豐富、智慧、能力、尊貴、榮耀、頌讚的。」（啟示錄5：12）

1月 Jan 07

祂的影響力

為這些事作見證，並且記載這些事的就是這門徒；我們也知道他的見證是真的。約翰福音 21：24

米格爾・德・賽萬提斯（Miguel de Cervantes）於第七世紀時的經典之作《唐吉訶德》（Don Quixote）——即後來改編的百老匯音樂劇《夢幻騎士》（Man of La Mancha）——述說了一個聲名狼藉、名叫阿爾東薩（Alodnza）的女人。在原著中，瘋騎士用優雅的眼神看著她，稱她為達西妮亞（Dulcinea），意思是甜蜜。然而她拒絕接受這個新身分，因為她非常清楚自己是什麼樣的女子。但到了故事終章，他以愛的感化力並看待她的不同方式，完全地改變了她，使她成為一個甜美、有好名聲的女人。許多人認為賽萬提斯是在宗教裁判所時期撰寫了這部作品，為的是要掩飾福音書的屬靈含義。

門徒約翰並不以溫柔的性格聞名。他的壞脾氣讓耶穌給他和他的兄弟雅各取了個綽號——「半尼其，就是雷子的意思。」（馬可福音3：17）。換作是我，我想我不會選他當門徒，但耶穌卻揀選了他。「雷子」兄弟曾想在耶穌即將到來的國度中坐享高位（馬可福音10：35－45），也曾因為撒馬利亞人的村莊不歡迎耶穌，一怒之下提出了從天降火燒滅他們的主意（參路加福音9：51－55）。可是約翰和其他的門徒們其實都是普通人，卻也是領受了耶穌非凡恩典的人（註1）。耶穌以愛來對待他們，祂的恩典改變了他們。這個自私易怒的門徒後來被稱為愛的門徒。他甚至沒有在他的福音書中使用自己的名字，而是將自己稱為耶穌「所愛的那門徒」（約翰福音13：23；19：26；21：7，20）。在最後的晚餐中，約翰靠在耶穌的懷裡，儘可能的挨近祂（約翰福音13：23，25）。耶穌的愛影響並擄獲了他。約翰選擇接受耶穌非凡的愛，這成為他後來傳道的主要原則。約翰在他的福音書中使用了57次「愛」這個詞，在他的書信中使用了52次，共計109次！如果你正在為上帝需要你去做的事感到掙扎，請沐浴在耶穌的恩典中，讓祂的愛和恩典從內而外影響你。

祂的認識

你在無花果樹底下，我就看見你了。約翰福音1：48

你是否曾因為有人非常了解你而感到驚訝？某次我到加州中部的一個教堂佈道，整個週末都在那裡度過；我們經歷了一段一起學習《聖經》的美好時光。後來有一對與我素未謀面的女士們走向我，告訴我她們從我一歲時就認識我，我嚇了一跳！接著解釋說，她們來自阿根廷一所我父親曾牧養的教會，當時她們都還年輕，我在那個教會時才只有一歲！她們不但認識我，也認識我的家人！世界真的很小，是吧！

拿但業因耶穌對他的認識而訝異。耶穌呼召腓利跟從祂之後（參約翰福音1：43），腓力看見拿但業，就興奮的對他說：「摩西在律法上所寫的和眾先知所記的那一位，我們遇見了，就是約瑟的兒子拿撒勒人耶穌。」（第45節）拿但業卻不以為然；他對拿撒勒地區的偏見，讓他無法跳脫腦海中的刻板印象，於是他質疑：「拿撒勒還能出什麼好的嗎？」（第46節）腓利沒有和他爭辯，而是請他親自去看看。在拿但業還沒來得及說話之前，耶穌就對他說：「看哪，這是個真以色列人，他心裡是沒有詭詐的。」（第47節）。你能想像當下拿但業的思緒是如何忐忑不安，祂是怎麼認識他的呢？耶穌已經表明祂真的認識他，並聲稱拿但業是沒有「雅各」成分的「以色列」，意即他沒有他的先祖雅各的詭詐、不誠實、背叛和欺騙。拿但業對耶穌說：「你從哪裡知道我呢？」耶穌回答說：「腓力還沒有招呼你，你在無花果樹底下，我就看見你了。」（第48節）耶穌的回應令我啞口無言，拿但業也是如此。這一個啟示對他產生了深遠的影響，他發自內心的承認並宣告說：「拉比，祢是上帝的兒子，祢是以色列的王！」（第49節）上帝對我們無比熟識。當你今天早上打開這本晨鐘課時，上帝就看見了你。昨晚你哭著睡著時，祂也看見了你。祂知道你的快樂，你的悲傷，你的夢想，你的考驗。沒有必要對祂隱瞞什麼。祂深知你的一切，也深愛著你！

1月 Jan 09

祂的創造

凡接待祂的，就是信祂名的人，祂就賜他們權柄作上帝的兒女。約翰福音 1：12

我的外公外婆住在一個大農舍裡，我很愛去那裡探望他們；因他們的農舍是在另一個國家，所以我通常會在暑假時前往。很快我就發現還有其他年輕人住在他們家，隨著我年記漸長，我意識到這些年輕人是被寄養的孩子，有些有學習障礙，有些是來自問題家庭，因此需要一個可以讓他們正常成長的地方。他們在我外公外婆家找到了一個安全的住所，他們待這些孩子就像自己親生的一樣，一直到他們長大成人。我們每個人都需要一個安全的地方，一個屬於我們的家。

約翰宣告萬物都是藉著上帝的道而被造（約翰福音1：3）。祂自己就是生命（第4節），祂不只賜予生命，祂就是生命。按照創世的順序，約翰談到了光；他說「道」就是生命，而這個生命就成了「人的光」（第4節）。可是當「光」來到，黑暗卻不接受光（第5節）。上帝要拯救祂的創造，因此救贖的故事從「起初」就開始了。約翰繼續說，「那光是真光，照亮一切生在世上的人。」（第9節）每一個人在某種程度上，都有接受或拒絕光的機會。但接著我們看見，當光來到祂自己的地方時，那些在祂家鄉的人卻不接受祂！這是多麼悲哀！家應該是屬於你的地方，因家裡的每個人都知道你的名字。道——生命的賜予者和擎光者，「在世界，世界也是藉著祂造的，世界卻不認識祂。祂到自己的地方來，自己的人倒不接待祂。」（第10、11節）這是個壞消息，但其中也有好消息——有些人接受了光。凡因信而接受祂的，祂就賜他們一件禮物：一個新身分——上帝的兒女，凡相信祂的人都有這個特權（第12、13節）。你是否曾經被自己的家人拒絕過？上帝邀請你加入屬天的家庭。沒有人能把你從祂身邊奪走。你將成為一個從上帝的旨意而生的孩子，你有一個家，你的天父也知道你的名字。

祂的家庭

凡遵行我天父旨意的人，就是我的弟兄姊妹和母親了。馬太福音12：50

我感謝上帝為我挑選的父母。當我坐在他們的墓碑前時，內心充滿了對他們敬虔生活的感激。父母退休後與我住在同一個州。在母親去世後，父親和我談到了未來，他知道自己的幸福對我來說非常重要。當時我已經在傳道職務上工作了將近15年，他對我說，如果我受邀到另一個州去傳道，並且能感受到這是上帝的呼召，那麼我就應該去，即使這意味著他必須獨自留在加州。我後來並不需要做出這樣困難的抉擇，但我是如此有福之人，因為我有一對把上帝的國度看得比自己更重要的父母。

耶穌正傳道的時候，祂的家人來找祂。馬可讓我們深入瞭解他們的動機：「耶穌的親屬聽見，就出來要拉住他，因為他們說他癲狂了。」（馬可福音3：21）耶穌的兄弟姐妹沒有完全明白祂使命的，至少祂剛開始傳道時沒有，但祂的家人當中有一些在後來成為在教會極具有影響力的領袖。當祂的母親和兄弟姐妹們來到祂講道的地方，有人告訴祂說：「看哪，祢母親和祢弟兄站在外邊，要與祢說話。祂卻回答那人說：『誰是我的母親？誰是我的弟兄？』」（馬太福音12：47、48）耶穌的提問是何等怪異，尤其祂的家人都還站在外面呢！但耶穌說這番話的意思並不是要拋棄祂的家人；祂是在陳述祂的優先順序。耶穌伸手指向門徒們，繼續解釋說，那些遵行祂天父旨意的人才是祂真正的家人（第49、50節）。即使是人間最親密的關係，也不該凌駕於國度的使命之上。如果你的家人不明白你的呼召和目的，不要氣餒，因為當你成為耶穌的信徒時，你也會成為祂在地上家庭的一分子。你有弟兄姐妹，而祂的父親就是你的父親。

1月 Jan 11

祂的禮物

你若知道上帝的恩賜……你必早求祂，祂也必早給了你活水。約翰福音 4：10

我不知道如何描述強烈的孤獨感，只能說它就像黑暗中升起的一股寒意穿過你的心。我還記得自己在歐洲開始修讀研究所課程之時，我初來乍到那座城市，預備和我的論文指導教授會面。在當地我連一個熟識的面孔都沒有，但接下來我卻必須花很多時間學習並進行研究。很多事情都讓我感到不堪負荷——課程的挑戰、環境的陌生、缺乏與他人的接觸；事實上，在那個地方我沒有認識的人。我永遠不會忘記當時我因孤獨陷入的黑暗，以及後來因感受到上帝的接納和祂對我心靈密切的瞭解，我終於在心中得享安寧。

耶穌在〈約翰福音〉第4章所遇見的撒馬利亞婦人也是極度孤單的一個人。雖然她周遭不時有人來來去去，卻沒有一位真正的女性朋友甘冒風險，願意在可能被人看見的狀況下，和她一起去井邊打水。在《聖經》時代，挑水是女性的日常工作，她們通常是一起出去打水（這就是為何在那時代，若有人想尋找結婚對象，他們就會到井旁）。可是這個女人生活中有許多不可告人之事，她只能獨自在中午時分來到井旁，這樣就沒有人會問她任何問題。然而，她的孤獨還有更多原因：在以色列，女人通常不能主動提出離婚，這意味著她先前的五個丈夫已經休掉了她。而現在，她甚至還被一個沒什麼資格娶她的男人以最不堪的方式掃地出門。此外，在第一世紀，離婚三次以上的女人會被視為棄婦。這就是為何我非常喜歡這個故事開頭的敘述：「必須經過撒馬利亞。」（約翰福音4：4）這種必須不是因為地理位置上有需要，因為還有其他的路可以走。耶穌必須去，才能把永生的禮物帶給這個孤獨的靈魂（第10節）。祂必須告訴她，祂是彌賽亞，祂知道她的一切，卻仍然接納她。祂的禮物是為她而準備的！難怪這次的邂逅後來會徹底的改變她的生命。而祂的禮物也是給你和我的！

祂的決心

經上不是記著說：「我的殿必稱為萬國禱告的殿嗎？你們倒使它成為賊窩了。」馬可福音 11：17

每個父母都心繫孩子的幸福；孩子的安全若受到威脅，他們甚至會與攻擊者搏鬥。某次新聞報導說到一名婦女的車子被偷，歹徒下手時她的小孩還在車上，她在對方欲開車逃跑之際拼命與他搏鬥，並牢牢抓住了汽車的後保險桿。她不肯鬆手；對她來說，孩子比自己的生命更重要。她稍後出現在新聞中時，兩隻手都因為受傷包紮起來，但她卻滿臉笑容地緊緊抱著孩子！

耶穌決心捍衛祂所有的孩子，令他們免受宗教、經濟和種族上的剝削。聖殿變成了一個不結果子的機構，就像不結無花果的樹一樣（馬太福音21：18－22）。是該有所行動了！於是，耶穌潔淨了聖殿，把它從一個做交易買賣的地方，以及被商人強佔的外邦人庭院中分別出來。為了避免有人誤解祂所做的事，耶穌開始教導他們祂如此做的原因：「經上不是記著說：我的殿必稱為萬國禱告的殿嗎？你們倒使它成為賊窩了。」（馬可福音 11：17）。與其他福音書相比，馬可引用更多其他經文來解釋耶穌所做的事，幫助我們理解事情的關鍵。耶穌第一部分的教導來自〈以賽亞書〉56章7節；馬可使用了「萬國」這一句話。耶穌的作為是在保護聖殿成立的初衷：所有的人都受邀來向天地之主禱告和敬拜。但是當時的宗教領袖們卻無視這項給「萬國」的福分，不但佔據了唯一一個非猶太人可以敬拜的地方，還把它變成了一個烏煙瘴氣的市場。在這嘈雜的地方，沒有一個外邦人能夠與上帝好好親近，因此耶穌捍衛他們，就像一位熱心的母親捍衛她的孩子一樣，耶穌決心捍衛每個接受祂祝福之人的權利。所有尋求祂的人在祂面前都是受歡迎的。耶穌在十字架上是如此為我們努力地奮戰，以至祂的手和腳都受了難以磨滅的傷痕！

1月 Jan 13

祂的恩膏

聖靈降臨在祂身上，形狀彷彿鴿子；又有聲音從天上來，說：「祢是我的愛子，我喜悅祢。」路加福音3：22

我的父母總是不厭其煩地表達他們對我的愛和支持。最近，我在他們送給我的一本書裡面發現了一張紙條，上面寫著他們對我的愛和作為父母的驕傲，這對我來說意義重大，因為如今他們都已逝世。母親特意為我留下了一個回憶箱，裡面保存著我在人生不同階段時的紀念品。裡面有我一歲時的小紅手套，還有我小時候帽子上的羽毛。我因為我的父母而感謝上帝，他們為我付出了無盡的愛和肯定。

耶穌從公開傳道起就獲得了天父的愛和肯定。在福音書作者當中，路加是唯一記載到耶穌受洗、正禱告時有聖靈降在祂身上，形狀彷彿鴿子，又有聲音從天上傳來的（路加福音3：21、22）。禱告是〈路加福音〉反覆出現的重要主題（註2）。聖靈是另外一個在〈路加福音〉和〈使徒行傳〉中反覆出現的主題。耶穌受洗時發生了兩件大事：一是聖靈降臨在祂身上，使祂有能力完成救贖的使命，其次是宣告了耶穌兒子的身分，並上帝對祂的愛和肯定。耶穌作為上帝之子的身分和聖靈的沛降，在耶穌出生時就已經宣布了（路加福音1：32－35），但在這個時候，祂被賦予能力從事人類救贖中保的任務。這時候，上帝親自證實了天使加百列對馬利亞所宣告的話（路加福音1：35）。從天上來的三次聲音，確認了耶穌的事工（參路加福音3：22；9：35；約12：28）。天國將所有的一切，都交在耶穌手裡。祂的身分和使命將成為拯救人類的唯一泉源，祂透過自己的犧牲成就了這一切。現在我們要傳揚祂所成就之事，直到祂再來。為了這項任務，上帝在基督裡賜給了我們兩個應許：第一，我們是上帝所愛的兒女；第二，上帝藉著聖靈使我們得著能力去完成祂的使命。我們當讚美上帝！

祂的兒子身分

這是我的愛子，我所喜悅的。馬太福音3：17

能有虔誠的父母是一種福氣。我的父母一向很支持我，他們會以各種方式表現出這一點；他們給予我無條件、堅定不移的愛。還記得我第一次獲得碩士學位時，我爸爸不幸被診斷出罹患了胃癌，正準備做一個大手術。儘管他的健康狀況每況愈下，但他仍然堅持參加我的畢業典禮，因為他知道他的出席對我而言意義重大。現在我的雙親都已過世，我仍喜歡一再翻看父母送給我的鼓勵小卡及紙條，重溫他們的愛和支持。

上帝也是如此一再確認耶穌明白祂給予的支持和愛。在耶穌受洗之後，我們看見了新約中最令人驚奇的場景之一，即三一真神的顯現。聖靈降臨在耶穌身上，從天上有聲音說話，表明上帝從天上啟示了耶穌的身分：「這是我的愛子，我所喜悅的。」（馬太福音3：17；也參12：18；17：5）。在猶太《聖經》（舊約）中，以色列被稱為上帝的兒子（例如出埃及記4：22－23；何西阿書11：1）。以色列大衛王朝的君王也被稱為上帝的兒子（例如詩篇2：7）。現在，耶穌——終極的以色列王，其身分就是上帝的兒子。上帝確立了祂「神子」的身分和天父喜愛祂的事實。在這個宣言之後，耶穌作為上帝之子的地位將受到魔鬼的挑戰（「你若是上帝的兒子……」，馬太福音4：3－6），魔鬼引誘耶穌為了自己的利益使用祂神聖的力量。當一個人接受耶穌為他們的救主時，他就成為上帝所愛之人。在祂裡面，我們成為上帝的兒女：「你看父賜給我們是何等的慈愛，使我們得稱為上帝的兒女。」（約翰一書3：1）甚至我們與上帝最後的團聚也是以此神聖話語來描繪：「我要作他的上帝，他要作我的兒子。」（參啟示錄21：7）透過神子耶穌，我們成為上帝的兒女。當我們在耶穌裡面，就確立了上帝對我們的認知：我們是祂所愛的兒女，祂喜悅我們！

1月 Jan 15

祂的犧牲

因我將命捨去，好再取回來。沒有人奪我的命去，是我自己捨的。約翰福音10：17、18

你或許聽說過沙曼・庫南（Salman Gunan）這個名字，他是一名退休的泰國海軍軍官。2018年6月，在泰國有12名男孩和他們的足球教練被困在譚鄉（Thum Luang）洞穴，對他們發起的一連串救援行動當時轟動了全世界，而沙曼主動投身於救援行列、自願給予協助。在救援行動中，他在給他們輸送氧氣時犧牲了；他真是個英雄，因為有消息稱，當他意識到洞穴裡的氧氣含量很低時，雖然明知自己可能會有危險，但他放棄了自己的氧氣設備，試圖游回去。在無私的愛中，他選擇了捨棄自己的生命來拯救這13條生命。

耶穌的犧牲是祂自己的選擇。在約翰簡短的敘述中，祂為羊捨命的這番話重複了四次（約翰福音10：11－18）。約翰強調耶穌的犧牲不是偶然或簡單的不幸；這是祂長久以來的計畫，為了拯救人類，祂自願順從這個計畫。這個字的希臘文原文經常被翻譯成「我自己」；意即「是我自己捨的」（第18節）。坦白說，耶穌如此愛我們，這不僅是祂的選擇，而是預先就計畫好為我們的救恩而死，這對我來說是一個謎。這就是為什麼在十字架上可以找到我們個人的價值，因為我們能藉此明白自己對祂有多重要。巴克萊解釋道：「耶穌不是因為逃避不及被捕的。即使天使不來救助，祂也有能力在任何時候回轉過來拯救自己的生命。祂並沒有失去生命，祂只是把生命賜給了我們。」（註3）直到最後捨棄祂生命的那一刻，耶穌仍然掌管一切。把耶穌釘在十字架上的不是釘子，而是祂對你我的愛！祂當然有能力從十字架上下來，不去承受更多折磨和死亡。但是祂對我們的愛超過祂肉體上、情感上和屬靈上的痛苦。是的，我的朋友，你是如此的被祂所愛！

祂的親密

人為朋友捨命，人的愛心沒有比這個大的。約翰福音15：13

友誼意味著相互關懷、尊重和坦誠以對。真正的朋友會互相支持，喜歡對方，儘管彼此的性格有時並不完美。我說的不是泛泛之交，而是會把你的秘密帶到墳墓裡的親密好友。這就是為何耶穌選擇稱我們為祂的朋友。祂深知我們的一切：好的、壞的、醜陋的。儘管祂非常瞭解我們，祂還是選擇把我們當成祂的朋友。

耶穌對我們的愛，其最大的表現，就是祂在十字架上的犧牲。然而，許多人卻誤認為上帝是一個難以親近、十分苛刻的主人，以為祂把我們當成奴隸而非朋友。當耶穌吩咐祂的門徒彼此相愛時，祂對我們的愛就是榜樣：「你們要彼此相愛，像我愛你們一樣；這就是我的命令。人為朋友捨命，人的愛心沒有比這個大的。」（約翰福音15：12、13）接下來祂繼續解釋這種親密的關係：「以後我不再稱你們為僕人，因僕人不知道主人所做的事。我乃稱你們為朋友；因我從我父所聽見的，已經都告訴你們了。不是你們揀選了我，是我揀選了你們。」（約翰福音15：15、16）布魯斯（F. F. Bruce）指出，這裡所呈現的奴僕和朋友之間的對比，就像〈加拉太書〉4章7節中奴僕和兒子之間的對比。約翰．衛斯理（John Wesley）回顧了他晚年信主的經歷，他把它描述為從「奴僕之信」到「兒子之信」的轉變時刻。若他選擇以〈約翰福音〉的語言，而不是保羅書信的語言來表達，他可能會說，他把奴僕般的順服轉換成了朋友般的順服（註4）。耶穌選擇把我們當成祂的朋友，並與我們分享祂的計畫。向祂許諾忠誠的就是祂親密的朋友（第14節）。很多人都有過被拒絕的傷痛；也許你從來不曾被選上——不管是成為校隊隊員或是某人的朋友。然而，耶穌——我們宇宙的君王，祂已經為你而犧牲，並選擇你成為祂的朋友！

1月 Jan **17**

祂的主動

你們中間誰有一百隻羊失去一隻，不……去找那失去的羊，直到找著呢？路加福音15：4

在我經歷生命最艱困的時期之時，我曾收到過一張鼓勵小卡。封面的字句吸引了我的注意：「其實你真正需要的，只是一張小小的卡片，鼓勵你要堅強……」。我邊看邊想著：是啊，那就是我所需要的；又一邊定睛看著封面圖片上那隻汗水從額上滑落的小羊，牠正緊緊抓著某個看不見的東西。然後我打開卡片——它一直到現在都還被我保留著——上面寫道：「我只想告訴你，在祂的緊握之下你非常、非常安全；祂永遠不會放開你。」然後我看見卡片裡面的圖案是一隻強而有力的手，緊緊地抓著那隻小羊。

我們都讀過、聽過許多書和證道；它們強調我們應如何來尋求上帝；我們要有毅力、要堅定、在暴風雨中堅持不懈、就算發現自己智窮力竭也絕不放棄。可是，與這些同等重要的是，《聖經》最主要是在強調上帝如何尋找我們；祂主動尋找迷失之人，祂以大能大力緊抓著我們，當我們軟弱疲憊時，祂也奮力支持著我們。我們的上帝是充滿熱情和慈愛的上帝，祂渴望、也有能力發起行動來尋找我們，祂予我們安全，以恩臂環抱我們。祂是慈愛的天父，在我們一生的年日中，祂以祂的良善和恩典來追趕我們（見詩篇23：6）。父母對孩子的緊握是孩子們安全感的來源。當法利賽人和文士抱怨耶穌接待罪人時（路加福音15：2），耶穌告訴他們的第一個比喻，是關於一個牧羊人去尋找一隻迷失的羊，直到找著為止（第4節）。當他找著了，就把羊扛在肩上，歡喜快樂（第5節）。上帝在我們愛祂之前就已經先愛我們了；我們對祂的愛只是祂對我們無限之愛的回應（約翰一書4：19）。祂的主動是我們的保證，祂正是那位會拼命尋找迷失之羊的牧羊人。「主耶和華如此說：看哪，我必親自尋找我的羊，將牠們尋見。牧人在羊群四散的日子怎樣尋找他的羊，我必照樣尋找我的羊。這些羊在密雲黑暗的日子散到各處，我必從那裡救回牠們來。」（以西結書34：11、12）感謝祢，上帝！

祂的克己

「你看，他們告祢這麼多的事，祢什麼都不回答嗎？」耶穌仍不回答，以致彼拉多覺得希奇。馬可福音15：4、5

據有關當局報導，颶風「哈威」（Harvey）襲擊德克薩斯州東南部時，共有1萬3千多人獲救。不幸的是，其中有些人還是失去了他們的生命。其中一個是一位婦女，她和她的小女兒被洪水捲走。當她們在運河上漂浮時，母親盡其所能地讓她的女兒活下來。當救援人員發現她們時，女兒還兀自緊緊地抱著媽媽。這位母親雖然沒有成功，但是她的女兒值得她做出犧牲。

耶穌所受的嘲弄和折磨是我們無法想像的。「就有人吐唾沫在祂臉上，又蒙著祂的臉，用拳頭打祂，對祂說：『祢說預言吧！』差役接過祂來，用手掌打祂。」（馬可福音14：65）在釘十字架之前，耶穌忍受了門徒的背叛、宗教領袖的誣告、士兵的嘲笑、當權者的審問、莫須有的鞭打、荊棘的冠冕等等，但祂沒有為自己辯護（馬可福音14：61）。這就應驗了以賽亞的預言：

「祂被欺壓，在受苦的時候卻不開口；
祂像羊羔被牽到宰殺之地，
又像羊在剪毛的人手下無聲，
祂也是這樣不開口。」（以賽亞書53：7）

祂並非無話可說，也不是無法證明自己的清白，更不是無力自救，都不是！祂自願放棄祂的權利，捨棄自己的生命。從祂的行動中我們可以瞭解，當置身於一個更偉大的目的時，我們並不需要一味地捍衛自己的權利。我們可以學習順服上帝的旨意，也可以學習謙卑。這些都是極為寶貴的。然而，最重要的是，我們要明白，耶穌捨棄了祂的生命以贖回我們的生命。祂的沉默是對我們的愛最有力的證明！

1月 Jan 19

祂的提議

看哪，我站在門外叩門，若有聽見我聲音就開門的，我要進到他那裡去，我與他，他與我一同坐席。啟示錄3：20

我聽過一個感人的故事，但我不清楚它的出處。有個小男孩來到了小兒科醫生的診間，醫生用聽診器聽他的心跳時，也把聽診器戴在了他的耳朵上，讓他聽一聽自己的心跳聲。由於從未聽過心跳聲，小男孩嚇了一大跳。然後他好奇地問：「這是耶穌敲我心門的聲音嗎？」

我很喜歡〈啟示錄〉3章20節中所描繪的、關於耶穌這幅親切而溫柔的畫面。祂站在門外叩門，渴望進去。祂提議凡願意開門的，都可以和祂親密地享受一頓屬靈的饗宴。祂的提議特別感動我，因為這是在描述老底嘉教會之後發出的呼籲，老底嘉教會是一個不冷不熱，又自以為富足的教會（參第15－19節）。老底嘉是當時世界上最富有的商業中心之一，以其熱絡的商業活動、黑羊毛工業和醫學院而聞名；這些都為老底嘉所受到的勸告提供了背景：向耶穌買火煉的金子；買白衣穿上，叫赤身不露出來；又買眼藥以致能看見（第18節）。老底嘉教會看不出自己在靈性上的需要；它相信自己是富足的。它不冷也不熱；它既不冷不熱，就無法意識到它在靈性上是可憐、悲慘、貧窮、瞎眼、赤身露體的。在悔改的呼召之後，耶穌將自己獻上。到目前為止，這個信息已經傳給了以老底嘉為代表的全體教會。但在這一節中，它變成了一個單獨的呼籲和懇求：「若有聽見我聲音的」——即使團體不接受耶穌的提議，個人也可以。耶穌已經站在門口了！在我們接受前，祂就先採取行動了，但祂並不強迫人們信祂。這是出於愛的叩門和懇求（參雅歌5：2）。祂應許凡聽到祂的聲音而開門的，祂就要進去，和他一同坐席。這場盛宴並不是倉促準備的。祂渴望進來！這就是那位為你我捨命的耶穌熱切的祈求！

祂的堅定

你想，我不能求我父現在為我差遣十二營多天使來嗎？馬太福音26：53

我最近再次造訪華盛頓特區的國家廣場，那裡有好幾座記念性質的建築，例如林肯紀念堂和華盛頓紀念碑。大約30年前我到那裡參觀時，馬丁路德・金恩的紀念碑還沒有建成，所以對我來說它是一個全新的紀念碑。碑上刻著他的幾句名言，包括他在1963年時所說的這句話：「黑暗無法驅走黑暗，只有光可以；仇恨無法消除仇恨，只有愛能做到。」

耶穌被捕的時候，彼得抽出刀來保護祂，並割下了馬勒古的耳朵（約翰福音18：10）。我敢肯定彼得如此做本不是衝著人家的耳朵而來，而是為了更重要的目的。可是耶穌吩咐他「收刀入鞘」，並說：「你想，我不能求我父現在為我差遣十二營多天使來嗎？若是這樣，經上所說，事情必須如此的話怎麼應驗呢？」（馬太福音26：53、54）。如果耶穌真想重獲自由，祂並不需要依靠門徒的刀。不！祂非常清楚自己能夠利用超自然能力！祂不但無辜，也有力量及其他神聖的資源。然而，為了我們的救恩，祂並沒有使用這一切，而是克己，遵從天父的旨意。使用武力不是耶穌的計畫；祂堅定不移地遵從上帝的旨意，即使這意味著祂需要捨棄權利、能力以及在天庭的地位。祂堅定跟隨上帝的計畫，走在為祂所預備的道路上，這和門徒們對當時情況的反應成了對比。我們或許有時也會遇到想使用武力的試探，或許不是一把刀，而是態度、階級、權力，或其他可以造成威脅的事物，並試圖以此打倒我們的對手。然而上帝要我們遵行耶穌的方式：愛、寬恕以及謙卑（見腓立比書2：5－8）。上帝命令我們「收刀入鞘」，因為「仇恨無法消除仇恨，只有愛能做到。」

1月 Jan 21

祂的恩慈

耶穌見他們的信心，就對癱子說：「小子，你的罪赦了。」馬可福音2：5

那是我人生中非常艱苦的一段時間，當時我面臨著必須獨自一人過聖誕節的局面。我住在加州，而我慈愛的父母親住在東岸，我們沒有錢可以支付來回探望對方的旅費。但後來發生了一件不可思議的事！一家航空公司突然打出了聖誕節廉價機票的促銷廣告，但來回的時間不能超過48小時。我的父母於是打電話告訴我這個令人興奮的消息，他們兩人都決定來和我一起過聖誕節。我不再需要一個人孤單過節了！他們是如此關心我。

有一個人癱瘓了很長時間，非常痛苦，極度需要知道有人關心他。他的四個朋友帶他去見耶穌，但屋裡的人太多，他們進不去（馬可福音2：3、4）。他們該怎麼辦呢？直接回去嗎？不，他們不是輕易放棄的人。他們的堅持突顯了這個人的悲慘處境。他們爬上屋頂，因為巴勒斯坦當地的房子屋頂是平的，所以他們可以從外面上去，但是當他們好不容易到了上面時，卻必須在屋頂上挖一個洞，才能進入房子的內部。他們是如此渴望提供幫助，以至於他們願意走出自己的舒適圈，甚至甘冒著顏面盡失的風險。但是這個病人想要獲得更多的醫治。他們把他從洞口垂下去：「耶穌見他們的信心，就對癱子說：『小子，你的罪赦了。』」（第5節）。你是否注意到耶穌所說的第一句話呢？它傳達了耶穌的恩慈以及對這個人的關心！因為他的殘疾，在當時人們可能會認為他是被上帝詛咒的人，但耶穌卻稱他為「teknon」（希臘文），意思是「兒子」或「孩子」。除了稱呼祂的門徒為「孩子」之外（馬可福音10：24），這是耶穌在〈馬可福音〉中唯一一次使用這個詞來稱呼一個人。這個人將得到寬恕以及身體上的醫治，但他聽到的、第一句親切的話語是：「孩子。」無論我們感到多麼無助或絕望，主耶穌都以同樣的方式對我們說：「孩子，你的罪赦了！」

祂的父性

女兒，你的信救了你；平平安安地去吧！路加福音8：48

我的父母為了我的健康幾乎竭盡他們一切努力。小的時候我的氣喘經常會突然發作，有時甚至嚴重到危及我的生命；我還記得當時爸媽趕緊把我送到醫院去，那是在我們城市的另一頭。當我漲紅的臉轉青時，我的爸爸就會猛閃車燈，使其他的車輛可以讓道，而我媽媽會瘋狂地向車窗外揮動手臂，示意這是緊急情況。數不清有多少次，他們救了我的性命。我非常確信，你也會為你的孩子做同樣的事。

因此，當我們看見管會堂的官員睚魯，「來俯伏在耶穌的腳前，求耶穌到他家裡去；因他有一個獨生女兒，約有十二歲，快要死了」（路加福音8：41、42）的這段敘述，我們一點都不會為他的舉動感到驚訝。為了女兒的幸福，他願意做任何事。耶穌答應了他之後便即刻啟程。但接下來發生的事情令人驚訝。當耶穌走向睚魯的家時，途中一個患了十二年血漏、十分窮困的病婦，打斷了祂的行程。睚魯的女兒有一個有名望的爸爸，願意為她去求耶穌，但是這個不潔的女人卻找不著一個受人尊敬的男人為她說話（在當時文化中這事本該如此行）：在她背後沒有父親、丈夫、兒子、拉比、醫生……什麼人都沒有。所以她就自己「來到耶穌背後，摸祂的衣裳繸子，血漏立刻就止住了。」（第44節）就是這麼一個舉動！她獲得苦苦等待了12年的奇蹟！但耶穌卻為她預備了更多。耶穌停下眾人，問是誰摸祂。她戰戰兢兢的來俯伏在祂腳前（第47節），解釋所發生的事情。她現在獲得潔淨了，但耶穌不僅醫好了她，還公開宣布此事，讓她得以重新被鄰里接納。不僅如此，她還有另一個驚喜！祂對她說：「女兒。」（第48節）女兒！這是四福音書記載的事蹟當中，耶穌唯一一次、直接稱呼一個女人為祂的女兒。她是耶穌的女兒！她不再缺乏了。她有了天父！你和我也是祂的孩子（約翰一書3：1）。為了拯救我們，祂竭盡了一切所能！

1月 Jan 23

祂的毅力

耶穌對他說：「朋友，你來要做的事，就做吧！」馬太福音26：50

當我們播放以門徒故事為題材製作的電視節目——《激進的門徒培訓》（Radical Discipleship）之時（註5），我收到一位觀眾的評論，他說他不相信耶穌會接受猶大成為祂的門徒。不過，事實證明雖然耶穌懂得猶大的心思，祂卻沒有拒絕他成為門徒（參路加福音6：13；約翰福音15：16）。反之，祂讓他沐浴在祂的恩典中。我完全理解這個觀眾的情緒，因為猶大很可能是歷史上最受鄙視的人；他的名字與可憎的背叛同義。

福音書經常提到猶大的背叛（例如，參路加福音6：16；約翰福音12：4）。猶大是門徒中唯一一個被賦予特殊職份的人——他負責管理錢財（約翰福音13：29）。雖然他看起來很虔誠，但他卻不誠實，經常從錢囊裡偷錢（約翰福音12：5、6）。他背叛耶穌，以30塊銀錢的代價出賣了祂（馬太福音26：14－16）。但是耶穌對待他的方式對我而言是一項不可思議的鼓勵。耶穌不斷地以一種在人看來難以理解的毅力，向猶大展現非凡的恩典和慈愛。耶穌一直試圖透過愛的行動來贏回猶大。在耶穌和門徒最後的晚餐中，猶大被安置在一個榮耀的位置上，他的座位與耶穌是如此靠近，以至於耶穌一伸手就能將餅遞給他（參約翰福音13：26）。再者，和他人一起吃飯亦是被接納的象徵。耶穌最後對猶大說的話，字字句句都觸動了我的心。猶大帶著祭司長、長老們以及群眾去到耶穌所在的地方，以便捉拿祂。猶大給了他們一個信號——與耶穌親嘴（參馬太福音26：47、48）。耶穌讓猶大與祂親嘴（第49節），然後對他說，「朋友，你來要做的事，就做吧！」（馬太福音26：50）耶穌是說真的嗎？「朋友」？祂怎麼能稱猶大為「朋友」呢？然而直到最後，耶穌還是對猶大展現了祂的愛和恩典。祂愛他，就像祂愛我們一樣。祂知道我們的一切，甚至我們的動機和最黑暗的秘密。祂並不是因為我們有好行為才愛我們，祂會一直尋找我們，直到世界的末了！

祂的恢復

「約翰的兒子西門，你愛我嗎？」彼得說：「主啊，是的，祢知道我愛祢。」耶穌說：「你牧養我的羊。」約翰福音21：16

我們在一個公共場所會面，她的眼神透露出她缺乏睡眠、精神相當疲憊。她的人生跌到了谷底，陷入了濫用藥物的惡性循環中，她感到十分無助、絕望。隨著我們持續約談一段時間後，她開始相信上帝對她有更美好的旨意。幾個月後，她受聘成為一位大學教授。她的力量和信心恢復了，整個人看上去精神煥發，對上帝的信仰也完全恢復了。她成了一支明亮的箭，指向一位充滿恩典的上帝。

所以，一個人跌倒失敗後，還能再事奉嗎？即使發生過嚴重的錯誤，上帝也能夠使用我們來榮耀祂嗎？我很高興你問了這個問題！復活後，耶穌第三次在加利利海邊向門徒們顯現，並為他們預備了早餐（約翰福音21：12－14）。他們整夜撒網，卻什麼也沒捕著，耶穌奇蹟般地讓他們捕獲了很多魚（1－11節）。這個事件與〈路加福音〉第5章的敘述很類似，那次是在耶穌傳道之初，而這一次則是在彼得三次否認耶穌之後（約翰福音18：25－27；馬可福音14：66－72）；他不再對所有問題有十足把握，他的信心被擊潰了！彼得曾三次否認耶穌，現在耶穌給了他三次機會，向祂表示對祂的愛（約翰福音21：15－17）。彼得謙卑地回答了三次：「祢知道我愛祢。」（約翰福音21：15－17）耶穌恢復了彼得起初的呼召，並吩咐他「餵養我的羊。」像彼得一樣，我們當中若有人在生活中曾體驗過耶穌奇妙的饒恕，就要受呼召，大膽的去傳揚祂的恩典。

我曾耐性等候耶和華；祂垂聽我的呼求。
祂從禍坑裡，從淤泥中，把我拉上來，使我的腳立在磐石上，使我腳步穩當。
祂使我口唱新歌，就是讚美我們上帝的話。
許多人必看見而懼怕，並要倚靠耶和華。（詩篇40：1－3）。阿們！

1月 Jan 25

祂的時候

耶穌知道自己離世歸父的時候到了。祂既然愛世間屬自己的人，就愛他們到底。約翰福音13：1

我想像這一刻已經很久了，現在到了一切都已就緒的時候！幾年前，我開始攻讀博士課程，現在到了必須上場為我的論文答辯的時候。進行答辯的前一天，我從洛杉磯飛往倫敦。我的學位，我的未來，我先前所有的努力，以及為了學費耗費的上千美元，都在我進入房間的這一刻達到最高點。這是一個宛若法庭的場景；教授們坐在我的正前方，論文答辯委員坐在我們之間。這一刻終於來了！

有時候，我們一生都在為某個特定的時刻做準備。從創世以來，上帝就已經為祂的重要時刻做好計畫。從〈約翰福音〉開始描述耶穌的第一個神蹟時，讀者就被告知耶穌知道祂的時刻終將來到，「我的時候還沒有到。」（約翰福音2：4）我們可以透過耶穌對祂「重要時刻」的陳述，一路跟隨祂的腳步，直至走向十字架（參約翰福音7：30；8：20；12：23，27；13：1；17：1）。我們讀到逾越節的星期五在即，耶穌意識到祂的時刻終於來到；逾越節以前，「耶穌知道自己離世歸父的時候到了。」（約翰福音13：1）約翰如此記載是想讓我們明白，耶穌始終掌管一切，並將自己交托在天父手中。祂的生命是有計畫的，而祂也竭力成就其事。祂榮耀的時刻是在十字架上完成的；因此，祂的激情在經上一再被描述成祂的榮耀（約翰福音12：23；13：31，32；17：1，4）。天上永恆的時鐘敲響了，救贖人類的時刻已來到。所有的一切都是上帝救贖計畫的精心設計：「及至時候滿足，上帝就差遣祂的兒子，為女子所生，且生在律法以下，要把律法以下的人贖出來，叫我們得著兒子的名分。」（加拉太書4：4、5）。每件事都有特定的時間點（傳道書3：1）；耶穌的降生和死亡是計畫好的，而祂甘心樂意順從這個計畫，因為祂愛你我。祂的時候來到，祂經歷，祂得勝。現在祂邀請我們相信祂的計畫和愛，祂的時間表，以及這時間表將產生的功效。

26 1月 Jan

祂的所有權

地與海並樹木，你們不可傷害，等我們印了我們上帝眾僕人的額。啟示錄7：3

在我們處理與《耶穌101》（Jesus 101）宣教事工相關事宜之時，我們時常需要用到一枚印章，上面有我們網站和其他重要資訊。我們會將它蓋在所有屬於我們事工的相關書籍和物件上。印章是所有權的標誌。這就是為何每當我到父母墳前致意，讀到刻在他們墓碑上的經文——「你不要害怕！因為我救贖了你。我曾提你的名召你，你是屬我的」（以賽亞書43：1）之時，我就受到極大的安慰。他們在耶穌裡安息，直到祂再來，他們全然信靠，因為他們是屬祂的。你和我都可以活在這樣的確信之中。

談到未來和末日事件時，我意識到許多人生活在恐懼和極度的焦慮中。然而，藉著耶穌的寶血，我們獲得了上帝的保證，祂要我們選擇信靠而不是恐懼。有一點是肯定的，那就是我們是屬祂的！〈啟示錄〉第7章描述四位天使站在地的四角，執掌地上四方的風，直到上帝的眾僕人都受了印（啟示錄7：1）。上帝掌管一切！在所有事情上，都有祂命定的旨意和時間表，而這一切都是為了成就祂救贖的目的。上帝差遣了一位天使，在最後的災難臨到地上之前，要在祂的每一個僕人身上蓋印。你可以將其想像成一枚上面帶有圖章的戒指（在第一世紀時十分普及），這枚戒指刻著上帝和羔羊的名字，以便在每個上帝子民的額頭上蓋印。這個記號向整個宇宙宣告，「這是屬我的！」它是保護和所有權的象徵。在整卷〈啟示錄〉中，每個向羔羊宣誓效忠的上帝之僕人，其額上都有祂的所有權標誌（見啟示錄9：4；14：1；22：4）。聖靈向我們證明我們是屬祂的，我們有上帝羔羊得基業的憑據（參以弗所書1：13、14；4：30；哥林多後書1：21、22）。換句話說，這枚印章為那些相信基督恩典的人提供了救贖的保證。「主認識誰是祂的人。」（提摩太後書2：19）無論你目前所面對的，是疾病、死亡、困難、挑戰或是毫無把握之事，要相信上帝告訴你的：「你是屬我的！」

1月 Jan 27

祂的評定

我實在告訴你們，這窮寡婦所投的比眾人還多。路加福音21：3

我丈夫孩童時經常會送各式各樣的小禮物給他最愛的媽媽。他會從街上收集閃亮的紙張或從宴會上收集食物，他的母親總是非常感激的接受他的禮物。有一次，他決定送她一個冰淇淋，他慎重其事的把冰淇淋裝進口袋，然後一路走回家。當他回到家時，冰淇淋早已融化了。她脫下他的小褲子，在清洗之前，她在他面前舔了舔那個口袋並說：「這味道太好了，謝謝你送我這個冰淇淋！」

耶穌啟示我們，對於我們獻給上帝的禮物，祂對其評定並不取決於其價值或世人的認可。上帝看重的是內心，是行為背後的動機。耶穌強烈反對當時的文士假冒為善的作風——愛穿長袍遊行，以此炫耀自己的社會及宗教地位，又喜愛在會堂和筵席上坐高位（見路加福音20：46、47）。耶穌也指責他們對寡婦的欺詐以及假意做很長的禱告（47節）。路加敘述了耶穌在聖殿中看到的一個強烈對比：「耶穌抬頭觀看，見財主把捐項投在庫裡，又見一個窮寡婦投了兩個小錢。」（路加福音21：1、2）後來的猶太史料指出，在女院中有13個奉獻箱，是專為聖殿經費奉獻之用。財主奉獻的數額令人印象深刻；而窮寡婦只奉獻了「兩個小錢」，是當時流通的猶太貨幣中面額最小的。然而耶穌公開讚許她所奉獻的（第3節）。財主奉獻的是他的盈餘，而她奉獻的卻是自己賴以維生的金錢（第4節）。當我們在回應上帝無限的愛時，不要藉由與他人比較來衡量自己的才幹、金錢、精力、時間和資源。上帝洞悉你的內心，並對你的熱心和愛的回應感到喜悅。你為了祂的國度所獻上的會觸動祂的心，即使它們像是融化了的冰淇淋！祂為了我們的救恩捨棄了一切，虛己，且離開了祂榮耀的天家。作為回應，讓我們將一切最好的獻給祂！

祂的家譜

以挪士是塞特的兒子；塞特是亞當的兒子；亞當是上帝的兒子。路加福音3：38

最近，DNA檢測公司的數量大幅增長，反映出人們對尋找祖先、認識自己血緣的渴望越來越強烈。很多人對於再次建立自己的家譜非常有興趣。「家譜是研究家族起源和歷史的學科。由系譜學家編制祖先名單，將其整理成系譜圖或其他書面形式。『家譜』這個字源自兩個希臘文單字，一字的意思是種族或家庭，另一字的含意則是理論或科學；如此便衍生出『家譜學』這門尋根溯源研究家族史的科學。」（註6）

路加提供了一個廣大的耶穌家譜，並將其編排在耶穌的洗禮（路加福音3：21、22）和在曠野的試探（路加福音4：1－13）之間。路加一開始就說，耶穌開始公開傳道時，大約30歲；在當時，30歲被認為是一個已臻成熟的年紀，因此，這個年齡的人可以負起成人的責任並擔任公職（例如創世記41：46中的約瑟，以及撒母耳記下5：4中的大衛）。馬太追溯耶穌的祖先至亞伯拉罕（馬太福音1：2），路加則一直追溯至亞當——上帝的兒子為止。這是一個指標，路加試圖藉此使我們看出，整部人類歷史是如何被包含在救恩計畫之中（路加福音3：23－38）。透過倒敘的方式，路加確認耶穌是人類的一分子，祂的祖先可以追溯到第一個人類——亞當，上帝的兒子，從而確認了人類的神聖來源。我們是按著上帝的形象被造的（創世記1：26）。永遠不要讓任何人告訴你，你比別人差……你是上帝的孩子，是按著上帝的形象被造的！儘管耶穌的誕生是奇蹟（路加福音1：35；3：22），祂仍然成了我們當中的一分子，只為了成為第二個亞當，並為人類獲取勝利，因為第一個亞當失敗了（哥林多前書15：45；羅馬書5：19）。耶穌是完全的上帝，也是完全的人。你是否痛苦地意識到自己的匱乏，覺得自己不夠資格成為上帝的兒女？耶穌是我們的代表，祂的順服和死亡都是為了我們。在完美的上帝之子裡，上帝接納我們成為祂自己的孩子。讚美耶穌，我們的救主！

1月 Jan 29

祂的評價

不要懼怕，你們比許多麻雀還貴重！路加福音12：7

在我6歲的時候，我的媽媽多次從死亡邊緣將我救了回來。當我在游泳池溺水時，她伸手救了我；當我失血過多面臨死亡時，她抱著我跑了好幾英里的路；當我因哮喘發作而無法呼吸時，她多次帶著我衝到醫院去。作為孩子，我深信一件事——我在父母眼中有無與倫比的價值。這種認知也塑造了我對上帝的看法。

上帝對我們每個人的珍視，應該是我們生命的保證。耶穌使用自然界的景象來提醒我們，上帝連最小的野花和動物都如此關心，而我們可比那些貴重得多！見微知著，耶穌套用了一種叫做「豈不更」（qal wahomer）的辯論風格向門徒們保證，如果上帝連微不足道的雀鳥都這麼關心，祂難道不會更關心我們這些按著祂形象被造的人類嗎！我喜歡〈路加福音〉12章6至7節說的：「五個麻雀不是賣二分銀子嗎？但在上帝面前，一個也不忘記；不要懼怕，你們比許多麻雀還貴重！」換句話說，如果上帝都親自認識並關心這些雀鳥，上帝豈不更關心你我嗎？祂對我們愛的評價，以及我們對祂的意義，成為祂瞭解並關心我們的保證。如果知道上帝是如此看重我們，我們還有何懼呢？這節經文的背景是，即使面對逼迫、困苦和艱辛，我們也不應該懷疑上帝對我們的關心。祂是至高無上的，祂的智慧超越了我們對生活各樣情況的理解，我們總是可以倚靠祂的眷顧，永遠不會被祂遺忘！祂深知我們的一切；「就是你們的頭髮，也都被數過了。」（第7節）。祂深知每一種傷痛，每一滴眼淚，每一個心碎，祂關心我們的痛苦。別忘記祂對我們是如此重視，以至於祂甘願犧牲了自己的生命來拯救我們。在艱難的日子裡，不妨看看雀鳥，並回想上帝是如何珍視你。是的，在上帝看來，你遠比許多麻雀貴重得多！

祂的合一

我在他們裡面，祢在我裡面，使他們完完全全地合而為一，叫世人知道祢差了我來，也知道祢愛他們如同愛我一樣。約翰福音17：23

我參加了衛星佈道活動；在這活動中，有許多人會聚集在一處，計畫並組織一系列的佈道會，並透過電視轉播，達成分享耶穌基督福音的目的。在這經歷中最激勵人心的，就是看到不同背景、技能的人，帶著傳福音的目的相聚在一起：分享上帝透過耶穌彰顯的救贖，以及祂對世人的愛。

在約翰的福音書中，他記錄了一段耶穌的禱告，它被稱為「大祭司的禱告」。在這個禱告中，祂祈求天父使祂的門徒因福音的目的合而為一，「使他們都合而為一。正如祢父在我裡面，我在祢裡面，使他們也在我們裡面，叫世人可以信祢差了我來。」（約翰福音17：21）。每一位信徒在上帝眼中都是獨一無二的，而且祂從不要我們放棄這份祂所賜的個人特質。合一的目的是為了讓世界都認識耶穌。耶穌繼續說道：「我在他們裡面，祢在我裡面，使他們完完全全地合而為一，叫世人知道祢差了我來，也知道祢愛他們如同愛我一樣。」（第23節）。合一的目的不是要使我們成為同一種人，而是要傳揚一個福音信息：讓所有的人知道耶穌和祂的愛。能夠與這樣的一群人——以宣揚上帝的愛為己任，如同耶穌所做的一樣——合作同工，是莫大的榮幸！順便問一句，你是否從這節經文中體認到，上帝急切地希望你明白祂愛你？天父愛你，就像祂愛耶穌一樣！不僅如此：祂要你和祂永遠在一起！「父啊，我在哪裡，願祢所賜給我的人也同我在那裡。」（第24節）。我把這句話套用在我個人身上：「我要伊莉莎白和我在一起。」把你的名字也填進去吧！因為耶穌希望你和祂在一起。願我們在耶穌裡都能合一，成為向這個世界分享耶穌之團體的一分子！

1月 Jan 31

祂的良善

只是我告訴你們，要愛你們的仇敵，為那逼迫你們的禱告。這樣就可以作你們天父的兒子。馬太福音5：44、45

重洗派（Anabaptists）信徒中有一位信心英雄名叫德克．威利斯（Dirk Willems），他出生於荷蘭。由於他堅守新信仰並重新受洗，因此遭到斥責和逮捕。不過，他後來想方設法逃出監獄，並穿過一個結冰的池塘。但一名警衛隨後發現了他並追了上去，不料那名警衛竟不慎掉進了冰冷的水裡並高喊救命。威利斯知道若停下來救他，自己必定要付出極大的代價，但他不能不救。他幫助追捕他的人逃出冰冷的池水，這就意味著他又被抓了回去，並最終被綁在火刑柱上燒死。

上帝對人類的愛激發了救贖計畫，這意味著在我們還不認識、明白耶穌時，祂就願意代替我們而死。「惟有基督在我們還作罪人的時候為我們死，上帝的愛就在此向我們顯明了。」（羅馬書5：8）我們不配得到這份犧牲，現在也不配。正是基於這樣的認知，讓跟隨耶穌的人有力量去愛他們的敵人，為那些逼迫他們的人禱告。上帝的良善充滿信徒的心，滿溢至世界，甚至流進那些使他們遭受困苦之人當中。我們被呼召去愛我們的仇敵，而不是報復（馬太福音5：39－44）。請注意接下來的章節（第44節），單數的「仇敵」（第43節）變成了複數的「仇敵們」（第44節）。耶穌的聽眾面對許多不同類型的敵人，其中包括長期在政治上打壓他們的羅馬人，以及被視為叛徒的稅吏。然而，透過沒有特例的複數詞，耶穌做了一個包含所有人的宣告：「只是我告訴你們，要愛你們的仇敵，為那逼迫你們的禱告。這樣就可以作你們天父的兒子；因為祂叫日頭照好人，也照歹人；降雨給義人，也給不義的人。」（第44、45節）愛仇敵的一個可行方法是為他們禱告，效法我們的天父，因祂的良善，祂為敬拜的以及不相信的人，都提供了日頭和雨水。願耶穌賜給我們的愛能透過我們，向我們的弟兄姐妹，甚至是向那些逼迫我們的人彰顯出來。

2月｜信靠祂的供應

2月 Feb 01

祂的光

我……是世上的光。約翰福音 9：5

某次我受邀去紐西蘭為一場婦女退修會主講，在那一次旅程中有一項經歷教我畢生難忘。我希望在活動期間可以抽空去參觀懷托摩螢火蟲洞（Waitomo Glowworm Caves）。感謝主辦當局的充分安排和善意，我們達成心願了！我們乘著小船進入了一個漆黑的山洞。導遊要我們完全保持安靜，我們靜靜地坐在黑暗中，激動的心情開始湧上心頭。我聽說過這些洞穴裡棲息著發光的蠕蟲，但我對它們的出現真是猝不及防！當船駛入洞穴深處時，成千上萬的微小亮光赫然出現在我們眼前，恍若置身於一個充滿星星的夜空中。由於周圍一片漆黑，它們發出來的亮光比我想像得更明亮。我再一次驚歎於上帝精美的創造！

有一些事物可以讓亮光在黑暗中更顯明亮！在〈約翰福音〉其中一個「我是」的啟示中，耶穌宣告說：「我……是世上的光。」（約翰福音9：5）接著耶穌醫治了一個瞎子，使他在身體和屬靈上都能看見，並且他是〈約翰福音〉提及的、唯一一個「拜耶穌」的人。這個瞎子用來介紹耶穌的話語，突顯了他在屬靈上的成長：他首先稱耶穌是「一個人」（第11節），然後稱祂「是個先知」（第17節），再來說祂「來自上帝」（第33節）等等；最後說到他相信祂，就拜祂（第38節）。另一方面，法利賽人以為自己能看見，結果卻成了瞎眼之人（第39－41節），他們自稱是摩西的門徒，而不是耶穌的門徒（第28節）。他們稱耶穌為「罪人」（第24節），並以摩西和守安息日的名義，把從前那個瞎眼的人趕出會堂。有時，即使是在宗教界裡也能發現屬靈上的黑暗。如果在耶穌以外的任何事物、或任何人成為了我們所崇拜的事物，那麼即使它具有宗教性質，也會讓我們如同這些法利賽人一般，成為瞎眼的。只有耶穌能帶來平安。祂是照亮我們心靈的光，驅散我們的疑慮和恐懼，並掌握我們的未來。祂是世上的光，也是我們生命的光！

祂的觸摸

耶穌伸手摸他，說：「我肯，你潔淨了吧！」他的大痲瘋立刻就潔淨了。馬太福音8：3

我的朋友史蒂夫在決定投身於幫助他人時，自己在情感上也正遭受打擊。他成立了一個名為「擁抱人」（Hugs for Humankind）的事工，他會在一週中出去幾次、與那些生活在大街上的遊民接觸，對他們的生活表達關心，幫助他們，或只是聆聽他們想說的話。在適當的時候，他會給他們一個擁抱，這是他們當中許多人多年來所不曾經歷的。他們之中有很多人已經很長時間未曾與他人有過如此激勵人心的接觸了！他們很高興、也很感激能得到這種善意的幫助。

在第一世紀，痲瘋病是一種迫使患者被隔絕於正常社會生活之外的疾病。痲瘋病患被當時的人認為是不潔淨、不可接觸的（見利未記第13、14章），並且需要離開本來居住的村莊。痲瘋病人還必須背負可怕傳染病的污名。因此，在〈馬太福音〉8章1至4節中來尋找耶穌的痲瘋病人，甚至都不確定耶穌是否願意醫治他。

在四福音書中，耶穌為人類所做的、最偉大的服務有時會被忽視，因為我們太專注於祂所行的種種治癒和復活的神蹟。在這個故事中，我們應該特別注意耶穌對這個患者的態度——「耶穌伸手摸他。」（馬太福音8：3）祂觸摸了一個在人們眼中不能觸摸的人！上帝的兒子在地上的時候，始終是潔淨的，也不曾被疾病所玷污；反之，祂帶來了生命和健康。祂為人們的身、心、靈提供了醫治。在這個例子中，耶穌的觸摸顯示出祂願意接觸不潔淨和被社會邊緣化的人。你或許沒有痲瘋病，但你可能正陷入某種成癮的習慣、罪惡、黑暗的過去、不健康的關係、或其它使你或你所愛之人的生活充滿恥辱的掙扎中。願這個故事能讓你確信，耶穌願意觸及我們生活中的黑暗地帶，並在疾病之處提供醫治。耶穌的觸摸顯示祂的愛和憐憫！

2月 Feb 03

祂的滋養

耶穌說：「我就是生命的糧。到我這裡來的，必定不餓；信我的，永遠不渴。」約翰福音 6：35

你是否曾經歷饑餓，在某一刻非常想吃東西呢？我記憶所及、最餓的一次經歷，是幾十年前初來美國的時候。我一開始很難找到工作，於是我們靠著教會每週發給我們的一袋食物，包括麵包、乳酪、米、豆子等等來填飽肚子。有一天，當我打開冰箱時，我發現除了一些麵包和乳酪之外，真的是什麼食物都沒有了！但我非常感謝上帝在那個時候的供應和賜福。之後，我們的生活就漸入佳境，一天比一天更好。

食物在第一世紀時，是人們生活中極其重要的一部分，許多人每天為它勞碌。當耶穌以神蹟餵飽了群眾（約翰福音6：1－13），人們認為他們所等候像摩西一樣的先知（參申命記18：15）已經來到：「這真是那要到世間來的先知！」（約翰福音6：14）。人們想要確定祂就是那位他們素來等候的，因此他們要求祂再行一件神蹟，好讓他們可以相信祂（參約翰福音6：30、31）。他們以嗎哪引喻，就是上帝在曠野藉著摩西供應他們的水和食物。耶穌會以同樣的方式來證明自己嗎？但耶穌解釋說，祂是從天上降下來的真糧，是滋養世界的那一位（第32、33節）。早在〈出埃及記〉第16章，上帝就已經賜下嗎哪，以色列人每天都去收取當日的份，因為它是容易腐壞的食物。只有在為安息日收取的第六日可收雙倍，因為他們在安息日休息以記念他們神聖的供應者。但嗎哪所預表的、那從天而降的真糧所供應的，乃是永遠長存的真糧。「我就是生命的糧。到我這裡來的，必定不餓；信我的，永遠不渴。」（第35節）在〈約翰福音〉中，這是在突顯耶穌身分的隱喻之前，第一個強調「我是」的章節。人們的心一直都在尋找真正的糧，雖然有時是在錯誤的地方，唯有耶穌能滿足我們永遠的饑渴。在祂裡面我們找到了救恩、保證、喜樂、意義、目的和真正的滋養。祂充滿了我們的心靈；祂是我們的一切。主啊，請賜給我們今日所需的飲食——耶穌！

祂的供應

那從天上來的糧不是摩西賜給你們的，乃是我父將天上來的真糧賜給你們。
約翰福音6：32

我丈夫的家庭有8個成員，他的父母為人非常熱心、好客，所以在丈夫成長的歲月中，家裡總是有很多需要幫助的人會來和他們一同用餐。他們家境並不富裕，但不知怎麼的，家裡總是有足夠的食物來招待客人。他的兄弟姐妹們常說，儘管他們從未見過食物增加，但他們確信上帝經常會奇蹟般地供應食物，讓所有的人都能吃飽。

在約翰的福音書中，他記錄了耶穌在餵飽五千人之後，與他們之間冗長和深刻的互動（約翰福音6：26－58）。在奇蹟般的供應後，群眾要求耶穌再行一個神蹟，好叫他們可以相信祂。他們說道：「我們的祖宗在曠野吃過嗎哪。」（第31節）這嗎哪是上帝在曠野四十個年頭裡，日日供應他們的。我真的很喜歡記載在〈出埃及記〉第16章，關於嗎哪的故事，請你花點時間讀一讀它吧！也許我也會像那些焦慮的人一樣，奮力收集一天以上的嗎哪，因為不確定上帝是否真的會在第二天持續供應我。我是否有足夠的信心在第七日休息，以慶祝我的供養者——上帝對祂孩子們的信實呢？回到〈約翰福音〉第6章，耶穌告訴我們嗎哪所預表的是祂，祂就是那位從天家、上帝那裡降下來的真嗎哪。在曠野的物質供應指向我們在耶穌裡的屬靈供應；前者是容易朽壞的，後者卻是永恆的。耶穌說：「我是從天上降下來生命的糧；人若吃這糧，就必永遠活著。我所要賜的糧就是我的肉，為世人之生命所賜的。」（第51節）上帝慈愛地供應了我們一切的需要，無論是物質上的還是屬靈上的。讓我們相信祂對我們的信實，並把我們的憂慮放在十字架的腳下。「上帝既不愛惜自己的兒子，為我們眾人捨了，豈不也把萬物和祂一同白白的賜給我們嗎？」（羅馬書8：32）

2月 Feb 05

祂的無所不知

這事成就是要應驗先知的話。馬太福音21：4

為了跟從在傳道上的呼召，我們決定搬到另外一個城鎮，在那裡我們的收入將會比現在少得多。因為擔心將來我們該如何充份利用更少的收入來支付房租，我們決定到一個新的社區探索一下。當我們抵達那裡時，兩人都覺得需要停下來禱告。後來我們詢問了一間非常喜歡的房子，並計算了需要付的租金之後，我們帶著感恩的淚水離開了那個地方，因為它的租金還不到之前房租的一半，是我們可以輕易負擔得起的。是的，當然，上帝早已知道我們的需要！

藉著上帝對所有情況的預知和預備，我們在祂裡面可以得享平安。當耶穌凱旋進入耶路撒冷時，我們確知祂完全知道未來的景況，並為之預備了。耶穌打發了兩個門徒：「你們往對面村子裡去，必看見一匹驢拴在那裡，還有驢駒同在一處；你們解開，牽到我這裡來。」（馬太福音21：2）耶穌給了他們具體的指示，甚至告訴他們如果被問到時該如何回應。這是耶穌唯一一次以動物代步，祂總是步行，然而在最後的幾英里路，祂需要一匹小驢駒來實現一個特定的預言。馬太指出這個預言來自〈撒迦利亞書〉9章9節（參以賽亞書62：11）：「這事成就是要應驗先知的話，說：要對錫安的居民說：看哪，你的王來到你這裡，是溫柔的，又騎著驢，就是騎著驢駒子。」（馬太福音21：4、5）一些學者認為耶穌已經預先安排了這匹小驢駒，但即使是這樣，這個觀點仍然成立。耶穌知道這個預言，祂計畫應驗這個特定的預言，祂知道上哪裡去可以找到這匹小驢駒，因此祂清楚的指示了門徒。耶穌傳道的每一步路，都遵循著上帝的計畫，即使是最微小的環節亦然。放心吧！上帝知道你和我在救恩和日常生活上一切所需。因祂肯定走在我們前頭！

我的回應

祂的兒女

世上的君王向誰徵收關稅、丁稅？是向自己的兒子呢？是向外人呢？……既然如此，兒子就可以免稅了。馬太福音17：25、26

在我的聖地之旅中，最精彩的一段是拜訪美麗的加利利海，就是耶穌和祂的門徒多次航行的地方。有一種魚是為了記念西門彼得，特命名為錫莫三列雀鯛（Chromis Simonis）。它有一個大嘴巴，大到足以容納一個硬幣，即價值一塊錢的銀幣。今天存心節經文的背景，是關於上帝如何藉著一條魚嘴裡的硬幣繳納丁稅，來彰顯祂神蹟般的供應。

這一則故事發生在迦百農。稅吏問彼得：「你們的先生不納丁稅嗎？」（馬太福音17：24）。彼得肯定地給予了回答。有爭議的是丁稅，每個20歲（含以上）的猶太男性都要繳納。不過這當中也有一些例外，例如祭司。丁稅是基於上帝律法的指示（參出埃及記30：11－16）。每人繳納半舍客勒，用來維持聖殿的費用。後來在屋裡，耶穌和彼得之間有一場可以讓我們思考自己作為上帝兒女身分的重要談話。「西門，你的意思如何？世上的君王向誰徵收關稅、丁稅？是向自己的兒子呢？是向外人呢？」（第25節）。彼得回答說，地上的君王是向外人收稅而不是向自己的兒女。在這個比喻中，上帝是王，耶穌和祂的跟從者則是兒子們。作為回應，耶穌總結道，「既然如此，兒子就可以免稅了。」（第26節）。這意思是說祂和祂的跟從者就不需要在自己父親的家納稅了。當聖殿的服務在耶穌的犧牲中得到應驗後，它和其中的獻祭制度將成為過去。儘管如此，為了不冒犯猶太當局，彼得獲得上帝的供應，釣到一條嘴裡含有一枚相當於一舍客勒硬幣、足以支付耶穌和彼得丁稅的魚（第27節）。我們不是外人！我們是王的兒女，祂供給了我們一切所需。

2月 Feb 07

祂的介入

不要思慮怎樣說話，或說什麼話。到那時候，必賜給你們當說的話。馬太福音10：19

當我讀到我的研用版《聖經》裡，有關〈馬太福音〉10章19節的注釋時，我忍不住微笑：「『不要思慮怎樣說話，或說什麼話』，這句話不該被講員利用，拿來當做講道準備不足的藉口！」（註7）我開始研究這個題目時，發現在其他學術書籍中也有類似的規勸。雖然這一個章節似乎已經被誤用多時，但它包含了一個耶穌最重要的應許。

當我們讀到這一節的時候，耶穌已經提及當祂的跟從者被帶到公會和猶太會堂時，所將遭遇的逼迫和反對（馬太福音10：17）。現在耶穌又將它擴展到社會和權柄的最高層級：「並且你們要為我的緣故被送到諸侯君王面前，對他們和外邦人作見證。」（第18節）即便這些與掌權者和貴族的會面，都在計畫以外，或可能產生衝突，它們都將被上帝使用，作為向不信的人見證耶穌的機會。耶穌繼續談論到在某些急迫的情況下，口頭的見證是必要的。耶穌在這裡宣稱，我們的天父——就是我們相信會供應我們日常和基本需要的那一位（馬太福音6：25－34），也會在這樣的危機中賜給我們當說的話。這是一個最令人安心的應許：因為無論跟從耶穌之人的社會地位或才智如何，上帝都會介入並提供神聖的幫助。「因為不是你們自己說的，乃是你們父的靈在你們裡頭說的。」（馬太福音10：20）所以「不要思慮怎樣說話，或說什麼話。到那時候，必賜給你們當說的話。」（第19節）耶穌說我們不應當對我們的見證感到焦慮，即使是在最高的權威面前。我們將會討論到耶穌和天父如何藉著祂的聖靈來介入、協助我們。是的，上帝供應我們衣食（馬太福音6：25－34），當我們為耶穌做見證時，祂也會賜給我們當說的話（馬太福音10：18－20）。所以「不要思慮」，要相信聖靈必幫助。

祂的回應

經上記著說：「人活著，不是單靠食物，乃是靠上帝口裡所出的一切話。」
馬太福音4：4

在我年輕的時候，每年夏天我們家都會到海灘露營。我的幾個親戚也會加入我們的行列，所有家人組成一個小小的帳篷村。我的一個叔叔親自設計了一個可容納我們所有帳篷的手工大天幕。他在防水布下固定了幾根鐵棒，創造了一個很大的活動空間。我還記得有一次暴雨來襲，我們全都聚在這頂堅固的天幕裡面，它有很多非常結實、堅固的杆子，強風來了也沒有被吹倒。

當我們面臨暴風雨般的試探時，我們的核心信念會受到考驗，這將考驗我們的帳篷是否站立得住。當耶穌在曠野遭遇魔鬼試探的時候（馬太福音4：1－11），祂用《聖經》的話來回應祂的敵人。魔鬼引誘耶穌懷疑祂的身分、供應、保護和計畫，「你若是上帝的兒子……」（第3，6節）。耶穌聽見從天上有聲音說，祂是上帝的愛子（馬太福音3：17）。現在，祂的仇敵以假設語氣「如果你是……」，企圖讓祂懷疑自己在上帝國度中的身分。順道提一下，就連祂後來被掛在十字架上時，祂也受到了同樣的試探：「你如果是上帝的兒子，就從十字架上下來吧！」（馬太福音27：40）。再者，祂會相信上帝將供應祂所需要的嗎？還是祂必須自救，自己供應自己（馬太福音4：3）？祂是否需要試探上帝對祂的保護，或是祂真的確信上帝與祂同在（第5、6節）？上帝確實掌控祂的生命嗎？最後，魔鬼引誘祂繞過十字架，跟隨一個不同的計畫（第9節），好像救贖可以透過其他方式實現一樣。對於所有的這些試探，耶穌都用《聖經》的真理來回應。我們可以從這個故事中學到寶貴的功課，當試探的風暴來臨時，有四根信仰支柱可以支撐我們的屬靈帳篷：❶你是上帝的兒女，祂愛你；❷祂必定供應你一切所需，無論是物質還是屬靈上的；❸在你的成長和救恩上，祂掌管一切，若沒有祂的允許，任何事情都不能臨到你；❹祂對你的人生有一個詳細的計畫。阿們！

2月 Feb 09

祂的衣袍

我勸你向我買……白衣穿上，叫你赤身的羞恥不露出來。啟示錄3：18

某次我突然心生一計，想到了一個可以令我的講道在聽眾心中加深印象的教具。為了解釋在喜筵上沒有穿禮服之人的比喻（參馬太福音22：1－14），我帶了白色的大塑膠袋到教堂給每個人穿上，那裡有超過一千多人。所有的會眾都穿著特製的「白衣」，那幕景象真是好看極了！然後接下來，我們按劇情安排一個穿黑衣的人被帶出會場，因為他拒絕穿上所提供的衣服。

這個比喻不是《聖經》中唯一一個由上帝明確指出，我們屬靈的外衣並不足以讓我們有資格進入天國的比喻。在整本《聖經》中，罪被描繪成一種衣袍危機。它始於亞當和夏娃，他們犯了罪，發現自己赤身露體（創世記3：7）。他們沒有到上帝那裡求祂饒恕和赦免以便遮蓋羞愧，而是拿上帝不悅納的無花果樹之葉，為自己編做衣服穿上。一次又一次，上帝為我們預備了救恩的衣袍（例如以賽亞書61：1－4，10、11；撒迦利亞書3：1－5）。在福音書中，〈馬太福音〉第22章中的比喻也表達了同樣的觀點。另外，在〈路加福音〉15章22節，浪子回頭的比喻中，父親的第一個吩咐就是，把那「上好的袍子」拿出來給他穿上。在《聖經》的最後一卷書中，上帝勸老底嘉教會向祂購買白衣穿上（啟示錄3：18），以便他們的赤身露體可以被遮蓋。可悲的是，老底嘉教會為它許多屬靈的祝福和豐富感到驕傲；他們沒有意識到自己的需要。他們說：「我是富足，已經發了財，一樣都不缺。」然而上帝卻回答說：「卻不知道你是那困苦、可憐、貧窮、瞎眼、赤身的。」（啟示錄3：17）。上帝的解決之道就是把祂的義袍給我們穿上，這義袍是祂用耶穌的寶血買來的。接受祂慷慨的付出吧！因為我們在自己的衣櫥裡找不到救恩的衣袍，這衣袍唯有上帝能提供！

祂的供給

你們所需用的，你們的父早已知道了。馬太福音6：8

我父親去世時，我感到十分悲痛，但我無法完全理解自己所經歷的傷痛究竟為何。後來一位朋友寄來一篇文章，對我產生了很大的幫助；它解釋當我們失去父母時，我們會經歷三個層次的悲傷：首先，當我們失去雙親當中的一位時，我們會把剩下的全副精力放在尚未離世的父親或母親身上，但是當第二個也去世時，我們會重拾對於失去父母雙方的悲傷。第二，這是我們人生第一次成了孤兒。第三，基於我們上一代的長輩皆已過世，所以我們深知，自己接下來也將面臨死亡。成為孤兒的感受會給人帶來一種從未有過、個人層面的悲傷。在那段時期，所有提到上帝是我們父親的經文，都賦予我全新、且更親密的意義。

耶穌向跟隨祂的人介紹了一種與上帝之間全新、且更親密的連結——祂是我們的父親。祂說外邦人試圖用許多重複話試圖使上帝垂聽（馬太福音6：7），但是祂的門徒不應該如此。在〈福山寶訓〉中，耶穌多次提到上帝是門徒們的父親（參5：16，45，48；6：1，4，6，8，9，14，15，18，26；7：11）。這成為我個人的經歷；當我稱呼上帝為父時，我不是在對遠方的上帝說話，乃是在對那位愛我、看顧我的上帝說話。透過使用「我們的……」這樣的語法，我成了上帝國度的一員。「主禱文」分為兩個主要部分：第一是有關上帝的三個陳述，第二則是向祂要求供應的三個祈求。我們在天上的父：「願人都尊祢的名為聖。願祢的國降臨；願祢的旨意行在地上，如同行在天上。」（馬太福音6：9、10）。祢的、祢的、祢的；當我們定睛在上帝身上，認識祂的聖名，渴望祂的國度得以建立，祂的旨意得以實現時，我們的視角就與上帝一致了！然後，我們承認對祂的依賴，向祂要求每天所需的供應，以及饒恕我們並救我們脫離試探（參第11－13節）。在這一切發生之前，耶穌提醒我們，在我們尚未祈求以先，我們一切所需，我們的父早已知道了（第8節）。我們是上帝所愛的兒女，我們樂於供應自己的孩子，我們的天父豈不更樂意供應我們嗎？

2月 Feb **11**

祂的賜予

我們日用的飲食，今日賜給我們。馬太福音6：11

食物雖然是人類日常生活的基本需求，可是目前世界上有些地方還是沒有獲得這項基本供應。復臨教會的安澤國際救援協會（ADRA）在其網站上公布的資訊使人震驚：「每年因饑餓和營養不良導致的死亡人數，遠超過因愛滋病、瘧疾和肺結核死亡的總數。今天，世界上有將近10億人口面臨挨餓以及糧食不足的困境。」（註8），每天獲得足夠的食物仍是今日全世界面臨的主要問題，如同在《聖經》時代一般。

糧食不足、沒有飲水，是以色列人過紅海後面臨的第一個困難。在以色列人高唱救贖之歌之後（出埃及記15：1－21），上帝以供應者的身分向他們顯現，使瑪拉的苦水變甜（出埃及記15：22－27），並從天上賜下嗎哪給他們（出埃及記16：4、5）。除了在安息日之外，每天都有嗎哪從天上降下（這是為了提醒他們上帝在屬靈和物質的需要上都賜下供應）。耶和華對摩西說：「我要將糧食（編註：原文為bread，麵包）從天降給你們。百姓可以出去，每天收每天的分。」（第4節）在第一世紀，大多數人都是靠他們每天的工資來換取糧食，而麵包是他們日常生活的主食，就像這個神蹟般的供應所彰顯的。食物也是一種屬靈糧食的隱喻，這顯明在耶穌對魔鬼的回答中，祂引用了〈申命記〉8章3節說：「人活著不是單靠食物，乃是靠耶和華口裡所出的一切話。」（馬太福音4：4）當耶穌教導祂的門徒如何禱告時，日用飲食的祈求也包含其中（馬太福音6：11）。我們也可以祈求上帝供應我們每日在身體、心靈和靈命上的需要：「賜給我們每日的平安」、「每日的信靠」、「每日的信心」、「賜給我們每日的喜樂」。上帝積極供應我們一切的需要。最重要的是，嗎哪也預示了真正的天糧——耶穌：「我是從天上降下來生命的糧。」（約翰福音6：51）主啊，求祢每天向我們顯明耶穌和祂的恩典！

祂的榮美

你想野地裡的百合花怎麼長起來……然而我告訴你們，就是所羅門極榮華的時候，他所穿戴的，還不如這花一朵呢！馬太福音6：28、29

我的母親熱愛大自然。開車時，我們時常會不斷地把車停下來，只是為了欣賞路邊的鳥窩或是花朵。我們很喜歡在度假時倘佯在大自然之中，她從萬物的生機和美麗見到上帝的榮耀。在她去世前幾週，我坐在床邊聊起了她的追悼會——她希望我能展示她所拍攝的鳥兒照片，而不是她的個人照片，我們也照她的吩咐辦了。她對自然之美感到由衷的喜樂，大自然的美麗昭示著上帝對祂所造之物的愛、關懷和供應。

當上帝創造世界時，祂希望所創造的人類被美麗的事物所圍繞：「耶和華上帝在東方的伊甸立了一個園子，把所造的人安置在那裡。耶和華上帝使各樣的樹從地裡長出來，可以悅人的眼目，其上的果子好作食物。」（創世記2：8、9）你能想像上帝創造花草樹木，是為了讓祂的兒女可以因為周圍的美景而歡樂嗎？我對這樣敘述感到驚歎。我們也常會為自己襁褓中的孩子做同樣的事，用許多色彩和美麗的裝飾品圍繞他們。世界上所有的美麗，都是為了我們的幸福，以及見證上帝的榮耀而被造。祂一手打造了田野的芬芳，花朵的榮美，鳥兒的歌唱。這一切都是為了我們！「諸天述說上帝的榮耀；穹蒼傳揚他的手段。」（詩篇19：1）自然界訴說了上帝對我們深刻的愛。從一開始，祂就用美麗環繞著我們，當我們背叛祂的時候，祂犧牲自己以償還我們的贖價，並按伊甸園的美麗來恢復我們。耶穌教導我們要留意野花的榮美：即使尊貴如所羅門——富甲一方的君王，他最輝煌時所穿戴的，還不如這花一朵呢！祂向我們解釋：如果上帝還給野花這樣的妝飾，更何況是我們呢？祂難道不會更照顧我們這些祂所親愛的兒女們嗎？祂當然會！上帝已經為我們永恆的救恩以及今日的供應做了一切。把你的恐懼和焦慮拋到一邊！享受祂所賜下、向我們顯明祂不斷供應的美好禮物吧！

2月 Feb 13

祂的良方

你們要先求祂的國和祂的義，這些東西都要加給你們了。馬太福音6：33

一對夫婦正在討論他們未來的理財規劃，他們為其制定計畫並釐清自己能應付的財務需求範圍。不料，在不知情的情況下，他們的小兒子無意間聽到了他們的談話。幾個小時後，他們注意到兒子臉上憂慮的表情就詢問了他，兒子就將自己對於談話的理解告訴他們。他非常擔心父母可能再也無法養育他了！他們擁抱他並保證沒有什麼需要擔心害怕的，他們一定會供應他一切所需。我不知道上帝有多少次在我臉上看到了憂慮的表情？

我們多數的人都容易憂慮。耶穌在〈福山寶訓〉中談到了這個主題，並提出了三個吩咐，它們通常都一併被翻譯為「不要憂慮。」（馬太福音6：25，31，34）祂不但解釋了憂慮的徒勞，也提出解決方法。首先，祂談到我們對日常所需最基本、合理的憂慮：飲食和衣裳（第25節）。祂透過天父對雀鳥的餵養（第26節）以及給花兒的裝飾（第28節）來展示天父對祂所造之物的供應。耶穌也指出憂慮的無用：「你們哪一個能用思慮使壽數多加一刻呢？」（第27節）。這話是多麼真實啊！現在我們仍然如此！祂繼續將信徒和外邦人做了對比：外邦人擔心這些基本的需要，但跟隨祂的人卻擁有一位深知他們需要的天父。接著，祂提供了一個解決憂慮的方法：將尋求上帝的國當做你人生首要之事，並相信祂會供應我們的需要。「你們要先求祂的國和祂的義，這些東西都要加給你們了。」（第33節）。我天天都要多次提醒自己這個簡單而重要、卻能治癒憂慮的方法。最後，耶穌把祂那「不要憂慮」的命令擴展到基本需求以外——對未來的恐懼（第34節）。不要為明天憂慮，活在當下，活在今天。上帝掌管一切；上帝掌控所有；祂知道我們需要的是什麼。放心！上帝的信實是治癒我們憂慮的良方。

祂心所愛的

我們要歡喜快樂，將榮耀歸給他。因為，羔羊婚娶的時候到了；新婦也自己預備好了。 啟示錄19：7

幾年前，我們為我父母慶祝了結婚50周年的紀念日，那是非常快樂的事。在舉行慶祝活動的大廳入口處，陳列著各樣的展示品，包括他們當年結婚時親友送的禮物和我母親的新娘禮服。在婚禮的照片中，我的母親看起來真的非常漂亮，我父親在離開教堂時眼裡閃著光芒，好像在說：「從今天開始，她就是我的了！」

你能想像，當我們最後終於見到那為我們獻出生命的新郎時，我們將有何感受嗎？你能想像耶穌是多麼期盼接我們回家嗎？為了讓人充分理解《聖經》的隱喻，或有關耶穌和祂的教會最後結合的婚姻，蘭科．斯特凡諾維奇博士（Ranko Stefanovic）以第一世紀所舉行的婚禮為例。他指出：「希伯來人的婚禮通常是在新娘的父家舉行，由新郎支付嫁妝。之後，兩人就被視為準夫妻。然後新郎會回到他的父家，預備他和新娘將要住的地方。在這段期間裡，新娘會留在自己父親的家裡為婚禮做預備。當住的地方和新娘都預備好了，新郎就會回來，把新娘帶到舉行婚禮的父親家裡去（參馬太福音25：1－10）。」（註9）。然而，與一般婚禮不同的是，在耶穌和教會最後的婚禮中，作為新郎的羔羊為新娘付出了一切：祂成為嫁妝，為了她犧牲了自己的生命。祂潔淨祂的新娘，也帶來了潔淨的白衣。每一件事都是祂親手所做！新娘也愛祂，因為祂先愛她，並向她的愛人宣誓效忠。且看祂為了確保新娘都已預備好所做的工：「正如基督愛教會，為教會捨己。要用水藉著道把教會洗淨，成為聖潔，可以獻給自己，作個榮耀的教會。」（以弗所書5：25－27）。你是被愛的！耶穌等不及要接你回家了！

2月 Feb 15

祂的情願

何況你們在天上的父，豈不更把好東西給求祂的人嗎？馬太福音7：11

在我成長的過程中，我的父母為我做出了許多犧牲，以便讓我有機會獲得良好的教育和我所需要的一切。多數為人父母之人都會有同感，孩子經常會成為我們生活中的首要，父母為了撫養孩子有時甚至會做到放棄自己基本需求的地步。這樣的事從孩子出生的那一刻就開始了，甚至在父母去世後還再繼續，因為許多父母還為已成年的孩子預備了遺產。

耶穌利用這種親密的人際關係（親子之間）來教導我們，上帝願意賜給我們所需要的一切美物。「你們祈求，就給你們；尋找，就尋見；叩門，就給你們開門。」（馬太福音7：7）耶穌的這句名言包含三個同義的命令：「祈求、尋找、和叩門」，然後是三個保證：「就給你們……就尋見……就給你們開門。」上帝是信實的，作為天父，祂願意供應祂的兒女，這在前一章就已敘述了（馬太福音6：25－34）。現在，耶穌鼓勵祂的跟從者，要抱持一種相信上帝有能力供應的信心，信祂所能供應的遠超過世上的父母能給他們孩子的。耶穌使用了一種典型的猶太辯論風格，叫做「豈不更」（qal wahomer），表明如果在「小」事上都是真的，那麼在「大」事上就肯定為真。既然地上會犯罪的父母尚且知道拿好東西給兒女，何況我們在天上的父，豈不更把好東西給需要的我們嗎？（第11節）耶穌提到了一個難以想像的情境：父母不給孩子吃典型加利利人的食物（麵包和魚）（第8、9節），而是用一些有害的東西（石頭和蛇）來代替。如果地上的父母絕不會這樣做，我們為什麼還要懷疑天上的父呢？正如我們先前所提到的（2月4日內容），保羅說：「上帝既不愛惜自己的兒子，為我們眾人捨了，豈不也把萬物和祂一同白白地賜給我們嗎？」（羅馬書8：32）。讓我們相信祂樂意為我們奉獻的心，就是那位為我們犧牲自己的上帝之心。

祂的邀請

來跟從我，我要叫你們得人如得魚一樣。馬太福音4：19

我在聖地旅遊時最深刻的經歷之一，就是乘船遊加利利海。徜徉在耶穌和祂的門徒當年經常航行的同一處湖泊之上，感覺就像做夢一般不可思議！看到當地漁民仍像兩千年前那樣撒網捕魚真是一種奇觀！這絕對是令人驚歎的一幕，誰能想到這種日常捕魚的工作，有一天竟成了傳福音的隱喻呢？

馬太敘述了耶穌在加利利海邊行走時對最初四個門徒的呼召，以應驗之前所引用的以賽亞預言（馬太福音4：15、16）。被稱為彼得的西門和他的弟弟安得烈正在撒網，因為「他們本是打魚的」（第18節）。耶穌對他們的呼召——「來跟從我」一定是一個令他們感到驚訝的邀請（第19節）。這是一個屬於拉比的傳統，就是讓學生跟隨他們的老師學習。但耶穌的邀請令人側目的是，主動發出邀請的是祂，而不是按一般相反的傳統做法。此外，耶穌將他們漁夫的職業作為他們未來工作的隱喻，他們將成為得人的漁夫！（第19節；參馬太福音13：47、48）。我非常感謝在耶穌的呼召當中，也伴隨著祂會裝備門徒以完成這個使命的保證：「來跟從我，我要叫你們得人如得魚一樣。」（馬太福音4：19）祂提供了傳福音所需要的一切。從那裡前行，耶穌也呼召了雅各和約翰，他們四人都立即果斷的作出了回應。他們丟下了一切（漁網、船、父親；參第20－22節）。上帝呼召每一個人，在我們日常工作中，邀請我們跟從祂，並成為祂國度的漁夫。我們大多數的人不會被要求離開我們的職業，而是重新安排我們的優先順序。成為門徒意謂著在理解耶穌的救贖使命後，於價值觀上有了徹底的翻轉。願我們分享在耶穌身上所獲得的奇異恩典，體認到祂為了這個呼召而給予我們的裝備。救恩、呼召、以及裝備——這一切都是出自祂的恩典。當你興奮的分享福音時，要確信祂的供應！

2月 Feb 17

祂的堅韌

對那城裡的人傳了福音，使好些人作門徒，就回路司得、以哥念、安提阿去，堅固門徒的心，勸他們恆守所信的道。使徒行傳14：21、22

耶穌的福音是我的家族——塔爾博特（Talbot）家庭聚會中，最受歡迎的討論話題。我的姐夫豪爾赫是一名退休醫生，也是《聖經》的愛好者。我們經常談論上帝如何賜予那些福音殉道者不可思議的堅韌態度，比如約翰・胡斯，他被綁在火刑柱上行刑時還在歌唱。當火焰吞噬身體時唱歌是不可能的，然而上帝賜給他們神奇的力量來榮耀他們口中的福音。

今天的經文描述了保羅在他傳道中對信徒的堅固和鼓勵。但令人覺得不可思議的事是在此前兩節所描述的，「但有些猶太人從安提阿和以哥念來，挑唆眾人，就用石頭打保羅，以為他是死了，便拖到城外。門徒正圍著他，他就起來，走進城去。」（使徒行傳14：19、20）保羅如何能在遭人丟石頭，然後在眾人以為他死了被拖到城外之後，還可以馬上如此振奮和鼓舞人，繼續喜樂的傳福音呢？保羅自己講述了他遭遇的一些逼迫：「被猶太人鞭打五次，每次四十減去一下； 被棍打了三次；被石頭打了一次；遇著船壞三次……遭江河的危險、盜賊的危險、同族的危險、外邦人的危險、城裡的危險、曠野的危險、海中的危險。」（哥林多後書11：24－27）然而遭到逼迫的回顧還在繼續——又饑又渴，受寒等等；他怎麼能在經歷這些事的同時，還繼續傳道和鼓勵他人呢？當我們接受耶穌為我們而死的好消息時，上帝為我們永恆的將來提供了保證，祂也奇蹟般地供應了我們現在所需要的一切，包括堅毅的心和情感上的能力，讓我們可以為祂的榮耀而活，即使是在逆境和痛苦之中。當保羅求主除去他身上的刺時，主對他說：「我的恩典夠你用的，因為我的能力是在人的軟弱上顯得完全。」（哥林多後書12：9）。同樣的答案今日也適用於我們，上帝為我們生活的每個方面都提供了祂的恩典，祂早已透過耶穌來滿足我們所有的需要。

祂的殷切

上帝的選民晝夜呼籲他，他縱然為他們忍了多時，豈不終久給他們伸冤嗎？
路加福音18：7

我經常看見父母如何保護子女，並對上帝將這種本能放在動物界裡的作法感到震驚。我最近看了一段由兩位攝影師所拍攝，關於一隻小熊的影片。他們肯定是靠小熊太近了！因為你可以看到母熊突然間就衝向他們，撞向攝影機，對小熊所感受到的威脅作出本能的防衛。攝影師們雖然在這次的襲擊中僥倖存活了下來，但我相信他們再也不敢低估自然界中，父母保護孩子的本能了！

《聖經》經常顯示上帝為祂的孩子們辯護和伸冤的殷切，祂忠實的護衛他們。耶穌講了一個比喻，是關於上帝如何樂意並隨時準備好，來幫助祂所揀選的人，以及關於不要灰心，堅持禱告，並指望上帝給我們及時的幫助（**路加福音18：1－8**）。對上帝有如此正面的理解是多麼重要啊！這個比喻中有兩個主要人物：一個是眾所周知的不義法官，他完全無視上帝和他的同胞，以及一個處於危險之中，需要法律保護以不受敵人侵害的窮困寡婦。這個不義之官一開始並沒有幫助她，但過了一段時間，他讓步了，並提供了她所需要的法律保護，因為他對她的堅持和糾纏感到煩擾。耶穌以「豈不更」（qal wahomer）的傳統辯論方法總結道：如果連這樣一個不義又無情的法官最終都會為堅持不懈的寡婦伸張正義，那麼上帝豈不更會給那些日夜向祂哭訴的兒女伸冤，以及伸張正義嗎？因此，耶穌想告訴我們的是：「你聽見這個腐敗的法官說了什麼嗎？那麼，是什麼讓你認為上帝不會介入，並為祂的選民伸張正義呢？難道祂不會捍衛他們嗎？我向你保證，祂會的。祂不會無故拖延的。」（**參路加福音18：6－8**）。請相信上帝會殷切的拯救、保護，以及為你的利益而行動！祂絕不會讓你失望！

2月 Feb 19

祂的寶血

你們就對那家的主人說：「夫子說：『客房在哪裡？我與門徒好在那裡吃逾越節的筵席。』」馬可福音14：14

在遇到困難時，我拜訪了我的良師。他帶我回顧了以色列的歷史；我們讀了〈出埃及記〉14章13至14節：「摩西對百姓說：不要懼怕，只管站住！看耶和華今天向你們所要施行的救恩……耶和華必為你們爭戰；你們只管靜默，不要作聲。」上帝對祂子民的拯救大能，透過逾越節的羔羊和分紅海彰顯出來。我的恩師提醒我，要相信在這場爭戰之中，上帝是為祂子民而戰的！

當耶穌即將犧牲自己的生命來救贖世界時，祂決定與門徒一起吃最後的逾越節晚餐（馬可福音14：12－16）。在上帝的預知和實際的安排下，耶穌給了門徒明確的指示，找到了一個適合進行逾越節晚餐的樓房。他們要跟著一個拿著一瓶水的男人（第13節）；這是一個不尋常的景象，因為一般都是婦女扛著水瓶。那家的主人僅被告知：「夫子說：客房在哪裡？我與門徒好在那裡吃逾越節的筵席。」（第14節）。「逾越節」這個詞在這個簡短的敘述中就被提到四次。你能想像當他們在預備這個於〈出埃及記〉12章21至27節中被設立，作為記念上帝的拯救和救贖，並象徵著耶穌自己死亡的晚餐時，祂做何感想嗎？以色列人宰殺了逾越節的羊羔，把血抹在門楣上和門框上，滅命的天使見這血，就略過他們，災殃就不臨到他們身上，他們是因羔羊的血而得救。後來，當他們面臨前有紅海後有埃及追兵時，他們再一次被提醒，這場爭戰是屬上帝的。在他們前往應許之地的路上，他們亦不斷被提醒，上帝是糧食的供應者。這是上帝的戰爭！回到耶路撒冷，當耶穌正在吃這晚餐時，祂向門徒解釋說這晚餐代表了祂的身體和祂的寶血。我們逾越節的羔羊——耶穌，已經被獻為祭了！（哥林多前書5：7）。祂已經救贖了我們！現在，我們是否相信祂會在我們前往應許之地的旅途中，提供我們所需的一切呢？

祂的堅忍

約在半夜，保羅和西拉禱告，唱詩讚美上帝，眾囚犯也側耳而聽。使徒行傳16：25

在我生命中特別艱難的時候，上帝經常用一首歌來幫助我，這首歌成了我在經歷特殊試煉時的夥伴。當我父親最後一次被診斷出得了癌症時，我有幸聽到了「上帝要聽你歌唱」（God Wants to Hear You Sing）這首歌（註10），我聽了一遍又一遍。這表明當一切順利時，上帝喜歡聽我們歌唱，但是當上帝聽見我們像保羅和西拉一樣，在患難中也同樣讚美祂時，我們就使上帝的心真正的歡喜快樂。

瞭解耶穌在〈路加福音〉中所經歷的，以及祂的跟隨者在〈使徒行傳〉中所面臨的類似經歷是非常有意義的。耶穌和祂的門徒在公開傳道期間行了許多神蹟奇事，忍受各樣的試煉和患難，甚至被逼迫、殺害，但在這之前，他們都受了聖靈的洗。耶穌忍受了祂的跟從者所無法忍受的痛苦和死亡，因為祂擔當了我們的罪和過犯的刑罰。然而祂的門徒卻獲得從天上而來的力量和堅毅，忍受了許多試煉。有時上帝會挪走試煉，但有時祂會賜給我們堅忍以及在患難中對祂歌唱的體驗。保羅和西拉在腓立比也是這樣。在歐洲的第一個信徒名叫呂底亞，她在城裡受了洗。當保羅從一個使女身上趕出了污鬼後，他和西拉被打了許多棍，還被下在監裡（使徒行傳16：23）。為了安全和懲罰的目的，他們被關在內監裡，兩腳上了木狗（第24節）。然而上帝為他們提供了一個見證耶穌的方法：他們在半夜唱詩讚美上帝（第25節）。其他的囚犯，甚至可能連獄卒自己也都側耳而聽。當地震發生時，他們有機會告訴獄卒關於耶穌救恩的信息，他和他的家人都受了洗。如果你今天正面臨苦難，求上帝在夜裡賜給你一首讚美的詩歌。你的試煉將成為你的見證！而上帝也將用它來達到救恩的目的！

2月 Feb 21

祂的豐盛

他們都吃，並且吃飽了。馬可福音6：42

當我擔任教會的青年領袖時，我們的團隊決定參與一個在洛杉磯市中心為遊民提供餐食的大型社區活動。活動舉辦時有許多人前來，大家都吃得飽到不能再飽了，可是仍然有很多的剩餘！這是很不尋常的，因為在這個城市有超過四萬個遊民。我多麼希望這些豐盛的食物每天都可以屬於他們！

在〈馬可福音〉6至8章中有一些很發人深省的片段，我們會花幾天時間討論其中記載。這是關於耶穌使五千人吃飽和使四千人吃飽的神蹟。故事開始於耶穌在一個野地教導群眾，這時天已經晚了，該吃飯了（馬可福音6：34－37）。可是門徒只能找到五個餅和兩條魚（第38節），他們把這些拿給耶穌。群眾一排一排的坐著，有一百一排的，有五十一排的，正如百姓在曠野與摩西同坐一般（出埃及記18：21）。然後耶穌使餅增多。有四個動詞，是讀者在稍後讀到關於餵飽群眾的故事中會再次讀到的——耶穌「拿著餅」，「祝福」，「擘開餅」，「遞給門徒」，門徒再遞給群眾。「他們都吃，並且吃飽了。門徒就把碎餅碎魚收拾起來，裝滿了十二個籃子。吃餅的男人共有五千。」（第42－44節）。這個事件的背景可以從使用的文字和數字中看見。五和十二是猶太文化的代表：五是律法書（妥拉）的數目，而以色列有十二個支派。在這個故事裡，有五個餅，餵飽了五千人，還有十二個籃子，每個支派一個。甚至連用來表示籃子的希臘文單詞「kophinos」，都與猶太人有關。上帝的子民不但被餵飽，而且還有剩餘。但這個故事還有更多值得深究的意義，我們將在接下來幾天的課文中讀到。現在，讓我們相信上帝的資源沒有欠缺，無論是我們日常的需要，還是我們永恆的救恩。祂沒有窮盡，祂的恩典豐盛！祂能成就的遠超過我們所求所想（以弗所書3：18－20）。

祂的突破

主啊，不錯；但是狗在桌子底下也吃孩子們的碎渣兒。馬可福音7：28

當我還是個小女孩時，我曾經為了想買一輛腳踏車而努力存錢。某一天，當時正擔任教會傳道人的父親帶著我和母親一起去山區，那裡有一個婦人，她擁有一家遠離當地教堂的旅館，等著要奉獻她的什一和樂意捐。抵達之後，我們坐在桌子旁。她開始把錢分成不同的部分：佈道捐、什一、堂費捐等等。我還以為會有一部分是給我的！可是當錢分完後，我絕望地喊道：「那我的腳踏車呢？」為什麼給教會這麼多，而我卻一無所有？

你是否曾為擁有的不足而擔心過？我有。在耶穌時代，有些人也懷疑自己是否能有足夠的食物，因為他們被貼上了「外邦人」的標籤。在使五千人吃飽的故事中（馬可福音6：34－44），透過神蹟，耶穌讓餅倍增，並使五千人得到飽足（在馬可福音的敘述中清楚地指出是給猶太人的）。〈馬可福音〉7章24節描述耶穌來到了泰爾（推羅）、西頓的境內，這是一個長期以來與以色列人為敵的外邦領地（參列王紀上16：31、32）。有一個屬敘利腓尼基族的外邦婦人，請求耶穌憐憫她的女兒。耶穌跟她說了一個從「餅」得「飽足」的故事，這兩個關鍵字在之前使五千人吃飽的故事中已經出現過。耶穌對她說：「讓兒女們先吃飽，不好拿兒女的餅丟給狗吃。」（馬可福音7：27）婦人回應了耶穌的話，她沒有要求兒女們的餅，也沒有把自己放在第一位。她只要求能夠像小狗一樣，在桌子底下吃孩子們的碎渣（第28節）。耶穌稱讚她的回答並應允了她的請求。她比起那些還沒有領會到耶穌傳道之包容性的門徒們更有洞察力。許多學者認為這個事件，和接下來在非猶太人背景下所行的、使多人吃飽的神蹟事件（馬可福音8：1－9），是〈馬可福音〉中的一個突破。無論我們從哪裡來，到過哪裡，都有足夠的食物讓那婦人、外邦人和我們自己得飽足。

2月 Feb 23

祂的飽足

眾人都吃，並且吃飽了，收拾剩下的零碎，有七筐子。馬可福音8：8

身而為人，我們似乎總免不了排他性，無論是基於膚色、性別、種族、宗教，還是其他原因。我最近讀了傑出數學家拉馬努金（Ramanujan）的生平，由於他的種族背景，他經歷過很長的一段艱難時期，直到他在英國的學術努力得到了認可。1918年，他成為第一位被選為劍橋聖三一學院院士的印度人，於32歲時去世。

當你被視為局外人時，你就很難被一個群體所接受。門徒們很難理解外邦人竟然被邀請進入上帝的國。在使五千人吃飽的故事中，猶太人被餵飽也獲得了滿足（馬可福音6：34－44），但在與敘利腓尼基婦人對話之後（馬可福音7：24－30），耶穌使四千人吃飽。這是使非猶太人吃飽的故事（馬可福音8：1－10）；在故事中所使用的數字和籃子的單詞都改變了。這一次，耶穌以七個餅開始（第5節）。再一次，我們看見了四個動詞：耶穌「拿著餅」，「祝謝了」，「擘開」，「遞給門徒」，門徒再遞給眾人（第6節），並收拾了七個筐子的零碎。當時的群眾約有四千人（第8，9節）。數目字改變了，從讓猶太人吃飽的「五」和「十二」，變成了使外邦人吃飽的「七」和「四」。數字「四」是用來預表整個世界（四角）；而在非猶太人或外邦人的環境背景設定中，「七」象徵以色列人在迦南地所滅絕的異教國家（見使徒行傳13：19；申命記7：1）。筐子（spuris）的用詞也隨之改變，轉而使用適合非猶太人聽眾的用詞。他們也都得著飽足並有七個筐子的剩餘。如果你因為被貼上局外人的標籤而感到痛苦被排斥，希望你知道耶穌也要使你飽足。明天我們將探索餅所代表的真正含義！（註11）

祂的揭示

24 2月 Feb

耶穌說：「你們還是不明白嗎？」馬可福音8：21

2012年，美國遭遇龍捲風強烈襲擊。當第一場龍捲風襲擊印第安那州的亨利維爾時，斯蒂芬妮．德克爾正和她的兩個孩子在家中。因為來不及帶他們逃到避難所，她便用自己的身體抱住了他們。飛沙走石打斷了她的七根肋骨，而她的腿也在幾分鐘後，因第二場龍捲風的襲擊而受傷。儘管如此，她的孩子們並沒有受到太大的傷害。在採訪中，她露出了笑容，因為這一切都是值得的！

在耶穌使五千人吃飽，與敘利腓尼基婦人對話，更使四千人吃飽之後（我們在前三天所讀的課文），現在該是揭開謎底的時候了！為了確保聽眾和讀者不會錯過這兩次神蹟記述之間的關聯，馬可添加了耶穌自己所說的一個總結：「你們有眼睛，看不見嗎？有耳朵，聽不見嗎？也不記得嗎？我擘開那五個餅分給五千人，你們收拾的零碎裝滿了多少籃子呢？他們說：十二個。又擘開那七個餅分給四千人，你們收拾的零碎裝滿了多少筐子呢？他們說：七個。耶穌說：你們還是不明白嗎？」（馬可福音8：18－21）。顯然，無論是給猶太人和非猶太人，給局內人或局外人，餅的數量都是足夠的。所有的人都有剩餘，馬可也用了符合各自文化背景的數字和文字來強調。但是，餅到底象徵著什麼呢？在這本福音書的結尾，充滿神祕的餅之謎底終於被揭開，他使用了在這兩個故事中所出現的動詞：「他們吃的時候，耶穌拿起餅來，祝了福，就擘開，遞給他們，說：你們拿著吃，這是我的身體。」（馬可福音14：22）耶穌在這裡表明了祂願意為所有的人而死；祂捨棄了祂的生命，使我們可以得到永生的保證。這兩次的餵飽皆證實了祂犧牲所換得的勝利，是給所有相信祂的人。這「所有人」究竟是指誰呢？是的！指的就是我們每一個人！

2月 Feb 25

祂的賦予

都驚訝希奇說：「……我們各人怎麼聽見他們說我們生來所用的鄉談呢？」
使徒行傳2：7、8

我希望確保我所傳達的信息能被正確的理解，即使會議中心的聽眾來自許多不同的國家。因此通常在節目開始的前一晚，我會先與翻譯的協調人會面，以便預習一些要點。由於聽眾中有許多人的英語並不是很流利，因此，透過耳機無線電系統進行不同語言的翻譯至關重要。我相信聖靈恩膏了他們的翻譯，否則我就無法傳遞上帝的話了。

在地上的事工結束時，耶穌應許祂的門徒，他們將領受「從上頭來的能力」，以便向世人傳揚耶穌的福音（路加福音24：46－49）。耶穌的跟從者們等待著這個應許的實現。五旬節到了，門徒都聚集在一處「忽然，從天上有響聲下來，好像一陣大風吹過……又有舌頭如火焰顯現出來，分開落在他們各人頭上。他們就都被聖靈充滿，按著聖靈所賜的口才說起別國的話來。」（使徒行傳2：2－4）從天下各國來的虔誠猶太人，聽見門徒用他們的鄉談（母語）說話！你能想像聽眾們的震驚嗎？每個人都聽到以他們自己的方言所傳講的福音。許多學者將這一個事件解釋為巴別塔詛咒的反轉，當時人們不相信上帝，於是企圖透過建造一座通天塔來打敗上帝。上帝混亂了他們的語言，使他們無法相互理解對方所說的（創世記11：1－9）。現在，在〈使徒行傳〉中，情況正好相反。聖靈降臨在門徒身上，每個人都明白他們的信息！上帝裝備祂的跟從者，提供他們所需要的一切以便與他人分享耶穌。聖靈降在我們身上，為服事裝備我們並供應我們所需。聖靈將使你有能力與他人分享耶穌！相信祂的能力，不要害怕被上帝使用！

祂的恩賜

就跳起來，站著，又行走，同他們進了殿，走著，跳著，讚美上帝。使徒行傳3：8

你曾經收到過比你想像中更多的東西嗎？有一次我們一家在一起慶祝我的生日。美餐一頓後，我打開禮物。其中一份禮物是一輛黃色的小玩具車，我很喜歡它，因為我想買一輛與它相仿的真車。在玩具車的保險桿上貼著一個信封；當我打開它時，我發現裡面有一張支票，數額正好足以讓我換掉現在的舊車，買一輛所需要的新車。我感動到說不出話來！

在〈使徒行傳〉第3章，有一個人獲得了比他想像更多的東西。他從一出世就身患殘疾，靠乞討為生：「有一個人，生來是瘸腿的，天天被人抬來，放在殿的一個門口，要求進殿的人賙濟。」（第2節）在禱告時分，他看見彼得、約翰將要進殿，就求他們賙濟。彼得看著他說：「你看我們！」（第4節）。當然，那個乞丐馬上看著他們，期望得到一份可觀的施捨，可是彼得的開場白卻粉碎了他的希望：「金銀我都沒有。」（第6節）哦，真的嗎？「只把我所有的給你：我奉拿撒勒人耶穌基督的名，叫你起來行走！」（第6節）。等等，什麼？這比他想要的多太多了！他可以走路了！這是他奉耶穌的名收到的第一份禮物！但還有更多的！他有生以來第一次走進聖殿，以前所未有的方式親近上帝！有九道門通往內院，瘸子不能去到比外邦人的院子更遠的範圍。耶穌的名成為他進入聖殿的通行證，他「走著，跳著，讚美上帝。」（第8節）他最大的禮物就是靠著耶穌的名，直接來到上帝的面前（希伯來書10：19－22），無論我們在情感上和靈性上有多大的缺陷，我們也可以靠著耶穌的名，直接來到上帝的面前。

2月 Feb 27

祂的勇氣

他們恐嚇我們，現在求主鑒察，一面叫祢僕人大放膽量講祢的道。 使徒行傳4：29

馬丁．路德抵達了沃爾姆斯（Worms）。這位改革家本以為將面對一場針對他著作的學術辯論，豈知，特里爾（Trier）大主教的官員艾克（Eck）卻要求路德承認他就是書的作者，並同時命令他撤回他的立場。路德感到驚訝，儘管他承認了自己就是作者，但他要求當局給予他一些時間來考慮撤回立場的要求。這個要求被批准推遲一天。他失去了信心嗎？這是一個辯論的技巧嗎？不管路德這個請求的理由是什麼，他降服於上帝。第二天，他在委員會面前宣稱，不管發生什麼事，他都不能違反《聖經》的根據而撤回他的立場。

彼得和約翰因傳揚耶穌基督的救恩而被捕後，公會「禁止他們總不可奉耶穌的名講論教訓人。」（使徒行傳4：18）他們回答說：「我們所看見所聽見的，不能不說。」（第20節）接著，他們被恐嚇了一番之後獲得了釋放（第21節）。他們回到了信徒那裡，做了一個特別的禱告。當我們在困境中向上帝禱告，祈求祂供應我們所需時，我們通常會祈求上帝挪去我們的試煉，並供應我們在物質上的需要，或是差派某人來安慰我們。但他們祈求上帝給他們信心；他們祈求得著勇氣，好繼續傳揚上帝的道！「他們恐嚇我們，現在求主鑒察，一面叫祢僕人大放膽量講祢的道。」（第29節）我們也可以提出同樣的要求，特別是當我們因為相信耶穌而受到逼迫或經歷困難的時候。上帝藉著聖靈奇妙的顯現來回應他們：「禱告完了，聚會的地方震動，他們就都被聖靈充滿，放膽講論上帝的道。」（第31節）當我們遇到福音的反對勢力時，上帝會賜給我們勇氣。這是一項我們一定會獲得的屬天供應！

祂的解決之道

上帝的道興旺起來；在耶路撒冷門徒數目加增的甚多。使徒行傳6：7

我敏銳的意識到在研究《聖經》時，我們有必要理解其所反映的人類學和社會學背景。具有《聖經》背景的注釋書可以幫助我們瞭解當時的風俗和社會，以及在古美索不達米亞地區不同社群之間的互動。例如，在《新約聖經》之中我們就可看到早期教會不同族群出現的問題，以及上帝如何及時的提供解決方案。

保羅清楚的指出，我們在十字架前都是平等的：「你們受洗歸入基督的都是披戴基督了。並不分猶太人、希臘人，自主的、為奴的，或男或女，因為你們在基督耶穌裡都成為一了。」（加拉太書3：27、28）。這話看來意義是相當清楚、無可置疑的；可是路加——保羅傳道之旅的夥伴，在〈使徒行傳〉中卻提到了使徒們一開始就必須處理在信徒之間所產生的歧視問題。那時，教會人數增多，有說希臘話的猶太人向希伯來人發怨言，因為在天天的供給（希臘文diakonia）上忽略了他們的寡婦（使徒行傳6：1）。使徒們並沒有否認他們的訴求，反之，他們尋找解決的方法。上帝賜下智慧給祂的門徒，他們就揀選了七個執事來負責這個任務。第一批執事都被聖靈所充滿，他們有著希臘文化的背景（第5節），這意味著上帝為抱怨的群體提供了他們可以認同的領袖。在他們的揀選之後，我們就讀到了今天存心節中記載，這是在六個有關上帝的道如何興旺起來，以及門徒數目如何快速加增的進度報告之一。衝突經常威脅到第一世紀教會的成長（如〈使徒行傳〉第15章的記載），然而上帝卻賜給他們一群專心祈求上帝指引，並將傳福音和人們的救恩當成首要任務的屬靈領袖。讓我們為我們的領袖和組織禱告，以致沒有任何的衝突有能力阻礙福音的傳揚。

在世上，你們有苦難；但你們可以放心，我已經勝了世界。

3月｜跟隨祂的引導

3月 Mar 01

祂的道路

耶穌對他們說：「你們走路彼此談論的是什麼事呢？」路加福音24：17

生命是一次又一次對其理解不斷加深的旅程。許多年前，當我正經歷人生痛苦的轉折時，我意識到一個人所能走的最遠路程，其實只有幾英寸長——從頭部到心臟。正因人生有痛苦，才讓我們對現實有更深刻的認識，尤其是關於上帝對我們人生的旨意。我們的破碎是有目的的，在這旅途中我們並不孤單，上帝一直都與我們同在，邀請我們選擇祂的道路，而不是我們的道路。

「旅程」是〈路加福音〉的主題之一。每個人都不斷地在移動！但這不僅僅是地域上的旅程；它們也是認知上的旅程。往以馬忤斯的旅程也不例外。這段距離大約7英里（路加福音24：13），兩個門徒在路上談論近來所發生的「一切事」，包括那些被使徒們認為是胡言亂語的婦女們所說的話（第11、12，14，22－24節）。「正談論相問的時候，耶穌親自就近他們，和他們同行。」（第15節）這太像耶穌的作風了！祂來到我們所在的地方與我們見面；祂加入了我們的旅程，邀請我們相信祂的道路和祂的旨意。在四福音書中，論到耶穌的使命和身分時，人的視覺和盲目通常意指是否具備或缺乏屬靈的洞察力。在這趟旅程中，他們與耶穌同行，卻認不出祂來（第16節）。有時，我們的淚水擋住了我們看耶穌的視線，錯誤的看法延遲了我們的喜樂。為了幫助他們，耶穌問了他們一個祂早已心知肚明的問題（第17節）。當我們告訴上帝我們的故事時，祂會傾聽，然後祂會親切而仁慈地邀請我們相信祂為我們預備的道路；祂的眼光不像我們，而是從屬天的視角觀看所有事情。耶穌前不久才為他們而死，也為他們勝利的從死裡復活，可是他們卻不明白。縱然如此，祂仍與他們一起踏上理解之旅；同樣的，祂也不會拋棄我們。

祂的解釋

於是耶穌開他們的心竅，使他們能明白《聖經》。路加福音24：45

我有一個非常珍愛的杯子，杯面上刻的字時常激勵我。它是我的好朋友——米爾塔和艾倫送給我的禮物。上面的字寫道：「就在毛毛蟲以為牠的世界結束時，牠變成了一隻蝴蝶。」很多時候，我們面臨的困境對我們來說似乎已經到了絕境，但從天國的視角來看，它非但不是結束，還是一個開始，居中充滿嶄新的事物和意義。對信耶穌的人來說，這世上沒有絕路，甚至連死亡也沒有，因為我們在基督裡有永生。

對兩個前往以馬忤斯的門徒而言，一切似乎都已經結束。他們試圖向加入的陌生人解釋事情的最終結果：「祭司長和我們的官府竟把祂解去，定了死罪，釘在十字架上。但我們素來所盼望、要贖以色列民的就是祂！不但如此，而且這事成就，現在已經三天了。」（路加福音24：20、21）聽起來他們已經被擊敗了，他們的夢想已經成為過去。他們完全不知道自己此刻正是在和復活的基督說話。他們有限的解釋使他們感到無助和絕望，但這不是一個結束，而是一個最輝煌的開始。耶穌曾多次告訴他們，釘死在十字架上並不是結束，但這感覺就像是他們的末日。你有過這樣的經歷嗎？你的婚姻觸礁了，工作沒了，友誼說散就散了，什麼都沒了！很難想像還有什麼好事猶存，但事實上，上帝有能力把一切都翻轉，以便叫愛上帝的人得益處（羅馬書8：28）。在耶穌看來，一切正好相反。祂解釋說，基督必須死而復活，祂的計畫已經在律法書和先知書上顯明出來了（路加福音24：26、27，44）。耶穌開了他們的心竅，使他們能夠明白《聖經》的話語。「打開」這個動詞曾被用在耶穌開聾子的耳和瞎子的眼記述中。他們的心竅終於被打開，令他們得以明白這個福音。這不是結局！相反的，耶穌為所有人開啟了一個榮耀的開端！如果你正陷入絕境，要相信上帝有能力創造一個新的開始。罪應該是我們的結局，但它不再是了，因為救主已經來到。相信祂！祂必看顧你！

3月 Mar 03

祂的羊

從門進去的，才是羊的牧人。看門的就給他開門；羊也聽他的聲音。他按著名叫自己的羊，把羊領出來。約翰福音10：2、3

無論面對的是疾病還是健康，缺乏或是富足，甚至是死亡，我的父母都全然信靠他們在天上的牧者，並安息在祂的懷抱中。這正是為何在父親的追悼會上，我所分享的信息是根據〈詩篇〉第23篇的內容，並將主題定為「安歇」的原因。耶穌說祂的羊聽祂的聲音（約翰福音10：3），我相信在那個復活的早晨，我的父母會認出他們牧者的聲音，並永遠的跟隨祂。

〈詩篇〉第23篇最顯著的特點之一是在它的第一部分（第1－3節），大衛以「祂」（第三人稱單數）稱呼他的牧者——祂是我的牧者，祂使我躺臥，祂領我，祂使我的靈魂甦醒，祂引導我。但當他進入死蔭的幽谷時，他就將經文切換成「祢」（第二人稱單數），並開始向上帝禱告：「也不怕遭害，因為祢與我同在。」（第4節）牧者的同在是他戰勝恐懼的良藥。在大衛死後多年，一個預言明確指出即將到來的彌賽亞乃是大衛的後裔，而他將要牧養上帝的子民：「我必立一牧人照管他們，牧養他們，就是我的僕人大衛。他必牧養他們，作他們的牧人。」（以西結書34：23）當耶穌——大衛家的君王，為我們生也為我們死時，祂把自己比喻成願意為羊捨命的好牧人（約翰福音10：2－4，11，14）。對付恐懼的解決之道，仍然是尋求與我們同在的牧者！我特別喜歡祂稱我們為祂「自己的羊」（第3，14節），因為我們是屬於祂的！我不知道此刻的你現在需要的是什麼，但祂知道。也許你需要一個安全的地方，你的牧者會為你預備。或是你受了傷，需要恢復，你的牧者也將提供醫治。或者你正面臨死蔭的幽谷，需要永生的確據，你的牧者透過祂的付出也做出了保證！無論你需要的是什麼，請你放心，且投靠在你牧人的臂膀中吧！

04 3月 Mar

祂的豐盛

我來了，是要叫羊（或作：人）得生命，並且得的更豐盛。約翰福音10：10

我在一間教會參加崇拜聚會時，無意之間走進了一個青年查經小組裡。在那裡我看到了一個對我產生了深遠影響的短片。影片是關於羊群如何識別牧羊人聲音的真實記錄。片中有不同的人一一向羊群呼叫，但羊群絲毫沒有反應。但就在這時，攝影機捕捉到了牧羊人呼叫牠們的聲音，他的呼叫聲和之前呼叫之人所發出的如出一轍，可是這一次所有的羊卻都朝著他跑過去！這景象真是不可思議！

耶穌說，羊認得牧羊人的聲音，就是將牠們視為寶貴的那一位（約翰福音10：2－4）。這些年來，我收集了一些關於羊的資訊，因為牠們經常被用來比喻成上帝的子民，極需倚靠祂的指引和供應（註12）。在收集相關信息的過程中，我瞭解到羊通常是很無助的動物，牠們無法靠本能找到食物和水，也很需要保護以躲避獵食牠們的動物。另外，牠們在水深之處喝水時非常容易溺水；如果羊群中出現一些緊張的狀況，牠們就無法入睡。羊完全必須依賴牧羊人為牠們提供一切所需，包括安靜的地方、草地、平靜的水域等等。羊不知道自己所處之地；牠們只需要跟著牧羊人。正如〈詩篇〉第23篇所述，牧羊人豐富的供應，可以透過羊群在肥沃的草地和寧靜的水邊吃草、安歇的景象，得到具體的呈現。耶穌說祂來是要讓祂的羊得到豐盛的生命！（第10節）。可是羊豐盛的生命卻是從那位好牧人捨命而來：「我是好牧人；好牧人為羊捨命。」（約翰福音10：11）好牧人是耶穌一個強調「我是」的章節，強調祂是唯一能供應我們一切需要的主，祂用自己的寶血為我們的富足付出了昂貴的代價。願我們能敏銳的意識到我們對這位好牧者的需要——了解祂的引導、供應、醫治、恢復、不變的愛和死亡所帶給我們的永恆生命。

3月 Mar **05**

祂的帶領

因為寶座中的羔羊必牧養他們，領他們到生命水的泉源；上帝也必擦去他們一切的眼淚。啟示錄7：17

在我小時候，大眾運輸是我們出門的主要交通工具。一天晚上，我們以為搭上了正確的公車，但很快就發現車子開到了一個我們不認識的地方，而且天也漸漸的暗了。我們趕緊下了公車，卻發現自己身在城裡治安較不安全的地方。我完全不知道我們在哪裡，我所能做的就是緊緊抓住媽媽的手，跟著她走。我們邊走邊背誦〈詩篇〉34篇7節。最後，她把我們帶到一個住宅區，並找到了回家的路。我毫不懷疑她肯定會把我們帶到安全的地方，因為她是我的母親！

今天我們要討論一幅耶穌的畫像，它曾為無數處於困境之人帶來安慰。那些曾用羔羊之血將衣裳洗白淨之人，得以在上帝寶座前，坐寶座的要以帳幕覆庇他們（參啟示錄7：14、15）。在希臘文中，「帳幕」一詞與《希臘文舊約聖經》曠野中的「會幕」一詞相同（參出埃及記26：13）。上帝的子民在這個世界上所遭受的一切災難都不復存在了。他們的幸福和永恆的存在是對我們的提醒：「他們不再飢，不再渴；日頭和炎熱也必不傷害他們。」（啟示錄7：16與以賽亞書49：10和25：8比較）接下來是耶穌最安慰人的比喻之一：「因為寶座中的羔羊必牧養他們，領他們到生命水的泉源；上帝也必擦去他們一切的眼淚。」（啟示錄7：17）。在羔羊角色的延伸中，羔羊成為了他們永遠的牧者！祂已經為他們預備好救恩，也必供應他們所需用的一切，直到永永遠遠。祂領他們到活水泉源那裡，領他們到安息之地。耶穌稱自己是好牧人（約翰福音10：11）。在〈啟示錄〉第7章，羔羊成了永遠的牧者。祂為我們預備了救恩，並要引領我們到安全之所。如果你正面臨困難，不要放開祂的手，祂必引導你，並使你的靈魂甦醒！

06 3月 Mar

祂的答案

你們去，把所看見所聽見的事告訴約翰，就是瞎子看見，瘸子行走，長大痲瘋的潔淨，聾子聽見，死人復活，窮人有福音傳給他們。路加福音7：22

就在我動筆寫下這篇晨鐘課的前兩週，美國發生了兩起大規模的槍擊事件。許多人在這災難事件中喪失了生命。無論是對個人、或牽涉到許多人的悲劇，很多人可能都會忍不住想問：「當這些悲劇發生時，上帝到底在哪裡？」有時，在我們生活中那些無法忍受、又無從解釋的痛苦，可能會轉化成我們對上帝的懷疑以及內心的苦毒。在這樣的至暗時刻，耶穌給了我們什麼答案呢？

耶穌醫治病人，叫死人復活，傳福音。但與此同時，為祂的工作預備道路、宣告彌賽亞將來之信息的那位施洗約翰，正在黑暗發臭的監獄裡受苦。他問了耶穌一個問題：「那將要來的是祢嗎？還是我們等候別人呢？」（路加福音7：19）。很明顯的，約翰正面臨著自己內心對於彌賽亞到來之期望的懷疑。也許今天同樣的事情正發生在你身上，你對耶穌和祂在你生命中的帶領感到疑惑：「那將要來的是祢嗎？還是我們等候別人呢？」（第20節）「我們等候的」或「那將要來的」，在這兩節中重複出現（第19、20節）。耶穌特別援引〈以賽亞書〉61章1節的話來回答施洗約翰——瞎子看見，瘸子行走，死人復活，窮人得福音，這些都是祂救贖目的的證明。這就是祂給約翰的答案，也是祂是誰的證據。雖然我們都能見證上帝對我們生命的奇妙介入，但我們常常無法解釋痛苦、悲劇，以及為何上帝允許某些事情發生的原因。在那些時候，讓我們緊握住上帝透過耶穌所提供的確據——就是祂在救贖計畫中付出的一切，總有一天我們會明白，在那之前，讓我們緊緊抓住十字架並信靠祂。

3月
Mar 07

祂的沉默

從施洗約翰的時候到如今，天國是努力進入的，努力的人就得著了。馬太福音11：12

小時候，每當我聆聽《聖工消息》季刊的見證時，似乎覺得上帝的兒女都不會經歷什麼痛苦，因為他們的居所總是遠離災難，生命總是受到保護、不會受到暴力襲擊。但隨著年齡漸長，現實的生活為這樣的觀念帶來了挑戰。吉恩·愛德華（Gene Edwards）在他的書中，特別描寫了有關施洗約翰的後半生（註13），想像約翰在希律的黑暗監獄中所遭受的痛苦，因為他意識到耶穌不會來救他，儘管祂有能力這麼做。為此他經歷了信仰上的矛盾衝擊，就是雖然耶穌有能力幫助人，但不是所有的人都獲得了幫助。

我們經常面臨一個試探，就是刻意忽視在《聖經》有些故事中，上帝在人面臨苦難時是保持沉默的。此刻在施洗約翰心中，他也正為沒有滿足他期待的上帝感到掙扎。你可以在〈馬太福音〉11章1至15節中，讀到他的提問和耶穌給他的答案。我們可以視他的疑惑為試煉，卻很難接受後來他被斬首的事實（參馬太福音14：1、2和馬可福音6：14－29）。《聖經》記載，當希律聽見耶穌時，他以為祂是復活的約翰（馬可福音6：16），因為希律王的良心受到了譴責。我們知道約翰當初是因譴責希律王娶自己兄弟的妻子而被監禁；後來在一次皇室宴會中，希律王因狂歡失去理性，導致約翰被處斬（馬太福音6：17－29）。那是希律的壽宴，希羅底的女兒進來跳舞，使希律大悅，於是就對她起誓說：「隨你向我求什麼，就是我國的一半，我也必給你。」（第23節）。希羅底的女兒詢問母親：「我可以求什麼呢？」她母親說：「施洗約翰的頭。」（第24、25節）雖然希律王甚是憂愁，但因他所起的誓和同席的人，就不肯推辭（第26節），就把約翰的頭放在盤子裡，拿來給她（第28節）。惡人殺了上帝尊崇的先知，上帝卻保持沉默。在上帝的主權中，祂並不總是出手阻攔死亡臨到祂的先知和殉道者。為了我們，祂也沒有阻止祂兒子的犧牲。當我們不明白上帝的沉默時，我們受邀去相信祂的計畫、祂的旨意、祂的智慧，以及最重要的——祂的愛。

我的回應

祂的命令

撒但，退我後邊去吧！你是絆我腳的；因為你不體貼上帝的意思，只體貼人的意思。馬太福音16：23

在一堂《組織行為學》的碩士課程中，我的看法遭到一位代課教授反駁，這改變了我的一生。當時我們正在研究科爾伯格的道德發展階段理論（Kohlberg's Moral Developmental Model），她針對我的一個論點提出質疑。我後來明白她是對的，我對上帝的看法需要重新調整。這個挑戰對我來說是一個關鍵時刻，因為它讓我重新思考我在上帝對人類旨意方面的理解。

彼得剛剛承認了耶穌是上帝的兒子（馬太福音16：16），而耶穌也說這乃是天父指示他的。可是在僅僅幾節之後，事情就發生了戲劇性的變化。耶穌告訴門徒說，祂必須上耶路撒冷去，受許多的苦，並且被殺，第三日復活（第21節）。「祂必須去」（第21節）的希臘文動詞是「dei」，意思是「必須的」。耶穌「必須」經歷這些（參路加福音24：26）。為了實現救贖計畫，耶穌的受苦是絕對必要的。彼得無法把這個觀點，和他預設彌賽亞應達成的目標聯想在一起。於是彼得就拉著祂，「勸祂說：『主啊，萬不可如此！這事必不臨到祢身上。』」（馬太福音16：22）彼得使用雙重否定口吻（譯作：萬不可），試圖讓耶穌相信這不是正確的方法。這樣，彼得就站在了撒但的立場上，試圖把耶穌從十字架上拉開（參馬太福音4：1－11）。耶穌意識到仇敵的意圖，並發出嚴厲的譴責：「撒但，退我後邊去吧！」（馬太福音16：23；參馬太福音4：10）。耶穌接著解釋彼得的心思不是體貼上帝，而是體貼人的意思（第23節）。在那一刻，彼得成了耶穌救贖計畫的絆腳石。在屬靈的道路上，我們也必須降服於上帝的旨意，而不是我們自己的意思。上帝更關心的是我們的救恩而非我們的安逸。讓我們相信上帝的眼光，因為為了達到救贖的目的，祂知道什麼事是必須做的。

3月 Mar 09

祂的不變

耶穌說：「我實實在在地告訴你們，還沒有亞伯拉罕就有了我。」約翰福音8：58

有些時候我們會覺得生活完全失去了控制。記得小時候，我們住在布宜諾斯艾利斯。一天早上，教會出版社失火了，我爸爸趕緊跑去幫忙。幾個小時後，他回來了，洗個澡後去了辦公室。一個小時之後他又回來，告訴我們他被人用槍指著，車被搶了，還被綁架！後來歹徒把他丟在一個偏僻的地方，他只好走路回家。

其實那一天所發生的事遠比上述的更多，但即使是在那樣的日子裡，上帝仍然在寶座上掌權，我們的得救仍然獲得保證。祂是永恆、至始至終永不改變、掌控一切的。在祂沒有難成的事，祂也不會遲延。祂一直都在，也將永遠存在。上帝的恆久性是我們在患難中的保障，亦是穩固的錨，祂對我們的愛是我們的保證。你或許不是與祝融交戰或在槍口下爭鬥，但你可能正在與癌症奮戰，或是發現自己處於一種極度壓抑的狀態下。置身於生命中的困難時期之時，我們可以透過定睛仰望上帝，思考祂為我們所做的、如何常與我們同在來獲得安慰。住在山巔之上的上帝，也是幽谷的上帝。〈約翰福音〉以耶穌的自有性開篇：「太初有道，道與上帝同在，道就是上帝。」（約翰福音1：1）後來，在與猶太人的爭論中，耶穌自己宣稱祂的自有性：「還沒有亞伯拉罕就有了我。」（約翰福音8：58）耶穌的「我是」呼應了上帝在〈出埃及記〉3章14節向摩西所啟示的「自有永有」的上帝。要確信，永恆不變的宇宙之主也是你的救贖主和拯救者。祂領我們行過死蔭的幽谷，又在十字架上保證了我們的永生。「因為這上帝永永遠遠為我們的上帝；祂必作我們引路的，直到死時。」（詩篇48：14）阿們！

祂的策略

又在夢中被主指示，便往加利利境內去了，到了一座城，名叫拿撒勒，就住在那裡。馬太福音2：22、23

你是否曾經有過這樣的經歷——在一個意想不到、又不起眼的地方，竟發現了一些非常奇妙的東西？在無數的雜誌和電視報導中，巴拉圭卡特烏拉（Cateura）交響樂團的故事深得我心。卡特烏拉貧民窟的孩子們住在堆積如山的垃圾中，從來沒想過有一天他們會成為國際知名的音樂家。有人提出從垃圾中創造樂器的驚人構想，讓這個不太可能成立的「回收管弦樂團」（Recycled Orchestra）就此誕生，成為現在經常至世界各地巡迴演出的樂團（註14）。

〈馬太福音〉中有五個關於嬰孩、非常引人入勝的故事，每一則故事都是來自舊約的預言。這對作者馬太來說很重要，因為這指明了耶穌就是舊約所預言的那位彌賽亞。順帶一提，這也是舊約對我們如此重要的原因；它包含了耶穌的DNA，告訴了我們關於那位將要到來之彌賽亞的信息。在〈馬太福音〉2章19至23節中，最後一個有關嬰孩的故事令人感到不解和意外。上帝透過兩個夢與約瑟說話，在第一個夢中上帝吩咐約瑟離開埃及往以色列去，「因為要害小孩子性命的人已經死了。」（第20節，參出埃及記4：19）因為亞基老（希律的兒子）的統治，約瑟在第二個夢中受命不要往猶大去，於是他帶著全家前往加利利的拿撒勒。這是一個鮮為人知、名聲欠佳的小城，這一點從拿但業在〈約翰福音〉1章45至46節說：「拿撒勒還能出什麼好的嗎？」就可知一二。拿撒勒在《舊約聖經》中絲毫沒有被提及，它是一個小城，估計在西元一世紀時只有不到五百位居民。為什麼上帝會選擇這樣一個小城作為耶穌——彌賽亞的誕生地點呢？是的，上帝是一位化腐朽為神奇、在人所不能之處施行拯救的專家。當有人暗示說，上帝不能使用你和你的處境來榮耀祂時，請你切勿忘了拿撒勒這座小城！

3月 Mar 11

祂的預言

那曾對以色列人說「上帝要從你們弟兄中間給你們興起一位先知像我」的，就是這位摩西。 使徒行傳7：37

在一次夏令營主講期間，我從一個福音四重唱的表演當中獲得了極大的祝福。他們在表演後送了我一個光碟，裡面有一首歌的歌名叫做《聖經故事》（註15）。這首歌的主旋律一直縈繞在我的腦海中：「祂能從你身上造出一個《聖經》故事！」是的！你和我。《聖經》中的人物沒有一位不是凡人，他們自然都有凡人的缺陷。然而上帝在救贖歷史中卻使用了他們，作為祂的代言人和領袖。當然，祂也能夠從你身上造出一個《聖經》故事。

在第一位基督徒殉道者——司提反被殺之前，他在講道中提到了許多已經成為《聖經》故事的人物：亞伯拉罕、雅各、約瑟、摩西、約書亞、大衛和所羅門（使徒行傳第7章）。我們可以從這篇講道中獲得許多靈修材料。它是多麼觸動人心！旁人藉著偽證指控司提反改變了摩西流傳下來的規條（使徒行傳6：14）。現在，司提反在最後的講道中，詳細地講述了摩西的故事（7：20—39），包括摩西殺死了一個埃及人，不得不逃跑，在米甸成為一個外來者，在上帝呼召他把以色列人從埃及拯救出來之前，他在曠野度過了40年。摩西曾經試圖用自己的方式拯救以色列：「他以為弟兄必明白上帝是藉他的手搭救他們；他們卻不明白。」（第25節）他在埃及的文化中接受教育，卻成為一個殺人犯和逃犯，但上帝還是把他寫成了一則《聖經》故事！「他們所棄絕的摩西，上帝卻差派他作首領、作救贖的。」（第35節）。他成了即將到來之彌賽亞的預表，而且上帝使用他說出一個有關耶穌最重要的預言；此預言記載在〈申命記〉18章15節，即司提反所引述的，其說道：「耶和華——你的上帝要從你們弟兄中間給你興起一位先知，像我，你們要聽從他。」無論你之前的生活有多糟，也不管你走了多少曲折路，讓上帝使你成為耶穌強而有力的見證人。在人類的歷史上，只有一個人是完美的，那就是耶穌！所有的《聖經》故事亦都是指向祂！

祂的激發

「你所念的，你明白嗎？」他說：「沒有人指教我，怎能明白呢？」使徒行傳8：30、31

一名穆斯林男子對我們製作的節目——《耶穌101》（Jesus 101）的回應引起了我的注意：「我知道你們的節目已經有一段時間了。我有一個女朋友，她和我一樣是穆斯林，也來自同一個宗派……她嘗試說服我相信基督教信仰，但我沒有接受，我現在決定要下載你們的《耶穌101》應用程式來更進一步學習並瞭解基督教信仰。」究竟是什麼憾動了一個人的心，使他想去認識耶穌呢？

上帝親自參與引領人們歸向救主的工作。這是一個向萬民做見證的神聖使命，激勵尋求之人回應聖靈的感動。上帝差遣彼得向哥尼流這位外邦人宣講福音（使徒行傳第10章），也差派亞拿尼亞為保羅工作，當時的保羅是一個狂熱的猶太人，他在大馬士革的路上遇見了復活的耶穌（使徒行傳第9章）。這些都是上帝主動發起的，祂引導門徒向各族各民宣揚耶穌的福音。〈使徒行傳〉第8章也不例外。「有主的一個使者對腓利說：『起來！向南走，往那從耶路撒冷下迦薩的路上去。』」（使徒行傳8：26）這是一條通往迦薩的曠野之路，迦薩是非利士人的五個城市之一，那裡似乎不太可能是傳福音的好地方，但是上帝知道在那裡有人需要幫助才能夠接受耶穌。那有一個衣索匹亞人，在衣索匹亞女王甘大基的手下總管銀庫。甘大基（Kandake）是為國王執行一般事務之太后的頭銜。這人離鄉背井，來到耶路撒冷敬拜上帝。他究竟是一個外邦人、外邦信徒、還是一個猶太人？ 路加除了提及他是一個太監，對他的身分並沒有太多著墨，然而，光是這個身分就已經讓他被排除在聖殿內院以外了！他因為閱讀〈以賽亞書〉想要知道更多，於是上帝差派腓利去引領他，我們明天將會看見他們相遇的過程。與此同時，希望你能確信，是上帝親自激勵人心來尋求祂並相信耶穌。在這個領人歸主的過程中，是祂主動提出引領！

3月 Mar 13

祂的旨意

腓利就開口從這經上起，對他傳講耶穌。使徒行傳8：35

那位來到歐洲國家機場接我前往佈道地點的人，多年來一直是我們事工的支持者，而這次的特別活動也是由他安排的。我好奇問他當初是如何得知《耶穌101》的事工，他的回應簡直令我目瞪口呆！他告訴我，有一天他正收聽某個廣播節目，突然間那個節目中斷了，而我們的廣播卻開始了。他本想把它關上，但後來又停頓聽了幾秒鐘，節目中討論的《聖經》主題引起了他的興趣，而接下來就是他信主的經歷了。我相信這絕對不只是巧合，而是上帝的旨意。

我們經常聽到來自世界各地、各式各樣的人如何認識我們事工的見證。我相信這一切肯定有上帝在幕後動工。有人說這些事件純屬巧合，但我卻不這麼認為。〈使徒行傳〉第8章講述了一個埃提阿伯太監的故事，他是在埃提阿伯女王的手下總管銀庫的（第27節）。在去耶路撒冷敬拜的回程中，他正坐在車上讀著先知以賽亞的書。突然，腓利跑到馬車旁邊，問他是否明白經文的意思（第30節）。他正在讀〈以賽亞書〉第53章！這一章被稱為「原始福音」（譯者註：Poto-gospel，指存在於四福音書問世之前最早的福音書，一些學者相信四福音書的作者乃是參考其內容來完成他們的福音書，這本「原始福音書」現已失傳），是有關受苦僕人的預言，說明了耶穌為我們犧牲的原因。他需要有人為他解釋這個預言，而腓利就在那裡，被聖靈充滿，預備好為他解釋這個經文所預表的耶穌（第30－35節）。埃提阿伯的太監本可以稱腓利的出現為一個巧合，但我們知道並非如此；因為在這個故事的前四節中，我們被告知是因為上帝的預知所以才安排了這次的會面。腓利依上帝指示走了這條預定的道路（第26節），並且來到這輛指定的車上（第29節）。上帝按照祂的旨意來指引我們的人生，祂渴望我們獲得最終的救贖。如果你真的願意按照上帝的旨意去行，你就能確信上帝會為你提供你所需要的指引。

14 3月 Mar

祂的呼召

你只管去！他是我所揀選的器皿，要在外邦人和君王，並以色列人面前宣揚我的名。使徒行傳9：15

上帝在我們人生中的引領方式既真實又高深莫測。上帝沒有為我們預備一張完整的人生地圖，而是一步一步地引領我們。想一想上帝如何引領先知以利亞（參列王紀上第17章）。首先，以利亞告訴王，這幾年必不降露，不下雨；然後上帝引領他到基立溪旁，在那裡他有水喝，並有烏鴉來供養他。當溪水乾了，上帝就打發他到以色列境外，去西頓的一個寡婦家裡。至此你應該心中雪亮了！以利亞所走的每一步路，都出自上帝的指引。

當復活的耶穌在大馬士革的路上向掃羅顯現時，祂只吩咐掃羅下一步當做的事：「起來！進城去，你所當做的事，必有人告訴你。」（使徒行傳9：6）耶穌沒有給他一份未來十年的長期計畫書；祂也沒有透露將來他會以使徒保羅的身分寫下許多書信，以及他將要拜訪的教會地點。與復活的基督相遇後，掃羅發現自己看不見了，於是他被帶到大馬士革。在這個故事中，上帝還透過異象指引了另一個人，他的名字叫亞拿尼亞，我們並不太瞭解他（他在使徒行傳22：12再次被提及）。亞拿尼亞也獲得了下一步當行之事的指示：「起來！往直街去，在猶大的家裡，訪問一個大數人，名叫掃羅。他正禱告，又看見了一個人，名叫亞拿尼亞，進來按手在他身上。」（使徒行傳9：11－12）上帝賜下了兩個異象：一個給亞拿尼亞，另一個給掃羅。亞拿尼亞的回應卻是：祢確定嗎？我聽見許多人說，這人怎樣在耶路撒冷大大荼毒祢的聖徒，以及他到大馬士革的目的……然後主向亞拿尼亞顯明，他是我所揀選的器皿，要在外邦人和君王，並以色列人面前宣揚我的名（第15節）。亞拿尼亞就去見掃羅，按手在他身上，並稱呼他為「兄弟掃羅」。接下來就是保羅開始宣揚耶穌的歷史了。那位提供你救恩的上帝，就是那位應許在你的呼召中引領你的上帝。祂也將在你的人生旅途中，一步一步的引導你。

3月 Mar **15**

祂的全能

忽然，有主的一個使者站在旁邊，屋裡有光照耀，天使拍彼得的肋旁，拍醒了他，說：「快快起來！」那鐵鍊就從他手上脫落下來。使徒行傳12：7

某次，在一門研究所的商業課程進行討論之際，教授讓我們分享一些對我們有影響力的經歷。我的一個同學簡單地分享說：「我見過我的守護天使！」乍聽之下我們都很好奇，想知道得更多。她接著為我們講述了一場她曾遭遇過的可怕車禍，當她從鏡子裡看到自己鮮血淋漓的臉時，她是如何的驚慌失措。然後有一個男子出現在她的車窗前，用令人安心的口吻說話，讓她平靜下來，並一直陪著她直到救援到來。當她向旁人問起幫助她的那個男人在哪兒時，卻沒有一人見過他。

當我們發現自己處於完全不受控的情況當中時，務要記住，上帝是全知全能的，祂知道我們所不知道的，並將按照祂的旨意來指引我們。因祂有大能大力，所以，若是合乎祂的旨意，祂也能夠為我們挪去所有的困難。在〈使徒行傳〉的記載中，彼得是親自經歷一切事的人。第一個殉道的門徒是雅各——約翰的兄弟（使徒行傳12：2）。當希律見猶太人喜歡這事，就又去捉拿彼得（第3節），把他關在監裡，嚴加看守，並且佈下了四班兵丁輪流看守（每班四個人）。教會不斷地為彼得禱告，而上帝按祂的旨意，選擇了干預（第6節）。一想到彼得在如此嚴密程度的看守之下——被兩條鐵鍊鎖著，鎖在兩個兵丁當中，看守的人也在門外——竟然還睡得著，真是著實令人感到驚訝！就這樣，主的使者來到牢房，有光照耀，他拍醒了彼得，鐵鍊從彼得手上脫落，便束上帶子、穿上鞋、披上外衣，逕自過了第一層和第二層監牢，就來到臨街的鐵門，那門就自己開了（第7－11節）。彼得自由了！上帝是全能的，祂必按照祂的旨意來幫助我們，將我們從試煉中拯救出來。讓我們信靠祂吧！

祂的旨意

彼得醒悟過來，說：「我現在真知道主差遣祂的使者，救我脫離希律的手和猶太百姓一切所盼望的。」使徒行傳12：11

參觀客西馬尼園是我一生中最深刻的經歷之一。在橄欖樹間漫步時，我想起了救主的禱告：「父啊！祢若願意，就把這杯撤去；然而，不要成就我的意思，只要成就祢的意思。」（路加福音22：42）親自站在那裡——耶穌為了救我而順服上帝旨意的地方，我當時的心情著實無法用言語來形容！上帝應允了祂，因為祂經常如此。然而，祂並不是不想將苦杯挪去，而是已沒有別的辦法可以拯救我們了！

當彼得被希律囚禁時，教會為他懇切的禱告（使徒行傳12：5）。我想他們必然也為雅各禱告過，但是上帝在祂至高無上的旨意中，允許雅各成為十二個門徒中第一個殉道的門徒；然而，祂卻奇蹟般的拯救了彼得。當天使將他帶出了監獄時，彼得以為他看見了異象（第9節）；但很快他就發現自己站在街上，並意識到所發生的事。他就急忙往約翰馬可的母親馬利亞家裡去。在那裡有好些人聚集在為他禱告。他想讓信徒們知道他們的祈禱得到了肯定的答覆！當使女認出了彼得，跑進樓房通知說他正在門口時，她得到的回答是：「你是瘋了！」（第15節）。他們很驚訝上帝竟然應允了他們的禱告，他們簡直不敢相信！「你是瘋了！」他們說。彼得解釋了主怎樣搭救他（第17節），並請他們把這事告訴別人，彼得就走了。我們沒有被告知他去了哪裡，他最後一次出現是在〈使徒行傳〉第15章。

上帝一定會回應我們的禱告，但並不總是如我們所期望的那樣。有時祂會說：「好的」、「不行」、「現在不能」、「現在可以」、或是「再等一等」！禱告不是要搖動上帝的手，而是要我們順服祂的旨意。上帝要我們曉得萬事都互相效力，叫愛上帝的人得益處（羅馬書8：28）。是的，萬事——即使是在我們經歷生命中的最痛，而祂的答案卻非我們所期待之時。

3月 Mar 17

祂的允准

到了每西亞的邊界，他們想要往庇推尼去，耶穌的靈卻不許。使徒行傳16：7

幾年前，我試圖成立一個以學習和分享福音為目標的小組。我們許多人聚在一起，討論計畫具體的細節、聚會的地點等等，但是後來事情並沒有如預期的那樣發生。這感覺就像我們是在強迫上帝成就一些祂不贊同的事一般，當然後來這計畫也沒能執行。當我們想要做的是一件好事，想去拓展上帝的國度，而上帝卻似乎有所阻攔時，常常叫人覺得很不解，事情為何就是沒辦法如預期般順利進行？然而這些年來，我終於意識到，僅僅因為某件事是好的，並不一定意味著它就是上帝在那個時間、地點或環境下的旨意。

有時，上帝的聖靈會引導保羅偏離他的計畫，甚至阻止他在一個特定的地方傳福音。〈使徒行傳〉第16章記載了在保羅第二次佈道旅行期間，他到了特庇和路司得。在拜訪了那一區的教會之後，「聖靈既然禁止他們在亞細亞講道，他們就經過弗呂家、加拉太一帶地方。」（第6節）從一幅古代的地圖中，你會發現他們應該西行往以弗所去才合理，可是上帝禁止他們如此做。然而，布魯斯（F. F. Bruce）解釋說：「保羅的佈道之旅展現了一種在戰略規畫，和對上帝聖靈引導之敏銳度的非凡結合。然而這樣的引領是透過預言、內在的激勵、或外在環境的支配來傳達的。」（註16）後來他們想要往北走，往庇推尼去，「耶穌的靈卻不許。」（第7節）最後，保羅看見異象就往馬其頓去（第9、10節）。順服上帝的引導是至關重要的；這包括在我們人的眼光看來甚好的計畫。重要的是要記得祂是我們的創造者、救主和生命的主。祂知道在何時何地傳福音最有效。我們可以信靠那為世人捨命的主，為耶穌開福音的門，使祂被高舉，好吸引萬民歸向祂！

祂的智慧

世人蒙昧無知的時候，上帝並不監察，如今卻吩咐各處的人都要悔改。使徒行傳17：30

雅典的古代遺址自有其非凡地位，亞略巴古山對我而言更是有著特殊意義，因為就在那裡，保羅分享了後來記錄在〈使徒行傳〉17章22至31節中的著名講道。據說，在保羅向雅典人宣講福音的地方，有一塊刻有保羅講道的希臘文銅牌。兩千多年後，我們仍像保羅一樣，繼續尋求上帝的智慧，與世界各地不認識耶穌基督的人建立聯繫。

雅典是一個文化中心，大量展示了當時世界最高水準的藝術、雕塑、文學、演講、哲學等等，這些後來仍持續影響著我們現代的世界。著名的哲學家如蘇格拉底和柏拉圖，都曾在那裡發表他們的思想和觀點。然而，當保羅到達雅典時，這些並沒有引起他的注意。「保羅在雅典等候他們的時候，看見滿城都是偶像，就心裡著急。」（使徒行傳17：16）觸動保羅心靈的，並不是這些在藝術上的傑作，那些都只是偶像和廟宇。他開始到各處，向所有願意聽的人宣講福音——在會堂裡，在市集上，與伊壁鳩魯派和斯多亞派的哲學家對話（第17、18節）。最後他們把他帶到專門討論宗教和道德的中心——亞略．巴古，而保羅也在那裡傳福音。但是請注意，他並沒有一開始就數落他們做錯的每一件事！開始時，他稱他們在各方面都非常虔誠（第22節）。接著他說，他注意到他們所敬拜的一座壇上面寫著「未識之神」（第23節），希臘人不想冒犯在無意中可能忽略的一位未識之神。在這個故事中，保羅從上帝那裡獲得了智慧，找到了一個交集點，用來向他們宣告耶穌這位他們所未識之神。他甚至引用了他們詩人的話語！且讓我們向上帝祈求智慧，使我們可以找到一個交集點，將耶穌的恩典傳給那些還不認識耶穌的朋友，以及我們所愛之人。

3月 Mar 19

祂的光照

那光是真光，照亮一切生在世上的人。約翰福音1：9

當我們的遊覽車經過維也納歌劇院時，導遊給我們講述了兩位建築師的悲慘故事：西卡茲伯格（Sicardsburg）和範德努（Van der Null）設計了這座世界著名的維也納地標建築，然而，他們的設計卻遭到當時的媒體和皇帝嚴厲批評。據說，這些指責言論導致範德努憂憤自殺。十個星期後，西卡茲伯格也相繼去世。當歌劇院正式啟用時，兩位設計它的人都已不在人世。

當我們把自己的身分和人生目標建立在他人對我們的看法和評價上時，我們一定會迷失方向。世上只有一個真光，那就是照亮我們的道路、提醒我們自己是誰的耶穌基督。祂是所有人生命的源頭：「生命在祂裡頭，這生命就是人的光。」（約翰福音1：4）和英文語法雷同，希臘文中的「生命」和「光」兩個詞，在使用時前面都會有一個定冠詞（the）——「這生命就是人的光」，定冠詞「這」意指它不是一般的光，而是唯一的真光。生命是〈約翰福音〉的主題之一，它的概念包括永生（約翰福音3：16）和豐盛的生命（約翰福音10：10）。約翰在他的福音書中共使用了這個單詞36次，比其他任何新約書卷都來得多。生命在基督裡，祂是照亮我們道路的光。耶穌——這世人的光，是給全人類的；「一切生在世上的人」（約翰福音1：9）都有機會領受光。不幸的是，並不是每個人都願意接受。世界是藉著祂造的，但是當祂來到自己的地方，自己的人倒不接待祂（第10、11節）。但是，我感謝主！「凡接待祂的，就是信祂名的人，祂就賜他們權柄作上帝的兒女。」（第12節）是的！這就是我們的定位，我們乃是上帝的兒女！我們的身分和人生目標只有定睛在祂身上時才能找到。當我們在基督裡立下根基，就不再被公眾的看法所牽引，也不再專注尋求他人的肯定，或對未來感到恐懼。耶穌是我們的光，指引我們走向永生。祂在十字架上為我們付出了代價，因此，我們可以信心十足並堅定的生活著，因為在祂裡面有生命。讓真光引導你的思想和心靈，並照亮你今日的道路！

祂的復興

那日晚上，門徒所在的地方，因怕猶太人，門都關了。耶穌來，站在當中，對他們說：「願你們平安！」約翰福音20：19

我看見遺留在牆上、位置超高的水痕時非常驚訝。2013年6月，美麗的德國城市帕紹（Passau），由於多瑙河、因河以及伊爾茲這三條河流的水位不斷上漲，洪水達到了五百多年來的最高水位。這座古城裡本有著眾多美麗的建築物和旅遊景點，在這次的洪水中卻被淹至一般建築物的三層樓高。這真是令人感到悲哀的景象！然後我又看到鎮上的居民聚集在一起重建城市的照片，這著實令人感到驚訝！當我於2018年訪問帕紹時，它已重拾了過去的美麗。在悲劇發生之後，上帝如何引導我們重建生活呢？

耶穌被釘在十字架的那一刻，對祂的門徒們來說是他們人生最黑暗的時刻。從他們的角度來看，每根釘子和他們所敬愛之主的死，都徹底粉碎了他們對救贖以色列的夢想。然而，從天國的視角來看，同樣的事件卻為所有人帶來了救贖永恆的保證！耶穌已經為我們承擔了罪的刑罰，也在第三天後從死裡復活！夜晚時分，門徒聚集在一處，因為害怕猶太人，他們把門都關緊了。他們不知道如何開始重建他們破碎的生命？有什麼可以讓他們的心智和屬靈生命恢復活力呢？這時，耶穌出現了，站在他們中間。祂對他們說的第一句話是：「願你們平安！」（約翰福音20：19）在一個悲劇事件之後，當上帝重建我們的生命時，瞭解耶穌在祂死後如何以祂的同在、平安、啟示、喜樂和旨意來復興門徒的心，對我們來說是有極大幫助的（第19－21節）。祂親自來到他們當中，以一種全新的方式彰顯自己，賜給他們平安。在這個新的亮光中，他們充滿喜樂，以新的眼光來見耶穌，祂也再次提醒祂所給予他們的使命：「父怎樣差遣了我，我也照樣差遣你們。」（第21節）當悲劇來臨時，雖然我們並不總是能理解，但上帝會以祂的同在、平安、喜樂和計畫來指引我們；祂也會以全新的、更深入的方式向我們顯示祂自己。

3月 Mar 21

祂的充足

耶穌說：「我就是道路、真理、生命；若不藉著我，沒有人能到父那裡去。」約翰福音14：6

經過一天漫長的旅途，我們抵達布達佩斯（Budapest），開始在多瑙河上的短程遊船之旅。上船時我丈夫出了個意外，他不慎跌倒摔在一塊金屬板上，割傷了手，傷口很深。他需要立即護理傷口，但我們不知道該去哪裡求助，也不知該怎麼辦。後來船上的工作人員請來了一位醫生，我們便一直等待那位年輕醫生的到來。檢查完我丈夫的手後，她說他的傷口需要縫幾針。然後她接著說：「別擔心，我會在你的房間立即為你進行所需要的手術。」而她也確實如此做了！我們非常感激，也鬆了一口氣。

當我們不瞭解正在發生的事情，以及不知道前面的道路時，這對我們來說是痛苦的。當耶穌和門徒談論祂要去為門徒預備地方，並且會再來接他們到祂那裡去的時候，祂的門徒並不完全明白。其中一個門徒問了祂一個問題：「多馬對祂說：『主啊，我們不知道祢往哪裡去，怎麼知道那條路呢？』」（約翰福音14：5）。這是一個在人類歷史迴廊中不斷被提出的疑問。你是否也曾問過這樣一個重要問題——我們怎麼知道那條路呢？無論我們是需要指引以獲得永恆的救贖，還是在尋找屬靈生活的下一步，耶穌的回應都適用於我們所有人。「耶穌說：『我就是道路、真理、生命；若不藉著我，沒有人能到父那裡去。』」（第6節）耶穌說祂就是一切！祂是前進的道路，也是通往天國的唯一道路。祂體現了福音的真理，上帝的自我啟示；祂是我們的生命，能夠滿足我們一切的需要，因為祂不僅指示我們道路，祂本身就是道路！祂是我們所需要的一切，我們可以相信祂的充足！套用布達佩斯那位醫生的話：「別擔心，我會提供一切所需要的！」就像多馬一樣，我們有時會感到完全迷失，沒有答案和方向。耶穌呼召我們跟從祂，因為祂會帶我們安全回到天上的家。因祂不僅知道那條路，祂自己就是道路！讓我們一起學習信靠耶穌這條道路吧！

22 3月 Mar

祂的幫手

我要求父，父就另外賜給你們一位保惠師，叫祂永遠與你們同在……我不撇下你們為孤兒。約翰福音14：16，18

我相信這是上帝的旨意。在我這星期的個人早靈修中，我不斷的讀到探子們去查看上帝所賜應許之地的故事（民數記第13、14章）。他們的回報凸顯了巨人的高大而不是上帝的能力。只有約書亞和迦勒「另有一個心志」（民數記14：24），他們不斷的幫助會眾選擇信靠，克服恐懼，但會眾卻選擇將目光專注在巨人身上。我說這是上帝的旨意，是因為當我的一個親戚從醫生那裡得知一份不太好的檢查結果之後，我們也面臨同樣的選擇：是要將全副心力放在眼前的困難上？還是倚靠上帝的能力引導我們度過難關？

當我們在生活中面對巨人時，至關重要的是必須謹記在基督裡的身分——我們是上帝的兒女，是用耶穌的寶血買來的，並要和祂一起承受永恆的基業。我們不是孤兒；不用獨自面對不可逾越的困難。我們是屬祂的，耶穌也曾應許說：「我不撇下你們為孤兒。」（約翰福音14：18）那為我們成就永恆救恩的，也必為我們負責到底。祂為世上所有祂深愛的孩子們提供了無限的資源。如果你的孩子需要幫助，你不也會為他做同樣的事嗎？耶穌應許天父將賜下「真理的聖靈」。（第17節）這位三一真神中的一位要引導我們認識所有的真理，而真理的核心就是耶穌，聖靈要榮耀祂，並要將祂所賜的告訴我們（參約翰福音16：13、14）。祂被稱為保惠師（約翰福音14：16），希臘文是「parakletos」，英文可以翻譯成安慰者、鼓勵者、中保，或是幫助者。耶穌自己也被稱為中保（約翰一書2：1）。上帝派遣了神聖的幫手——耶穌救世主以及聖靈保惠師，我們並不孤單。巨人的罪惡和死亡已經被耶穌在十字架上擊敗了！祂已做了一切準備，要來幫助和安慰祂在世上的孩子們。不管他們面臨怎樣的情況，我們的上帝遠比我們所面對的巨人要大得多，所以不要只看巨人的身量，而是要定睛仰望我們上帝的能力。

3月 Mar **23**

祂的追尋

又有尼哥底母，就是先前夜裡去見耶穌的，帶著沒藥和沉香約有一百斤前來。約翰福音19：39

魯益師（C. S. Lewis）描述了他自己最終是如何降服於上帝不斷的追尋之下：「你可以想像我每個晚上獨自在莫德林學院（Magdalen）的房間裡，只要我的思緒從眼前的工作離開，哪怕只是一秒，我都能感受到上帝正在堅定、毫不遲疑的接近我，即便我非常希望自己不要見到祂，但我避之唯恐不及的事終於發生在我身上。在1929年夏季學期，我屈服了，我承認上帝就是上帝，我跪下來祈禱；也許那天晚上，我是全英國最沮喪、最不情願改變信仰的人。」（註17）不到兩年，他就成了基督徒。即使沒有清楚表明願意接受上帝為了親近我們付出的努力，祂也不會放棄我們，或我們所愛的人。祂不斷地尋求，一路引導我們的心靈。

尼哥底母的名字在《聖經》中出現了三次，三次都出現在〈約翰福音〉。首先，尼哥底母在夜間來見耶穌（約翰福音3：1－21），雖然他沒有公開承認耶穌，但福音的種子已經撒在他心裡。第二次是發生在〈約翰福音〉7章50節，猶太人的官尼哥底母勸阻法利賽人不要逮捕耶穌。第三次，同時也是最後一次的記載，是在〈約翰福音〉19章39節，那時尼哥底母帶了香料來膏抹耶穌的屍體。過了三年，福音的種子終於結果了！這個過程是這樣的：「但因他過於驕傲，不肯公開承認自己同情這位加利利的教師，所以就設法作一次秘密會面。在這一次會見中，耶穌曾向他闡明救恩的計畫，和祂到世界上來的使命；但尼哥底母仍然遲疑不決。他將真理隱藏在心，有三年之久並無顯然的效果。不過尼哥底母雖然沒有公開承認基督，但他卻在猶太公會中屢次阻撓祭司們殺害祂的陰謀。當基督最後在十字架上被舉起來時，尼哥底母想起了基督在橄欖山與他夜間會面時所講的話：『摩西在曠野怎樣舉蛇，人子也必照樣被舉起來』（約翰福音3：14），於是他就看出耶穌確實是世界的救贖主。」（註18）讚美主！祂沒有放棄我們！

祂的時間表

我今日在你們面前受審，是為死人復活的道理。使徒行傳24：21

我很高興接到一通來邀請我加入傳道工作的電話。在過去的15年裡，我一直都在企業界工作，現在正考慮離開，選擇進入全職的傳道事奉。但這個呼召所提供的只是一份兼職的工作，唯不排除在以後有轉成全職工作的可能性。那麼，我應該放棄我現有的事業、全薪和職位，去接受一份沒有什麼保障的兼職工作嗎？可是，當我們確信上帝在引領的時候，就需要順服祂的時間表。後來，我接受了這個工作，並在幾個月後成為一名全職的傳道人。

當我們讀到保羅在〈使徒行傳〉強而有力的見證時，我們看到了一個勇敢、大膽宣講福音的傳道人。他周而復始的向人們宣講有關耶穌的預言，祂的死亡和祂的復活。在凱撒利亞，保羅在巡撫腓力斯面前為自己辯護（使徒行傳24：10－21）。腓力斯找不出保羅有什麼該死之罪，就「吩咐百夫長看守保羅，並且寬待他，也不攔阻他的親友來供給他。」（第23節）在這段期間，腓力斯不時地請保羅前來，「聽他講論信基督耶穌的道。」（第24節）你能想像保羅當時的心情嗎？上帝什麼時候才會讓我離開這裡呢？我是在為耶穌作見證啊！我想去其他的地方傳道！可是情況依舊。腓力斯也有他不可告人的動機：「腓力斯又指望保羅送他銀錢，所以屢次叫他來，和他談論。」（第26節）當然，討論福音是好事。可是還要持續多久呢？上帝給這位傳道人安排的時間表是怎樣的呢？令人吃驚的是：「過了兩年，波求・非斯都接了腓力斯的任；腓力斯要討猶太人的喜歡，就留保羅在監裡。」（第27節）什麼？兩年？為何上帝會允許這樣的事發生呢？原來，藉這個機會，保羅可以在前往羅馬之前，向非斯都、亞基帕和他的妹妹百妮基見證耶穌（使徒行傳第25、26章）。上帝的時間表與我們不同。但我們可以相信，那位為了救我們而犧牲的主，祂會指引我們到該去的地方，在正確的時間點為祂工作，以達成救贖計畫。

3月 Mar 25

祂的方式

使你知道所學之道都是確實的。路加福音1：4

我的一位親戚急需聯絡一位整形外科醫生，有人推薦給她一位專科醫生，這位醫生因其精湛的醫術和身為基督徒的見證，對她產生了極大的影響力。他辦公室牆上的掛畫都是有關恩典和因信稱義的。當醫生做完檢查之後，他遞給我們一張小卡片，並請我們大聲的將內容讀出來。「你若口裡認耶穌為主，心裡信上帝叫祂從死裡復活，就必得救。」（羅馬書10：9）。我為他分享耶穌的熱情感到驚奇！

這是上帝向世人分享福音的方式——每個人都能在他們的職場、學校或是社交圈中分享耶穌和祂的恩典。路加就是一個很好的例子。就我們所知，路加是個醫生（參歌羅西書4：14），在某個時刻，他開始熱心於傳道工作。他與保羅同行（參使徒行傳16：10），成為他最親密的夥伴之一（腓利門書第24章）。這位醫生對耶穌和使徒們的生活有著濃厚的興趣，並在最終寫了《新約聖經》中的兩本書——〈路加福音〉和〈使徒行傳〉。路加在希臘文方面造詣甚高，從他對耶穌的著述中就可看出他對此精湛的運用。路加展示了對於文化的敏銳度，利用具有強烈對照性的比喻，如「浪子的比喻」、「法利賽人和稅吏的禱告」（路加福音第15，18章）等，點出了救贖的包容性，這都是其他福音書裡沒有的。他從一開始就對門徒們經歷耶穌的見證很有興趣（路加福音1：1—4）。「提阿非羅大人哪……這些事我既從起頭都詳細考察了，就定意要按著次序寫給你，使你知道所學之道都是確實的。」（路加福音1：3、4）現在，無論我們身在何處，讓我們祈求上帝引導運用我們的恩賜和才能來傳揚耶穌的救恩，並成為救恩歷史上的見證人之一！

祂的資源

「我們從哪裡買餅叫這些人吃呢？」（他說這話是要試驗腓力；他自己原知道要怎樣行。）約翰福音6：5、6

我曾經擔任過幾屆青年團的領袖。每年我都會為團員舉辦大約二到三次的旅遊活動；我們的成員大約有30人，大家會一起搭乘廂型車去旅遊。我每次都會提前安排好整個行程、幫他們拍照、確定洗手間的地點、或找尋市場採買食物和水等等。你應該看得出，我就是那個在一群人中間，手裡拿著地圖和計算機的女子，我計畫著每一個細節，以確保一切都在掌控之中。隨著時間的流逝，我意識到在生活中我需要的不僅僅是計算機。

腓力是一個務實、精打細算的門徒，他和我所做的一樣。他似乎總是很擔心細節，希望能做到萬無一失。有一次，耶穌鼓勵祂的門徒不要憂愁，因為祂必再來接他們到祂那裡去，他們應當相信祂（約翰福音14：1—3）。腓力對祂說：「求主將父顯給我們看，我們就知足了。」（第8節）耶穌，我想自己親眼看見，然後我就會接受了。這一點我完全可以理解！

但是耶穌想讓腓力認識到，地圖和計算機不足以指引我們的生活，也不足以確信我們的救恩。有一次，一大群人跟隨耶穌，祂發現了一個絕佳的機會來證實這一點。約翰寫到，耶穌問腓力說，「我們從哪裡買餅叫這些人吃呢？」（約翰福音6：5）這只是一個試驗，因為耶穌已經知道要怎樣行了（第6節）。在這個關鍵時刻，腓力應該回答：「主啊，我不曉得，但祢肯定知道。」相反的，他拿出腦海中的計算機，給了耶穌一份財務分析報告：「就是二十兩銀子的餅，叫他們各人吃一點也是不夠的。」（第7節）我們很多時候就像腓力，我們需要學會定睛於耶穌身上，相信祂的計畫，而不是我們自己的才能和解決方案。是祂為我們成就了救恩，這是我們不可能做得到的，祂也有充足的資源來應付我們在生活中可能面臨的所有挑戰。就像餵飽許多人的神蹟一樣。凡事祂總有計畫，讓我們相信祂和祂的指引！

3月 Mar 27

祂的重塑

伸過你的指頭來，摸我的手；伸出你的手來，探入我的肋旁。不要疑惑，總要信！約翰福音20：27

萊莎·特克爾斯特（Lysa TerKeurst）在她的書中，談到在我們經歷痛苦的失望之後，該如何做才能讓上帝把祂的更新帶入我們的生活。她提供了一些值得我們謹記的金玉良言，例如：「如果我想要獲得祂的應許，我必須相信祂的帶領」；「上帝不會拋棄你，但祂會竭盡全力重塑你」；另一句我最喜歡的是：「如果在生活中經歷失望才能促成你的心靈與上帝相遇，你會做何感想呢？」（註19）

多馬徹底的失望了！他對耶穌和即將到來之國度的期望已經完全破滅，當其他門徒告訴他，他們已經見到了復活的耶穌時，他甚至拒絕相信！他的挫折是十分明顯的：「我非看見祂手上的釘痕，用指頭探入那釘痕，又用手探入祂的肋旁，我總不信。」（約翰福音20：25）當我們發現自己已經窮途末路時，上帝要重新塑造我們，從塵土中更新我們。我們生活在一個肯定會讓我們失望的罪惡世界裡，有可能是一個令人沮喪的體檢報告、一個所愛之人的過世、或是配偶的不忠等等。在那個時候，上帝的大能不僅要帶領我們經歷痛苦，而且還要重塑我們，為我們受創的心靈帶來重生。這就是多馬的遭遇——耶穌以一種全新的方式向他顯現（第27節），多馬對耶穌的神性做了最深刻的懺悔：「多馬說：『我的主！我的上帝！』」（第28節）後來，多馬也是看見復活的耶穌在提比哩亞海邊顯現（約翰福音21：1、2），以及見證耶穌讓他們捕獲許多魚之神蹟的眾門徒之一。另外，我可以很興奮地告訴你，在門徒們聚集、同心禱告的樓房中，多馬也置身其內（使徒行傳1：13），因為新成立的基督徒團體即將領受聖靈的洗禮，並開始它的公眾佈道事工！是的，上帝是一位在我們痛苦失望時，向我們顯明祂豐盛恩典的專家。

祂的幫助

以利亞並沒有奉差往她們一個人那裡去，只奉差往西頓的撒勒法一個寡婦那裡去。路加福音4：26

迦密山是一個令人印象深刻的聖地旅遊景點，上面有一尊以利亞在勝了巴力先知後，得意地舉起劍來的威嚴雕像。上帝從天上降下火來回應祂僕人的禱告，這是我們看待上帝先知的方式：剛強、得勝、有信心。可是當他們變得軟弱、灰心沮喪的時候呢？那時上帝還在指引他們嗎？

耶穌在拿撒勒安息日早晨的講道中提到以利亞：「當以利亞的時候，天閉塞了三年零六個月，遍地有大饑荒，那時，以色列中有許多寡婦，以利亞並沒有奉差往她們一個人那裡去，只奉差往西頓的撒勒法一個寡婦那裡去。」（路加福音4：25、26）耶穌舉了一個例子來說明上帝恩典的包容性。耶穌指出，在饑荒的時候，上帝差以利亞到以色列地之外西頓的一個寡婦家裡去。在那裡，麵和油奇蹟般源源不斷的出現（列王紀上17章），以利亞甚至使寡婦的兒子復活！上帝首先在那裡引導祂的先知，然後再讓他回到以色列，並在迦密山上迎戰巴力的先知（列王紀上18章），之後雨就降在地上。上帝在每件事上都幫助以利亞，甚至給他特別的指示，告訴他該去何處，以及怎樣在百姓面前代表祂。然而，當上帝向巴力的先知們展示祂的能力後，以利亞面對邪惡王后耶洗別的威脅卻感到害怕。精疲力竭的他變得沮喪，甚至想自殺（列王紀上19：1—4）。然而上帝並沒有棄絕他，祂差派了一位天使，給他帶來了食物；以利亞睡了，吃了，走到何烈山，在那裡上帝用微小的聲音與他說話。他還有更多的事情要做，而上帝也將一如既往的幫助他、指引他。居住在山巔之上的上帝，同時也是幽谷中的上帝。祂的恩典夠我們用的，當我們軟弱的時候，仍在祂的手中。祂是我們的救主，就像祂在十字架上所付出的那樣，祂會在我們經歷人生最低潮時來幫助我們，為我們完成靠自己無法成就之事。

3月 Mar 29

祂的益處

島上其餘的病人也來，得了醫治。使徒行傳28：9

我自小在美國以外的地方長大，並不知道墨菲定律（Murphy's Law）的含義。我後來瞭解到，這定律指的是一項原則——凡是可能出錯的事一定會出錯，而且通常會在最糟的時機點發生。此定律的提出要歸功於小愛德華．墨非（Edward Murphy, Jr.），他是一名航空工程師，生於1918年，但實際上，他當初對這個定律有著完全不同的解釋。他最初提出的原則是，你需要未雨綢繆、想像所有可能最壞的狀況，以預防它發生或做好萬全準備。

今天我要告訴你們，我們的上帝比墨菲定律更有能力，祂甚至可以把最壞的情況轉變成對祂子民的祝福，以及對祂聖名的榮耀。也許是你，或是你所愛的人，在經歷了一連串的災難後會想著：「還會有什麼比這更糟的事要來呢？」如果是，請閱讀〈使徒行傳〉第27和28章。保羅在一場持續許多天的狂風暴雨中，開始了他到羅馬的海上旅程。狂風把他們吹離了海岸，船隻遭受破壞，他們不得不游向陸地。這過程十分驚險！但他成功了！不管眼前出現的小島安不安全，至少他們還活著！他們最後到了米利大，島上的居民為他們生火（使徒行傳28：1）。保羅大概是受了傷，已經筋疲力盡了，他拾起一捆柴放在火上，有一條毒蛇，因為受熱就逃了出來，咬住他的手！真是屋漏偏逢連夜雨！牠一定是條毒蛇，因為土著們認為他的傷處肯定會腫起來，或者他會突然暴斃！至此還有什麼情況會比這更糟的呢？沒想到當地人竟因此認為保羅一定是個惡人，因為雖然他從海裡獲救，天卻不容他活著（第3－6節）。可是看了多時，見他無害，就轉念，說：「他是個神。」（人的想法總是如此反覆無常）然而，上帝卻透過保羅把所有的這些壞事都變成了對米利大當地居民的祝福。保羅後來在島上住了三個月，行了許多醫治的神蹟，當然也與他們分享福音。一切災難禍事，都不比上帝強大！祂會把困難轉化成你我在屬靈上的益處。這就是祂在十字架上所成就的——當罪悲劇性的毀壞了一切時，是祂道成肉身把恩典賜給了我們！

祂的預知

如今事情還沒有成就，我要先告訴你們，叫你們到事情成就的時候可以信我是基督。約翰福音13：19

處於艱難之時，我們會努力尋求最能夠幫助我們的嚮導。例如，當我的父母在接受癌症治療時，我們會奮力尋找在這個領域中最好的專家，就是能夠給出準確診斷和預測的醫生。儘管沒有人是全知的，但對於疾病可能的結果及其進展的預測，若能儘早掌握，對治療乃是至關重要的。

上帝通曉未來的一切。此外，祂還提前向我們啟示了救贖史上的重大事件。如此上帝便彰顯了祂的主權，並且祂的預知是貫穿整部人類歷史的。〈以賽亞書〉48章3至6節說明了這一個原則。這段經文清楚表明上帝在救贖事件發生之前的運作模式。上帝從古時就將這事曉諭祂的子民，在未成以先指示他們，在事情成就時，祂的子民就會知道這是祂的作為。耶穌也說了類似的話，祂的預知是祂神聖身分的另一個證明，也表明了祂對所定下之計畫的順從。在一切尚未發生之前，祂事先就談論了自己的犧牲，和那個將要出賣祂的人（參約翰福音13：18、19）。當門徒們回顧這些事時，這個預言幫助他們相信，祂就是那位偉大的「我是」（希臘文egō eimi；第19節）。巴克萊（William Barclay）解釋說：「耶穌知曉所發生的一切事。祂知道代價且已經準備好付出。祂不想讓門徒們認為祂是被困在一個無法逃脫的處境之中。祂並不是被動地讓人奪去祂的性命，而是祂選擇了赴死。此刻他們沒有、也無法看出這一點，但祂希望有一天，當他們回首既往的時候，他們會想起並理解這一切。」（註20）我們可以完全把我們的處境和未來，交託給那位選擇為我們而死的耶穌，因為祂知道我們的過去、現在和未來。祂知道將來會發生什麼，並且也已經向我們顯明祂將會為我們再來！哈利路亞！

3月 Mar 31

祂的改造

你去吧！我要差你遠遠地往外邦人那裡去。使徒行傳22：21

我喜歡「改造」這個詞，它的意思是回收廢棄物後再善盡其用。我們中間有許多人，都曾做過錯誤的選擇或走過錯誤的道路，也都曾經歷屬靈改造的時刻。上帝不會拋下我們，即使我們做出了瘋狂的決定或走在悖逆的彎路上。此外，上帝可以將我們的錯誤轉為充滿意義之事，並將我們的破碎變成榮耀。這一切都是可能的，因為在十字架上，耶穌為我們的過犯和罪孽付出了代價，此外，我們也因祂受的刑罰得到了醫治和平安（參以賽亞書53：5）。

《聖經》沒有對屬靈偉人們的黑暗時期避而不談。相反的，它詳細描述了他們的失敗，這也證明《聖經》乃是上帝啟示真理的指標之一，《聖經》不是為了強調個人，而是為了彰顯上帝在人生命中的恩典和能力。使徒保羅（之前稱為掃羅）的悔改信主，在〈使徒行傳〉中分別被敘述了三次（使徒行傳第9，22，26章）。在〈使徒行傳〉第22和26章中，路加記錄了保羅所說的話和個人見證。令我驚訝的是，保羅從不粉飾自己的所作所為。他從不掩飾自己的錯誤，或是過去殘殺基督徒的行為。當他在耶路撒冷與猶太人對話時，他如此說：「我也曾逼迫奉這道的人，直到死地，無論男女都鎖拿下監……並且祢的見證人司提反被害流血的時候，我也站在旁邊歡喜；又看守害死他之人的衣裳。」（使徒行傳22：4，20）保羅本可以因他所做的暴行離群索居，在逃避和恥辱中度過餘生，但是上帝改造了他的生命，給他一個新的人生目標，他從前的生命成為見證上帝恩典的一部分。他現在有一個呼召，就是要傳福音給外邦人！（第21節）。福音教導我們，耶穌的寶血為我們的罪和羞辱付出了代價。透過祂的犧牲，祂為我們提供了救贖，和有目的、有意義的新生命。我們沒有必要躲起來！要起身，去向世界訴說上帝在你生命中的奇妙恩典和引導！

4月 | 相信祂的救恩

4月 Apr 01

祂的記號

因為這是我立約的血，為多人流出來，使罪得赦。馬太福音26：28

當我在一所教會牧會時，某天收到了一個意想不到的邀約。一個猶太會堂邀請當地社區的基督徒來協助他們在逾越節的慶祝活動。不久，得知我的教會每年都有幾個信徒去參與協助，因此我也決定參與。這對我來說是一次難忘的經歷。我發現，當我們透過基督徒的視角來觀看這個節期時，它就能真正指向那位因我們的救恩而犧牲的上帝羔羊。

耶穌和祂的門徒正在討論如何準備逾越節的晚餐（馬太福音26：17－19）。這是上帝將以色列人從埃及為奴之家拯救出來之時，為記念救贖而立的一個節期。《聖經》詳細記載了這極具象徵意義的晚餐該如何預備：「你們要按著家口取出羊羔，把這逾越節的羊羔宰了。拿一把牛膝草，蘸盆裡的血，打在門楣上和左右的門框上。你們誰也不可出自己的房門，直到早晨。因為耶和華要巡行擊殺埃及人，他看見血在門楣上和左右的門框上，就必越過那門，不容滅命的進你們的房屋，擊殺你們。」（出埃及記12：21－23）門框上的血是越過那間屋子的記號。在接下來的日子裡，每當慶祝逾越節的時候，他們要背誦這個以希伯來語稱為「哈加達」（Haggadah）的故事，這個故事包含了許多預表性的事物，包括餅和杯。當他們吃的時候，耶穌拿起餅來，將哈加達的記錄加以修飾。祂不是說：「這是患難的餅」，而是說：「你們拿著吃，這是我的身體。」（馬太福音26：26）過後，祂拿起杯來說：「因為這是我立約的血，為多人流出來，使罪得赦。」（第28節）耶穌是我們逾越節的羔羊，為了救贖我們被獻上為祭（參哥林多前書5：7）。不幸的是，許多人生活在審判的恐懼中。每當我們對這個話題感到焦慮的時候，我們都應該重溫逾越節的故事，並祈求上帝提醒我們，是耶穌的寶血覆蓋了我們！

祂的洗滌

我若不洗你，你就與我無分了。約翰福音13：8

我為一段影片深深感動，那是一個關於恩典的講道例證。兩個小孩開始時在玩泥沙；起初，他們身上只有幾處污漬，但是最後全身都沾滿了泥土。此時，攝影機捕捉到了他們那位皺著眉頭的父親正向他們走來。孩子們知道自己闖了禍，都當場呆住了！但此時父親手裡卻拿著一根水管，開始用水給孩子們沖洗。他們都玩得很開心，最後孩子們也被沖洗乾淨了！

在耶穌時代，給客人洗腳本是僕人們的工作，這是在吃飯之前進行的，因為客人們剛從塵土飛揚的路上走來。在耶穌和門徒的最後晚餐時，卻沒有人執行這個工作。在坐席期間，耶穌離席站起來洗門徒的腳。耶穌行動的時機襯托出祂接下來欲給門徒之教導的重要性。耶穌來到彼得那裡，他感到十分不好意思：「挨到西門．彼得，彼得對祂說：『主啊，祢洗我的腳嗎？』」（約翰福音13：6）在希臘原文中，「你」和「我」這兩個字左右並排，突顯出它們的相對性。耶穌回答說：「我所做的，你如今不知道，後來必明白。」（第7節）在這個解釋中，耶穌透露祂的舉動不只是為了扮演僕人的角色，也是為了透過這個比喻教導他們有關救贖的深遠意義，而這個意義是要等到祂的死和復活之後，他們才能理解。祂真正的把自己獻上成為僕人，好讓他們的罪得到潔淨。彼得反對說：「祢永不可洗我的腳。」（第8節）耶穌如此回答以說明這個預表的深層意義：「我若不洗你，你就與我無分了。」（第8節）祂是唯一能讓他成為潔淨的人。彼得接著說：「主啊，不但我的腳，連手和頭也要洗。」（第9節）彼得的這兩個回答現在有時仍然被人們所誤用，聲稱耶穌為我們所做的事若非沒有必要，就是祂所做的還不夠。但是耶穌已經在十字架上洗去了我們所有的罪，這非但是必要的，也是足夠的！

4月 Apr 03

祂的充足

主轉過身來看彼得，彼得便想起主對他所說的話：「今日雞叫以先，你要三次不認我。」路加福音22：61

幾十年前，我曾是一個名為「第七樂曲」（Opus 7）聲樂團的一員，它由我的一個朋友阿里爾．昆塔納博士（Dr. Ariel Quintana）創立。在演出的曲目中，有一首是我們不斷重複傳唱和錄製的，歌詞中有一句非常符合今天的主題：「祂的手臂夠長，足以救你……祂的心夠大，足以愛你……祂的恩典綽綽有餘。」真的嗎？祂的犧牲對於我們當中最窮兇極惡的人來說會足夠嗎？如果他是殺人犯、恐怖分子、或背叛者呢？

彼得和猶大的強烈反差，一直都是我非常感興趣的主題。兩人背叛主的經歷經常被拿來反覆對照，就像是一體兩面般（參馬太福音26：69至27：10；路加福音22：47－62）。然而，他們兩人的結局卻有如天壤之別——猶大選擇上吊自殺，彼得後來卻成為一個有力的福音使者。猶大看見耶穌被定了罪，就後悔，把那三十塊錢拿回去給祭司長和長老，說：「我賣了無辜之人的血是有罪了。」（馬太福音27：4）至於彼得，當他想起耶穌說過關於他將不認主的預言時，就出去「痛哭」（馬太福音26：75；路加福音22：62）。耶穌呼召他們二人，稱猶大為朋友（馬太福音26：50），也以恩慈待彼得（路加福音22：31－34，61）。但後來彼得和猶大都背叛了耶穌，兩人也都感到後悔；然而，他們之間存在著巨大的差異，因此各自的結局也截然不同。兩人之間的主要區別是，彼得選擇相信上帝的恩典是夠他用的，耶穌的寶血也足夠遮掩他的過犯；反觀猶大卻沒有如此的懺悔和信靠。我們是否相信耶穌的犧牲足以遮掩我們的罪呢？是的，所有你能想到的罪！沒錯！祂的手臂夠長，足以拯救我們，祂的寶血也足夠遮掩我們的罪。耶穌已經為每一個人提供了足夠的贖價，因為祂的饒恕先於人的悔改，祂呼召罪人去獲得那已經白白提供的救恩。要相信祂的充足，而非你自己的不足。當我們接受祂為我們所做的犧牲時，我們就知道結局了！

祂的無罪

彼拉多說：「你們自己把祂釘十字架吧！我查不出祂有什麼罪來。」約翰福音19：6

福音不是關乎公平而是恩典。那位無罪的耶穌被定罪以至於死；而我們這些犯罪的，卻因祂的緣故反得永生。我的朋友史提夫．查比羅（Steve Trapero）是一個很有才華的平面設計師，他為我設計了一幅很大的海報，標題為「偉大的交換」。在它的一側，可以看到兩隻手拿著一個包裝好的盒子，盒子上有一個骷顱頭，象徵著死亡。而另一邊，有兩隻被釘穿的手帶來了生命的禮盒，盒子上寫著〈羅馬書〉6章23節的經文。這海報描繪了「交換」這個主題。

使徒保羅經常談論到耶穌是無罪的，卻被定為有罪，而那些有罪的人，卻因祂的名得以稱義。〈哥林多後書〉5章21節說，「上帝使那無罪的，替我們成為罪，好叫我們在祂裡面成為上帝的義。」四福音書在敘述有關耶穌之死的事件時，也都提到了這個悖論。例如，在十字架上的一個強盜明確的表示他們是有罪的，而耶穌是無罪的：「我們是應該的，因我們所受的與我們所做的相稱，但這個人沒有做過一件不好的事。」（路加福音23：41）那位無罪的被定了罪。另一個鮮明的對比在於，當彼拉多按當時在逾越節釋放囚犯的常規決定釋放耶穌時，群眾卻選擇了巴拉巴。巴拉巴是一個殺人犯，也是作亂的（參路加福音23：19；馬可福音15：7）。我發現巴拉巴的意思是「父親的兒子」。這個「父親的兒子」是有罪應當被定罪的，可是他卻被釋放了。反之，「上帝的兒子」是無罪的，卻被釘在十字架上。彼拉多一連三次明確地說，他在耶穌身上找不出犯罪的證據（約翰福音18：38；19：4，6），可是耶穌卻為了有罪的人而死。如果你深知自己有罪，請接受福音以獲得自由。我們擁有祂所賜的永生，因為祂已經為我們而死。謝謝祢，耶穌！

4月 Apr 05

祂的人性

這事以後，耶穌知道各樣的事已經成了，為要使經上的話應驗，就說：「我渴了。」約翰福音19：28

廿年前，我曾參予過基梅尼（Kiemeney）博士所帶領的「十架七言」（CrossWords）佈道事工；這是一個在週末向年輕人傳福音的廣播節目。這一系列節目在許多地區不斷地重複播放，鼓舞了很多參與這個事工的教會青年。我仍然對當初為宣傳這個節目所設計的大型廣告布條記憶猶新。這節目是以耶穌在十字架上所說的七句話為主題。節目的宣傳口號是：「一個垂死之人發出了令人深省的遺言。」

當耶穌被掛在十字架上時，祂知道《聖經》中所有的預言都已經應驗。除了我們所無法完全理解的屬靈重擔，耶穌也經歷了身體上的痛苦。祂感到口渴，祂說：「我渴了。」（約翰福音19：28）有人拿海絨蘸滿了醋，送到祂口中。這應驗了〈詩篇〉的預言：「我渴了，他們拿醋給我喝。」（詩篇69：21）約翰記載說，海絨是綁在牛膝草上。我相信這是一個重要的細節，因為在出埃及的時候，以色列人拿一把牛膝草，蘸盆裡的血，塗在門楣上和左右的門框上（參出埃及記12：22）。耶穌的死乃是逾越節羔羊的應驗。當約翰在寫〈約翰福音〉時，一些早期的基督徒因為深受諾斯底主義學說的影響，竟然相信在十字架上的耶穌只是一個幻影，而沒有真正的肉體，意即祂的外表既然只是幻影，所以在十字架上，祂並不會像世人一般經歷肉體上的痛苦。約翰有關耶穌渴了的記載既顯明祂是完全的人，也是完全的神。我們可以相信耶穌會憐憫我們，因為祂也曾經身而為人，故祂理解人的感受。〈希伯來書〉的作者也強調，耶穌完全瞭解我們：「因我們的大祭司並非不能體恤我們的軟弱。祂也曾凡事受過試探，與我們一樣，只是祂沒有犯罪。所以，我們只管坦然無懼來到施恩的寶座前，為要得憐恤，蒙恩惠，作隨時的幫助。」（希伯來書4：15、16）

祂的祈求

06 4月 Apr

當下耶穌說：「父啊！赦免他們；因為他們所做的，他們不曉得。」路加福音23：34

大多數人都曾聽過納爾遜·曼德拉（Nelson Mandela）的鼎鼎大名，他曾在1994年至1999年間擔任南非總統，也獲頒過無數榮譽獎項，包括《諾貝爾和平獎》。當他走出了因為反對隔離政策而被囚禁了27年的牢房後，說出的話竟是強調和解、寬恕，而不是報復，那一席話令全世界感到震撼。將近三十年的囚禁和折磨並沒有改變曼德拉對和解與和平的關注。

創造世界的上帝道成了肉身，親自來到人間以拯救世人（約翰福音1：1－14）。如今，祂被掛在兩個強盜中間，被祂所要拯救的人釘在十字架上（路加福音23：33－37）。在如此可怕的環境中，耶穌對救贖使命的堅持，與敵人對祂的嘲弄、折磨和羞辱形成了鮮明對比。耶穌實踐了祂所教導門徒的——為那些逼迫我們的人禱告（路加福音6：28），耶穌向上帝祈求說：「父啊！赦免他們；因為他們所做的，他們不曉得。」（路加福音23：34）耶穌被釘死在十字架上時稱上帝為父，這一呼求充份顯明了直到最後一刻，耶穌和天父始終保持著親密的關係。耶穌將自己獻為贖祭，以此代替他們的無知（參利未記5：17－19；以賽亞書53：10）。耶穌在十字架上所背負的重擔不是祂自己的痛苦，而是祂的敵人永恆的救恩。祂不但替那些急著逼迫祂、釘死祂的人代求，也替現在的你和我代求，使我們的罪可以得著赦免。懷愛倫解釋說：「基督為祂的仇敵所獻的祈禱，包括全世界，包括從世界的起頭直到其末了的一切罪人。每一人都負有釘死上帝兒子的罪。赦罪之恩也白白賜給每個人。凡願意的，都可以同上帝和好，並承受永生。」（註21）所以，我的朋友，這就是福音中佳美的信息！

4月 Apr 07

祂的產業

耶穌啊，你得國降臨的時候，求你記念我！路加福音23：42

你是否曾經見過某個突然一夜之間變成百萬富翁的人？很難解釋一夜致富給人帶來的心情。我在電視節目中看到一個女人贏得了一百萬美元，並目睹了隨之而來的盛大慶祝。你能想像一個人在幾秒鐘內由窮變富的心情和感受嗎？但比這更大的事發生在十字架上的強盜身上。

就在我們以為浪子回頭的故事只是一個比喻的時候（路加福音15：11－32），我們看見了一個真正的浪子，一個不值得原諒的罪人，他要求得到他的產業。他被釘在耶穌旁邊，路加記錄了他那令人震驚的請求──「我可以在天國裡有一席之地嗎？」換句話說：「耶穌啊，你得國降臨的時候，求你記念我！」（路加福音23：42）。這個強盜憑什麼叫耶穌記念他，又賜給他產業呢？首先，這個強盜稱呼基督為「耶穌」。他不像其他人稱呼耶穌是「拉比」或是「主」。他稱祂為「耶穌」，一個讓人想起耶和華是救贖的名字（參馬太福音1：21）。他請求的第二部分是「求你記念我！」。在猶太《聖經》中，這種請求的對象通常都是耶和華。當耶和華記念一個人的時候，祂是按照與他所立的約來行事的（參士師記16：28；撒母耳記上1：11）。這意味著耶穌是他的中保。第三，「你得國降臨的時候」這句話，表明這個強盜已經相信釘死在十字架上並不是耶穌的末日；祂的國度是在十字架的彼岸。耶穌被釘在十字架上的罪名乃是預言的應驗，但是耶穌會接納這個強盜的驚人請求嗎？耶穌回答說：「我實在告訴你，今日你要同我在樂園裡了。」（路加福音23：43）。當下，耶穌向他保證他將獲得天國的產業。我們在基督裡也能獲得永恆生命的保證，那就是我們在基督裡的產業（希伯來書9：15）。

08 4月 Apr

祂的資格

我實在告訴你，今日你要同我在樂園裡了。路加福音23：43

一位傳教士陪一位名人到中東旅遊。抵達後，維安人員層層戒備，要將這位名人圍在中間。傳教士一不小心落在了他們的後頭，並試圖重新回到他們當中。他向維安人員解釋說他是名人團隊隨從的一員，但費盡了口舌解釋也沒用。在隔了很長一段距離之後，名人發現傳教士不見了，就轉過身來大聲說：「他是同我一起的！」嚴密的戒護圈立刻分開，讓傳教士走進來，因為他是同他們一起的。

耶穌對十字架上強盜的回應適用於我們每一個人。今天的經文乃是按照希臘文的句子順序排到。讓我們留意經文中的這四個要素：「今日」，「你要」，「同我」，「在樂園裡了」。在今天的課文中，我們將探討第二和第三個要素，而將第一和第四個要素留待明天討論。「你要」——耶穌給那個強盜的保證，是使用「你」（You），第二人稱單數，和未來時態「要」（Will be）這是一個確定的應許。祂不是說「你可能要」，而是「你要」。這個強盜根本完全不配，但如今他有了對將來的盼望。他與耶穌同在樂園裡不是一種可能，而是真實。這就是《聖經》的福音與虛假福音的根本區別。虛假的福音提供了救贖的可能性，但真正的福音給人帶來保證。然而這個強盜並沒有資格！他為什麼可以在樂園裡呢？這就是另外一個元素的關鍵。「同我」——在希臘文中，決定內容關鍵的是位於句子中間的詞，而「同我」這一詞就在中間。耶穌對他說，你將在樂園裡，因為你是同我一起的。是我有這個資格！而你將跟我一同進去！如果你知道自己沒有資格去到天國，請牢牢抓住耶穌在十字架上對強盜的這個應許。我喜歡想像自己有一天走在黃金的街道上，而反對我的人也在那裡。他們會質疑說：「咦，妳怎麼會在這裡？」我等不及看見耶穌轉過身來，態度和藹卻大聲的說：「她是同我一起的！」

4月 Apr 09

祂的即時

把那上好的袍子快拿出來給他穿。路加福音15：22

在浪子與慈父的比喻中（路加福音15：11－32），有一件事觸動了我的心，就是父親用立即的行動來遮掩兒子的羞恥。他沒有說：「看吧！我早跟你說過了！」也不在意聽到兒子所提出的，要為自己錯誤行為贖罪的一連串清單。沒有！這位父親立即吩咐：「把那上好的袍子快拿出來給他穿。」（第22節）你會為你悖逆的孩子做同樣的事嗎？

同樣地，在祂與強盜的對話中（路加福音23：40－43），耶穌以父母般的慈愛來回答這個絕望的孩子。但是，與浪子的父親不同，耶穌不能跑去迎接強盜並擁抱他；祂只能對他說話，因為祂的手和腳已經被釘在十字架上了。這個不配的兒子祈求耶穌在祂的國裡記念他（路加福音23：42）。在今天的課文中，我們將會看到耶穌回答中的另外兩個重要元素：「今日」和「在樂園裡了」。「我實在告訴你，今日……。」（第43節）耶穌不想讓這個強盜等到祂再來時才知道自己的命運。在那一天，那一刻，這個強盜就可以得到救贖的保證。沒有焦慮或懷疑，只有保證。你能想像嗎？在〈路加福音〉中，「今日」一詞強調了得救的立即保證（參路加福音4：21；19：9）。耶穌說：「把我那公義的袍子快拿出來給他穿上！今日！」這個立即的保證究竟是什麼呢？「……你要同我在樂園裡了。」（第43節；註22）樂園！上帝最初創造祂兒女的地方！他們在〈創世記〉第3章中所失去的地方！「樂園」——這是耶穌唯一一次在〈路加福音〉使用這個詞（與《七十士譯本》中〈創世記〉第2章和第3章的用詞相同）。在這一刻，耶穌為祂的孩子們開啟了回家的路。那天祂和強盜都沒有去到樂園，但是強盜已經得到了最後的保證。耶穌立即做出了回應，將樂園的應許給了這個不配的兒子！如果你今日的禱告是照著強盜向耶穌所祈求的，那麼在今天，你就必得著那相同的應許！

祂的離棄

我的上帝！我的上帝！為什麼離棄我？馬太福音27：46

我這一生一直獲得來自父母極大的幫助。有一次，當我和其他的牧者們在美國的一個國家公園裡參加退修會時，我的身體不確定是因為食物或水的問題而出現了嚴重不適，短短不到兩小時就危及我的性命。當醫護人員來到我們美麗但偏遠的旅店後，他們告訴我必須在那裡待上幾天才能恢復體力。退修會結束時，所有與會的人都預備要離開了，我只好一個人留在那兒。可是，不出幾分鐘，我的父母就收拾好行裝前來，他們一直陪著我，直到我復原。我一生之中從未覺得有任何時候被他們拋下，即使是在最黑暗和最困難的景況之中。

不論我們的人際關係有多麼的緊密，我們還是不可能完全理解耶穌和天父之間的親密關係。這就是為何對於釘十字架的敘述——特別是在〈馬太福音〉27章46節耶穌問上帝為何離棄祂，對我們而言似乎難以理解。約在申初（下午3點），就是獻晚祭的時候，耶穌大聲喊出〈詩篇〉22篇1節的經文。我很驚訝那位被稱為「以馬內利」的耶穌（馬太福音1：23）——與我們同在的耶穌，現在竟然因上帝離棄祂而痛苦。「以馬內利」的希伯來文最後兩個字母「El」（上帝）與「以利！以利……我的上帝！我的上帝！」（馬太福音27：46）所說的是同一位上帝。令人訝異的是，耶穌在祂人生最黑暗的時刻，對於失去上帝親密的同在竟有如此深刻的體會，以至於祂稱呼上帝為「上帝」（〈馬太福音〉中唯一的一次），而不是祂通常所稱呼的「父」。更令我驚訝的是，耶穌在祂最痛苦、最孤寂的時候，用的還是「我的」上帝一詞，表示祂仍然相信上帝是祂的上帝。耶穌背負了所有世人的罪孽，是全人類的代表和代罪羔羊。當我們的罪被加諸在祂的身上時，祂感受到天父的離棄。如果你曾經懷疑上帝是否因為你的錯誤和罪惡而離棄你，務要記得耶穌已經為了你而付上代價，使你永遠不會落入同樣的景況。上帝永遠不會將你拋棄！祂必不撇下你，也不丟棄你！

4月 Apr 11

祂的高峰

就說：「成了！」便低下頭，將靈魂交付上帝了。約翰福音19：30

我的博士論文指導教授——安德烈·林肯（Andrew Lincoln），是英國「新約學會」（the British New Testament Society）的會長，他也一直是一位傑出的新約學者。在他的建議下，我參加了在英國舉行的《聖經》大會，大會所安排的研討會和主講的傑出學者讓我印象深刻。尤其記得其中一場收尾時，是以一種很不同尋常的方式劃下句點的。在最後一張投影片上只有一個字：「tetelestai」，希臘文的意思是「成了！」，表示他的分享到此結束。

然而，論及到我們的救恩時，出於某種原因，我們似乎不太確定這句話是什麼意思。可是約翰告訴我們，耶穌知道在祂臨死的時候，祂要做的一切事情已經做完，祂在世上的工作已經完成，祂的使命已經達標。從上述內容你已知道，「成了」的希臘文就是「tetelestai」，在十字架上，「耶穌知道各樣的事已經成了。」（約翰福音19：28）然後，耶穌大聲的說「成了！」宣告祂的使命已經達成。這不是受害者痛苦的哭喊，而是勝利者凱旋的歡呼：「成了！」（第30節）是的，希臘文就是以這個字來表達，耶穌在向整個宇宙宣告：「完成了！」耶穌——天上的中保，祂為我們獻上寶血作為我們贖價的犧牲已經完成了。「成了」這個詞，與〈創世記〉中在創造完成時所使用的字根相同（參《七十士譯本》；創世記2：2）。沒有什麼是需要再額外添加以完成救贖的，它已經完成、完美了！不需要「和」、「但是」、或是「加上」什麼！我們已經被祂的寶血救贖，不再需要畫蛇添足。人類的救贖已經在兩千年前完成。基督徒是這樣描繪救恩的：「成了！」我的心啊，歡呼喜樂吧！Tetelestai！

祂的復活

祂不在這裡，照祂所說的，已經復活了。馬太福音28：6

那是復活節崇拜聚會的兒童故事時間。許多孩子走到講臺前，負責人遞給他們每人一個復活節的塑膠彩蛋，但是在她還未說可以打開之前，他們不能自己打開它。我很好奇她要講的故事內容。當她發出可以開了的指示後，所有的孩子都以興奮期待的心情一起打開手中的彩蛋。我能從他們的臉上看出困惑和失望。「你們很驚訝嗎？」她問，然後補充道：「沒錯，它們是空的！耶穌的墳墓也是如此！」我永遠不會忘記那次的分享。

當兩個馬利亞來到墳墓前時，她們驚訝不已！她們一定是嚇壞了，因為天使對她們說的第一句話是：「不要害怕！」（馬太福音28：5），然後他接著說：「我知道你們是尋找那釘十字架的耶穌」（第5節）。「那釘十字架的」將永遠成為耶穌的身分，然而，那釘十字架的耶穌已經從死裡復活了！「祂不在這裡，照祂所說的，已經復活了。」（第6節）這是大好的消息！空墳墓將成為基督教會的核心宣言。天使的宣告包含兩個元素：「祂不在這裡，照祂所說的，已經復活了。你們來看安放主的地方。」（第6節）第一，祂曾具體預言過自己的死和復活（馬太福音16：21；17：23；20：19；另參26：32），可是祂的門徒卻不明白；第二，天使叫婦女們看祂被安放的地方，這是很重要的，因為當耶穌的屍體被放進墳墓裡、大石頭被輥到墳墓口的時候，這兩個婦女都在現場（馬太福音27：59－61）。然後，天使讓這些婦女成為宣告關於耶穌復活這個驚人消息的第一批人。她們要告訴門徒耶穌已經復活，並讓他們知道祂將在加利利與他們相會（馬太福音28：7），照祂之前所說的（參馬太福音26：32）。是的！我們的上帝為我們的罪孽被壓傷，為我們的罪而死。但照祂所說的，祂已經復活，馬上就要再來接我們了（馬太福音24：30、31）。

4月 Apr 13

祂的宣告

你往我弟兄那裡去，告訴他們說，我要升上去見我的父，也是你們的父，見我的上帝，也是你們的上帝。約翰福音20：17

參訪抹大拉（Magdala）一地是影響我一生的經歷之一。我們參觀了這一處古代遺址，包括加利利現存最古老的猶太會堂。除了考古公園，這裡也有馬格達萊納學院（Magdalena Institute），它的存在是源自於抹大拉的馬利亞與耶穌相遇的故事。該學院成立的目的之一，是為了提供並支持那些前來尋求屬靈治癒和恢復的女性。這個實踐考古學中心對我產生了深遠的影響。

路加提到耶穌曾將七個鬼從抹大拉的馬利亞身上趕出來，使她成為跟從耶穌的其中一位婦女（參路加福音8：1－3）。〈路加福音〉記錄了她在耶穌受難場景中的身影。在復活的早晨，她來到墳墓前，看見石頭已經輥開，就去找彼得和約翰（參約翰福音20：1－18）。她站在墳墓外面哭泣，因為她還沒有聽到耶穌復活的消息。有人問她為什麼哭，她說：「因為有人把我主挪了去，我不知道放在哪裡。」她希望耶穌的屍體能夠得到妥善的安置。因為這是她的主，曾經醫治過她，使她痊癒。淚眼朦朧中，她看見一個男人，以為是園丁，便問他耶穌的屍體在哪裡。然後她聽見耶穌叫她的名字：「馬利亞。」（第16節）。你能想像祂溫柔的聲音和她內心的喜悅嗎？她似乎是第一個見到基督復活的人，也許是因為她最需要祂！耶穌吩咐她去告訴祂的門徒，這就是為何她也被稱為使徒的原因。祂宣告祂將到父那裡去，並親自稱呼祂的門徒為弟兄：「我要升上去見我的父，也是你們的父，見我的上帝，也是你們的上帝。」（第17節）。馬利亞興奮地向他們宣告：「我已經看見了主。」（第18節）無論在任何地方和情況下，耶穌總是與我們同在。在我們悲痛時，祂以復活的基督之姿向我們顯現！祂知道我們每個人的名字！

祂的話

她們就想起耶穌的話來，便從墳墓那裡回去，把這一切的事告訴十一個使徒和其餘的人。路加福音24：8、9

我至今仍然保存著一本筆記，那是本會在加州阿爾罕布拉的教堂成立80周年感恩禮拜時所做的講道。證道的題目是「記住未來」。在生活中反思上帝過去的帶領是很重要的，因為這能幫助我們找到對未來的保證。當我們回顧自己的生活時，我們就會意識到上帝一直都與我們同在。每當談論到我們的救恩，唯有在回頭注目十字架之時，才能找到對未來的確據。

婦女們在星期天一大早就來到墳墓前。遮擋墳墓入口的石頭已經被輥開，她們沒有找到耶穌的遺體（路加福音24：1－3）。她們感到困惑不解，特別是因為曾親眼看見耶穌的身體是如何被安放在墳墓裡的（參路加福音23：55）。正當她們困惑猜疑之時，兩個天使出現在她們面前（路加福音24：4，23），宣告耶穌已經復活的消息！「為什麼在死人中找活人呢？祂不在這裡，已經復活了。當記念祂還在加利利的時候怎樣告訴你們，說：人子必須被交在罪人手裡，釘在十字架上，第三日復活。」（第5－7節）天使告訴她們，應該停下來，回想耶穌所說的話（參路加福音9：22，44），「她們就想起耶穌的話來。」（路加福音24：8）她們於是想到耶穌曾說過有關祂的死和復活的預言。婦女們因為想起耶穌的話而從困惑中乍然清醒，心中雪亮。回想基督的話是治療焦慮和憂愁的良藥。這位預言自己死亡和復活的耶穌，也預言了自己的勝利（參路加福音21：27；22：69）。每當我們被自己所不能明白的困境迷惑時，回想耶穌的話就會為我們帶來洞察力和平安。如果你曾經為你的救恩或世界末日而焦慮，記得祂在十字架上對那名強盜所說的話：「你要同我在樂園裡了。」（路加福音23：43）

4月 Apr 15

祂的容貌

說了這話，就把手和肋旁指給他們看。門徒看見主，就喜樂了。約翰福音20：20

我在我的手機裡保存了一張珍貴的照片。當我媽媽意識到她的生命即將走到盡頭時，她便想親自去買下那塊她口中所謂的「最後產業」。於是，我和父母去到墓地。他們找了一個很喜歡的位置並買下了它。趁他們倆站在自己未來的墳墓之上時，我拍下了那張到現在依然珍藏的照片。兩週後她去世了。我很難想像，當我在天家再次與他們相聚，看到他們的身體不但健康，也不再有病痛纏身，且帶著榮光時，我會多麼喜樂！

我也無法揣測門徒們在那天的喜樂。他們之中的一些人曾親眼目睹了耶穌被釘死在十字架上。他們看見了祂的痛苦，釘子釘入祂的手和腳，長矛刺入祂的肋旁。但耶穌復活的那天晚上，祂奇蹟般的向門徒們顯現。約翰記載，那個時候大門是關著的，因為門徒害怕猶太人。「耶穌來，站在當中，對他們說：『願你們平安！』」（約翰福音20：19）。雖然在今天這仍然是猶太人常用的問安方式，但在那個時候，它承載了耶穌所應許的平安（參約翰福音14：27）。這個細節值得注意是因為他們當初在祂受難時都離棄了祂，他們本該受到非難和譴責的。相反的，耶穌卻用祂的平安來問候，向他們展示祂的手和身體。門徒們認出祂來，就大大的歡喜。耶穌曾經預言這個時候：「你們現在也是憂愁，但我要再見你們，你們的心就喜樂了；這喜樂也沒有人能奪去。」（約翰福音16：22）。現在他們看見了復活的主，沒有人能奪去他們的喜樂。耶穌第二次向他們宣告祝福和平安，然後差遣他們，賜給他們聖靈（參約翰福音20：21、22）。耶穌是從死裡首先復活的（啟示錄1：5），這個應許向我們保證，在祂裡面我們所死去的親人也將復活。在那一天，我們的悲傷將變成難以形容的喜樂。

祂的宣告

那沒有看見就信的有福了。約翰福音20：29

廿多年前，我當時還在某一間企業工作。當我嘗試與一位同事分享《聖經》時，我意識到人類的大腦很難相信眼睛看不見的東西。在我跟他分享耶穌是從童女懷孕誕生的故事後，他回應說：「真的嗎……可這樣的事有誰會相信呢？」屬靈的事只有屬靈的眼光能夠辨識，這意味著上帝為信心留下了相當大的空間：「信就是所望之事的實底，是未見之事的確據。」（希伯來書11：1）

耶穌在復活後向門徒顯現時，多馬並不在場（約翰福音20：24）。其他的門徒很興奮地告訴他：「我們已經看見主了。」（第25節），但多馬抱持懷疑的態度。他是一個忠誠但悲觀的門徒（參約翰福音11：16；14：5）。對他來說，十字架只是他感性上的期望（約翰福音11：16），現在他要理性上的眼見為憑（路加福音20：25）；只有當他能看見並能觸摸到耶穌的時候，他才會相信。在整本新約中，沒有人為了相信而提過比這個更大的要求。這就是為什麼多馬成了不信的象徵。憑眼見，而非信心！不信的一個缺點就是我們的喜樂將因此而延遲！多馬本可以和其他人一同歡喜快樂；可是因他拒絕相信，他就不得不等待。八天後，耶穌再次顯現，並對多馬說：「伸過你的指頭來，摸我的手；伸出你的手來，探入我的肋旁。不要疑惑，總要信！」（第27節）多馬當時一定說不出話來！之後他說：「我的主！我的上帝！」（第28節）。這是四福音書中最深刻的懺悔；從來沒有人這樣稱呼過耶穌。多馬在信心上產生了飛躍，確信耶穌是主、是上帝（約翰福音1：1）。耶穌回答說：「你因看見了我才信；那沒有看見就信的有福了。」（約翰福音20：29）耶穌向我們宣告祂的祝福！要看見才相信的機會已經不復存在，因為耶穌已經升到天上了；信心是唯一能看見耶穌的方法。記得，上帝總是給我們的信心留下空間，當我們選擇相信，祂就賜福我們！

4月 Apr 17

祂的應當

基督這樣受害，又進入祂的榮耀，豈不是應當的嗎？路加福音24：26

我們認為自己極需要的，經常不是我們真正缺乏之所在；反之，我們認為自己極不需要的，才是必須。我看過不少次孩子們試圖說服父母給他們買玩具和糖果的場景。你可能也聽過孩子嚷嚷說：「爸爸，我『需要』這個！」當然，聽到這樣的對話，我們時常不免發出會心的一笑，但也忍不住會想，我們又有多少次也是這樣對上帝說話呢？我相信當大衛寫〈詩篇〉23篇1節——「耶和華是我的牧者，我必不至缺乏」之時，不是因為他真的什麼都不想要或不需要，而是因為相信上帝會供應他所需要的一切。

在〈路加福音〉24章19至24節中，兩個前往以馬忤斯的門徒向耶穌解釋他們的盼望和期待幻滅的原因。讓我指出四個使他們對之前的盼望感到困惑的原因，這些也有可能是我們的疑惑：❶有限的認知：他們說耶穌是一個先知，說話行事都有大能（第19節）。但耶穌遠不止這些！祂是彌賽亞，全世界的救主！祂過去是，現在仍然是！可是他們並沒有察覺。❷終局：兩個門徒分享耶穌如何被定罪和被釘十字架（第20節）。耶穌曾多次告訴他們，十字架並不是終點，但對他們來說，這好像已經成了定局。痛苦使他們忘記了耶穌曾經說過祂必將復活的話。❸遺憾：「但我們素來所盼望、要贖以色列民的就是他！」（第21節）所盼望的？聽起來是不是很熟悉？「真希望……」，但耶穌已經為世界完成了救贖，不是嗎？可是他們的遺憾沒能讓他們理解、也沒有讓他們慶祝耶穌的復活。❹不信：他們聽到了來自婦女們的報告說墳墓是空的，耶穌已經復活了。但是他們不相信，因為沒有親眼看見。這四個困惑阻礙了他們的洞察力。他們要的是一個在地上建立國度的軍事領袖。但耶穌指出了他們真正需要明白的：「基督這樣受害，又進入他的榮耀，豈不是應當的嗎？」（第26節）。是的！祂的犧牲才是我們真正需要的！

我的回應

18 4月 Apr

祂的標誌

除了先知約拿的神蹟以外，再沒有神蹟給他們看。馬太福音12：39

目睹過神蹟，就一定能產生真正的信心嗎？ 直到今天，這仍是許多宗教團體試圖回答的問題；甚至在社交媒體網路上，也有許多關於這個問題的熱絡討論。然而根據《聖經》記載，在經歷了上帝分紅海的神蹟拯救（出埃及記第14章），以及嗎哪和磐石出水的超自然供應（出埃及記第16章）之後，以色列人仍然會質疑上帝是否與他們同在（出埃及記17：7）。類似這樣的故事在《聖經》中多次被提及。有鑒於此，我們不禁要問：什麼才能使我們對耶穌產生真正的信心呢？

在敘述了耶穌的幾個神蹟之後，馬太記載了文士和法利賽人來到耶穌跟前求神蹟的經過（馬太福音12：38）。神蹟和奇事是一些舊約先知，如摩西和以利亞事工的證明。但是耶穌知道那些求神蹟者的意念，他們嘲笑並曲解祂趕鬼的權能（參馬太福音12：24）。耶穌回答說：「一個邪惡淫亂的世代求看神蹟，除了先知約拿的神蹟以外，再沒有神蹟給他們看。約拿三日三夜在大魚肚腹中，人子也要這樣三日三夜在地裡頭。」（馬太福音12：39、40）約拿是一個不情願的先知，他試圖逃避上帝要他向尼尼微宣告祂恩典的呼召。這是一個外邦人的城市，後來成為亞述的首都，當約拿向他們傳警告信息時，全城的人都認罪悔改。其實約拿迫切需要上帝的恩典，在他逃避的旅程中，他在大魚肚子裡待了三天，在禱告中懇求上帝。我們在約拿的懇求中找到福音的核心：「救恩出於耶和華。」（約拿書2：9）耶穌以特別的平行經文引述，向法利賽人和文士宣告祂在十字架上的犧牲，將是祂身分和使命的唯一標誌。如果我們要避免懷疑和欲望所導致的不信，就必須祈求上帝每天將耶穌為我們所做的犧牲啟示我們。這才是唯一令人信服的標誌！

4月 Apr 19

祂的真理

你們必曉得真理，真理必叫你們得以自由。約翰福音8：32

1945年日本天皇投降時，小野田寬郎（Hiroo Onoda）是一名拒絕投降的士兵。二戰結束後，他在森林裡躲藏了29年。直到1974年3月，他的前指揮官知曉此事後，親自飛到小野田寬郎所在的地方，宣布撤銷了在1945年所發出的命令，他才投降。你能想像戰爭結束後，獨自在森林裡躲藏、生活了近30年的情景嗎？我們又是如何呢？是生活在耶穌為我們成就的救恩喜樂中，還是仍然活在恐懼的枷鎖底下呢？

今天有兩種完全不同的基督徒：「被奴役的」和「被救贖的」；你通常可以馬上分辨出兩者的區別！現今，看到這麼多的基督徒在耶穌大喊「成了！」（約翰福音19：30）之後，兩千年來卻仍然躲在「宗教的叢林」裡，真是一件令人難過的事！在〈約翰福音〉中，「真理」與耶穌的位格緊密相連（參約翰福音1：14，17）。耶穌宣告說祂是真理：「我就是道路、真理、生命；若不藉著我，沒有人能到父那裡去。」（約翰福音14：6）回到〈約翰福音〉第8章，耶穌當時所說的話，是對那些理當相信祂的猶太人說的：「你們若常常遵守我的道，就真是我的門徒；你們必曉得真理，真理必叫你們得以自由。」（第31、32節）但是耶穌的聽眾提醒祂，他們是亞伯拉罕的後裔！他們完全無視當時羅馬人對他們的壓迫，無視他們在埃及和巴比倫的過去，聲稱他們從來沒有被任何人奴役過。他們為什麼需要被釋放呢？（第33節）這就是為何耶穌要明確指出，真正的自由並非來自祖先、血統或宗教體系。罪惡試圖對所有人進行奴役，唯有耶穌是唯一的釋放：「所有犯罪的就是罪的奴僕。奴僕不能永遠住在家裡；兒子是永遠住在家裡。所以天父的兒子若叫你們自由，你們就真自由了。」（第34－36節）戰爭已經得勝，耶穌是那位勝利者，不要被恐懼所奴役，要喜樂！因為祂已經讓我們獲得真正的自由了！

祂的接納

大衛的子孫，耶穌基督的家譜……耶西生大衛王。大衛從烏利亞的妻子生所羅門。馬太福音1：1，6

我和一個年輕女孩坐在一起，談論著她的未來。她問我，如果她沒有按照上帝的旨意去做每件事，上帝是否還會賜福她？她問：「如果我沒有按照上帝的旨意生活行事，上帝會賜給我一個幸福的婚姻嗎？」我以拔示巴的故事為例來回答她，拔示巴就是那赫人烏利亞的妻，大衛與她行淫之後，又殺了她丈夫。後來，上帝賜給他們一個兒子所羅門（撒母耳記下第11、12章），他接續大衛作王，是世界上最有智慧的人。為什麼上帝要賜給他們這個兒子呢？更令人震驚的是，為什麼這個婦人會出現在耶穌的家譜中呢？

這是一個好問題！事實上，我們可以把我們的疑問擴展到：為什麼馬太會與當時的習俗相悖，把四個女性列入〈馬太福音〉第一章的耶穌家譜之中呢？〈馬太福音〉1章3至6節提到的四個女人分別是她瑪（創世記第38章）、喇合（約書亞記第2章）、路得（路得記）以及烏利亞的妻子拔示巴（撒母耳記下11、12章）。她瑪是迦南人，因為她死去丈夫的兄弟沒有盡他們的本分，為她的丈夫生子立後，所以她就扮成妓女，與她公公同寢而懷孕。喇合是迦南地耶利哥城的一個妓女。路得是摩押人，拔示巴是赫人的妻子。你應該會選擇像撒拉或是利百加這樣的人，不是嗎？〈馬太福音〉第一章中的四個女人並不被認為是純正的以色列人，她們甚至沒有好的名聲！這就是〈馬太福音〉對耶穌傳道事工超越世上一切期望的宣告！上帝的救恩不能被特定的身分或是社會地位所限制。我們都不配獲得祂的救恩，然而我們卻被接納、祝福，並獲得保證。無論何時，當我們被過去的錯誤所纏累，或是因背景而沮喪時，讓我們記得這些女性，並為之歡欣鼓舞！因我們也受邀在其內！

4月 Apr 21

祂的橋樑

你們將要看見天開了，上帝的使者上去下來在人子身上。約翰福音1：51

在一次獨木舟之旅中，我們在導遊陪同下，決定到森林裡去探索。我們計畫划一會兒獨木舟，然後徒步走到一個美麗的瀑布。然而，由於前一天下了大雨，水流變得很湍急，雖然我們是業餘的獨木舟愛好者，但是當我們需要過河時，沒有橋還是不行的。我們的導遊找到了解決的辦法。他把繩子繫在河這邊的樹上，然後划獨木舟過河，再把繩子繫在對岸的另一棵樹上。整個隊伍就都能步行過去了。我們一個接一個地踏入齊腰的深水中，緊緊抓住繩子，安全渡過了河。

拿但業放棄了他的偏見，體認到耶穌在他們相遇之前已經在無花果樹下看見了他，他就明白了耶穌是真的認識他（參約翰福音1：48）。於是，他做了一個在〈新約〉中最深刻的懺悔，稱呼耶穌是「上帝的兒子，是以色列的王」。（第49節）耶穌回答說，「因為我說在無花果樹底下看見你，你就信嗎？你將要看見比這更大的事。」（第50節）還有什麼事，比明白耶穌是如此親密的認識我們還更偉大的嗎？我很高興你如此提問，因為這事關乎祂的救贖使命！「我實實在在地告訴你們，你們將要看見天開了，上帝的使者上去下來在人子身上。」（第51節）這是〈創世記〉28章12節的一個引喻，在這一節中，雅各因為以欺騙的手段從父親那裡奪走了他哥哥的祝福，只好離家亡命天涯。他感覺到自己與他所愛的人和上帝隔絕，就在一個地方停下來睡著了。隨後他做了一個夢，「夢見一個梯子立在地上，梯子的頭頂著天，有上帝的使者在梯子上，上去下來。」（第12節）在那個夢中，耶和華向雅各保證祂的同在。現在，耶穌向拿但業顯明，祂就是那真正的梯子，可以跨過罪所造成的深淵；祂的救贖是連接天地的橋樑。如果你像雅各一樣曾經走迷了路，記得在耶穌裡，上帝已經為你提供了走向祂的橋樑。

祂的關心

耶穌說：「母親（原文是婦人），我與你有什麼相干？我的時候還沒有到。」約翰福音2：4

在世界上某些地方，婚宴不單單只是一天或一個晚上的活動。反之，慶祝活動通常會持續好幾天。我曾參加過整整一個星期的婚宴。這是家庭團聚的美好時刻，充滿了歡樂，也有大量的工作要做，因為大多數的食材都是直接取自自家農場。主人會竭盡全力讓每位客人有足夠的食物和飲料，這是他們好客的重要表現。

有一場婚宴在迦拿舉行（約翰福音2：1），那是拿但業的家鄉（約翰福音21：2），離耶穌長大的拿撒勒亦不遠。耶穌的母親（無具名）也在那裡，她似乎在協助婚宴的籌備上有一定程度的責任，在〈約翰福音〉中，她只出現在這個場合之中，後來就是在耶穌被釘十字架時。這是耶穌和祂的門徒第一次一起出現在公共場合。透過參加這場婚宴，耶穌表明祂支持這個神聖的制度（參創世記2：22－25）。這些慶祝活動通常會持續七天，在這場婚宴中，主人家的酒用盡了，這個窘境違反了當時社會的文化禮儀和一般的期許，其原因有三：一、它干擾了婚宴上的歡樂；二、這是一個缺乏好客精神的表現；最後，主婚人家需要承擔責任，因為新郎家有供應整個星期葡萄酒的義務。耶穌的母親過去經常依靠這個兒子來獲取資源和幫助，在這個需要的時刻，她再次來到祂面前請求幫忙。然而她發現，自從上次見到祂之後，祂有了很大的改變：祂受了聖靈的洗，開始公開傳道，也曾在曠野受過魔鬼的試探，現在有一群門徒跟從祂。耶穌說：「婦人……我的時候還沒有到。」（約翰福音2：4）耶穌沒有稱她為母親，這表明了即使是親子關係，也需要降服在祂的救贖身分和使命之下。耶穌知道他們的需要，也解決了他們這個短暫的需求（參明日課文），然而祂最關心的，而且也會持續關心的，是我們的救贖計畫。

4月 Apr 23

祂的時機

人都是先擺上好酒，等客喝足了，才擺上次的，你倒把好酒留到如今！約翰福音2：10

上帝的時間表有兩個非常值得注意的地方，可以藉由希臘文的兩個單字表達：「chronos」和「plērōma」。前者是指一種永不停息、卻不斷流動的時間，就像天文鐘上的時間一樣。後者是指所有變數必須結合在一起，才能使事情完成的用詞。「及至時候滿足（Plērōma），上帝就差遣祂的兒子。」（加拉太書4：4）就像懷孕的過程一樣，不僅是時間的過渡，胎兒在子宮內也會有明顯的成長。時機的成熟和時間本身必須結合，胎兒才能有一個健康的誕生。在屬靈上也是這樣，這就是為什麼上帝的時間表與我們的是如此不同。

在迦拿的婚宴上，耶穌的母親告訴祂說，主人的酒用盡了，耶穌回答：「婦人…我的時候還沒有到。」（約翰福音2：4）耶穌知道更多的變數必須到位，祂的時候才可以到來。在〈約翰福音〉中，耶穌的「時候」是十字架，而在整部福音書中，祂的「時候」是逐漸發展出來的（參約翰福音2：4；7：30；8：20；12：23，27；13：1），直到祂的榮耀完全顯現。在迦拿耶穌行了第一個公開的神蹟──把水變成酒。約翰在福音書中一共記述了七個神蹟，這是第一個（約翰福音2：11）。但祂並不稱它們為神蹟，而是「標誌或記號」（signs）（編註：中文《聖經》譯作「神蹟」），透過每一個記號，它們逐步揭示耶穌的身分，使人對其有更深的理解。當筵席的主人嘗了新酒，就說，「人都是先擺上好酒，等客喝足了，才擺上次的，你倒把好酒留到如今！」（第10節）這個故事在〈約翰福音〉中有更深層的意義，難怪許多學者都認為，這個神蹟是一個制定的比喻，如同舊瓶新酒的比喻一樣（參馬太福音9：17），說明耶穌所設立的新秩序，將取代儀文律法的舊秩序（參約翰福音2：6的潔淨規定），就是祂的使命以及犧牲帶來的更新。耶穌耐心的等待著祂的時候到來，要為我們成就救恩。祂邀請我們相信祂在我們生命中所制定的時間表。

祂的釋放

按摩西律法滿了潔淨的日子，他們帶著孩子上耶路撒冷去，要把他獻與主。
路加福音2：22

在埃及旅遊的時候，我花了近兩週的時間在尼羅河上航行。我為法老時期建造的宏偉建築深深嘆服：河岸兩旁有無數宏偉的廟宇和引人注目的陵墓，如吉薩的金字塔。看著這些古老的建築，我能一窺古代統治者的權力和財富。我試著想像在十災期間，埃及的眾神和以色列上帝之間的對決，以及上帝用羔羊的血救贖祂子民的神蹟。

嬰兒耶穌——馬利亞的長子，被獻給了上帝，「凡頭生的男子必稱聖歸主。」（**路加福音2：23**）頭生的要歸主為聖；這個做法自上帝將以色列人從埃及拯救出來時開始。上帝差遣摩西去見法老，對他說：「以色列是我的兒子，我的長子。我對你說過：容我的兒子去，好事奉我。你還是不肯容他去。看哪，我要殺你的長子。」（**出埃及記4：22、23**）因為法老不肯讓以色列人出去，所有埃及的長子在第十災中被擊殺，反之，上帝卻用逾越節羔羊的血拯救了以色列的長子（**出埃及記12：21－27**）。從那之後，頭生的孩子和牲畜都屬於耶和華（**參出埃及記13：12－16**）。利未人被獻上，分別為聖歸與上帝；利未人做贖價，因為他們被揀選來代替以色列人中一切頭生的（**參民數記3：11－13；8：17、18**）。當嬰兒耶穌被獻給主的那一天，祭司並沒有意識到祂就是那位上帝的長子，祂的血已經藉由逾越節羔羊的血預示了。「我們逾越節的羔羊基督已經被殺獻祭了。」（**哥林多前書5：7**）。耶穌願意為我們的自由而死，如果你曾經對永恆的救恩感到灰心，甚至恐懼，記得耶穌為了救贖我們所流出的寶血，並活在祂永不止息的保證中！

4月 Apr 25

祂的廣闊

因為我的眼睛已經看見你的救恩——就是你在萬民面前所預備的：是照亮外邦人的光，又是你民以色列的榮耀。路加福音2：30－32

在我十二歲時，為了讓爸爸可以順利完成研究所的課程，我們全家準備搬到美國居住一年。為了迎接這個新生活，在我們出發的前一天，我接受了洗禮並委身給耶穌。當我們抵達密西根州時，我很興奮的看見地面上覆蓋著皚皚白雪！可是當我開始上學時，我卻清楚意識到自己是從另一個國家來的，跟其他人不同，也因此我不太能和同儕打成一片，有時甚至不被他們待見，於我而言這經歷是痛苦的。

這同樣也是第一世紀許多新約基督徒的經歷。當外邦人開始接受福音時，他們發現許多猶太基督徒並不太歡迎他們這些新信徒。在所有新約作者中，〈路加福音〉在這方面是著墨最多的，路加謹慎的強調了耶穌的救恩是給予世上所有的人，不論當中有怎樣的文化隔閡。在路加的福音書中，他記述了幾個獨特的故事，以強調上帝藉著基督帶來的救贖是極具包容性的。其中一個是有關西面的故事，他是一個敬虔的人，得了聖靈的啟示，知道自己未死以前，必看見主所立的基督（路加福音2：26）。當西面看見嬰孩耶穌時，他唱了一首詩歌，這首歌以其歌詞中的第一個拉丁文詞彙命名——「Nunc Dimittis」（編註：中文多譯為《西面的頌歌／頌禱》，參路加福音2：29－32）。這首歌對猶太聽眾是很震撼的，因為它唱出了救恩不只是給猶太人，也是給外邦人的。今天，基督的跟從者受呼召要成為消弭種族隔閡的鬥士。在十字架之下，我們都站在相同的土地上，我們都是不配的，然而卻蒙上帝的恩典所拯救。以賽亞預言了上帝救恩的廣闊：

> 要擴張你帳幕之地，張大你居所的幔子……
>
> 要放長你的繩子，堅固你的橛子。 因為你要向左向右開展。
>
> （以賽亞書54：2、3）

祂的憑證

你們查考《聖經》，因你們以為內中有永生；給我作見證的就是這經。約翰福音5：39

布魯斯（F. F. Bruce）在其著作的封面寫著：「在耶穌裡，應許已確定，約已更新，預言已應驗，律法已證實，救恩垂手可得，神聖的歷史已達到它的高潮，完美的犧牲已獻上並且被接納，大祭司已坐在上帝的右邊，像摩西的先知已興起，大衛的子孫已作王，上帝的國度已經降臨。」（註23）

上帝不會讓我們在沒有憑據的情況下相信祂。耶穌自己也提過一些祂自己的見證人：為祂開路的施洗約翰，耶穌自己所行的神蹟，天父的見證，還有《聖經》本身（約翰福音5：31－47）。耶穌毫不含糊地解釋說，這些經文（指《舊約聖經》）證實了祂的身分和使命。可悲的是，雖然猶太人的首領們以一絲不苟的態度研究《聖經》，可是他們卻拒絕耶穌。他們遵守十誡，守安息日，禱告，繳納什一，到頭來卻把耶穌趕了出去（參第45－47節）。根據耶穌和祂的犧牲來解釋《聖經》（律法書、先知書和詩篇），將會收獲永恆的果效！「這《聖經》能使你因信基督耶穌，有得救的智慧。」（提摩太後書3：15）。《聖經》向我們指出耶穌是我們唯一的希望、保證、代罪羔羊、祭物、大祭司、君王以及救主。耶穌是我們的一切。只有藉著祂我們才能得到永生！每一次的講道和查經都應該以耶穌的十字架為中心。「基督為贖罪而作的犧牲，乃是偉大的真理，其他一切真理都集結在這個中心上。為要對真理有正確的瞭解和重視起見，《聖經》上的每一項道理，從〈創世記〉至〈啟示錄〉，都必須根據從髑髏地十字架上所發射的光亮而加以研究。我向你們提出一個關於恩典與重生，救恩與得贖的偉大高貴之記念，就是上帝的兒子高掛在十字架上。這也是本會傳道人每一篇道理的根基。」（註24）

4月 Apr 27

祂的準確

他定睛一看，就復了原，樣樣都看得清楚了。馬可福音8：25

在我十幾歲的時候，我的身體出現過一個奇怪的狀況：在不明的原因之下，我的瞳孔會擴張，導致視力模糊，並持續幾個小時之久。我做了腦部掃描確認是否有腫瘤，也去了眼科醫院，他們對我的眼睛做了很仔細的檢查，但還是沒有發現任何問題。多年後發現，如果我用接觸過氣喘藥的手去揉眼睛，就會導致瞳孔擴張！

馬可記錄了一個其他福音書所沒有記載的神蹟，就是透過描述一則包含兩個步驟的神蹟，介紹了一個有史以來最偉大的啟示。有人帶了一個瞎子來到耶穌那裡，耶穌按手在他身上然後問他：「你看見什麼了？」（馬可福音8：23）這個人能看見一些東西，但不是很清楚：「我看見人了；他們好像樹木，並且行走。」（第24節）他能看見東西，但卻無法看清。「隨後又按手在他眼睛上，他定睛一看，就復了原，樣樣都看得清楚了。」（第25節）透過這個神蹟，耶穌不僅醫治了他身體上的疾病，也教導了更深層的屬靈真理。值得注意的是，在這個神蹟之後，耶穌的真正身分和使命，也同樣以兩個步驟的過程顯示出來。因此，這個神蹟當中包含三個無與倫比的元素：首先，耶穌問那瞎眼的人有關醫治的效果。第二，那個瞎子可以看清楚了。在接下來的章節（馬可福音8：27－31），門徒們說許多人認為耶穌是先知，並相信祂就是彌賽亞。但他們的回答就彷彿是看著「在行走的樹木」一般。他們的理解仍然有限，無法完全看清。耶穌繼續向他們揭示，祂也是那位受苦的人子，祂將被殺，三天後復活（第31節）。就像他們一樣，當我們接受了耶穌捨命的必然性時，我們就可以準確的認識到耶穌；祂的恩典對我們而言將成為真實。讓我們祈求上帝，每天以祂在十字架上所顯現的、無限的愛來啟示我們，使我們能夠看得清楚！

祂的宣告

我告訴你們，這人回家去比那人倒算為義了。路加福音18：14

是什麼使我們配得進入上帝的國？大家都想取得資格，但這意味著什麼呢？是否需要像應徵工作一樣提供我們的履歷？我卅五年前來到美國時曾申請過一份工作，工作的測試是要證明我的打字技能。我自信滿滿，覺得自己一定可以勝任，直到我開始測試時才意識到，那是一台我從來沒用過的電動打字機！它與我先前所使用的傳統打字機——需要一個按鍵一個字母的輸入完全不同，只要稍稍用力一些，就會出現一整排的字母！那過程真是一場災難！當你想到自己有無資格進入天國的時候，是否也有過同樣的感覺呢？

耶穌講述了一個與此相關的故事（路加福音18：9－14）。有兩個人到殿裡去禱告，一個是法利賽人，另一個是稅吏。法利賽人感謝的並不是上帝，而是他自己的行為：「上帝啊，我感謝祢，我不像別人勒索、不義、姦淫，也不像這個稅吏。」（第11節）他每週禁食兩次，每樣東西都繳交十分之一（第12節）。他是一個虔誠禱告、守安息日、經常感恩、定期赴會的信徒；換句話說，他是一個信徒的好榜樣。在另一邊，稅吏遠遠地站著，他沒有一份可以令他引以為傲、或沒有做過任何壞事的清單。他甚至連舉目望天也不敢，只捶著胸說：「上帝啊，開恩可憐我這個罪人！」（第13節）然後耶穌做了一個驚人的聲明，翻轉了他們的世界：「凡自高的，必降為卑；自卑的，必升為高。」（第14節）。他們之中將被算為義的，是稅吏，而不是法利賽人！這怎麼可能？但進入天國的關鍵不在於我們做了「什麼」，而是「誰」可以令我們有資格進天國。唯有耶穌！我們藉著基督完全的生命和死亡，因信稱義才能得永生。保羅總結說：「因為世人都犯了罪，虧缺了上帝的榮耀；如今卻蒙上帝的恩典，因基督耶穌的救贖，就白白地稱義。」（羅馬書3：23、24）

4月 Apr 29

祂的受苦

從此，祂教訓他們說：「人子必須受許多的苦，被長老、祭司長，和文士棄絕，並且被殺，過三天復活。」馬可福音8：31

「樞紐」是一個可以讓東西在其上轉動的軸，但這個詞也可以指一個人、一件事或一個元素，意思是指具備關鍵作用、功能或影響的人事物（註25）。因此，我們用這個詞來代表改變我們生命的關鍵時刻、事件、話語和決定。今天的存心節經文代表了〈馬可福音〉和救贖歷史中的一個關鍵啟示。

〈馬可福音〉的前半部聚焦於強調耶穌的權柄。每個人都在問：「祂是誰？」顯而易見的，答案可以從祂所行的大能中看出，祂就是上帝的兒子耶穌，祂有能力控制一切，包括自然界、魔鬼、疾病和死亡。從〈馬可福音〉1章1節到8章30節，每個人都對耶穌感到敬畏，因為祂就是那位他們所等候、充滿大能大力的基督。但是接下來的這個關鍵章節改變了一切。耶穌第一次向祂的門徒們揭示祂的受難：「人子必須受許多的苦，被長老、祭司長，和文士棄絕，並且被殺，過三天復活。」（參馬可福音8：31）這是有關耶穌三個受死預言中的第一個，我們稱之為「受難的預言」。（馬可福音8：31；9：31；10：33）這就是祂來的目的，也是第一次向這個世界做清楚的宣告。這是一個令人震驚的信息，一個在邏輯上無法理解的真理：耶穌是來受死的——祂來到世上不僅僅是為了彰顯祂的慈愛或是能力，而是為了忍受死亡的苦難。祂已經成為了我們的救主，祂代替我們而死，這犧牲也成了改變我們生命的關鍵。祂就是〈以賽亞書〉第53章所預言的那一位「受苦的僕人」。

請在空白處填上你的名字。「祂誠然擔當____的憂患，背負____的痛苦；哪知祂為____的過犯受害，為____ 的罪孽壓傷。因祂受的刑罰，____得平安；因祂受的鞭傷，____得醫治。」（以賽亞書53：4、5）是的！你是多麼被祂所深愛啊！

祂的贖價

因為人子來，並不是要受人的服事，乃是要服事人，並且要捨命作多人的贖價。馬可福音10：45

還記得有一次當我走進某間教室時，對即將上的課滿懷期望，因為這將是我與這位新約教授一起上課的第一天。但我完全不知道，這門專攻四福音書的課，將改變我的生命和傳道事工。在還沒有介紹課程之前，教授就先朗讀了這節經文：「你們知道，外邦人有尊為君王的，治理他們，有大臣操權管束他們。只是在你們中間，不是這樣。你們中間，誰願為大，就必作你們的用人；在你們中間，誰願為首，就必作眾人的僕人。因為人子來，並不是要受人的服事，乃是要服事人，並且要捨命作多人的贖價。」（馬可福音10：42－45）

他的讀經對我的思想產生了深刻的影響。不知為何，我之前從未關注過〈馬可福音〉10章45節這一關鍵經文的背景。耶穌教導祂的門徒，他們不應當渴望成為主人來管束他人。祂說這番話是為了回應門徒們之間的爭論，起因於雅各和約翰要求在未來的國度中享有高位，他們顯然不明白這個要求的本質。這些不理解耶穌話語的門徒，被他們的自私所牽引，充滿了驕傲和對權力的渴望。然而耶穌——溫柔、慈愛的救主，總是以祂自己的榜樣來向他們展示一個更好的作法。在那段特別的日子裡，耶穌這位大教師教導了祂的跟從者，上帝的國度與世界的威權組織是完全不同的。在〈馬可福音〉10章42至45節中，佣人被看為大，奴僕也被視為首要的。而耶穌——道成肉身的上帝，不僅是我們的榜樣，祂更是我們的救主。在三次預言祂的死之後（馬可福音8：31；9：31；10：33），耶穌清楚且毫不含糊的宣告說祂來不是要受人的服事，乃是要服事人。不僅如此！祂願意捨命作多人的贖價。是的，我們因上帝兒子的寶血而被贖回。「多人」包括你，也包括我！既然我們的贖價已經償還了，就可以自由的去愛和服事。

JESUS WINS

5月 | 慶祝祂的勝利

5月 May 01

祂的再來

他們要看見人子，有能力，有大榮耀，駕著天上的雲降臨。馬太福音24：30

我站在橄欖山上，眼前的景色讓我屏息。那裡有一個猶太人的墓園，可以看到成千上萬的墳墓俯瞰著聖殿。一些學者認為那裡最早的墳墓可以追溯到三千年前。當然，這個墓園在第二聖殿時期和耶穌時期就已經在那裡。我覺得很有意思的是，耶穌正是以這個能俯瞰聖殿、最古老、重要的猶太人墓園，作為教導關於祂的復臨和末日信息的地方。

當門徒向耶穌詢問有關聖殿的毀滅（馬太福音 24：1、2）、祂的再來，以及世界末了（第3節）的預兆時，耶穌正在橄欖山上。〈撒迦利亞書〉14章4節的預言提到了橄欖山：「那日，他的腳必站在耶路撒冷前面朝東的橄欖山上。這山必從中間分裂，自東至西成為極大的谷。山的一半向北挪移，一半向南挪移。」現在，耶穌正在橄欖山上，祂選擇在這個古老的墓園前面，俯瞰著宏偉的聖殿，教導門徒未來關於聖殿的毀滅，以及最重要的——祂復臨的預兆。此時，門徒們還無法區分這兩個事件；在他們看來，兩者可能是一樣的。在提到逼迫、戰爭、假先知之後，耶穌揭示了這個痛苦的時代將在祂復臨時結束。「基督復臨」的希臘文是「Parousia」；在這篇講論中，它被使用了三次（馬太福音24：27，37，39），而在其他福音書中則完全沒有出現。基督復臨成為各世代基督徒的盼望。在《新約聖經》中，「盼望」一詞有「保證」的意思，它是肯定會發生的，不像英文的含意是「我希望它發生」。當我站在父母的墳前時，我經常想像在復活的早晨，就是耶穌再次降臨的那天，這個墓園會是怎樣一番景象！我迫不及待想看見！既然耶穌已經應許，因此，復活就一定會發生！

祂的救贖

一有這些事，你們就當挺身昂首，因為你們得贖的日子近了。路加福音21：28

小時候，我們在布宜諾斯艾利斯的家有一個很大的後院，裡面種了好幾棵果樹。我每年都熱切期待著夏天的到來，那時我就可以和朋友們一起玩，吃著美味的無花果、酪梨和甜葡萄。長大以後，我發現自己對夏天的期待，其實就像一則耶穌曾經講述、有關祂第二次降臨的比喻。

耶穌傳道時預言了許多將來要發生的大事，包括不久的將來以及祂第二次再來之時。在末後，日、月、星辰將要顯出異兆（路加福音21：25－27）。耶穌提到了人們會出現兩種對這些異兆截然不同的反應：有些人會因為這些事就慌慌不定，嚇得魂不附體。然而，耶穌鼓勵我們說，到那時就當挺身昂首，因為我們得贖的日子近了。然後祂又說了一個在夏天時關於果樹的比喻：「你們看無花果樹和各樣的樹；它發芽的時候，你們一看見，自然曉得夏天近了。這樣，你們看見這些事漸漸地成就，也該曉得上帝的國近了。」（第29－31節）當樹葉出現在樹枝上時，我們就會開始期待夏天的到來！耶穌鼓勵我們要選擇信心而非恐懼，當我們看到祂復臨的異兆時就當挺身昂首，因為我們得贖的日子近了！我在「救贖主」和「救贖」的單字中找到了確切的保證，因為在《希臘文舊約聖經》（七十士譯本）中，這兩個詞與支付贖金之後、人或財物得著釋放或贖回有關。救贖的恢復是透過耶穌在十字架上為我們所付出的昂貴代價而來。贖價既已支付，祂就要再來接我們回家！耶穌說：「那時，他們要看見人子有能力，有大榮耀駕雲降臨。」（第27節）。基督為了我們而復臨，因為祂是我們的父親，為我們付上了贖價，並要再來拯救我們！我熱切期待那一天的到來！與此同時，讓我們選擇信靠而非恐懼！因為我們得贖的日子就近在眼前了！

5月 May 03

祂的來到

半夜有人喊著說：「新郎來了，你們出來迎接他！」馬太福音25：6

我和丈夫結婚時，伴娘是我的三個好友，她們在婚禮之前為我們四人安排了一段即特別又溫馨的時光。這個暖心的安排是如此美好又富有意義！所有的細節都令我難忘。在婚禮當天，她們充分為每一項節目預備，甚至還包括一些意想不到的突發情況之應對方法。我非常感謝我的伴娘，她們成就了一場非常特殊且別具意義的婚禮。

在耶穌講論祂榮耀的復臨之後，〈路加福音〉記載了三個祂特別叮囑要為祂的復臨做好預備的比喻，因為那日子和時辰我們不知道。第二個比喻（馬太福音25：1－13）是十個童女的比喻，主題是關於新郎的延遲。在第一世紀，甚至在現在的一些巴勒斯坦村莊，伴娘們在一天的慶祝活動結束後會在晚上離開新娘的家，提著燈去迎接新郎。她們負責迎親，把他帶到新娘身邊，然後歡樂的隊伍就會出發，護送新娘到新郎家。新郎通常會遲延，因此伴娘們必須做好預備，為她們的燈預備額外的油。在這個比喻中，新郎比預期的時間拖延了更久，以致十個童女全都睡著了。半夜有人喊著說：「看哪，新郎來了！」在〈馬太福音〉中，「新郎」一詞也被用在9章15節；這兩個例子中，新郎所指的都是耶穌。當新郎來到的時候，只有一半的人已經預備好了（就像兩個人在田裡和兩個女人推磨的比喻一樣；見馬太福音24：40、41）。愚笨的童女無法掌燈來為新郎引路，她們想要臨時去買油，但已經太遲了。預備的時間已經結束，她們錯過了這個歡樂的慶典。這個比喻以耶穌的勸勉結束：「所以，你們要警醒；因為那日子，那時辰，你們不知道。」（馬太福音25：13）這是一個需要持續儆醒預備的時刻。「凡被請赴羔羊之婚筵的有福了！」（啟示錄19：9）讓我們不要對等待祂的到來感到困乏、厭倦；要堅信祂一定會再來！

祂的福音

這天國的福音要傳遍天下，對萬民作見證，然後末期才來到。馬太福音24：14

對我這個出生在沒有網際網路時代的人而言，至今仍然對於只觸摸一個按鍵，就能連結整個世界的方式感到讚嘆。隨著我們的傳播事工不斷成長，我很好奇那些觀看節目的人都從哪裡來。當我諮詢了一位網路節目主持人時，我非常訝異地看到代表我們節目聽眾的藍色標誌竟然遍布了全球！在那一刻，〈馬太福音〉24章14節的經文就立時浮現在我的腦海中。

耶穌以概述的方式解釋艱難時期來臨將發生的許多事，其中包括假基督和假先知、戰爭、打戰的風聲、背叛、仇恨、饑荒、地震和不法的事情增多（馬太福音24：5–12）。這些事情聽起來就像我們現今每日所聽到的新聞，不是嗎？正因如此，有些人會被迷惑，有些人會跌倒，許多人的愛心會冷淡；縱然如此，耶穌卻說：「末期還沒有到。」（第6節）然而，好消息大於壞消息——「這天國的福音要傳遍天下，對萬民作見證，然後末期才來到。」（第14節）。「然後末期才來到」這一節，與前一節「只是末期還沒有到」（第6節）形成了鮮明的對比，它強調戰爭、饑荒、地震並非結局，福音使命的完成才是。傳福音的範圍在「傳遍天下」這句話中也有著清楚的描述。它的字面意思是指凡有人居住的地方。宣揚的焦點是「福音」（第14節；參啟示錄14：6）——這個經常被譯成「好消息」的單詞，若用在非宗教背景時，是指報信者從戰場上帶來的勝利呼喊。我們需要宣揚耶穌對罪惡的獲勝，這是祂透過完美的生命、死亡和復活而成就的；也是這本書以「Jesus Wins！」（按原文譯為：耶穌贏了！）作為書名的原因。儘管末日的預兆很重要，但這些並不是我們傳講的核心；耶穌基督的福音才是我們使命的焦點。願耶穌犧牲的福音被傳予萬民，直至末期來到！

5月 May 05

祂的能力

在天上就有了爭戰。米迦勒同他的使者與龍爭戰，龍也同牠的使者去爭戰，並沒有得勝，天上再沒有牠們的地方。啟示錄12：7、8

幾年前，我受邀參加一個名為「預言之聲」的廣播事工。我當時的老闆——金賽長老（Elder Kinsey），經常以極大的熱情來談論上述的存心節經文。他經常與人分享，龍（撒但）在和米迦勒和他的天使們交戰之時，他及手下的天使們其實並不強大！務要切記撒但是無法得勝的，因為他並不強大！耶穌才是勝利者！

約翰啟示我們龍的身分：「大龍就是那古蛇，名叫魔鬼，又叫撒但，是迷惑普天下的。牠被摔在地上，牠的使者也一同被摔下去。」（啟示錄12：9）他引誘了許多的天使和他一起背叛上帝（第4節），他們和天上軍隊的首領米迦勒爭戰。第10節說明了「米迦勒」這個名字指的正是耶穌基督自己：「我聽見在天上有大聲音說：『我上帝的救恩、能力、國度、並他基督的權柄，現在都來到了！因為那在我們上帝面前晝夜控告我們弟兄的，已經被摔下去了。』」在十字架上，撒但的統治完全被推翻；跟隨耶穌的人得以勝過它是因羔羊的血（第11節）。在善惡之間的大爭戰中，雖然上帝的敵人會帶來苦難和痛苦，但他已經是被打敗的敵人。耶穌是最終的勝利者，祂會干預並根除罪惡，也會拯救所有屬於祂的人（參但以理書12：1）。龍和他的使者還不足以對抗我們的救世主和君王。祂的犧牲是我們的保證！「基督在十字架上的死，使那掌死權的，就是罪的始作俑者徹底毀滅……天上的使者，因著十字架的功勞，才得以保全，不致於背道。若沒有十字架，他們不會比撒但墮落之前的天使更安全。天使的完美在天堂裡墜落。人類的完美在伊甸園這個樂園裡消失。不論在地上或在天上，凡希冀獲得安全保障的都必須注目仰望上帝的羔羊。」（註26）

06 5月 May

祂的歡慶

他們在寶座前，並在四活物和眾長老前唱歌，彷彿是新歌；除了從地上買來的那十四萬四千人以外，沒有人能學這歌。啟示錄14：3

多年來，我一直參與並負責指導幾個聲樂團和詩班。記得有一次我們的詩班到一個大禮堂演出，當時獻唱的作品出自一位著名的作曲家。但這次演出的特別之處在於，那位作曲家本人剛好就是這次演奏會的鋼琴師和指揮。我們滿懷喜悅的唱著歌，心中非常感謝、也很榮幸能有這樣的特權，在大師面前表演他的作品。

然而，這個歡慶時刻，或這個世界所能給予的任何喜悅，都無法與我們將要經歷的慶典相提並論，因為我們將聚集在勝利的宇宙之王身邊！在〈啟示錄〉唯一提到錫安山的地方，羔羊就站在那裡，這個地方一直預示著上帝子民的得救。但祂並不孤單，因為得勝的羔羊身邊圍繞著屬自己的人（啟示錄14：1）。十四萬四千人是屬靈以色列人的數目，在〈啟示錄〉7章4節亦有記載。被救贖的人興奮萬分，開始在寶座前唱新歌。這是我們的歌，因為沒有人能唱這首歌。這就與〈啟示錄〉其他敬拜場景形成了對比，在那些敬拜場景中，天上的使者一起讚美，可是這首歌只有那十四萬四千人能唱。為什麼呢？答案就在接下來的經文裡：「他們在寶座前，並在四活物和眾長老前唱歌，彷彿是新歌；除了從地上買來的那十四萬四千人以外，沒有人能學這歌。」（啟示錄14：3）。這就是原因！我們是唯一能唱救贖之歌的人，這首歌講述了別人無法講述的故事。我們將會全心全意的唱出這歌！羔羊作王了！耶穌得勝了！這幅得勝的羔羊和圍繞著祂、滿懷感恩慶祝祂獲勝之人的畫面，提醒我們痛苦、癌症、虐待、背信和死亡都是暫時的，耶穌很快就會接管一切，所有在這個世界上的苦難和傷痛都將不復存在。阿們！

5月 May 07

祂的結局

我又看見另有一位天使飛在空中，有永遠的福音要傳給住在地上的人，就是各國、各族、各方、各民。啟示錄14：6

我明白若要單靠自己，是絕對無法掌控身邊大多數境況的，因為事情的結果往往由不得我。唯一的選擇，就是順服上帝的智慧，以及祂對我生命中一切大小事的管理。但有一個上好的消息是，人類世界歷史的最終結果，以及我個人的結局都已經揭示了！希臘文名詞「euangelion」的英文翻譯是「好消息」或「福音」。如之前課文所述，當信使從戰場上帶來好消息，要傳遞給城牆內焦急等待的人們時，他會使用這個與希伯來文同意之詞。你可以聽到從遠處傳來信使的聲音，他大喊道：「好消息（euangelion）！我們的王勝了！」

這正是為何在約翰看見得勝的羔羊站在錫安山被得贖者圍繞的異象之後（啟示錄14：1），上帝啟示他將會有三位天使帶著好消息——就是永遠的福音，要傳給住在地上的人（啟示錄14：6），並大聲宣告耶穌已經在善惡之爭中得勝的好消息。總而言之，在這永遠的福音之中，每一位天使都負責宣告其中一個面向。第一位天使邀請整個世界來敬拜上帝，將榮耀歸給祂！因祂施行審判的時候已經到了（第7節），這對信徒來說是一個好消息，因為他們犯罪的代價已經在十字架上得到了償還，所以他們並不害怕審判。第二位天使宣告說那個與上帝對立的撒但權勢已經崩壞（第8節）。巴比倫已經傾倒了！邪惡的政體已不復存在！成了！耶穌已經得勝了！第三位天使帶來的好消息是要提醒世人，上帝知道誰是屬祂的，所以你是安全的，前提是你要相信耶穌這位上帝的羔羊，並有著羔羊的印記（啟示錄14：9－12）。的確，我們周圍充滿了不安和變數，但有一件事是肯定的：結局已經定了！在十字架上，耶穌已經為我們付出了贖價，邪惡和痛苦被打敗，上帝的孩子們已經與祂和好。是的！撒但輸了，而耶穌勝了！

祂的決心

得勝的，必承受這些為業：我要作他的上帝，他要作我的兒子。啟示錄21：7

我在襁褓期時，有一次，爸爸正在教會講道，而媽媽在後排照顧我。突如其來，一個男人迅速跑進了教堂，把我從座位上搶了過去，然後立刻跑出去。當那個男人發動他的小卡車時，我的母親也隨即趕到，並坐進一旁的副駕駛座上。他把車子開到一棟我媽媽不認識的大樓，立時就有一位廣播電台的人員向他打招呼並祝賀他。原來，那天第一個帶著嬰孩出現在電台的人將可以獲得大獎！但是我的母親在還不知道事情原委的時候，就決定無論如何都要守在我的身邊，直到把我救回來。因為，我是她的寶貝女兒！

照樣，上帝也沒有放棄我們這些被罪惡綁架的孩子！為了讓我們回到祂的身邊，祂願意付上一切代價。當上帝的兒女——亞當和夏娃選擇離開天父的道德保護傘，跟隨那欺騙者的時候（創世記3：1－8），上帝立刻顯示出祂那不惜一切代價都要把我們找回來的決心（創世記3：15）。這就是我們所說的「約」。整本《聖經》都是關於上帝如何救贖祂被罪惡綁架之兒女的事蹟（註27）。當我們到達新天新地時，「約」將被履行，而罪也將不再有了：「不再有死亡，也不再有悲哀、哭號、疼痛。」（見啟示錄21：4）。你能夠想像這一切嗎？上帝在善惡之爭中已經獲勝，祂也把祂的孩子們贖回了。對於我們這些信靠羔羊之犧牲的人而言，最終的賞賜將是上帝兒子的名分：「我要作他的上帝，他要作我的兒子。」（第7節）是的，我們已經成為了上帝的兒女。上帝要與我們同在，我們也將與祂同在。再次的團聚將會是永遠的！那將是多麼美好的一天啊！上帝將正式宣告救贖之工圓滿完成（第7節）。你是萬王之王的孩子！你們既與基督同為後嗣，祂的勝利當然也是你的！「你看父賜給我們是何等的慈愛，使我們得稱為上帝的兒女；我們也真是祂的兒女。」（約翰一書3：1）。不要讓任何人動搖你對上帝的信心！

5月 May 09

祂的方法

那撒好種的就是人子。馬太福音13：37

有些仿冒品的相似度確實與真品無甚區別，必需出動專家才能分辨兩者。幾年前，我買了一個出自名牌大廠的皮包，它的商標在許多地方處處可見。我把它拿給一個比我更瞭解名牌包的朋友看。不料，她檢查了我的新包後告訴我：「這不是真品，是仿冒的。」但在我看來，它看起來與真品如出一轍！於是我問她究竟是從哪裡看出來的？她說：「因為這個品牌在他們的標誌上絕對不會有縫線。」這真只有專家才能看得出來！

在一個〈馬太福音〉所記載、而其他福音書並無記述的比喻中，我們看到了兩個經常被問到的問題，以及它們的答案：「為什麼這個世界上會有罪惡？」以及「上帝會如何處理？」第一個問題的答案是：「因為這是仇敵做的！」（第28節）；第二個答案則是：「在末了，祂將徹底的除滅它。」（第30，40－42節）這個比喻將天國和撒種做了一番對照。有人撒好種在田裡，可是有仇敵來，將稗子（雜草，希臘文是zizania）撒在麥子裡。這種破壞農作物的行徑經常被當成是報復的手段，在當時是會被羅馬法律所懲處的。隨著時間流逝，當麥子長出麥粒的時候，稗子也就顯露了出來（第26節）。當田主的僕人提出要把稗子薅出來以解決這個問題時，主人卻說不必，不是因為他們分不清麥子和稗子，而是「恐怕薅稗子，連麥子也拔出來。」（第29節）因為麥子和稗子的根會彼此纏在一塊兒，也因為田主對麥子的關心。耶穌詳細的解釋了這個比喻（第36－43節），並強調說，「那撒好種的就是人子；田地就是世界……稗子就是那惡者之子；撒稗子的仇敵就是魔鬼。」（第37－39節）這是一個關於善惡之爭的比喻。耶穌解釋說，在世界的末了，祂將徹底的除滅罪惡。是的！罪惡終將被徹底消滅。這是基督徒信心的保證。耶穌告訴了我們這一切將如何結束，並且祂也已經獲得了勝利！

祂的恩慈

耶穌見母親和祂所愛的那門徒站在旁邊，就對祂母親說：「母親（原文作婦人），看，你的兒子！」約翰福音19：26

參觀以弗所古城是我一生中最奇妙的經歷之一。當我們到達古城，看到眼前那麼多宏偉的建築遺跡、圖書館和巨大的圓形劇場時，心中震撼真是無以復加！我們還參觀了在幾英里外馬利亞住家的遺址。起初我很困惑，因為我們明明在土耳其，而印象中耶穌的母親是住在以色列的。就在那時，我想起了耶穌曾經把祂的母親託付給祂所愛的門徒，就是最終成為以弗所教會長老的約翰。

約翰記錄了耶穌在十字架上所說的最後三句話，這是其他福音書作者沒有記錄的。第一句是對祂的母親和祂所愛的門徒說的。令我訝異的是，當耶穌在身體和屬靈上都承受如此巨大的痛苦時，祂心裡牽掛的卻是祂的母親。天使加百列曾經造訪她，當她未婚懷孕時曾忍受了許多的嘲諷。她也曾經目睹猶太人的領袖們是如何拒絕耶穌，並為此感到極大的痛苦。她一直把關於祂的預言放在心裡，而現在她正站在她心愛兒子的十字架旁邊。耶穌透過安置好祂的母親來表達對她的孝心。這一幕真是感動！願我們也能用如此的關愛來對待我們的母親。也許因為耶穌的弟兄們還不相信祂就是救主（參約翰福音7：5），所以耶穌覺得有必要把祂的母親託付給祂所愛的門徒：「耶穌見母親和他所愛的那門徒站在旁邊，就對他母親說：母親，看，你的兒子！又對那門徒說：看，你的母親！從此，那門徒就接她到自己家裡去了。」（約翰福音19：26、27）耶穌對上帝所揀選，將祂帶入這個世界的母親之關愛，是給我們的另一個提醒，告訴我們耶穌雖然經歷了痛苦，卻總是表現出恩慈和關懷。在十字架上，耶穌的恩慈也是賜給我們每一個人的。祂得勝的愛是我們的保證。

5月 May 11

祂的成就

忽然，地大震動；因為有主的使者從天上下來，把石頭滾開，坐在上面。馬太福音28：2

終於來到我和父親要在媽媽的墓碑上刻墓誌銘的時候了！我們後來選擇了〈以賽亞書〉43章1節——「你不要害怕！因為我救贖了你。我曾提你的名召你，你是屬我的。」我們都因上帝救贖的保證而得到了安慰，祂溫柔地提醒我們，祂知道我們每個人的名字，我們是屬祂的！幾個月後，我的父親於同一個墳墓中在基督裡安息。我的父母在去世時都確信耶穌已經透過祂的死，成就了他們永恆的救恩。

馬太有關復活的敘述是四福音書中最戲劇化的。他記錄了一些獨特的細節，使耶穌的救贖場面更具象化。例如，馬太提到耶穌死的時候，地大震動，磐石崩裂，墳墓也開了（馬太福音27：51、52），以及在復活的早晨，當主的使者從天上下來時，也發生了大地震（28：2）。「有主的使者……把石頭滾開，坐在上面。」（第2節）天使就坐在封住耶穌墳墓的石頭上！他彷彿是以極具挑戰的肢體語言在宣告著：「耶穌已經戰勝死亡了！有誰對此還有疑問的嗎？」是的，耶穌的復活已經戰勝了死亡，就連遮擋耶穌墳墓的石頭都變成了天使的凳子，我非常喜歡這個比喻！生命中曾經有無數次，當碰到超過我能力範圍的問題時，我會想像天使就坐在石頭上！而上帝也坐在我們的問題上，完全掌控著一切。然而，在這一幕中，還有另一些人是顫抖著注視這一幕：「看守的人就因他嚇得渾身亂顫，甚至和死人一樣。」（第4節）這是多麼戲劇化的一幕！之前被吩咐來看守耶穌屍體的人，現在卻嚇得渾身抖顫，甚至和死人一樣，而原本死了的人，現在卻復活了！如果此刻你自己，或一位你所愛的人，必須面對死亡的陰影，務要記得耶穌所成就的——祂已經戰勝了死亡！我迫不及待的希望在復活的早晨再次見到我的父母；我相信天使也會打開他們的墓碑，且坐在上面！

祂的身分

亞伯拉罕的後裔，大衛的子孫，耶穌基督的家譜。馬太福音1：1

我詢問墓園的管理人員是否能允許我將一把鑰匙埋在父母的墳墓裡。作為他們唯一的女兒，在短時間內失去了他們兩個人，於我而言是一件極度悲痛的事。當父親的遺體被安置在母親的遺體旁邊時，我把鑰匙放進了他們的墳墓裡。耶穌說祂拿著死亡和陰間的鑰匙（啟示錄1：18）。我確信祂將是下一個打開我父母墳墓的人，到那時祂將看到我放在那裡的鑰匙，因為我相信祂一定會履行祂復活的應許。讚美上帝！祂的應許就是一切！

馬太在他福音書的開篇即宣告說，耶穌就是那位《舊約聖經》所應許、素來等候的拯救者。透過使用「彌賽亞」這個稱呼（馬太福音1：1）——就是希臘文的「基督」意思為「受膏者」，馬太提醒我們，耶穌來是為了應驗上帝立約的應許。耶穌就是那素來被等候的彌賽亞——這一神學主題在〈馬太福音〉中曾多次被提及，甚至在第一章就已經出現（1：1，16－18）。馬太還提到耶穌是大衛和亞伯拉罕的後裔（1：1），這兩個名字在上帝和以色列（撒母耳記下7：16），以及和地上所有國家所立的約（創世記12：3）之中都具有關鍵地位。在第一章家譜的結尾（馬太福音1：17），他再次重複了這兩個重要的名字（大衛和亞伯拉罕）。

馬太多次引證舊約預言。在某些情況下，他會使用我們所稱的「預言的公式」作為開場：「這一切的事成就是要應驗主藉先知所說的話。」（例如，1：22；2：15）是的，耶穌就是上帝應許要差來的拯救者。我們很難理解這對於〈馬太福音〉的猶太讀者而言意義是多麼重大！因為數個世紀以來，他們一直都在等待所應許的彌賽亞。對我們來說，這節經文提醒我們，上帝真正忠於祂的應許，當耶穌第一次來的時候祂實現了祂的應許，祂也必在第二次來的時候實現祂復臨的諾言！你可以完全信靠祂！

5月 May **13**

祂的應許

你們心裡不要憂愁；你們信上帝，也當信我。我若去為你們預備了地方，就必再來接你們到我那裡去，我在哪裡，叫你們也在那裡。 約翰福音14：1，3

當大衛在逃避掃羅王的追捕時，上帝給了他一個充滿愛心且支持他的朋友——掃羅王的兒子約拿單。他們之間的友誼難能可貴，因為約拿單原本是他父親的繼承人，但他知道大衛是上帝所揀選的以色列王。約拿單非但沒有嫉妒大衛，反而深愛他，他們成了最好的朋友。約拿單似乎非常確定大衛有一天會成為國王，因此他請求大衛在他繼位時保護掃羅家的子孫（撒母耳記下20：15－17）。如此，這個誓約在這兩個不太可能成為朋友的人之間就訂立了。當大衛成為以色列王之後，正如約拿單所料，大衛信守了他所立下的承諾（撒母耳記下9：1－13）。大衛不照當時的風俗滅絕約拿單的子孫；約拿單的兒子米非波設，是瘸腿的，被帶到大衛面前。從此米非波設與大衛同席吃飯，如王的兒子一樣。

在《聖經》歷史中，上帝總是絕對信守祂的應許。耶穌已經告訴了我們約的結局——祂勝了！祂必為我們再來，叫我們永遠與祂同享宴席。當祂的門徒們聽到那難以理解的壞消息時（約翰福音13：33，36），耶穌向他們保證並引導他們的思想放在故事的結局上。〈約翰福音〉14章1節說：「你們心裡不要憂愁。」這個命令也可以翻譯成「停止憂愁」。他們憂愁，所以耶穌給了他們一個不要憂愁的理由。祂先去，為他們開路，為他們預備一個住處。雖然會經歷苦難，但治癒他們憂愁心靈的處方，就是相信祂的應許。耶穌向他們保證，祂將永遠與他們同在！祂說：「我在哪裡，叫你們也在那裡。」（第3節）我們應該將自己的眼光放在故事的結局上：耶穌勝了！我們現在、將來都要永遠和祂同住，正如祂所應許的。

祂的再來

這離開你們被接升天的耶穌，你們見祂怎樣往天上去，祂還要怎樣來。使徒行傳1：11

人人都希望凡事順利；我們也期盼獲得一切的結局必定美好的保證。你是否曾經將同一部電影從頭到尾看了兩次、將同一本書讀了兩遍、或是重看一場你已經知道結果的比賽呢？若是如此，第二次重新觀看時，你肯定是無憂無慮的，特別是當你已知道比賽、電影或是書的結局是以正面積極的方式結束時。我們若能提前知道結局，自然就不需要擔心或煩惱了！

這正是為何〈使徒行傳〉的開端是以結局展開，繼而以倒敘呈現。在耶穌為人類犧牲，並從死裡復活之後，祂用許多的憑據將自己活生生的顯給使徒看，祂向他們顯現有四十天之久（參使徒行傳1：3）。在那段時期，耶穌向門徒們解釋了許多有關上帝國度的事情。當祂吩咐他們要在耶路撒冷、猶太全地，和撒馬利亞，直到地極，為祂作見證之後（第8節），耶穌就被取上升，有一朵雲彩把祂接去，便看不見祂了（第9節）。你是否留意到門徒們定睛往天上望了許久？（第10節）有些人認為，他們可能期望烏雲消散，使他們能夠再次見到耶穌，就如同耶穌登山變像時那樣。然而，他們看見兩個穿著光明衣服的人，是從天上來的使者，對他們說：「你們為什麼站著望天呢？」這離開你們被接升天的耶穌，你們見祂怎樣往天上去，祂還要怎樣來（第11節）。因此，〈使徒行傳〉告訴我們他們如何領受了聖靈的洗禮，以及他們後來如何在世界各地傳揚救贖的好消息。到了最終經歷苦難、迫害甚至殉道之前，有關世界的終局，我們（以及他們）的第一個發現必定是——耶穌會再來！這不是一件可能之事，而是必然之事。之後他們也獲得了祂必再來的保證，我們也是如此。在這個世界上，我們可能會經歷痛苦磨難，但我們已經提前知道了結果。祂會回來接我們的！哈利路亞！

5月 May 15

祂的目標

上帝卻將死的痛苦解釋了，叫祂復活，因為祂原不能被死拘禁。使徒行傳2：24

我最近剛剛結束了一趟佈道之旅，這次的行程涉及了許多不同的國家，也包括了各種場合的演講和分享。感謝上帝的恩典，一切都按部就班照計畫進行，且一一圓滿完成。這趟行程涉及了許多幕後的規劃，以及在成行之前與不同國家和教會之間的協調和溝通：包括機票、酒店、膳食、當地交通、媒體、設備、裝備的運送、翻譯等等。這些事情通常都不是在短期內或偶然之間就能一口氣完成的，每個細節都需要經過精心策劃，乃至落實執行。

彼得在五旬節的講道清楚的表明，上帝已經為我們的救贖預先設計了一個詳細的計畫。彼得解釋說，就連門徒們被聖靈充滿的事件也是《舊約聖經》的預言（使徒行傳2：14－20）。然後他繼續宣揚耶穌是誰，以及祂如何應驗了《舊約聖經》中所提到的預言。彼得以及其他門徒們在〈使徒行傳〉中的講道總是不約而同的指向一個事實，那就是舊約中關於即將到來的彌賽亞之預言，已經透過耶穌的傳道、生活、死亡和復活得了應驗。儘管世人將祂釘死，然而事實上這卻是成就了上帝所預定的救贖計畫。「他既按著上帝的定旨先見被交與人，你們就藉著無法之人的手，把他釘在十字架上，殺了。上帝卻將死的痛苦解釋了，叫他復活，因為他原不能被死拘禁。」（使徒行傳2：23、24）這是上帝的目的和預定的計畫，透過耶穌為我們得勝來扭轉犯罪的後果——即痛苦和死亡。祂的計畫成功了，這並非出於偶然。這是一個詳細、預先設定好的計畫。死亡不能囚禁耶穌。因此，我們可以生活在祂絕對勝利的保證下，因為知道死亡也無法戰勝祂的跟隨者。此外，我們也受邀喜樂地降服並信靠上帝預先為我們設計的生命藍圖。

祂的獲勝

主的道大大興旺，而且得勝，就是這樣。使徒行傳19：20

善惡之間的爭戰是真實的。邪靈在千方百計阻擾福音傳揚的同時，也會帶來恐懼、痛苦和毀滅。我感謝上帝使我確信祂比撒但更有能力，好讓身為祂兒女的我們可以在祂能力的保證中得安息。我經常出差旅行，每次抵達當地的旅店房間時，做的第一件事就是跪下來禱告，祈求上帝以耶穌寶血的能力來掌管這個地方，不允許任何邪靈的勢力在我的房間裡作惡，不管在這之前發生了什麼。「因為那在你們裡面的，比那在世界上的更大。」（約翰一書4：4）從古至今，耶穌總是獲勝。

保羅到達以弗所時，上帝藉著他行了許多醫治和趕鬼的神蹟（使徒行傳19：11、12）。那時，有一些人試圖引用保羅「所傳的耶穌」（第13節）的名來趕鬼，就好像這是一個神奇咒語或趕鬼公式一般。猶太祭司長士基瓦的七個兒子正是如此。「惡鬼回答他們說：耶穌我認識，保羅我也知道。你們卻是誰呢？」（第15節）惡鬼制伏了他們，他們不得不從那房子裡逃出去（第16節）。我們無法獨自面對黑暗的勢力，也不能將勝過邪靈視為理所當然。一切的惡靈都認得耶穌，也被耶穌之名所制伏。此外，他們也認得那些屬耶穌之人的名字，因為祂的大能護庇我們。凡住在以弗所的，都知道這事，「主耶穌的名從此就尊大了。」（第17節）這事導致許多平日行邪術的人放棄了他們的巫術，並把他們的書拿來，堆積在眾人面前焚燒。他們計算書價，便知道共合五萬塊錢（銀子）。在〈使徒行傳〉這本書中，路加關於使徒宣教事工所做的第五次進度報告如此記載：「主的道大大興旺，而且得勝，就是這樣。」（第20節）。是的！耶穌戰勝了邪靈！在十字架上，祂也戰勝了一切邪惡！要確信耶穌的名是你的保障！

5月 May 17

祂的作為

放心吧！你怎樣在耶路撒冷為我作見證，也必怎樣在羅馬為我作見證。使徒行傳23：11

令人驚歎的是，即使在最令人沮喪的情況下，上帝仍是得勝的那一位。我們不妨思考〈創世記〉第37章發生在約瑟身上的經歷。雅各的兒子們剝了約瑟的彩衣，以二十舍客勒銀子為代價把約瑟賣給了以實瑪利人。約瑟被帶到埃及波提乏的家裡。然而上帝在這場悲劇中仍然掌權，約瑟之後輾轉成為僅次於法老的宰相。上帝使用他來拯救許多人的生命，並保護了將要從那而來的彌賽亞族裔。上帝的應許真是奇妙！「我們曉得萬事都互相效力，叫愛上帝的人得益處，就是按他旨意被召的人。」（羅馬書8：28）

保羅和從前一樣，屢次遭遇患難，可是這次是在耶路撒冷的聖殿裡被抓。在他向猶太人說明了自己信主的經過，以及從上帝那裡得到的呼召之後（使徒行傳第22章），他被帶到公會那裡（第23章）。但法利賽人和撒都該人就保羅是法利賽人這件事，起了很大的爭執，「我現在受審問，是為盼望死人復活。」（使徒行傳23：6）千夫長恐怕保羅被他們扯碎了，就吩咐兵丁下去，把他從眾人當中搶出來，帶進營樓去（第10節）。第二天晚上，主親自站在保羅的旁邊，就像他在傳道期間那些令人沮喪的關鍵時刻一樣。主說：「放心吧！你怎樣在耶路撒冷為我作見證，也必怎樣在羅馬為我作見證。」（第11節）。毫無疑問，這番話對保羅來說不但意義重大，也在他前往羅馬的旅程上給了他極大的支持，因為那將是一段漫長的旅程，充滿了危險、考驗和見證上帝的機會。上帝藉著在耶路撒冷所碰到的困難來傳揚福音，並且祂的事工就是如此推展的。我們不見得能明白上帝如何使萬事互相效力，並使其成為祂的榮耀，但我們完全可以相信祂有能力做到這一點。畢竟，十字架在表面上看來似乎是最大的失敗，但後來卻成為祂最大的勝利。

祂的可靠

所以眾位可以放心，我信上帝祂怎樣對我說，事情也要怎樣成就。使徒行傳27：25

我剛剛分享完關於〈路得記〉的一篇證道，主題是「贖業至親」（Go'el）（編註：指一個人陷入困難時，他的近親有義務維護其權利並提供協助）。這是我最喜歡的主題之一，因為它與耶穌的「贖回」有關。不料就在我講完後，一位學者走過來對我說：「耶穌不是那種會脫下鞋子交換條件的贖業至親！」他提出了一個非常犀利的觀察，因為在〈路得記〉中，原本與拿俄米和路得關係最親的贖業至親就是拒絕幫助她們，才按照當時的習俗脫下了他的鞋（參路得記4：7、8）。因此，路得的第二個贖業至親波阿斯才得以買了那塊地，並娶了路得為妻。耶穌是最終的救贖主，祂不拒絕贖回我們，也絕不會脫鞋拒絕幫助我們。我們可以永遠相信祂的話，並且依靠祂的同在，祂的應許，以及祂為我們所做出的犧牲。

我們周圍的一切都在不斷的變化：人、環境、經濟和人際關係。但有一件事是你可以永遠相信的——「以馬內利」，意即上帝與我們同在。祂昨日、今日和明日都是一樣的。祂永遠在那裡，祂的話是可靠的，祂藉著耶穌的寶血使我們得救的保證也是可靠的。你可以完全信靠祂！在〈使徒行傳〉中，保羅學會了在患難中倚靠上帝的話語。當他們在海上航行的時候，狂風大作，大浪擊打著船，甚至船都要被破壞了！上帝差遣使者到保羅那裡，對他說：「保羅，不要害怕，你必定站在凱撒面前，並且與你同船的人，上帝都賜給你了。」（使徒行傳27：24）保羅完全相信上帝的話，他對船上的人說：「你們的性命一個也不失喪，惟獨失喪這船。」（第22節）。除了上帝的話以外，他沒有別的可以倚靠，但對他而言，這就已經足夠！「這樣，眾人都得了救，上了岸。」（第44節）。上帝已經應許，相信耶穌的人可以藉著祂在十字架上的犧牲而得救。祂也應許每天與我們同在，直到世界的末了。你可以信靠祂！祂的應許是可靠的，祂的得勝是確立的，而祂的犧牲也是夠我們用的！

5月 May 19

祂的再造

在河這邊與那邊有生命樹，結十二樣果子，每月都結果子；樹上的葉子乃為醫治萬民。啟示錄22：2

你曾經有過收到比你預期中多了更多東西的經歷嗎？某次我有一趟很長的國際行程，在我完成了其中一場演講後，必須在旅店多待幾天，以便在前往下一個國家之前先完成一個項目。主辦單位慷慨的為我支付了額外的住宿費用，我原本還在煩惱這幾天的伙食該如何解決，不料走到櫃檯時，工作人員告知我，除了住宿之外，主辦單位也已經在附近的某間餐廳為我預付了接下來的餐費。哇！對此我真是既驚喜又感激！

我們無法知曉在永恆中等待著我們的是什麼！即使運用人類最豐富的想像力，也無法讓我們理解那來自屬天之上、上帝要賜給祂兒女的驚喜。《聖經》的最後一卷書以世人回到了生命樹的救贖場景結束。上帝再造了地球，我們又回到了最初！上帝一開始在伊甸園裡所種下的樹又出現了。還記得耶穌如何應許那十字架上的強盜嗎？他會與祂同在樂園裡（參路加福音23：43）。是的！我們到了，此刻就站在生命樹旁。約翰發出了這卷書中的第七個，同時也是最後一個祝福：「那些洗淨自己衣服的有福了！可得權柄能到生命樹那裡，也能從門進城。」（啟示錄22：14）。洗淨自己衣服之意已在〈啟示錄〉中說明：「曾用羔羊的血把衣裳洗白淨了。」（啟示錄7：14）。蒙福的人有權柄得到生命樹，一個永生的象徵，因為他們曾用羔羊的血把衣裳洗白淨了，並接受了羔羊所付的贖價。「在新耶路撒冷的生命樹象徵著永恆的生命，沒有死亡和痛苦……世人將再次享受這個永生的禮物，就是亞當在罪還沒有來到世界之前所享受的。在亞當身上所失去的一切，如今在基督裡都得著了。」（註28）感謝主！要剛強壯膽！耶穌已經為我們購置了一個沒有苦難的永恆！

祂的新婦

聖靈和新婦都說：「來！」聽見的人也該說：「來！」口渴的人也當來；願意的，都可以白白取生命的水喝。啟示錄22：17

相信你從前一定聽過別人結婚時的誓詞；或許在你自己的婚禮上，你也曾經說過。我們承諾彼此忠誠，無論病痛還是健康，無論富有還是貧窮……等等，然後最後一句話就是——「直到死亡將我們分開」。但這話對於我們在天上的新郎而言，則恰好相反！正是因為祂的死，我們才能夠彼此聯合，並在祂裡面得享永生！

《聖經》告訴我們將有一個新天新地，在那裡上帝將與祂的子民——即祂的新婦，永遠同在：「我又看見聖城新耶路撒冷由上帝那裡從天而降，預備好了，就如新婦妝飾整齊，等候丈夫。我聽見有大聲音從寶座出來說：看哪，上帝的帳幕在人間。他要與人同住，他們要作他的子民。上帝要親自與他們同在，作他們的上帝。」（啟示錄21：2、3）這將是一個沒有痛苦，沒有疾病，沒有死亡的永恆國度！天上所有的生靈都為我們歡喜快樂，「七位天使中，有一位來對我說：你到這裡來，我要將新婦，就是羔羊的妻，指給你看。」（第9節）是的，上帝的子民有一個沒有痛苦和永恆的未來。在這個罪惡的世界裡，我們不斷目睹婚姻的誓言和夫妻之間的信任被毀壞，這讓我們倍感心碎。但是我們天上的新郎不會這樣！祂渴望我們永遠和祂同在。在〈啟示錄〉的結尾，羔羊的新婦發出了一個熱情的邀請：來加入我們！身為新婦的我們，因新郎就在身邊而興奮不已，我們不希望再失去彼此了！「聖靈和新婦都說：來！聽見的人也該說：來！口渴的人也當來；願意的，都可以白白取生命的水喝。」（啟示錄22：17）哦，是的！我們沒有付出絲毫代價！是新郎為我們付上了祂生命的代價。在經歷了如此長久的傷痛和苦難之後，我已經等不及祂的擁抱了。祂渴望擁抱我們，並歡迎我們進入一個沒有痛苦的永恆世界。如果你今天正面臨苦難，願這個未來的保證能激勵你。結婚進行曲就要開始彈奏：新郎來了！

5月 May 21

祂的迫切

證明這事的說：「是了，我必快來！」阿們！主耶穌啊，我願祢來！啟示錄22：20

我密切關注了一則自2002年6月5日起直至隔年3月12日才結束的綁架案，這是關於一名來自猶他州的少女——伊莉莎白．斯瑪特（Elizabeth Smart）的慘痛經歷。之後，我還閱讀了她個人以這場噩夢為題材所寫的書。其中她的故鄉鹽湖城在她被發現後，為了慶祝她回家所做的特別安排，深深感動了我。整個小鎮都為她掛滿了彩帶和氣球，而且是她最喜歡的顏色——藍色和黃色。就連商家都撤下了平日用來宣傳店內服務和產品的招牌，取而代之的是寫了「伊莉莎白，歡迎回家！」字樣的牌子。這是一場慶典，展示了長達九個月尋找伊莉莎白的迫切。現在她終於回到溫暖的家！

我們都渴慕天上的家！但有時我們卻忘記了天父對我們的思念。在〈啟示錄〉的終章，我們讀到關於基督多重身分的描述，這些詞語在〈啟示錄〉的開篇也可以讀到：「我是阿拉法，我是俄梅戛；我是首先的，我是末後的；我是初，我是終。」（啟示錄22：13）耶穌在世界歷史一開始時就在，到了歷史終點之時，祂也在那裡。無論是現在、過去或將來，耶穌都會和我們同在！復活的基督最後的話語記錄在〈啟示錄〉22章20節「證明這事的說：是了，我必快來！」你可曾聽過父母來接孩子回家的迫切和渴望？約翰的回答代表了我們所有人對於永遠與救贖主同在的渴望：「阿們！主耶穌啊，我願祢來。」（第20節）是的！讓我們一起發出迫切的聲音：阿們！主耶穌啊，我願祢來！快來！這是人類從起初到永恆的真實歷史；耶穌勝了，撒但敗了。這是一則關於上帝兒女被綁架後、如何成功獲救的故事；它之所以成功，是因為在十字架上，耶穌為我們支付了昂貴的贖價。你能想像天上的告示牌如何寫嗎？「親愛的孩子，歡迎你回家！」我等不及想要大聲呼喊：「耶穌勝了！」如果你今天正面臨痛苦和試煉，請記住世界的結局。耶穌迫切希望擁抱你，帶你回家！

祂的仁慈

彼得就開口說：「我真看出上帝是不偏待人。」使徒行傳10：34

每當一個社會、種族、宗教或政治群體，受到另一個掌權的勢力壓迫時，歷史的悲劇就會開始上演。但更不幸的是，當時空變遷、形勢逆轉後，之前受到逼迫的一方，往往會搖身一變，重蹈覆徹的扮演起壓迫者的角色。這種現象根植於人的內心深處，人會有意識的排斥那些不屬於自己群體的人。

在新約中，剛成立的新約教會信徒很難理解上帝的仁慈和良善是給所有人，而非僅僅是給那些具猶太背景的人。他們很難接受上帝的恩寵也會臨到其他人。與外邦人相比，宗教人士往往更難相信上帝的愛和救恩是給所有人的。一個很明顯的例子就記載在〈使徒行傳〉第10章，關於哥尼流和彼得的故事。哥尼流是個百夫長，他十分敬畏上帝，即使尚未改信猶太教，也沒有受過割禮，他卻敬拜以色列的上帝。另一方面，彼得在耶穌公開傳道時一路與祂同行。他是耶穌的門徒——十二使徒之一，亦是當初見證了耶穌登山變像、三個重要門徒中的一員。在不認主之後，他親身經歷了耶穌的恩典和慈愛，且被重新任命為傳道人。即便如此，上帝一樣花了很大的力氣，才說服了彼得往哥尼流那裡去。對上帝而言，說服哥尼流派人去接彼得，要比說服彼得和他們一起到哥尼流那裡容易得多。彼得三次見到異象（第10－16節），然後才說：「但上帝已經指示我，無論什麼人都不可看作俗而不潔淨的。所以我被請的時候，就不推辭而來。」（第28、29節）上帝的愛挑戰我們的偏見，祂並不在意膚色、語言、血統和社會地位。你是祂心愛的兒女，無論你的背景或所處的環境如何，祂都愛你，並且祂的勝利也是屬於你的！

5月 May 23

祂的例外

這些人既受了聖靈，與我們一樣，誰能禁止用水給他們施洗呢？使徒行傳10：47

某次我有幸參觀了凱撒利亞古城。這座城由希律王所建造，以凱撒奧古斯都的名字命名；它是一個令人印象深刻的海濱城市。其中一些建築物，如古羅馬圓形劇場和水道，見證了它在新約時代的繁榮。就在這座城裡，曾有一個百夫長名叫哥尼流看見了異象，有天使指示他差人往約帕（位於凱撒利亞以南38英里）去接彼得，邀請他來將福音講給他聽（參使徒行傳10：1－8）。

哥尼流立刻打發人去請彼得，當時彼得就在約帕，他住在一個名叫西門的硝皮匠家裡。正如我們在上一篇晨鐘課所見，上帝必須透過異象和聖靈的聲音來說服彼得與這些人同去（第9－20節）。在凱撒利亞，哥尼流已經聚集了他的親朋好友，於是彼得就向他們傳福音。接著，上帝行了一件異於尋常的事，使彼得和他的同伴們大吃一驚。「彼得還說這話的時候，聖靈降在一切聽道的人身上。那些奉割禮、和彼得同來的信徒，見聖靈的恩賜也澆在外邦人身上，就都希奇；因聽見他們說方言，稱讚上帝為大。」（第44－46節）。於是彼得吩咐給他們施洗。你看，在異象中，彼得還沒有準備好要為會眾當中的外邦人施洗，所以上帝走在他之前。在〈使徒行傳〉中，一般的順序是：先傳講耶穌的福音，眾人施洗，之後是聖靈沛降在他們身上，但這次卻截然不同。因為上帝的百姓還沒有準備好接受祂對外邦人的揀選，所以上帝只好將順序逆轉。這一次，聖靈先沛降在他們身上，然後他們才受了洗。上帝愛所有的人，祂也揀選那些在圈外的人。如果你被排除在「圈外」，或是被告知你需要改變順序才能讓上帝愛你，願這個故事使你相信，上帝的愛並不受任何人類構成的藩籬所阻礙。

祂的感同身受

掃羅！掃羅！你為什麼逼迫我？使徒行傳9：4

對基督徒的逼迫在世界各地愈演愈烈。當最近的報導指出這個問題已經到了刻不容緩、比過去任何時候都更嚴重時，我感到非常震驚。「敞開的門」（Open Doors organization）是一個為全世界受迫害的基督徒服務的組織；它將許多國家列為受迫害程度「很高、非常高、或極端嚴重」的國家，並不斷將這些國家列入全球守望名單內（註29）。這個問題從古至今由來已久，但現在我們可以為那些受逼迫的基督徒禱告，以此參與服事。

〈使徒行傳〉9章1節的內容如今讀來仍然令人感到震驚：「掃羅仍然向主的門徒口吐威嚇凶煞的話，去見大祭司。」掃羅頭一回在讀者面前出現，就是在司提反被石頭打死的時候（使徒行傳7：58），他到該亞法那裡去求文書，以便將耶穌的門徒捆綁帶到耶路撒冷（使徒行傳9：2）。但這一次，他的出現是為了追捕那些住在敘利亞大馬士革城裡的基督徒。這城距離耶路撒冷約有150英里，是在聖地以外，那裡住著許多的猶太人。掃羅（希伯來文為保羅）對於第一位基督教殉道者的死亡感到喜悅（使徒行傳8：1），現在他又在迫害所有相信這「道」的人，而這「道」的身分在〈使徒行傳〉中多次被提及（第18、19，22，24章）。「掃羅行路，將到大馬士革，忽然從天上發光，四面照著他；他就仆倒在地，聽見有聲音對他說：掃羅！掃羅！你為什麼逼迫我？」（使徒行傳9：3、4）。請留意復活的基督對掃羅所說的，祂表明自己是受逼迫之人。祂沒有質問說：「你為什麼逼迫他們？」當掃羅問到：「主啊，祢是誰？」耶穌再次回應說：「我就是你所逼迫的耶穌。」（第5節）耶穌將臨到門徒身上的逼迫，當成是對自己的逼迫，並感同身受地將其視為發生在自己身上的事。請和我一起為那些因信基督而受苦的人禱告吧！如果你也正在為祂受苦，願你能明白，耶穌對你的苦難感同身受。

5月 May 25

祂的總結

你要盡心、盡性、盡意、盡力愛主——你的上帝。馬可福音12：30

新聞播報員激動得幾乎說不出話，做為觀眾的我，眼中也不禁充滿淚水。薩金特・赫勒斯（Sargent Helus）是加州千橡市大規模槍擊事件中的英雄，運送他遺體的靈柩車此刻正在文圖拉高速公路上前行。他在事件中為了挽救別人的生命而犧牲了自己的生命。當送葬隊伍經過時，每個人都停下來記念他的犧牲。天橋上擠滿了人，旁邊的街道上也擠滿了人；數千人聚集在一起對他致敬。對於那些充滿愛心、且願意獻出自己生命的英雄們，我們心中有無比崇高的敬意。

我們又如何尊崇那位為我們捨命的耶穌呢？在耶穌時代，有613條詳細的律法被訂立，宗教專家們經常爭論哪一條才是最重要的。一個文士問耶穌：「誡命中哪是第一要緊的呢？」（馬可福音12：28）。我們或許以為耶穌會列出一個可供我們使用的優先順序。可是相反的，耶穌卻以一個關鍵字來總結律法——「愛」。愛主你的上帝，並愛人如己。愛這個動詞的希臘文是「agapao」，它是指一種發自內心、由上帝而生出的委身和奉獻；這樣的心思意念乃是一種回應，源自於我們明白了祂的犧牲，以及祂對我們全心全意的愛。「我們愛，因為上帝先愛我們。」（約翰一書4：19）耶穌以〈申命記〉6章4至5節和〈利未記〉19章18節的內容作為回應，這是虔誠的猶太人每天都會背誦的。上帝要我們的全部：「你要盡心、盡性、盡意、盡力愛主——你的上帝。」（馬可福音12：30）。這是祂所應得的，因為祂付出了一切！對祂而言，這種愛和奉獻的回應比我們所擁有的，或所做的任何事都還要有價值（第33節）。願我們接受祂更多的愛，使我們可以更愛祂！「使基督因你們的信，住在你們心裡，叫你們的愛心有根有基，能以和眾聖徒一同明白基督的愛是何等長闊高深，並知道這愛是過於人所能測度的，便叫上帝一切所充滿的，充滿了你們。」（以弗所書3：17－19）

祂的聖靈

耶穌受了洗，隨即從水裡上來。天忽然為祂開了，祂就看見上帝的靈彷彿鴿子降下，落在祂身上。馬太福音3：16

我出生在一個牧師家庭，從小到大聽了無數次的證道。但我至今仍然對於父親其中一次證道記憶猶新，其內容是關於在基督復臨之前，若要完成向全世界宣講福音的使命，以數學來計算的話，恐怕會是一件不可能的任務！首先，他會在黑板上寫下一些公式，其中包括全世界的出生和死亡率，繼而說明教會為何趕不上這些數字的原因。然後，他就會分享聖靈的介入（像第一世紀的新約教會），並解釋為什麼上帝的作為無法用簡單的數學來衡量。

耶穌受洗後，從水裡上來，天就開了，耶穌看見上帝的靈降在祂的身上（馬太福音3：16）。雖然耶穌是由聖靈感孕而生，並且聖靈在祂的一生中都與祂同在，但顯然的，祂的救贖使命還是透過聖靈所賜的能力來完成的。現在，那位要用聖靈給你們施洗的（馬太福音3：11），已在公開佈道的典禮上受了聖靈的洗。舊約先知曾經預言上帝所揀選的僕人將蒙聖靈恩膏：「看哪，我的僕人——我所扶持所揀選、心裡所喜悅的！我已將我的靈賜給祂。」（以賽亞書42：1；也參11：2）耶穌自己在拿撒勒的會堂中也引用了〈以賽亞書〉61章1節來宣告這個預言已應驗在祂身上：「主的靈在我身上。」（路加福音4：18）耶穌多次應許要將同樣的靈賜給祂的門徒。祂的門徒只有在得到聖靈充滿之後，才能奉耶穌的名來宣告罪得赦免的好消息（路加福音24：47－49）。我們無法靠自身的能力去衡量並完成上帝所賦予的使命和任務，因為我們若這樣做，就會感到焦慮和不安。那些相信耶穌的人擁有聖靈充滿的應許，因著聖靈的能力我們能夠大膽地傳揚福音。讓我們祈求每天都能夠獲得聖靈的充滿！

5月 May 27

祂的統治

耶穌說：「去吧！」鬼就出來。馬太福音8：32

當我看見來自《每日電訊報》（Telegraph）的一則報導標題時，當下真是無言以對；那上面寫著：「食人族部落為吃了衛理公會的教徒而道歉」（註30）。這篇於2007年8月16日發表的文章繼續說道：「巴布亞紐幾內亞的一個部落為殺害和吃掉四名於19世紀到來的傳教士而道歉……成千上萬的村民參加了在拉博爾（Rabaul）附近舉行的公開致歉儀式，拉博爾是東新不列顛省的首府，曾因野蠻的食人族而臭名昭彰。」這篇發人深省的文章提醒我們，許多傳教士都曾冒著危險深入蠻荒禁地傳福音，而他們付出的代價和犧牲是巨大的。

耶穌傳福音時經常去到那些沒有人願意去的地方。「耶穌既渡到那邊去，來到加大拉人的地方，就有兩個被鬼附的人從墳塋裡出來迎著他，極其兇猛，甚至沒有人能從那條路上經過。」（馬太福音8：28）這個記載強調了耶穌對黑暗勢力的完全統治，因為除了耶穌，沒有人能從那裡經過。耶穌已經在疾病、自然界以及鬼身上顯示了祂的能力，這些邪靈立刻就認出耶穌是「上帝的兒子」。（第29節）這些鬼知道耶穌在他們身上的權柄，就央求耶穌把他們趕出，進入豬群裡去。這群豬最終「投在海裡淹死了。」（第32節）耶穌對邪靈勢力的統治，透過一個詞——「去吧」，就足以描述其權威，於是鬼就出去了！令我吃驚的是，雖然祂有著對靈界的絕對權柄和統治，耶穌並沒有把這個權柄強加在人的心裡：「合城的人都出來迎見耶穌，既見了就央求祂離開他們的境界。」（第34節）。鬼求耶穌允許他們離開，人們卻反倒懇求耶穌離開，祂就離開了。耶穌繼續前進別人不敢接觸的絕望之境，祂成為各樣疾病和邪惡的治癒者，並帶來平安和希望。讓祂來統治我們的心吧！「因為我深信無論是死，是生，是天使，是掌權的，是有能的，是現在的事，是將來的事，是高處的，是低處的，是別的受造之物，都不能叫我們與上帝的愛隔絕；這愛是在我們的主基督耶穌裡的。」（羅馬書8：38、39）

祂的干預

主看見那寡婦，就憐憫她，對她說：「不要哭！」路加福音7：13

我在許多告別式和追悼會上曾多次提到這個故事。我是多麼希望這種聚會每一次都可以被耶穌打斷，就像接下來要提到的這場葬禮一樣。我心中非常感恩，因為我深信這只是時間早晚的問題，到那一日，耶穌將對所有上帝兒女的死亡做出干預，讓他們從死裡復活！而他們也將從墳墓裡出來。我迫不及待期望那一天早日到來！

這個故事發生在拿撒勒東南方六英里、一個叫拿因的小城裡。耶穌與門徒和眾人同行來到了拿因城。抵達城門時，有另外一群人從城裡出來，要照當時的規矩，把一個少年人葬在城外。於是這兩撥人在路上彼此相遇了——前者是興高采烈的（路加福音7：11），但後者卻是哀慟悲傷的（第12節）。你能想像一個寡婦失去了她唯一的經濟和情感支柱嗎？她整個世界都崩塌了！這就是為什麼耶穌對她說「不要哭！」這句話時會令人感到奇怪（第13節）。她為什麼不該哭呢？她所有的希望和夢想都因兒子的死而破滅了；她無法想像沒有他的生活。但是她沒有意識到耶穌就是生命，祂已經戰勝了死亡！然後耶穌做了一件不可思議的事：祂碰觸了不可碰觸的人。「於是進前按著槓，抬的人就站住了。」（第14節）。想像一下送葬的隊伍——哭泣的寡婦，裝著她寶貝兒子的棺木，預備陪她走過最悲傷之旅程的人群。突然，耶穌做了一件完全不合宜的事——祂伸手按著棺木，抬棺木的人只好停了下來。他們聽見耶穌的聲音：「少年人，我吩咐你，起來！那死人就坐起，並且說話。」（第14、15節）在這個故事裡，耶穌將祂的情感和行動投注在受苦的人身上：主看見了她，憐憫她，對她說話，使她原本死去的兒子復活並交還給她。耶穌知道、也理解我們的痛苦。祂同情我們悲傷的心靈。很快的，祂將喚醒我們死去的親人，我們也要聽見祂的聲音說：「起來！」我等不及那蒙福的干預來臨了！

5月 May 29

祂的視角

我們的朋友拉撒路睡了，我去叫醒他。約翰福音11：11

我對自己禱告的過程仍歷歷在目；當時我父親得了癌症，病得很重，醫生們已經竭盡所能，現在只有讓家人領他回家，等待那無法避免的結局。縱然如此，他對耶穌的信心完全沒有動搖，他已經準備好了。我在臉書上發布請求代禱的信息，希望上帝按照祂的旨意賜下平安與醫治。隨著時間的流逝，我意識到上帝已經賜下了祂的平安，於是我再次發出了代禱請求：祈求上帝醫治──或本著祂的憐憫，讓我的父親永遠安睡。有兩個原因可以說明死亡是一種解脫：魔鬼無法再用病痛來折磨他，以及我父親的死是暫時的，直到復活的那一天。

在聽到拉撒路患病的消息後，耶穌明顯有所耽擱，然後祂對門徒說：「我們再往猶太去吧！」（約翰福音11：7）在門徒提醒祂「猶太人近來要拿石頭打祢，祢還往那裡去嗎？」耶穌反倒說人在白日走路，就不致跌倒，因為看見這世上的光。若在黑夜走路，就必跌倒，因為沒有光照。祂以此來回應他們（第8－10節）。黑夜象徵著耶穌的缺席，因祂是世界之光。天雖然還亮著，黃昏卻近在眼前。然後耶穌做了一個驚人的宣告：「我們的朋友拉撒路睡了，我去叫醒他。」（第11節）。像平常一樣，他們誤解了祂所說的話，並以字面上的理解來回應祂說：「主啊，他若睡了，就必好了。」（第12節）當然，耶穌說的是拉撒路的死。直到基督教時代，死亡帶來的恐懼一直都是如此震懾人心、極其普遍。人們一想到死亡和未知的事物就會感到恐懼。但是，當耶穌從死裡復活時，祂從根本上改變了祂的跟隨者對死亡的看法。死亡不再是一件可怕的事情，而是一種安詳的睡眠。死去的人，包括我的父母，正在安詳睡著，等待那個復活的早晨，那時他們將聽到一個響亮的聲音，呼喚他們從墳墓中出來，就像拉撒路所聽到的那樣（第43節）。耶穌對死亡的視角，讓我們在看待所愛之人的死亡時產生了多大的改變啊！我們有保證，因祂已經戰勝了死亡！

祂的憐憫

耶穌哭了。約翰福音11：35

憐憫的定義是「一種對遭受不幸之人的深切同情和悲傷，並伴隨著減輕其痛苦的強烈願望」（註31）。我相信你也曾有過同樣感受。無論是去參加葬禮，去醫院看望病人，或收聽不幸的新聞報導時，我也曾飽含熱淚。白髮人送黑髮人的痛苦，或是欲減輕所愛之人所受痛苦的急迫之心，以及對自己不能改變環境的無力感，這些事在在都使人傷心不已。

耶穌並非沒有能力，那祂為什麼要哭呢？這是一個好問題！在和馬利亞交談之後，耶穌問他們把拉撒路放在哪裡（約翰福音11：28－34）。接下來的章節是整部《聖經》中最短的一個章節：「耶穌哭了。」（第35節）這個希臘文動詞與故事中其他地方所使用的動詞「哭泣」不同。其他人是大聲哀哭，耶穌則是無聲地流著淚（這個詞在整本新約中只出現在這裡）。祂因所有人的悲傷有所感觸。祂雖然知道接下來要發生的事，但是祂還是因人類的苦難而動容。猶太人認為耶穌的眼淚是祂愛的表達（第36節），事實的確如此。祂對悲傷之人的關懷是顯而易見的，但這並不是祂哭泣的唯一原因。耶穌知道痛苦是罪的結果；上帝的仇敵帶來了許多苦難。在我最喜歡的書（除《聖經》以外）《歷代願望》中，我們讀到了作者懷愛倫對這一刻的描述，「祂看到違反上帝律法所造成的可怕結果，看到了世界的歷史，從亞伯的死直到如今，善與惡的鬥爭始終沒停止過。祂再展望到將來，看到人類所不可避免的痛苦、憂傷、哭泣和死亡。祂的心被各世代、各地方人類群體的痛苦深深地刺傷了。罪的災禍重重地壓在祂心上，祂是多麼渴望解除這一切的患難啊！祂一想到這些，就止不住淚如泉湧。」（註32）是的，耶穌為我們而哭泣！耶穌充滿憐憫，也對我們的苦難表同情，要知道很快的祂就會徹底的消滅死亡、疾病和罪惡（啟示錄21：4）。要剛強壯膽！因為耶穌勝了！

5月 May 31

祂的生命

「拉撒路出來！」那死人就出來了。約翰福音11：43、44

我經常帶著鮮花去父母的墓前致意，默想著我如何因他們得到上帝的祝福。他們的墓地是在公園裡一個美麗的角落，周圍都是花草樹木。在特殊的節日，如母親節、聖誕節和感恩節，許多人都會到墓園去悼念他們的親人。我可以想像在耶穌第二次降臨的那一天，墓園將會是何等景象！我描繪著天使們與家人團聚的美麗場景，就像我曾見過的一些畫作一樣。我衷心期盼那一日早些來到！

當耶穌走向墳墓時，〈約翰福音〉的作者提醒我們，拉撒路已經死了四天（約翰福音11：39）。這是一個很重要的細節，因為當時人們普遍相信的並不是《聖經》的教導，當時有一個迷信，認為死者的靈魂會在墳墓周圍逗留三天，直到第四天才會永遠離開。現在耶穌面臨的場景是一個墳墓，一處有石頭遮擋的洞口，死者的姐姐，還有四天已經過去、屍體也已發臭的警告（參第38、39節）。但是耶穌彷彿絲毫不在意這些死亡的跡象，祂發出了一個悖於常理的命令：「把石頭挪開。」（第39節）不會吧！為什麼會有人想要這麼做呢？也許耶穌想見祂的朋友最後一面？但這些都不是原因。「我不是對你說過，你若信，就必看見上帝的榮耀嗎？」（第40節）要相信，馬大！要相信，以利沙伯！要相信，約翰！要相信！「說了這話，就大聲呼叫說：拉撒路出來！」（第43節）拉撒路，出來吧！那一切生命的源頭正在親自呼喚你！於是，拉撒路就出來了！許多學者曾指出，耶穌之所以特別呼叫拉撒路的名字，是因為如果不這麼做，那麼所有一同埋在那墓地裡的死人都會走出來！「生命」親自呼喚死去的人，而死亡無法抗拒生命。但這個神蹟對許多人而言無疑是無法接受的。「從那日起，他們就商議要殺耶穌。」（第53節）在〈約翰福音〉中，這件事乃是導致耶穌死亡的導火線。耶穌捨去自己的生命給了拉撒路。事實上，就某種意義而言，是因為耶穌捨去生命，拉撒路才得以復活。因為祂的死，我所愛的人，以及你們所愛的人才得以存活。祂是生命！要相信祂！

6月｜享受祂的平安

祂的信物

我留下平安給你們；我將我的平安賜給你們。約翰福音14：27

我一直以來都很害怕搭飛機；有時情況甚至嚴重到必須服用藥物才能讓自己坐上飛機。但後來我讀到〈約翰福音〉14章27節，上面寫道，耶穌應許將平安賜給我們。我記得當下我就將這節經文用螢光筆標示出來，並在登機時將這本《聖經》帶在身上；當飛機遇到亂流時，我就一直背誦這節經文，祈求上帝實現祂的應許，賜我平安。後來，我發現我受呼召所從事的工作經常需要飛往各地，我不得不祈求上帝幫助我解決這個問題。如今的我經常在飛機起飛前就睡著了！

門徒們很憂愁，因為耶穌說祂即將離開他們。在〈約翰福音〉第14章，耶穌安慰他們焦慮的心：「你們心裡不要憂愁；你們信上帝，也當信我。」（第1節）門徒們不會孤單無助，因為聖靈會幫助他們，與他們同在（約翰福音14：16－26）。就在那時，耶穌發出了最安慰人的宣告：「我留下平安給你們；我將我的平安賜給你們。我所賜的，不像世人所賜的。你們心裡不要憂愁，也不要膽怯。」（第27節）。「平安」（shalom）這個詞重複了兩次。這是猶太人常用的問候和歡送語，但耶穌用所有格代名詞──「我的」來修飾它。耶穌將平安賜給他們；這是祂所賜的特殊禮物，一個將永遠留在他們心中的信物。耶穌的平安遠比這世界所能提供的平安更廣大，因為祂的平安來源就是祂自己！如果你像我一樣，每天早晨都必須面對很多讓思緒不停打轉，或者使我們內心失去平安的難題，且必須耗費許多精力，去處理一些令我們感到力不從心的事情，記得上帝要賜給我們祂的平安。這平安比我們在任何困境中所能理解的更深遠：「應當一無掛慮，只要凡事藉著禱告、祈求，和感謝，將你們所要的告訴上帝。上帝所賜、出人意外的平安必在基督耶穌裡保守你們的心懷意念。」（腓立比書4：6、7）耶穌為此付出了昂貴的代價！「哪知他為我們的過犯受害，為我們的罪孽壓傷。因他受的刑罰，我們得平安；因他受的鞭傷，我們得醫治。」（以賽亞書53：5）

祂的首要

你為許多的事思慮煩擾，但是不可少的只有一件。路加福音10：41、42

在這個時機點發生事情，可以說是再糟糕不過的了！我因為想嘗試新的商機，正要成立一間電腦公司；我們已經租了辦公室，雇了員工，開始營業。突然有一天，我的膝蓋因為劇烈疼痛無法行走。到了醫院後，醫生告訴我，我的半月板碎裂，需要立即進行手術。但是我還有很多事情要做啊！誰來幫我處理這些事情呢？完全恢復又需要花多長時間？回首過去，我發覺到在那段時間裡，上帝不斷地訓練我，要學習把我的焦慮、未來、經濟壓力和生活都交托給祂。耶穌是在教導我要定睛在最重要的事上——那就是祂本身！

馬大心存好意，耶穌也感謝她的殷勤接待。〈路加福音〉10章38節說：「有一個女人，名叫馬大，接他到自己家裡。」她想要確保每件事都妥善處理，特別是因為耶穌在她家裡做客！她確實需要做些準備。我們從經文得知，她因伺候的「事」多，心裡忙亂，「事」在希臘原文中是「diakonia」（編註：英文為deacon，即「執事」）。如果沒有執事，教會該如何運作呢？是他們的服事讓很多教會事務得以順利進行！然而，問題並不是出在「事」身上。耶穌指出馬大的問題是她「為許多的事思慮煩擾。」（第41節）相反地，我們看見馬利亞只是坐在耶穌的腳前，聽祂的教導。

面對挑戰時，大多數的人都會進入解決問題的模式。我們試著把事情弄清楚，花很多精力推演可能的狀況尋找解決方案。然而，耶穌提醒要記得我們是祂的兒女。祂希望我們學會專注於祂是誰，並把祂作為生活中的首要，安息在祂的良善、祂的愛和祂供給的能力中。耶穌提出了治癒焦慮的方法：許多事情可能是重要的，但只有一件是必須的：那就是祂以及祂的同在！當我們注目於祂——祂的愛、祂的充足、祂的平安和能力、祂的恩典——所有的一切都將「各按其時，成為美好」。

6月 Jun 03

祂的更新

於是對那人說：「伸出手來！」他把手一伸，手就復了原，和那隻手一樣。
馬太福音12：13

在我的右膝緊急接受半月板手術的那天，我並沒有意識到自己還需要一段時間才能恢復行走。醫生無法在關節鏡下取出半月板；手術的傷口很大，我需要進行物理治療好讓腿恢復功能。直至今日仍清楚記得我的右腿是如何變得比左腿瘦小。我花了將近兩個月的時間才讓受傷的腿恢復並重新站立。這或許也解釋了我為何會特別關注耶穌治好一個手乾枯之人的神蹟（馬太福音12：13），在那之後緊接著是經文對醫治結果的形容：「手就復了原，和那隻手一樣。」（第13節）

在麥田裡挑戰耶穌的法利賽人（馬太福音12：1－8）跟著耶穌進了會堂（12：9－14）。在那裡，耶穌遇見了一個枯乾了一隻手的人（第10節）。「有人問耶穌說：安息日治病可以不可以？意思是要控告他。」（第10節）除了掐麥穗的記錄以外，在福音書中有關耶穌和法利賽人針對安息日的所有爭論，幾乎都與醫治和醫治的結果有關（參馬太福音12：9－14；路加福音13：10－17；14：1－6；約翰福音5：1－16）。從創世之初，安息日就是一個用來記念耶穌在創造、救贖和恢復人類方面之偉大作為的日子。耶穌選擇在許多安息日施行醫治的神蹟，並藉著這個特別的日子來凸顯祂所賜的救贖、自由和安息。耶穌以拉比們慣用的辯論方式──「豈不更」（qal wahomer）來回應這個質疑，並隨後宣告說：「你們中間誰有一隻羊，當安息日掉在坑裡，不把牠抓住、拉上來呢？人比羊何等貴重呢！所以，在安息日做善事是可以的。」（馬太福音12：11、12）於是，耶穌接下來就將他的手復原，使它和另外一隻手一樣。安息日提醒我們救贖計畫的核心：透過耶穌的救贖，我們每個人都可以得著安息和更新。

祂的安息

凡勞苦擔重擔的人可以到我這裡來，我就使你們得安息。馬太福音11：28

我在臉書上傳了一張照片之後，才意識到我們這個世代的人在心靈上是多麼的疲憊！照片裡是一位年輕的女性上班族，她因為工作過勞、疲憊不堪，遂將頭枕在一堆未完成的文件上，就這樣在辦公桌前睡著了！這張照片吸引了許多人留下了他們的評論。照片下方有一句話是要鼓勵凡勞苦擔重擔的人，來到耶穌那裡，以獲得真正的安息（馬太福音11：28－30）。

耶穌如此說：「凡勞苦擔重擔的人可以到我這裡來，我就使你們得安息。」（馬太福音11：28）馬太在第一世紀寫下的這節經文在今天聽來依然無比貼切。我們的心靈因生活的拼搏感到疲憊不堪；耶穌深知這一點，祂為我們提供了一個處方。多年來，我一直對〈馬太福音〉11章28節至12章14節特意呈現的並列結構很感興趣。首先，耶穌提供了祂的安息（馬太福音11：28－30），然後在接下來的敘述中宣稱自己是安息日的主（馬太福音12：8）。耶穌提出在祂裡面得安息的邀請，在〈馬太福音〉中是獨一無二的，它出現在兩篇有關安息日的敘述之前，而這兩篇有關安息日的記述亦是〈馬太福音〉僅有的。這個有趣的並列結構成為我博士論文的主題（註33）。在研究這個經文八年的過程中，我發現了一些令人異常興奮的見解。其中之一是，「安息」的字根在《七十士譯本》（希臘文舊約聖經，LXX）中一共出現過137次，而在《摩西五經》中，這個詞主要是與主的安息有關。〈馬太福音〉的聽眾都聽見了耶穌如雷貫耳的邀請：「凡勞苦擔重擔的人可以到我這裡來，我就使你們得安息。」那些接受邀請的人，現在可以完完全全地、進入安息日的安息，因為他們乃是在祂裡面獲得安息。因此，我們在耶穌的身分和使命中，找到了每週在安息日休息並記念祂的真正意義。我們不需要被焦慮和恐懼壓倒；因我們的受造本是為了獲得平安。當我們接受耶穌的邀請，心靈就得到真正的安息。耶穌，請祢讓我們焦慮的心得以安息！

6月 Jun 05

祂的照顧

我是好牧人；我認識我的羊，我的羊也認識我……並且我為羊捨命。約翰福音10：14、15

這是從上帝而來、出乎意料的禮物。我正在為一系列的電視節目內容做準備，於是隨手拿了一本需要參考的書。不料當我打開書時，有些東西從裡面掉了出來——那是一些講道筆記；然而，這些筆記並不是我寫的，而是出自我父親的手筆。我激動得說不出話來，淚水蓄滿了眼眶。這是很久以前，在我被任命為傳道人的典禮上，我父親在講道中給我的訓勉；講道的主題是好牧人，內容敘述上帝為我們做了什麼，以及祂對羊群如何悉心照顧。然後我父親也談到受呼召去牧養上帝子民的意義。現今我父親已經過世了，能夠找到這份禮物我感到非常慶幸。

在耶穌出生前的幾百年，先知以西結就預言了上帝會差派祂的牧羊人——大衛的後裔，來牧養祂的羊群。上帝把祂的羊託付給當時的宗教領袖們，可是他們卻沒有忠於職守，因此上帝譴責他們，毫不含糊地揭露了他們的過犯：「人子啊，祢要向以色列的牧人發預言，攻擊他們，說，主耶和華如此說：禍哉！以色列的牧人只知牧養自己。牧人豈不當牧養群羊嗎？ 你們吃脂油、穿羊毛、宰肥壯的，卻不牧養群羊。瘦弱的，你們沒有養壯；有病的，你們沒有醫治；受傷的，你們沒有纏裹；被逐的，你們沒有領回；失喪的，你們沒有尋找。」（以西結書34：2－4）上帝對於祂的羊受到如此對待感到十分不悅：牠們被分散、遭遺棄、受壓迫，這不是上帝所樂見的！從那以後，祂要自己牧養祂的羊：「主耶和華如此說：看哪，我必親自尋找我的羊，將他們尋見。牧人在羊群四散的日子怎樣尋找他的羊，我必照樣尋找我的羊。這些羊在密雲黑暗的日子散到各處，我必從那裡救回牠們來……我必立一牧人照管他們，牧養他們，就是我的僕人大衛。他必牧養他們，作他們的牧人。」（以西結書34：11、12，23）耶穌應驗了這個預言。祂獻上了自己的生命，悉心牧養祂的羊。如果你曾迷失、挨餓、生病、受壓迫，記住你現在有一位好牧人，祂已經預備好要賜給你平安，並使你的靈魂甦醒（參詩篇23：3）。

祂的神蹟

或對癱子說：「你的罪赦了」，或說：「起來！拿你的褥子行走」，哪一樣容易呢？馬可福音2：9

「壓力管理」是我在《組織行為學》課程中所上的第一門課。我發現這門學問非常有趣；因為我的車在期末考試那天突然間無法發動，故此我不得不借用另一輛車子，這時課堂上所學的知識就不請自來的用上了！期末考試後，另一位同學請我在報告時協助他。他把一個小裝置連接到我的手指上，向全班展示了我的身體對壓力的反應。我開始相信我們的身體健康與情緒確實是緊密相連的。

雖然那四個人抬著癱子來求醫治，但耶穌所說的第一句話卻是：「小子，你的罪赦了。」（馬可福音2：5）這是人類最大的需要，所以耶穌優先處理它。我們都需要與上帝和好，並獲得饒恕；對於我們來說，沒有任何領悟比這更深刻了！文士開始在心裡議論耶穌赦罪的權柄。無論古今，赦免罪孽都是最偉大的神蹟；但這是發生在人內心的轉變，因此他們心中質疑（第6、7節）。耶穌知道他們心裡這樣議論，就問他們說：「或對癱子說『你的罪赦了』，或說『起來！拿你的褥子行走』，哪一樣容易呢？」（第9節）在他們還沒有回答之前，耶穌接著說：「但要叫你們知道，人子在地上有赦罪的權柄。」就對癱子說：「我吩咐你，起來！拿你的褥子回家去吧。」（第10、11節）。換句話說，耶穌既可以饒恕人也可以治癒人。饒恕和治癒都不是人類所能行的事，但對上帝而言兩者都能。祂是心靈、身體和靈命的治癒者。「那人就起來，立刻拿著褥子，當眾人面前出去了。」（第12節）。你今天急需幫助嗎？你需要獲得饒恕嗎？你需要從沮喪或匱乏的感覺中站起來嗎？你是否因內疚或羞愧而無力？祂的神蹟始於我們的靈命。祂賜下饒恕與平安。我們的信心是在耶穌的寶血裡面的（參希伯來書10：19－22）。所以，起來！拿著褥子！回家去吧！

6月 Jun 07

祂的緊握

我又賜給他們永生；他們永不滅亡，誰也不能從我手裡把他們奪去。約翰福音10：28

2016年6月7日，有一位婦女和她13歲的女兒在某家一元商店購物時，一名男子突然衝過來綁架那個女孩。當那個男人把女孩拖向出口時，她的母親竭盡全力地救她。最後，那個婦女讓自己整個人仆倒在女孩身上，那人就無法把她們兩人都拖走了！於是他放開那個女孩，向出口跑去，然後在停車場被一名員警逮捕。附近的監控攝影機全程錄下了整個可怕事件的經過。

因此當我讀到今天的經文時，腦海中就不禁浮現了這位母親為了擊退歹徒使出渾身解數的畫面。耶穌信心十足地說：「誰也不能從我手裡把他們奪去。」（約翰福音10：28）這句話在兩節經文中被耶穌重複了兩次。面對那些不相信祂的人（第24、25節），耶穌解釋了祂的羊在祂和天父手中是如何的安全：「我的羊聽我的聲音，我也認識他們，他們也跟著我。我又賜給他們永生；他們永不滅亡，誰也不能從我手裡把他們奪去。 我父把羊賜給我，他比萬有都大，誰也不能從我父手裡把他們奪去。我與父原為一。」（第27－30節）凡因信而跟從耶穌的，就有永生的保證，如同羊在好牧人手中；就像是在慈愛的父母懷中甜睡的孩子一樣。這為我的心靈帶來了深刻的安寧，並驅散了我對未來、末日、永生等等的焦慮。你可以在宇宙中最有能力的上帝懷中歇息。即使上帝的仇敵想要把我們從祂的手中奪去，耶穌和天父也絕不會讓這事發生，因為祂們比任何可能威脅我們的力量都更偉大。耶穌已經給了我們保證。引用里昂．莫里斯（Leon Moris）的話說：「沒有人能從基督的手中把他們奪走。基督教信仰最寶貴的一點是，我們的永生並不是取決於我們對基督脆弱的把握，而是取決於祂對我們有力的緊握。」（註34）

祂的能力

於是起來，斥責風和海，風和海就大大地平靜了。馬太福音8：26

我不喜歡強風，更遑論暴風了！某一夜，剛入住新家的我突然在半夜醒來，因我們的房子正被每小時80英里的強風吹得劇烈晃動。我向當局發出緊急呼救，他們告訴我這就是所謂的「聖安娜強風」（Santa Ana Winds），「風勢是比較強一些」，他們說。「強一些？拜託，這根本就是颶風！」我想。我們後來才知道剛買的房子就座落在一個風洞區域裡。我真是被嚇得不輕，趕緊叫醒我丈夫和我一起祈禱。禱告一結束，他就馬上睡著了！但我卻是整夜睡不著，一直清醒著！當他早上醒來時，竟高興地對我說：「妳看！妳有禱告的恩賜，但是我有信心的恩賜！」

「海裡忽然起了暴風，甚至船被波浪掩蓋；耶穌卻睡著了。」（馬太福音8：24）睡著了！這怎麼可能？馬太稱這場風為「暴風」（seismos megas）；巨大的搖晃，就像發生在湖中的地震（第24節）。門徒們意識到他們沒有能力面對這場暴風；在沒有選擇的餘地之下，他們這群身經百戰的漁夫，竟然轉而向一名木匠求救。他們是如此的絕望以至於呼喊：「主啊，救我們，我們喪命啦！」（第25節），這個呼喊是由三個簡單的希臘文詞組成的。你有沒有注意到，在我們面對最絕望無助的景況時，最衷心、極切的祈禱往往只有幾個字？「幫幫我！」「求祢了！」「真的嗎？」「為什麼？」「謝謝祢！」他們來到耶穌那裡，他們的呼喊把耶穌叫醒了。耶穌說：「你們這小信的人哪，為什麼膽怯呢？於是起來，斥責風和海，風和海就大大地（megalē）平靜了。」（第26節）海上瞬間就從狂風巨浪變得安寧如鏡。他們為什麼害怕呢？是的，他們對這場巨大的暴風無能為力，如同我們一樣，就像對於突如其來、意想不到的暴風，我們做了力所能及的一切，卻毫無作用。我們的船（家庭、工作、婚姻等等）正在遭受海浪侵襲，就要被淹沒。然後我們記起了耶穌就在船上，我們可以安穩的歇息，就像祂在暴風中睡著了一樣。你知道為什麼嗎？因為我們「毫無能力」，但耶穌卻「大有能力」。祂是我們的救主，是拯救我們的那位大能者上帝。

6月 Jun 09

祂的平靜

風就止住，大大地平靜了。馬可福音4：39

1986年，考古學家發現了一艘據信可追溯到西元第一世紀的漁船，它後來被稱為「耶穌船」，現存於吉諾薩基布茲（Kibbutz Ginossar）的貝雅倫博物館（Yigal Allon Centre）展覽。我有幸曾經造訪了這個博物館，那是一次非常特別的經歷。這艘漁船長27英尺，寬7.5英尺，大約4英尺深。它絕對不是一艘很大的船；如果有十三個人（耶穌和祂的十二個門徒）航行在平靜的水面上，船雖擁擠卻還勉強可以行進。若是在暴風雨中，船肯定會沉沒。

想像一下那混亂的場面：狂風大作、巨浪翻滾、小船進水。每個人都在為生存而奮戰，除了睡著的那一位！在第一世紀，海洋和水深之處常被人認為是邪靈和魔鬼的居所。因此，對門徒們來說，這不僅僅是一場猛烈的風暴；它帶有強烈的邪靈意識。從最貼切的意涵上來說，這是一場邪惡的風暴。馬可是唯一一位福音書作者向我們透露當時「也有別的船」（馬可福音4：36），與耶穌和門徒一起經歷了這場風暴。你有過這樣的經歷嗎？你遇到了一場意想不到的風暴，它是如此猛烈，使你心裡隱約明白，它來自魔鬼，而你正在遭受攻擊？這樣的經歷我也有過。而在早期的基督教藝術中，教堂有時被描繪成在暴風雨中有耶穌同在的船。這個意象幫助早期受迫害的基督徒在經歷試煉和苦難時，能夠牢牢記住耶穌與他們同在。平靜暴風的神蹟提醒他們，真正的拯救是透過耶穌的死亡和復活而來。生命中有許多困境會威脅我們的思想和心靈，但耶穌始終與我們同在一條船上。「耶穌醒了，斥責風，向海說：『住了吧！靜了吧！』風就止住，大大地平靜了。」（馬可福音4：39）。無論你是在一場罪咎、羞辱、逼迫、絕望或對未來恐懼的風暴中，務要記得耶穌有能力平息這場風暴。祂的平靜是真實、且隨時可以獲得的！耶穌，請平靜我們焦慮的心靈！

祂的守望

為什麼膽怯？你們還沒有信心嗎？馬可福音4：40

我的祖父母住在一個小村莊，小時候我很喜歡去拜訪他們。他們的住家附近有一間很大的醫院，旁邊還有一座游泳池，我大部分的時間都在那裡度過，對我來說那是一種享受。但是這個地方經常遭受突如其來、有時非常猛烈的夏季熱雷雨襲擊。所以，每當我看到天上烏雲開始密布時，我就會一路跑向離醫院只有幾英里遠的祖父母家。而我也一直相信我媽媽會在那裡等著我。

門徒們遇到了一場狂風暴雨，他們無法控制他們的船（馬可福音4：37）。這些經驗豐富的漁夫已經別無選擇；他們相信自己就要滅亡。耶穌在船尾睡著了，那位置通常是副水手長的座位。毫無疑問，門徒們被暴風雨嚇壞了，所以他們叫醒了祂。馬可告訴我們，除了他們的恐懼，他們也在為別的事而掙扎，這可以從耶穌對他們的責備中看出來：他們「叫醒了祂，說：『夫子！我們喪命，祢不顧嗎？』」（第38節）。他們懷疑耶穌對他們的關注，質疑祂的眷顧和守望。我們快死了，這跟祢沒有關係嗎？我們走投無路了？祢不在乎嗎？當我們面對自己無法理解的困難時，這個問題在我們腦海中出現的頻率有多高呢？然而耶穌總是在暴風雨中看顧著祂的兒女。平息了暴風雨之後，耶穌對他們說：「為什麼膽怯？你們還沒有信心嗎？」（第40節）。在你目睹了我的能力和慈愛之後，你還懷疑我是否在乎你嗎？還不相信我所做的都是為了你嗎？在暴風雨中，我們必須相信上帝的顧念，否則，我們還能有什麼可以倚靠呢？一位學者建議在〈彼得前書〉5章7節中加入「親自」一詞，以內化這個真理：「你們要將一切的憂慮卸給上帝，因為祂『親自』顧念你們。」祂親自顧念你，不要懷疑。是的！祂是如此的關心我們以至於為我們死在十字架上！

6月 Jun 11

祂的掌控

這到底是誰，連風和海也聽從祂了。馬可福音4：41

加利利海經常會發生突如其來的暴風雨，因為它所處的地理位置被群山環繞，且低於海平面約685英尺。有時從地中海上來的冷空氣通過山口，激烈的風力與封閉於湖上的熱空氣就發生對衝。我永遠不會忘記那次在耶穌平息了風暴的湖面上航行的經驗。看見有人撒網，我們一起唱著歌，但最重要的是思想著那一幕景象——當耶穌平靜了風浪後，無助的門徒們卻彼此議論說：「祂到底是誰？」

風和浪完全平靜了，耶穌對門徒說：「為什麼膽怯？」（馬可福音4：40）。這不是很明顯嗎？他們害怕，因為他們以為自己快要死了！不管他們怎麼努力，都無法控制這場暴風雨。我們害怕的原因如出一轍：我們不能不接可能傳來壞消息的電話，也不能不看可能會打擊我們的身體檢查報告，更不能掩耳不聽壞消息。我們就是做不到！當耶穌使風和海平靜後，門徒們「就大大地懼怕，彼此說：『這到底是誰，連風和海也聽從祂了。』」（第41節）「祂到底是誰？」這個問題在〈馬可福音〉的前半部一再重述。大有權能的彌賽亞已經被揭示；這個故事是耶穌大能逐漸彰顯的開始。首先聚焦的是祂對自然界的權柄，再來描述的是祂對邪靈和鬼魔的掌控（5：1－20），接下來的兩個故事更進一步顯示了祂對疾病和死亡的權能（第21－43節）。然而，在這本福音書當中，最震撼人心的是——耶穌，這位上帝的大能之子，祂有權柄掌管風和海，卻成為僕人，把自己的生命獻上當作多人的贖價（參馬可福音10：45）。耶穌——大有權能的彌賽亞，成為受苦的僕人，放下祂的權柄，藉著受難來戰勝罪惡。〈馬可福音〉致力於呈現這種深刻的並行概念：祂既是有權能的上帝之子，同時也是受苦的僕人。耶穌是至高無上的，祂透過十字架贏得冠冕。讓我們降服於祂的掌控！

祂的獨處

你們來，同我暗暗地到曠野地方去歇一歇。馬可福音6：31

有時候你的靈命需要與你的思想和身體並駕齊驅。某次我有一種強烈的感覺，上帝要我騰出一段時間來專心完成我的博士論文。但我身為教會的主任牧師，雖然一切看似順利，但仍有很多事情要做……然而上帝似乎很堅持。上帝知道我需要離開我的事工一段時間，接受新的教導、再次進修。所以為了完成我的博士學位而申請無薪假，是我做過最困難的決定之一，因為此舉違背了我的個性和使命感。

當門徒們結束了在加利利的佈道之後，他們來到耶穌跟前，高興地向祂報告，並「將一切所做的事、所傳的道全告訴祂。」（馬可福音6：30）我可以想像他們是多麼興奮地講述他們的經歷。在〈馬可福音〉中（除了某些手抄本的3：14），這是門徒唯一的一次被稱為使徒（奉差遣的人）。他們被差遣去傳道（參馬可福音6：7－13），他們有許多見證要與耶穌分享。作為回應，耶穌給了他們一個命令，在希臘原文中如此說：「你們來，同我暗暗地到曠野地方去歇一歇。」（馬可福音6：31）這一項出於耶穌口中的命令，需要你我特別關注。耶穌的命令是要我們在上帝所命定的安靜中休息；在無人的地方，安靜的獨自歇一歇，是與6章31節所說「這是因為來往的人多，他們連吃飯也沒有工夫。」的景況完全相反。你不需要成為一個專業的傳道人才能遵守這個命令。在安靜和獨處的時候，上帝要賜給你真正的休息和靈命的餵養，以及更多指引、啟示和教導。耶穌經常私下教導祂的門徒（例如，參馬可福音9：28；13：3），祂對我們也是這樣。當我們身處在現今一個崇尚忙碌、成果和成就的文化當中時，讓我們切記，有時候「少即是多」。過度的忙碌，即使是在事奉上，也會使我們的能量和靈命枯竭。上帝想要和我們獨處，以提醒我們祂對我們的愛。在歇息獨處時，祂要向我們顯示祂恩典的偉大足夠我們使用，以及祂對未來的保證。

6月 Jun 13

祂能够

耶穌說：「你們信我能做這事嗎？」馬太福音9：28

每當我們憂慮時，就是在向上帝說：「上帝，祢做不到！」琳達．迪洛（Linda Dillow）說：「如果我們在憂慮中行走，就不是在信心中前進。我們希望成為有信心的女性，但憂慮往往成了我們的名字……熟悉的恐懼化作涓涓細流，蜿蜒穿過我們的腦海，直到它開闢出一條通道，令所有其他的想法都乾涸。我們必須戰勝認為『上帝做不到』的這個頑疾。」（註35）我們是否真的相信上帝能夠拯救、更新並引導我們呢？

有兩個瞎子跟著耶穌，大聲喊著說，「大衛的子孫，可憐我們吧！」（馬太福音9：27）馬太使用「大衛的子孫」這個稱謂的次數，遠超過其它任何一部福音書。它主要是由那些來到耶穌面前請求憐憫、醫治和求釋放的人所說的。它源於舊約應許將賜下一位大衛家後裔作為統治者的預言，上帝將透過祂來醫治，並賜安息給以色列人（以西結書 34：11－15；23、24）。在耶穌時代，瞎眼經常被認為是上帝的審判（約翰福音9：2；申命記28：28），所以瞎子就成了社會邊緣人，靠乞討求生（約翰福音9：8）。在這個時候，耶穌問了一個非常引人深省的問題，是這本福音書所獨有的：「你們信我能做這事嗎？」（馬太福音9：28）他們回答說：「主啊，我們信。」（第28節）「他們的眼睛就開了。」（第30節）我們若能意識到焦慮和擔憂通常是源於相信「上帝不能」的這一個想法、認為上帝沒有能力處理我的問題，看清這一點對我們是很有助益的。在《聖經》中，瞎眼常用來比喻屬靈上的黑暗。但上帝是如此應許祂所揀選的僕人：「我耶和華憑公義召你，必攙扶你的手，保守你，使你作眾民的中保，作外邦人的光，開瞎子的眼，領被囚的出牢獄，領坐黑暗的出監牢。」（以賽亞書42：6、7）讓我們歇一歇，相信祂有能力拯救和治癒我們。你相信祂是有能力的嗎？是的！「祂能夠，祂能夠，我知祂能夠！我知我主必引導我的道路……」

祂的醫治

他代替我們的軟弱，擔當我們的疾病。馬太福音8：17

我非常榮幸曾參觀過位於迦百農的猶太會堂。當我站在那裡為我們的事工拍攝影片時，才驚覺自己正走在耶穌曾走過的地方！我被這一想法所震撼。在我們離開猶太會堂後，導遊帶我們去了一個被認為是「彼得之家」的考古遺址。我再次想像耶穌如何走進彼得的家，治好了他的岳母，那一刻《聖經》的描述彷彿在我眼前重現。

這件事蹟（馬太福音8：14－17；參馬可福音1：29－31）是〈馬太福音〉第8章所記述的第三個醫治神蹟，列在潔淨一個長大痲瘋的人（馬太福音8：1－4）和治好百夫長的僕人之後（第5－13節）。「耶穌到了彼得家裡，見彼得的岳母害熱病躺著。耶穌把她的手一摸，熱就退了；她就起來服事耶穌。」（第14、15節）這段經文的重點是在耶穌身上：祂見……祂摸……祂把鬼都趕出去……治好了一切有病的人（第14－17節）。摸發燒的人是違反拉比的律法的，但耶穌還是摸了彼得的岳母，就像祂摸了痲瘋病人一樣。熱就退了，她就起來服事耶穌（第15節）。第16節的總結描繪了耶穌醫治事工的包容性，祂只用一句話就把鬼都趕出去（就像祂醫治百夫長的僕人一樣），並且治好了一切有病的人（第16節）。但也許這些經文最有意義的部分就在它的結尾，馬太藉著這些章節表明耶穌就是那位〈以賽亞書〉53章4節所預言之上帝的僕人：「這是要應驗先知以賽亞的話，說：他代替我們的軟弱，擔當我們的疾病。」（馬太福音8：17）在〈以賽亞書〉中，這個章節位於53章5節之前，說到耶穌不僅僅為我們的過犯罪孽受害，還用祂的平安和醫治來救贖賜福我們的權利。你的心靈沮喪嗎？你的心因羞愧而生病嗎？耶穌已經用祂的寶血為醫治你付上了代價！

6月 Jun 15

祂的賜福

虛心的人有福了！因為天國是他們的。馬太福音5：3

誰是那位幸運且被賜福的人呢？我相信你一定聽過這個流傳已久的故事：有一位國王患了重病，據說要治好這病的唯一辦法，就是要找到一位知足的人，脫下他的衣服，然後讓國王天天穿著。於是，兵丁們被派往全國各地去尋找這個人，並奉命把他的衣服帶回來。幾個月過去了，在徹底搜查了整個國家之後，兵丁空手而回。「你們在我的國家裡找到一位知足的人了嗎？」國王問道。「國王啊，是的，我們找到了一位，全國唯一的一位。」「那你們為什麼不把他的衣服帶回來呢？」國王問道。「國王啊，我們雖然找到了那人，可是他身上卻沒有衣服。」(註36)

在〈福山寶訓〉——耶穌最著名的講道之一中（馬太福音5－7章），祂發表了天國的宣言，強調了誰是蒙福之人。在九個福氣中，耶穌將世界的價值觀徹底翻轉，就從今天的存心節開始：「虛心的人有福了！」（馬太福音5：3）在猶太教中，虛心和物質上的貧窮是密切相關的（參路加福音6：20），因為這通常是指那些勉強維持生計之人的心境。上帝總是特別關心貧窮和困苦的人（參詩篇9：18）。事實上，彌賽亞的使命在耶穌身上所應驗的，是聚焦在窮人身上的：「主的靈在我身上，因為他用膏膏我，叫我傳福音給貧窮的人。」（路加福音4：18；參以賽亞書61：1）窮人和虛心的人怎麼能被稱為是有福的呢？這個世界崇拜的是權力和能力；因此這個以現在式語法來表達的福氣是非常重要的：「因為天國『是』他們的。」（馬太福音5：3）它不像其他福氣是以未來式表達，虛心的人不但能擁有將來的基業，就是在當下也能享受到天國的福氣。除了上帝所應許的以外，窮人沒有其他的資源或盼望了。當我們所剩的只有上帝，就是我們充分意識到有上帝就已足夠的時刻。是的，我們是蒙福的！

祂的觀點

應當歡喜快樂，因為你們在天上的賞賜是大的。在你們以前的先知，人也是這樣逼迫他們。馬太福音5：12

旅行時，我很喜歡觀察孩子們在飛機上的一舉一動，因為他們的視角通常與成年人不同。不久前，我坐的飛機遇到了嚴重的亂流。有些孩子恰巧很喜歡這種不穩定的氣流，每次飛機因此忽上忽下時，他們都會發出興奮的叫聲，就好像自己在坐雲霄飛車一樣。與此同時，所有的大人卻都焦急地四處張望著。父母的同在和關心，讓這些孩子們在別人擔心焦慮時，可以放心享受及歡樂。

信仰正是如此；就像雖然身處在狂風暴雨中，卻相信一個與眾不同的事實，因為我們的贖業至親無時無刻都在看顧著我們，並且早已向我們揭示了故事的結局。耶穌在〈福山寶訓〉中所說的「福」，提供了一個來自屬天的觀點，它攸關我們在地上所將面對之環境。「人若因我辱罵你們，逼迫你們，捏造各樣壞話毀謗你們，你們就有福了！」（馬太福音5：11）。受到逼迫、侮辱和誣告是有福的嗎？祂繼續說：「應當歡喜快樂，因為你們在天上的賞賜是大的。在你們以前的先知，人也是這樣逼迫他們。」（第12節）耶穌提供了一個不同的觀點。古往今來，跟隨基督之人無一不遭遇反對和逼迫。甚至古代的屬靈偉人，如摩西、以利亞、大衛和耶利米，在面對強敵和仇人時，也常常絕望地向上帝呼求。然而，他們蒙上帝堅固，相信他們的試煉是為了一個更大、更神聖的目的，並且上帝與他們同在（不妨花些時間讀〈希伯來書〉第11章中關於他們的故事）。對於辱罵和反對，我們要歡然迎接，即使是在極度痛苦之中，因為我們是蒙召要在人類救贖歷史上作見證的。天堂等待著那些相信基督犧牲的人。困難和掙扎或許是人生風暴的一部分，但是耶穌給了我們一個天國的觀點：「在世上，你們有苦難；但你們可以放心，我已經勝了世界。」（約翰福音16：33）

6月 Jun 17

祂的使人和睦

就把禮物留在壇前，先去同弟兄和好，然後來獻禮物。馬太福音5：24

我們探訪了一間治療中心，一位朋友因酗酒之故，需要在這裡待上一段時日。大樓外告示牌上的一句話使我留下了深刻印象：「那些與他人交戰的人，自己並不平安。」（註37）後來我才知道這是英國作家威廉．哈茲利特（William Hazlitt）的名言，他還寫過很多類似的警語。

上帝主動使我們與祂和好，當我們相信耶穌為我們所做的犧牲時，我們就獲得因為與上帝和好而來的平安。「我們既因信稱義，就藉著我們的主耶穌基督得與上帝相和。」（羅馬書5：1）這是福音的一個核心原則：我們不是靠自己獲得平安，乃是靠耶穌得平安。這是從上而下的平安（神與人之間）。我們透過耶穌而獲得這份神聖的禮物，跟隨耶穌之人將有此平安在心中滿溢，繼而流入與他們接觸之人的心中（人與人之間），成為一個使人和睦的人（參羅馬書12：18）。在〈福山寶訓〉中，耶穌提到了這一點，宣告了對和平締造者的賜福：「使人和睦的人有福了！因為他們必稱為上帝的兒子。」（馬太福音5：9）在這篇講道中，耶穌以六個論述擴展誡命的意義（馬太福音5：21－48）。第一個是關於「不可殺人」的誡命（第21節），耶穌將這條誡命擴展到向弟兄動怒之人（第22節）。祂對這個情況的解釋是：「所以，你在祭壇上獻禮物的時候，若想起弟兄向你懷怨，就把禮物留在壇前，先去同弟兄和好，然後來獻禮物。」（第23、24節）就像上帝對待我們一樣，我們要採取主動，盡力去分享所獲得的平安之後，上帝就會接受並賜福我們的敬拜。讓我們分享在耶穌裡所領受的平安。使人和睦的人有福了！因為他們必稱為上帝的兒子（馬太福音5：9）。

祂的潔淨

我肯，你潔淨了吧！馬太福音8：3

雖然痲瘋病至今依然存在，但我們已經很少聽到了。然而，現今社會中還有其他類似的病，也會讓受害之人在身體、精神和情感上帶來類似公開的羞辱。有時，人們會因為他們遭遇的不幸、慘痛的經歷或錯誤，而不是因為他們的名字被人熟知。諸如：「看！她就是那個離婚的女人！」「那個人坐過牢，你聽過他的事嗎？」「那個淫婦怎樣了？」不幸的是，我們的社會總是很快就會對一個人下結論，並且排擠人，甚至剝奪他們的價值。

我們很難以現在的眼光完全理解〈馬太福音〉8章2至3節所記載的故事，以及它對當時聽眾的影響。痲瘋病在那時候是最可怕的疾病，因為痲瘋病患被認為是不潔淨的，所以必須從社區中隔離（利未記第13、14章）。患有痲瘋病的人必須透過大聲喊出「不潔淨了！不潔淨了！」來警告別人跟自己保持安全距離（利未記13：45）。有一個長大痲瘋的人來拜耶穌，在祂面前俯伏在地（馬太福音8：2）。或許是因為見過耶穌所行的神蹟，這個人相信耶穌絕對有能力治好他的病：「主若肯，必能叫我潔淨了。」（第2節）這完全取決於耶穌；這是祂的選擇！祂願意嗎？耶穌顯出驚人的憐憫和關心，祂「伸手摸他。」（第3節）你能想像那種震撼嗎？這個痲瘋病人可能很多年來都沒有感受到人類的觸摸了！儀文律法中明文規定，人若摸了長大痲瘋的，就馬上成為不潔淨的了（參利未記5：3）。但在這個情況下卻完全相反！耶穌非但沒有感染大痲瘋，痲瘋病人反倒被潔淨了！耶穌不僅有能力醫治，而且祂也願意這樣做。祂說：「我肯，你潔淨了吧！」他的大痲瘋立刻就潔淨了。耶穌願意醫治這人。當我們因為自己的錯誤、成癮或罪咎，感到自己與他人和上帝隔絕時，讓我們記得耶穌有醫治我們的能力和意願。讓我們來到祂的腳前，祈求醫治和平安。祂也必回答：「我肯，你潔淨了吧！」

6月 Jun 19

祂的論點

這最小的事，你們尚且不能做，為什麼還憂慮其餘的事呢？路加福音12：26

許多人和我分享了他們戰勝憂慮的方法；有些人會設想最壞的情況，然後接受它，並尋求改進之道。另一些人會依靠統計資料，計算被閃電擊中或死於車禍的機率。還有些人會使用一些使自己鎮定的方法，或嘗試練習深呼吸。但大多數人發現這些方法根本不夠。我們是一個杞人憂天的社會，真正需要面對的，是導致我們焦慮的根源。

據報導，在亞馬遜的Kindle電子閱讀器統計中，最常被標記的《聖經》章節是〈腓立比書〉4章6至7節，這是一段關於焦慮的章節，展示了社會是如何時刻與焦慮鬥爭。在〈路加福音〉第12章，耶穌談到我們的憂愁和焦慮，並多次提到這個主題。從第22節開始，耶穌提出了一系列關於「不要憂慮」的論點：首先，我們這些成天擔心吃什麼、穿什麼的人，對生命真正意義的認識只怕很有限，「因為生命勝於飲食，身體勝於衣裳。」（第23節）耶穌從自然界中延伸出祂的第二個論點，並使用了「豈不更」的語法表達：如果上帝養活烏鴉，也給百合花榮華的穿戴，祂豈不更看顧你？第三，耶穌指出焦慮是徒勞無益的，並強調我們無法用思慮使壽數多加一刻。「這最小的事，你們尚且不能做，為什麼還憂慮其餘的事呢？」（第26節）。耶穌強調不要思慮的另一個論點，乃是基於一個簡單又有力的認知：「你們必須用這些東西，你們的父是知道的。」（第30節）一切都在祂的掌控之中。祂樂於提供幫助。祂知道我們所需要的一切，也樂意把這些東西給我們。有了這樣的認知，我們目光的焦點就轉移到「先求祂的國，這些東西就必加給你們了。」上帝願意、也必會看顧我們。因此，我們要從自我保護的憂慮中跳脫，把精力集中在傳福音的事工上。是的！耶穌能夠把我們從恐懼、憂愁和焦慮中釋放出來！感謝主！

祂的順服

耶穌大聲喊著說：「父啊！我將我的靈魂交在祢手裡。」說了這話，氣就斷了。路加福音23：46

當我們決心順服上帝的計畫時，即使無法完全明白上帝對我們的旨意，也能獲得真正的平安。在我三十多歲時，我人生中經歷了一連串既不能理解、也無法控制的逆境。這段時間對我來說真的很艱難。當時，我買了一枚刻著銘文的鑰匙圈，它成為我在艱難道路上行走時的座右銘。上面寫著：「我不知道主的計畫，但我知道這是主所計畫的，而我也在祂的計畫中。」

我看到我的父母如何將自己交給上帝，在與癌症抗爭了數年之後，終於來到了生命的盡頭。他們在活著時將自己交托給上帝，在死時也如此。當耶穌面對祂生命的盡頭時，祂將自己的靈魂交在上帝手裡，說完後，祂的氣就斷了。耶穌和福音書作者經常引用舊約，後者尤其常在敘述耶穌生命的最後一刻時引用舊約。在〈馬太福音〉和〈馬可福音〉中，耶穌都引用了〈詩篇〉22篇1節。路加指出，耶穌也引用了〈詩篇〉31篇5節「我將我的靈魂交在祢手裡。」（路加福音23：46）。路加也補充說，從中午到下午3點，黑暗籠罩著大地。那時正是獻晚祭的時候；有些學者認為上述經文在當時每次獻晚祭時都會重複誦讀。現在耶穌在祂自己對天父的禱告中，同樣背誦了這篇充滿信心的詩篇。從世界誕生之日起，就有了一個神聖的計畫來拯救你和我。耶穌——上帝的羔羊，要為我們的罪被獻上為祭。當耶穌完成了《聖經》中預言的救贖計畫時，祂把自己交在天父手中。祂完全順服上帝的旨意，就像祂在客西馬尼園裡禱告時所說的：「然而，不要成就我的意思，只要成就你的意思。」（路加福音22：42）無論是生是死，天上地下沒有比在上帝手裡更安全的地方。要確信我們自己是透過耶穌的犧牲而得救，現在我們有特權，可以完全順服祂的計畫和旨意而活。到那日，願我們都可以說：「我將我的靈魂交在祢手裡。」

6月 Jun 21

祂的懇勸

他父親就出來勸他。路加福音15：28

我讀到父親節是1910年由索諾拉・多德（Sonora Dodd）創立的。在聽完一位牧師有關母親節的講道後，她告訴對方，我們也應該有一個尊榮父親的日子。她想向自己的父親表達敬意。她的父親是一名內戰老兵，也是一位單親爸爸，獨自養育了六個孩子。起初，索諾拉要求在6月5日——也就是她父親生日那天作為慶祝的日子。但是牧師們無法那麼快就做好安排，所以他們後來選擇在1910年6月的第三個星期天來慶祝父親節。1972年，尼克森總統正式簽署文件將這一天定為美國的父親節。

我真的很蒙福，因為我有一位虔誠的父親！他總是默默地支持我，展現了一個人所能擁有的許多美好特質，我為此欽佩他。因他的緣故，我永遠對上帝心懷感恩。但是，一個虔誠的父親到底是什麼樣的呢？這答案可以在「浪子回頭」的比喻中找到，這位父親待他那兩個兒子的方式也代表了上帝待我們的方式。這個比喻是耶穌在法利賽人抱怨祂接待罪人時的回答。「一個人有兩個兒子。」，耶穌開始說起這個故事（路加福音15：11）。你們都知道小兒子向父親要產業，卻揮霍了，就窮苦起來，並回到他父親家裡。仁慈的父親擁抱他，殺了肥牛犢，慶祝這個不配的兒子歸來（第22－24節）。我們的天父就是這樣對待我們的！耶穌必須犧牲，這樣祂才能迎接我們回家！回到故事中，大兒子對此事卻很生氣，不想參加慶祝活動，他不同意父親接受浪子的行為。作為回應，「他父親就出來勸他。」（第28節）什麼樣的父親才會出來勸那個愛抱怨的兒子，一起慶祝兄弟的歸來呢？必定是一位把對孩子的愛，置於個人顏面之上的人。著名新約學者喬爾・格林（Joel B. Green），在詮釋這則比喻時也補充道：「就像這位父親跑出去迎接他的小兒子一樣，他又一次不顧自己的自尊，離開了舉辦的宴會，去勸他的大兒子。」這就是我們的天父——永遠歡迎，永遠懇勸。十字架就是最有力的證明，告訴我們上帝愛我們勝過愛祂自己。

祂的動機

這些事我已經對你們說了，是要叫我的喜樂存在你們心裡，並叫你們的喜樂可以滿足。約翰福音15：11

我們的事工（Jesus101.tv）透過網站和應用程式傳播後，每週都會收到一些代禱請求。許多人請求我們為他們代禱，以便可以更親近上帝，經歷祂的平安。他們當中有些人講述了自己是如何遠離上帝，自行己路，甚至拒絕祂。但是遠離了祂，看見的只是黑暗和絕望，現在他們急切地渴望回到祂身邊，享受祂的恩典和喜樂。但更美好的消息是，上帝深願我們都能夠被祂的喜樂所充滿！

在葡萄樹與枝子的敘述中，耶穌提供了一個與祂親密相交的關係。祂說：「你們要常在我裡面，我也常在你們裡面。」（約翰福音15：4）祂更進一步解釋說，只有與祂聯合，我們才能結果子，因為離了祂，我們什麼也不能做，而結果子的目的是為了要榮耀我們在天上的父。祂繼而揭示這種親密關係乃是根植於祂對我們的愛，因為祂愛我們就像天父愛祂一樣；祂囑咐我們要「常在祂的愛裡」。祂的跟隨者對這神聖之愛的反應是讓自己活在祂的愛中、與祂聯合，並遵守祂的命令（第10節）。最後，耶穌表明了祂為何選擇在門徒憂愁時把此事告訴他們：「這些事我已經對你們說了，是要叫我的喜樂存在你們心裡，並叫你們的喜樂可以滿足。」（第11節）。祂熱切盼望我們在祂裡面的喜樂是完全、豐盛和滿溢的！祂的喜樂沒有別的喜樂能與之相比，即使我們是在痛苦的深淵之中。在〈約翰福音〉14章27節中，耶穌已經向門徒們介紹了祂的平安。現在，祂告訴他們祂的愛和喜樂！從〈約翰福音〉開篇走筆至此，「喜樂」這個詞在之前只被使用過一次，而在這三章中就被使用了七次（約翰福音15－17章），這正好也是門徒最需要喜樂的時候！根植於祂的愛，耶穌讓我們可以與祂有親密的關係。當我們回應祂的愛，跟隨祂為我們所預備的道路，祂就以祂豐盛的平安、喜樂和愛充滿我們。

6月 Jun 23

祂的見證人

他們正用石頭打的時候，司提反呼籲主說：「求主耶穌接收我的靈魂！」又跪下大聲喊著說：「主啊，不要將這罪歸於他們！」使徒行傳7：59、60

希臘文動詞「martureō」的意思是見證或作證。在歷史上曾有許多基督徒為了見證耶穌而犧牲了自己的生命，「殉道者」一詞就是指那些為信仰而死的人。殉道者的死——如捷克的宗教改革家約翰．胡斯，於1415年7月6日被綁在火刑柱上燒死，其特點就是他給人一種超乎自然的平安，甚至甘願在最可怕的情況下勇敢做見證，正如第一個殉道者司提反一般。

在司提反結束了他的講道之後，「眾人聽見這話就極其惱怒，向司提反咬牙切齒。」（使徒行傳7：54）這是他被眾人以石頭砸死之前的光景。司提反喊著說：「我看見天開了，人子站在上帝的右邊。」（第56節）。就在不久前，當耶穌在被釘十字架以前，祂在大祭司面前也曾說過類似的話：「……我是。你們必看見人子坐在那權能者的右邊，駕著天上的雲降臨。」（馬可福音14：62）。司提反證明了耶穌確實是在上帝的右邊。所以，他們拿石頭打死他，就像殺死耶穌一樣。司提反見證了耶穌是誰，以及祂在何處！那時，耶穌就站在上帝的右邊，為祂所看見的作見證。〈使徒行傳〉7章56節是四福音書之外，唯一一次使用「人子」這個稱呼的章節。我很訝異司提反最後所說的話，以及他這番話是如何對應了耶穌在十字架上的話。耶穌說：「父啊，我將我的靈魂交在祢手裡。」司提反說：「求主耶穌接收我的靈魂！」（使徒行傳7：59）。耶穌說：「父啊！赦免他們；因為他們所做的，他們不曉得。」（路加福音23：34）司提反說：「主啊，不要將這罪歸於他們！」（使徒行傳7：60）。你或許受召在艱難的情況下見證你對耶穌的信心，例如一場重病、試煉和逼迫。務要仰望耶穌，剛強壯膽，像司提反那樣，上帝必賜給你那意想不到的平安！

祂的平靜

你們為什麼這樣痛哭，使我心碎呢？我為主耶穌的名，不但被人捆綁，就是死在耶路撒冷也是願意的。使徒行傳21：13

我清楚記得被帶到急診室的那一天，心臟隱隱作痛，因為那段時間我一直不斷承受著嚴重且持續的壓力。我當時擁有一家小型電腦公司，有獨家的軟體，卻還是無法在競爭中生存下來。雖然我已經盡了最大努力來維持它的營運，但現在確實到了不得不結束它的時刻。在急診室的那一天，意識到我必須面對這個無法避免的事實，可是我相信上帝會賜給我平安和智慧度過這一切。

上帝對我們的生命的確有所計畫，但那並不代表祂會在我們未來的道路上掃除一切障礙，但祂必定會賜下屬天的平安來幫助我們面對困難。上帝已經啟示保羅，未來在耶路撒冷將會有捆鎖與患難等待著他（參使徒行傳20：22、23），但這無法阻止保羅前往；他完全坦然面對，他告別了以弗所教會的長老們之後，坐船往耶路撒冷去，途中停了幾站。某些地方的信徒們力勸他不要去耶路撒冷（21：4），但他仍然繼續前行。他到了凱撒利亞，有一個先知名叫亞迦布，從猶太來，「就拿保羅的腰帶捆上自己的手腳，說：『聖靈說：猶太人在耶路撒冷，要如此捆綁這腰帶的主人，把他交在外邦人手裡。』」（第11節）眾人就央求保羅，不要上耶路撒冷去。保羅卻回答說：「你們為什麼這樣痛哭，使我心碎呢？我為主耶穌的名，不但被人捆綁，就是死在耶路撒冷也是願意的。」（第13節）「保羅既不聽勸，我們便住了口，只說：願主的旨意成就。」（第14節）。講完道之後，保羅下定決心，平靜地面對上帝所允許的一切。上帝並不總是為我們剷除道路上的屏障，但祂一定會在我們的心中賜下一種神奇的平安。上帝把我們的利益放在心上；如果你有所懷疑，請回頭望一望十字架，看看耶穌為你所做的犧牲，相信你的救主會賜你平安來經歷最艱難的試煉，甚至是死亡。祂是可信靠的！

6月 Jun 25

祂的安穩

耶穌說：「不要哭！她不是死了，是睡著了。」路加福音8：52

我看著瑪莎給我發的最後一封簡訊，開場白是：「我拿到了磁振造影（MRI）的結果，腫瘤已在腦內擴散。」我當時人在國外，立刻給她回了簡訊，讓她知道我在為她禱告祈求奇蹟，並祈求上帝賜給她力量和平安（約翰福音14：27）。她回覆說：「阿們！感謝妳。」那是我最後一次聽到她的消息，我被上帝所賜予她的勇氣和平安所感動。幾天後她去世了，但她還活著的家人該怎麼辦呢？當親人或是好友離去，我們因此感到傷心痛苦時，我們還能平靜安穩嗎？每次我到父母墳前致意時，我都為他們得以在主裡安息而感謝上帝。

當耶穌抵達睚魯家的時候，他的女兒已經死了；「眾人都為這女兒哀哭捶胸。」（路加福音8：52）在那一刻，耶穌做了一個令人驚訝的宣告：「不要哭！她不是死了，是睡著了。」（第52節）於是拉著她的手，呼叫說：「女兒，起來吧！」她就立刻起來了（第54節）。耶穌說她的死不是永久的，只是暫時的，就像熟睡了一樣。祂對拉撒路的死也作了同樣的宣告。當耶穌死時，祂勝過死亡一事，從已睡聖徒的身體多有起來的事上，就可以彰顯出來（參馬太福音27：52）。知道我的父母安息在上帝的保護下，這讓我感到無比安穩。他們不是有意識的漂浮在所謂的地獄邊緣，而是在耶穌裡安息，等候祂的呼喚。我想要和你們分享一句令我非常安慰的話：「在耶和華眼中，看聖民之死極為寶貴。」（詩篇116：15）有些人可能認為這是一種奇怪的說法，然而這是真的。所有已經安睡的僕人，在上帝眼中都是寶貴的。只要時間還在，他們敬虔生活的影響就會繼續結出豐碩的果實。人類的仇敵再也無法對他們產生威脅；他們已經脫離了他的權勢。耶穌稱他們是屬自己的，在復活的早晨，祂要賜給他們豐盛的喜樂（註38）。享受你的安穩吧！我們所愛的人在救主的翅膀蔭下是安全的！

祂的赦免

於是對那女人說：「你的罪赦免了……你的信救了你；平平安安回去吧！」
路加福音7：48－50

禮貌性的寒暄過後，我們退到屋子裡的另一個房間。作為一個牧師，我現在要為眼前這位病重之人進行抹油禱告（如雅各書5：14、15所教導的），祈求上帝醫治他，如果這是祂的旨意，請賜下祂的平安，無論結果如何。他私下和我說了他年輕時做過的事，知道這些事情是違背上帝旨意的。然後他告訴我，他心中感到異常平靜，因為他知道透過耶穌所做的犧牲，上帝已經赦免了他的罪。幾個月後，他平平安安的去世了。

上帝的赦免與祂的平安有直接的關係。許多人一生背負著羞恥和罪疚的重擔，然而上帝卻藉著耶穌的名和祂的犧牲赦免了我們。因為耶穌代替我們受苦，所以基督教的核心宣言是：「並且人要奉祂的名傳悔改、赦罪的道。」（參路加福音24：47）然而，還是有許多人選擇生活在悔恨和遺憾的陰影之下。

在〈路加福音〉7章36－50節，我們看到兩個主要的人物：一個是法利賽人，一個是罪人——不道德的女人。法利賽人請耶穌一同吃飯，但那有罪的女人卻拿著一瓶香膏來抹耶穌的腳。這引起了法利賽人心中負面的看法：「這人若是先知，必知道摸他的是誰，是個怎樣的女人；乃是個罪人。」（第39節）於是耶穌說了一個關於兩個欠債之人的比喻，並高度讚揚這個女人的行為，就是她對所得到那偉大赦免之愛的回應。耶穌不僅接受了她愛的禮物，還直接對她說話，公開宣告她的重生：「於是對那女人說：『你的罪赦免了……你的信救了你；平平安安回去吧！』」（第48－50節）。即使你是個罪人，每個人都知道你所犯何罪，上帝的赦免仍然能夠在你感到羞恥和絕望之時，賜你平安和完全。祂已經在十字架上為你的罪付出了贖價！所以，平平安安的回去吧！

6月 Jun 27

祂的真實

但記這些事要叫你們信耶穌是基督，是上帝的兒子，並且叫你們信了祂，就可以因祂的名得生命。約翰福音20：31

那天我發現了一個事實，是遠遠超出我預期的！我每到一個新地方參觀時，經常會發現該地景色在之前看過的照片中往往要比現實漂亮許多，因為照片是從最佳角度，最佳光線，並使用特殊鏡頭拍攝的，而且都經過修圖。但是，當我們來到捷克共和國一個風景如畫的波希米亞（Bohemian）小村莊——克魯姆洛夫（Cesky Krumlov）時，情況卻正好相反。我在現實中所見到的美景，遠遠超過了照片中所呈現的。

約翰描述了他寫〈約翰福音〉的目的。首先，他告訴我們，他的目的不是要鉅細靡遺地描述耶穌和祂在地上的事工：「耶穌在門徒面前另外行了許多神蹟，沒有記在這書上。」（約翰福音20：30）然後他揭示了他的目的：「但記這些事要叫你們信耶穌是基督，是上帝的兒子，並且叫你們信了祂，就可以因祂的名得生命。」（第31節）我真的非常喜歡這個章節！約翰寫了他的福音書，使我們可以相信耶穌就是他所說的、那位人們等候的彌賽亞、基督、受膏君、上帝的兒子！約翰寫信給你們，叫你們確實知道祂是真實的，也叫你們因信祂的名而得著生命。這不是一個騙局。〈約翰福音〉所介紹的救主不是一幀經過修圖和拼湊而成的照片。有些基督徒相信「偽經」，因此他們生活在沒有平安和未來的保證中。「偽經」只宣稱，透過耶穌世人「或許」可以獲得永生，卻沒有對永生的保證。然而，耶穌能賜給我們的，比我們想像的還要更真實、偉大！當我們相信耶穌是我們的救主時，即使我們有人的罪性也可以安心，因為我們知道永生的命運是安全有保障的，因為祂把我們的罪帶到十字架上。有人曾說過：這一切太好了，所以不可能成真！但福音確實是真實的。朋友們！耶穌是那位自有永有的上帝，祂已經完成了祂所說的一切！讓我們相信祂，且安息在祂裡面！

祂的體認

總要警醒禱告，免得入了迷惑。你們心靈固然願意，肉體卻軟弱了。馬可福音14：38

年輕時像這樣的道理聽來非常簡單明瞭。有人告訴我，每個人都有兩種本性：屬靈的和肉體的，它們就像兩隻小獅子。而我得到的忠告黑白分明：我若專心餵養靈性的小獅子，讓肉體的挨餓，這樣靈性的獅子就會比肉體的獅子更有力量。聽起來很簡單，是吧！但我當時不知道的是，這兩種本性會持續在我心裡交戰，一路纏鬥不休，直到耶穌再來。所以，我們要怎樣才能與上帝和好呢？

當耶穌在客西馬尼的時候，祂叫門徒們和祂一同儆醒（馬可福音14：34）。可是當救恩之杯在祂手中顫抖時，門徒們卻睡著了。當耶穌禱告完回來，對彼得說：「西門，你睡覺嗎？不能警醒片時嗎？總要警醒禱告，免得入了迷惑。你們心靈固然願意，肉體卻軟弱了。」（第37、38節）在耶穌的痛苦中，祂知道門徒們在屬靈和肉體本性之間的爭戰。他們在祂最關鍵的時刻辜負了祂！你能想像彼得當時的感受嗎？我們每個人都有這樣的時刻，當我們痛苦地意識到自己的失敗時，無論在思想上還是行動上，那隻肉體的獅子似乎都得了勝。關於這內心的爭戰，最誠實的體認或許要屬保羅：「但我覺得肢體中另有個律和我心中的律交戰，把我擄去，叫我附從那肢體中犯罪的律。我真是苦啊！誰能救我脫離這取死的身體呢？」（羅馬書7：23、24）。然而，他回答說：「感謝上帝，靠著我們的主耶穌基督就能脫離了。」（第25節）當你發現自己是多麼軟弱時，不要絕望，更不要躲避耶穌，要奔向祂。「如今，那些在基督耶穌裡的就不定罪了。因為……有所不能行的，上帝就差遣自己的兒子，成為罪身的形狀，作了贖罪祭，在肉體中定了罪案。」（羅馬書8：1–3）這就是為什麼我們能與上帝和好的原因，祂永不撇棄我們！

6月 Jun 29

祂的醫治

就問他說：「你要痊癒嗎？」約翰福音5：6

我對於公認應該是畢士大池的考古遺址，有兩個非常獨特的記憶。首先是那個令人印象深刻的水池廢墟，著實比我原先預想的要大得多。第二個記憶是很珍貴的，我當時還錄了影片；我們的旅行團在雙池旁的教堂集合，以無伴奏方式清唱了著名的詩歌——《奇異恩典》（Amazing Grace）。動人的歌聲充滿那地，歌詞也觸動我心，因為這實在是一首非常切合該地點的歌曲：「奇異恩典，何等甘甜，我罪今得赦免。」

正如約翰所描述的，這個水池有五個廊子或柱廊。這是一個令人印象深刻的結構。相比之下，它的居民卻是一群可憐人：瘸腿的、癱瘓的、失明的，遭受其他各種疾病的（參約翰福音5：3）。當時的人相信有天使會按時下池子攪動池水，水動之後，只要是先下去的人，無論患什麼病都會痊癒。在病人中有一個病了許久的人，他已經病了38年，這真的是一段很漫長的時間！耶穌想要醫治那人，只是不願意勉強他。就問他說：「你要痊癒嗎？」（第6節）這似乎是一個奇怪的問題，誰不想要痊癒呢？但是，既然這個人很可能是個瘸子，那麼在過了38年完全依賴他人的生活之後，如果痊癒了，他就必須去適應一種全新的生活方式，這可能也會有困難。這個人的回答不是簡單的肯定句，他反倒說出自己對所需要之處方的理解：「先生，水動的時候，沒有人把我放在池子裡；我正去的時候，就有別人比我先下去。」（第7節）他心想或許耶穌可以幫助他及時進到池子裡去。然而，耶穌有更好的方法。祂做事的方式與我們截然不同，祂有上千種我們想不到的辦法。耶穌對他說：「起來，拿你的褥子走吧！」他就立刻痊癒，拿起褥子來走了（第8節）。我們許多人都曾經患過情感和屬靈上的疾病；一次又一次的做著同樣的事情，卻期待著不同的結果。今天，耶穌帶著最後的醫治來到我們這裡。你希望得到痊癒嗎？

祂的理解

耶穌的親屬聽見，就出來要拉住他，因為他們說他癲狂了。馬可福音3：21

楊腓力（Philip Yancey）曾經講述一個故事，是關於一位在生命中經歷了許多困境的女人。她曾經做過一些錯誤的決定，使自己誤入了犯罪的深淵。當有人邀請她去教堂時，她回答說：「我知道自己的人生已經夠糟了，為什麼還要自討沒趣的去那裡呢？」當我們面對犯罪、疾病或成癮造成的痛苦和黑暗時，常常選擇逃避上帝，認為祂不可能理解或接納我們。

然而，我們可以帶著耶穌知道並理解我們的信心去親近祂。耶穌出生在艱難的環境裡，祂的母親在結婚前就已經懷孕，但當時人們不會相信聖靈感孕這個說法。此外，祂出身貧寒，連出生都是在馬槽裡，祂的環境沒有太多的資源可供祂使用。更糟的是，當時的國王還想要祂的命，所以祂的童年是在躲避那些本該保護祂之人的情況下度過的。你是否開始覺得祂也許能夠理解你呢？但祂遭遇的困難尚未結束！當祂開始公開傳道時，祂的「親屬聽見，就出來要拉住他，因為他們說他癲狂了。」（馬可福音3：21）你是否曾經被你所愛的人視為瘋子呢？耶穌知道那種不被理解的感覺。不僅如此！宗教領袖還說祂是被鬼魔附身了（第22節），甚至祂的教會也不理解祂！我還可以告訴你更多關於在祂走向十字架，為完全拒絕祂的人類獻出生命之前，所經歷的困難和誘惑！然而，祂是如此的愛我們，縱然我們思想不健全，行為也經常不受控，祂仍然甘心樂意為我們而死！「因我們的大祭司並非不能體恤我們的軟弱。他也曾凡事受過試探，與我們一樣，只是他沒有犯罪。所以，我們只管坦然無懼地來到施恩的寶座前，為要得憐恤，蒙恩惠，作隨時的幫助。」（希伯來書4：15、16）阿們！

在世上，你們有苦難；但你們可以放心，我已經勝了世界。

7月｜確定祂的恩典

7月 Jul **01**

祂的使命

獨不想一個人替百姓死，免得通國滅亡，就是你們的益處。約翰福音11：50

一位親戚告訴我，他在幾十年前聽過一場對他後來影響深遠的演講。為了要在視覺上呈現並說明上帝恩典的包容性，教授隨手拿起一支粉筆，開始在房間裡走來走去，在牆上、門上、窗戶上、整個課室的四周畫出一條水平線，直到所有的聽眾都發現自己坐在了這條線的範圍內。「這就是上帝的恩典，所有人都包含在其中，」教授說。這是多麼寫實的說法！然而，我們當中仍有許多人難以相信我們是被包括在恩典範圍內的。

那麼，到底是什麼讓我們有資格領受上帝的恩典呢？在拉撒路復活後，祭司長和法利賽人聚集，商議要殺耶穌（參約翰福音11：47－53）。祭司長該亞法對他們說：「你們不知道什麼。獨不想一個人替百姓死，免得通國滅亡，就是你們的益處。」（第49、50節）約翰添加了一個極其重要的解釋：「他這話不是出於自己，是因他本年做大祭司，所以預言耶穌將要替這一國死；也不但替這一國死，並要將上帝四散的子民都聚集歸一。」（第51、52節）該亞法不知不覺地竟預言了耶穌的使命——祂為人類而死！在猶大背叛耶穌後他再次重複了這句話：「一個人替百姓死是有益的。」（約翰福音18：14）耶穌為人類而死，是為了修復亞當和夏娃所犯下的錯誤。耶穌是第二個亞當，祂藉著為人類而死所獲得的勝利，和亞當作為人類代表所造成的徹底失敗相比，更顯得完全。保羅解釋說：「如此說來，因一次的過犯，眾人都被定罪；照樣，因一次的義行，眾人也就被稱義得生命了。因一人的悖逆，眾人成為罪人；照樣，因一人的順從，眾人也成為義了。」（羅馬書5：18、19）不是我們有什麼資格，而是誰讓我們有資格！祂為世人而死。朋友，在那世人當中，也包括「你」！

祂的拯救

祂用膏膏我，叫我傳福音給貧窮的人；差遣我報告：被擄的得釋放。路加福音4：18

2010年8月5日，智利發生了一場史上前所未有的礦災。那場災難發生後，救援人員持續不懈地努力，整個救援工作歷時69天。33名礦工被困在七十萬噸的岩石下無法自救；援助只能從上面而來，而它也確實來到了。10月12日，全球數以百萬計的觀眾守在電視機旁，包括我在內，目不轉睛地看著第一個救援人員抵達礦工被困的現場直播。24小時後，33名礦工和所有的救援人員都回到地面上（註39）。在接下來的採訪中，有兩個詞不斷的出現：「所有人」 和 「喜樂」。「所有人」都獲救了——無論健康或患病，強壯或虛弱，所有人都因上面預設的計畫而得救。最後的結局就是無比的喜樂。

〈路加福音〉的目的是要宣告一次更大的拯救！世界的救主從天而來，以完成拯救世界的計畫！你可以想像，為了回應如此偉大的救恩，〈路加福音〉是充滿喜樂和振奮之情的。路加以一種響亮而清晰的方式呈現他的福音書：這福音是給「所有的人」，凡願意接受它的都能得到救贖：那些恐懼的、焦慮的、貧窮的、被奴役的、被邊緣化的和赤貧的。路加把男人和女人、猶太人和非猶太人、宗教人士和罪人的故事，全都收錄在自己的書裡。他興奮地宣告耶穌為所有人提供了救贖。如果有人因為你的膚色、性別、或你的失敗、過往、家庭環境及其他原因，就斷言你沒有資格獲得救恩，告訴他們：「你是對的，其實我們都不配，所以救主才要親自下來拯救我們。」如果你正被罪、焦慮或恐懼所壓倒，請記住耶穌是如何在祂的家鄉拿撒勒開始祂在安息日的講道——祂提醒我們，祂是為了「窮人」、「被擄的」、「瞎眼的」和「受壓制的」 人而來（路加福音4：18）。換句話說，祂是為了你和我而來的！

7月 Jul 03

祂的自由

叫那受壓制的得自由，報告上帝悅納人的禧年。路加福音4：18、19

當我從旅館走過幾條街，抵達自由鐘（Liberty Bell）時，我的心不禁興奮地怦怦跳著。我當時正在參加一個學術研討會，這場會議在賓州費城舉行，然而這也是我多年來，終於有機會一償夙願，能驗證我曾看過、聽說、甚至是被教導過的事。且容我用以下篇幅解釋。

當我研究〈路加福音〉第4章，有關耶穌的論述，以及祂所誦讀的〈以賽亞書〉61章1至2節時，我得知這個章節乃是對禧年的隱喻（參利未記25：8－55）。這是耶和華的「禧年」——每五十年，所有的奴隸都要被釋放，所有的債務也要隨之歸零，所有的財產亦必須歸還原主。在拿撒勒那個重大的安息日裡，耶穌宣告祂正在履行祂作為真正的禧年所代表的角色，並迎來了救贖的時代。祂乃是那讓窮人、被虜的、瞎眼的和受欺壓之人，獲得真正的好消息、得釋放和真自由的媒介。

美國最初立國時，其夢想是要成為一個自由的國度。有人告訴我，〈利未記〉25章10節的經文之所以鐫刻在自由鐘上，就是為了要提醒我們這件事：「向這片土地上的所有居民宣告釋放（自由）。」這就是它被命名為自由鐘的典故。當我終於站在那令人印象深刻的破鐘前，親眼見證那每一寸歷史時，我幾乎壓抑不住自己興奮的心情。〈利未記〉25章10節的內容真的就刻在上面。「這是真的！」人人都能享有自由是一個夢想、應許和盼望。

如果你此刻正背負著過去的罪疚和恥辱，現在就放下、接受基督所賜的真自由吧！重擔會使我們麻痺，讓我們無法過著充滿意義、榮耀上帝的生活。耶穌把我們的重擔背在十字架上，使我們能過豐富的生活。你如今離自由只有一步之遙。上帝透過耶穌基督的恩典，把禧年賜給我們了，即使我們不配！這是真實的，我們自由了！耶穌是我們的禧年。

祂的權杖

我又觀看，見羔羊站在錫安山。啟示錄14：1

沒有什麼比獲得自由更值得慶祝的事！在美國，每年7月4日的獨立紀念日是一個重要節日，各處都會紛紛舉辦慶典。但令我訝異的是，我看到一張已超過一世紀的老照片，裡面竟是一群人在巴黎慶祝，時間卻是1918年7月4日。當時法國正舉國慶祝第一次世界大戰終於結束，並且滿心期待四個月後勝利的結果正式布達。成千上萬的巴黎人都湧上街頭，觀看美國士兵的遊行。

然而，我們在這世上所經歷的一切，都比不上〈啟示錄〉14章所描述的、慶祝羔羊得勝的喜悅。約翰不但親眼目睹，還描繪了一個十分生動、無與倫比的場景，在《聖經》中的最後一本書裡他寫道：「我又觀看，見羔羊站在錫安山，同祂又有十四萬四千人，都有祂的名和祂父的名寫在額上。」（啟示錄14：1），在〈啟示錄〉7章4節中所提到屬靈以色列人的數目，和現在與羔羊一同站在錫安山的那一群人的數目，是如出一轍的；沒有一個人在最後的苦難中失落。〈啟示錄〉14章1節是〈啟示錄〉中唯一一次提到錫安山的地方。在《聖經》中，錫安山是上帝國度的中心（參詩篇2：6；48：1、2），也是祂的百姓最終得救的地方（以賽亞書52：7；59：20）。此外，在新約中，錫安代表了耶穌和那些相信祂之人最後的勝利（羅馬書9：33；希伯來書12：22；彼得前書 2：6）。如今，羔羊以凱旋之姿站立，也就是那位站在錫安得勝的王，信靠祂、屬祂的人將永遠與祂同在。羔羊戰勝了罪惡，而我們這些被救贖的人將聚集在祂周圍慶祝，因為祂的勝利已經為我們的自由付上了贖價！耶穌的這幅圖像不僅安慰、也支持了第一世紀的人們；當然，在我們面臨困境時，這個安慰至今亦屬於兩千多年後的我們。我們知道故事的結局：耶穌勝了！讓我們現在就歡欣鼓舞地開始慶祝吧！

7月 Jul 05

祂的揮霍

「父親，請你把我應得的家業分給我。」他父親就把產業分給他們。路加福音15：12

一位大臣走近國王請求道：「國王啊，我女兒要出嫁了，可是我沒有錢辦婚禮。陛下，您能幫我支付這些費用嗎？」 王問道：「你需要多少錢？」這名官員給出的數字似乎是個天文數字，沒想到國王卻答應了這個請求。後來，王的一個親信問他：「王啊，你為什麼會答應這無理的要求呢？」國王回答說：「因為這個人以兩種方式尊榮我——他相信我非常富有，而且他也相信我為人非常慷慨。」

當耶穌接待罪人時，法利賽人非常反對。作為回應，耶穌跟他們說了一個故事。一位富有的父親有兩個兒子；一個非常優秀，另一個卻叛逆的令人失望。好兒子非常努力工作，壞兒子卻成天夢想著離家出走。他既不在乎農務，也不關心需要收割的莊稼。他蠻橫地要求馬上就繼承他爸爸的遺產。這無疑是對父親極大的侮辱，因為按常規遺產只有在父親過世後才能繼承。此舉無疑是在宣告：「爸爸，我希望你早點死！」然而，這位父親表現出驚人的耐心和慷慨。他完全無視這種侮辱，「就把產業（希臘文「bios」，代表生計、產業、財產）分給他們。」（路加福音15：12），故事中的父親代表的正是我們的上帝。因此，我們從故事一開始就得知我們的上帝是極其「富有」和「慷慨」的。祂把恩典的財富耗盡在我們所有人身上，甚至當我們像故事中的小兒子逃離祂，並且任意揮霍的時候，祂也願意與我們分享祂的產業。耶穌為我們而死是為了讓我們得到那份產業，儘管我們不配得到它。在基督裡，我們可以找到難以形容的財富：慈愛、恩典、接納、忍耐、救恩等等。我們極其富有的上帝——耶穌基督，為我們獻上了祂的生命，並為了我們揮霍祂的恩典。「我們藉著愛子的血得蒙救贖，過犯得以赦免，乃是照祂豐富的恩典，這恩典是上帝用諸般智慧聰明，充充足足賞給我們的。」（以弗所書1：7、8）

祂的忍耐

小兒子就把他一切所有的都收拾起來，往遠方去了。在那裡任意放蕩，浪費資財。路加福音15：13

有一種期待是非常令人興奮的，那就是即將啟程展開一段旅行的時候。我的朋友記得當他青少年時期還住在農村時，他成天嚮往著往大都市跑。當他後來終於有機會時，自然對此非常興奮，一坐上火車他就迫不及待開始計畫所有想去遊玩的地方。當然，他興奮的多寡也與口袋裡可供花用的錢息息相關。

在耶穌的故事中，小兒子就是這樣的情況（路加福音15：13）。他嚮往去一個遠在他方的國家；他很年輕，渴望所有新鮮好玩的事物，而且口袋裡還有大把的錢！他終於可以自由地做他想要做的事。奇怪的是，他的父親似乎對這一切毫不在乎。當他把產業分給他的時候，他也沒有試圖阻止他的兒子去遠方；他不干涉兒子的生活，也沒有反對他浪費資財。這位父親為何如此有耐心？我們肯定很好奇。因為若有必要採取行動，現在應該就是最佳時機！然而這位父親知道，要使他兒子回頭的唯一方法，就是讓他自己意識到他已經遠離了家。若要知返，他必須先認清自己已經走迷。你曾去過遠方嗎？或許現在你正遠離上帝——你的天父。它可以發生在任何的大小事上，也可以發生在信仰圈子內外。若是如此，請你切記：上帝是一位恆久忍耐的父親。無論何時，當我們意識到我們已經迷失，繼而動身回頭去找祂時，我們一定會體驗到祂快樂的擁抱！（參路加福音15：20－23）。第13節「遠方」的原文和保羅在〈以弗所書〉2章13至17節中所使用的是同一個詞：「你們從前遠離上帝的人，如今卻在基督耶穌裡，靠著祂的血，已經得親近了……並且來傳和平的福音給你們『遠處』的人，也給那近處的人。」我們的心將高唱：「奇異恩典，何等甘甜，我罪已得赦免。前我失喪，今被尋回……。」

7月 Jul 07

祂的迎接

相離還遠，他父親看見，就動了慈心，跑去抱著他的頸項，連連與他親嘴。
路加福音15：20

很多年前，我在一家古董店欣賞著幾件第一世紀時期的基督教小物，突然有件東西引起了我的注意。我看到了一枚上面鐫刻了家族名字、可用來在重要文件上蓋印的戒指。我當下買了一個，想利用它作為我日後演講時的輔助道具。這個印章戒指總是讓我想起上帝的恩典，它比我們所有人的失敗都來得偉大。讓我來告訴你原因。

耶穌善待罪人，但是宗教領袖們並不贊許這樣的作法，所以他們為此而抱怨（路加福音15：2）。為了回應這個抱怨，耶穌一連說了三個有關迷失的比喻：一百隻羊中的一隻（第4－7節），十個硬幣中的一個（第8－10節），兩個兒子中的一個（第11－32節）都迷失了。最後一個故事開始時如此說：「一個人有兩個兒子。小兒子對父親說：『父親，請你把我應得的家業分給我。』他父親就把產業分給他們。」（第11、12節）。就這樣，小兒子離開了父親，任意放蕩，浪費資財。 耗盡了一切所有的，就窮苦起來。「他醒悟過來，」（第17節），他決定回家，並請他的父親把他當作一個雇工。但他並沒有想到會受到如此的迎接！「相離還遠，他父親看見，就動了慈心，跑去抱著他的頸項，連連與他親嘴，吩咐僕人說：『把那上好的袍子快拿出來給他穿；把戒指戴在他指頭上；把鞋穿在他腳上。』」（第20，22節）這三個吩咐都是身分重新恢復的象徵。上好的袍子通常是父親的，立即掩蓋了兒子的羞愧。戒指再次表明他是家族的一員，如果那是一枚印章戒指，它甚至賦予了權力，能夠使用家族名字進行商業交易。第三個吩咐是一個清楚的聲明，他是以兒子的身分重新被接納，因為僱工是不會被授予鞋子的。如果你，或你所愛的人已經遠離了上帝，但現在下定了決心回到上帝那裡，你們也必受到如此的禮遇！

祂的歡慶

把那肥牛犢牽來宰了，我們可以吃喝快樂。路加福音15：23

艾倫．柯林斯（Allan Collins）是「無聲佈道」（Silent sermon）一系列雕塑品的天才創作者。其中一個令人驚歎的雕塑現在由加州拉西瓦拉大學（La Sierra University）收藏，該作品名為「上帝恩典的榮耀」。從這個雕塑中，我們看到浪子回家以及他的父親如何跑去迎接他。曾經有某位承包商應邀來調整雕塑的基座，他對這個雕塑的含義充滿好奇。當他聽到這個比喻的解釋時，他的眼中充滿了淚水，因為他才剛剛把自己那個行為惡劣的兒子趕出家門。但聽了這個比喻後，他受到感動，想要去尋找他的兒子，並把他帶回家。

當這個浪子揮霍了他父親的財富後（路加福音15：13），他想要回家。既然他已經不配再稱為兒子，他打算做一個僱工（第19節）。但他的父親從遠處看見了他，就向他跑去！拉西瓦拉大學的雕塑作品生動地描繪了父親的恩情，他奔向兒子，父親的衣服似乎被風掀起，露出了腿，這對一個上了年紀的紳士來說是很丟臉的。然而父親並不在乎他的尊榮；相反的，他跑過去，擁抱、親吻這個浪子，使他恢復了兒子的身分（第20－23節）。但這還不是全部。他又叫人大擺筵席，說：「把那肥牛犢牽來宰了，我們可以吃喝快樂；因為我這個兒子是死而復活，失而又得的。他們就快樂起來。」（第23、24節），然後我們看到哥哥的反應，他像法利賽人和文士一樣抱怨（第28－30節，與第1、2節比較）。父親出來勸他進去和他們一同慶祝；他雖然也像小兒子一樣的不配，可是他還是不肯接受。建議你不妨花些時間把這個精彩的故事讀完（路加福音15：11－32）！這個故事充滿了歡慶、喜樂和幸福，因為失喪的被找回了。天國是一個充滿歡樂的地方（參第7，10節）。當我們意識到我們曾經迷失，卻被尋回的時候，我們將充滿喜樂的崇拜祂！讓我們從今天開始，喜樂地接受並宣告祂所賜給我們的恩典！

7月 Jul 09

祂的宣告

因為我這個兒子是死而復活，失而又得的。路加福音15：24

著名作家楊腓力在他的書——《恩典多奇異》（What's So Amazing About Grace？；註40）之中，講述了一個年輕女子離家出走，跑到大城市的經歷。她開始在城市打拼後才發現，生活並不如她想像那樣容易，她的人生逐漸開始走下坡。後來她不但身無分文，還落得一身是病、露宿街頭。絕望之餘，她給父母打了電話，但是沒有人接聽，於是她留下了一個訊息，第二天她將乘公車回家鄉；如果他們在終點站等她，她就會下車，如果沒有，她就會隨車離去。她不知道結果會是如何，但她永遠也想像不到，自己將看見的是這樣一番景象——她的父母、祖父母、叔伯和堂兄弟姐妹都在終點站，戴著歡樂的派對帽，高舉著一幅寫著「歡迎回家」的布條。

在〈路加福音〉中，我們看見上帝宣告耶穌是祂的兒子：「祢是我的愛子，」；「這是我的兒子。」（路加福音3：22；9：35）類似的情形也出現在「浪子回頭」（路加福音15：11－32）的比喻裡，只不過這個比喻中的兒子是完全不配的。這是一個在父母死前就要求繼承遺產的兒子，實際上此舉等於否認他的父親和家族。但父親深知愛不能勉強，「就把產業分給他們」（第12節），把小兒子的一部分也給了他。然後這個年輕人開始了一段自我毀滅的旅程，用放蕩的生活（第13節）和妓女（第30節）揮霍了他父親的財富。後來，他所在之地經歷了一場嚴重的饑荒（第14節），他的人生跌到了谷底。由於饑餓，他找了一份餵豬的工作，他恨不得拿豬所吃的豆莢充饑，也沒有人給他。你的人生曾經跌到了谷底嗎？你自己或你所認識的人當中，是否有人也曾經迷失至此？但是，一定會令你感到驚訝的是，當那位年輕人回到家時，慈愛的父親擁抱了他，他戴著派對帽，手舉「歡迎回家」的布條！但最令人震撼的是，父親作了一個驚人的公開宣告：「我這個兒子。」（第24節）是的，這是我的兒子！天父稱我們為祂的兒子時並不感到羞恥！你永遠都是天父的孩子，不管你迷失了多久或多麼不配，回家吧！上帝要擁抱你，說：「你是屬我的。」（以賽亞書43：1）

祂的溫柔

壓傷的蘆葦，祂不折斷；將殘的燈火，祂不吹滅。馬太福音12：20

黛博拉．霍爾（Deborah Hall）始終不肯放棄，她努力說服丈夫羅恩和她一起到當地的教會做志工，在那裡他們認識了丹佛，一個行為經常會突然失控、攻擊人的街友。然而，透過黛博拉的耐心和溫柔，上帝突破了丹佛的心防，贏得了他的心；羅恩和丹佛成了終身好友。當黛博拉因癌症過世時，丹佛在她的葬禮上大力見證了她的服務如何影響並改變了他的人生，使聽者無不動容。

根據馬太記載，當耶穌治好了一個枯乾了一隻手的人後，祂就離開那裡，但仍有許多人跟隨著祂，祂就治好了他們（馬太福音12：15）。然後馬太又引用了另一個預言，這是在〈馬太福音〉中最長的舊約引言（馬太福音12：18－21）。它出自〈以賽亞書〉四首上帝僕人之歌中的第一首（以賽亞書42：1－4）。這也是在〈馬太福音〉中耶穌唯一被稱為上帝僕人的一次（「我的僕人」馬太福音12：18）。令人印象深刻的是，這段經文凸顯了耶穌的溫柔和充滿盼望的事工，特別是對於那些精疲力盡的人們。「壓傷的蘆葦，祂不折斷；將殘的燈火，祂不吹滅……外邦人都要仰望祂的名。」（馬太福音12：20、21）彎曲的蘆葦無法用作測量的儀器和建材，將殘的燈芯也必須更換才能達到其使用目的，但是耶穌拒絕放棄這樣的人。法蘭西（R. T. France）解釋說：「因此，這些形象描述了一種鼓勵受傷或軟弱之人的非凡意願，給他們再一次成功的機會，然而只在乎結果的社會卻只會否定他們……在這裡，馬太發現了另一幅肖像，呈現出耶穌的溫柔和謙卑，就是給了我們容易的軛、輕省的擔子、以及賜安息給勞苦擔重擔之人的那位耶穌。」（參馬太福音11：28－30；註41），你正處於絕望之中嗎？耶穌是溫柔、恆久忍耐、恩慈以及永不放棄的；你可以完全依靠祂！

7月 Jul 11

祂的衣袍

（王）就對他說：「朋友，你到這裡來怎麼不穿禮服呢？」那人無言可答。
馬太福音22：12

十幾歲時，我就讀於一所離家很遠的寄宿學校，且住在學校的宿舍裡。我決定參加一個學校開設的縫紉班，但卻沒有錢買材料。因為想做一條裙子，所以我就用了媽媽給我的一套漂亮的床單做衣料。我確信沒有人會發現，因為布料的圖案和顏色確實很適合做夏天的洋裝。當我父母來學校看我時，我很自豪地穿著它。這時我聽見母親的聲音悄悄傳來：「咦，這不是妳的床單嗎？」我瞞得過所有人，卻騙不過我媽媽！

在三個描述上帝選民不願意接受耶穌的比喻中，婚宴的比喻乃是最後一個。「天國好比一個王為他兒子擺設娶親的筵席。」（馬太福音22：2）所有的客人都對這個邀請毫不在意，找藉口不赴宴，甚至虐待並殺害送信之人。於是國王選擇放棄那些不配的客人，並命令他的僕人到外面路上邀請人來參加宴席。「那些僕人就出去，到大路上，凡遇見的，不論善惡都召聚了來，筵席上就坐滿了客。」（第10節）儘管有些學者不同意，但依照當時習俗，主人為客人提供禮服是可能的，從上下文顯示這也是必要的，因為客人是從街上臨時受邀的（第10節）。當國王發現一個沒有沒有穿禮服的人，就問他原因（第11、12節）。拒絕所提供的禮服使這個人毫無藉口；也許他認為自己的衣服已經夠好了，但事實並非如此。從〈創世記〉到〈啟示錄〉，人類都處於「衣袍危機」之中。亞當和夏娃選擇了無花果葉（創世記3：7），老底嘉教會的信徒沒有意識到他們需要上帝所提供的白袍（啟示錄3：17、18）。惟有耶穌藉著祂的恩典所賜給我們的公義衣袍，才能使我們在羔羊的婚筵上受邀並蒙悅納。讓我們現在就開始穿上它吧！

祂的恩典

律法本是藉著摩西傳的；恩典和真理都是由耶穌基督來的。約翰福音1：17

范魯延博士（Dr. Van Rooyen）在他一篇名為〈約：一個發展進路〉（註42）的文章中，討論了上帝與人類的約在永恆歲月中的發展過程，以及其連續性和間斷性。他在文章中使用了多年來一直縈繞在我腦海中的一句短語：「橡樹在橡子裡，橡子在橡樹裡，但橡樹不是橡子。」我相信這是約翰在他的福音書一開始就要傳達的信息。

在開篇驚人的啟示——「道成了肉身，住在我們中間……充充滿滿地有恩典有真理」（約翰福音1：14）之後，約翰詳述了最後一句話的意思，「從祂豐滿的恩典裏，我們都領受了，而且恩上加恩。」（第16節）。恩典是持續不斷的，它會被越來越多的恩典所替換，就像寡婦的油和麵粉一般永不枯竭。在這一節之後，緊接著的是一個有關恩典之約並其發展本質的章節：「律法本是藉著摩西傳的；恩典和真理都是由耶穌基督來的。」（約翰福音1：17），這並不是說在古時沒有恩典，因為整個獻祭制度都指向救贖主。上帝賜下律法，律法體現了祂的品格，那就是愛（參出埃及記34：6；詩篇86：15）。但耶穌是上帝恩典完全和確切的啟示，勝過摩西和所有的先知（參希伯來書1：1－3）。約翰透過拓展「舊」的來強調「新」的完全：新酒比潔淨了的水更好（約翰福音2：10）。重生一事與祖先無關，卻是進入天國的必需（3：3－5），生命之水比雅各井的水更偉大（4：13、14）等等。在〈約翰福音〉1章17節中，「道」這個詞第一次有了名字：耶穌基督。祂是恩典的具體化身和最充分的表達。我們藉著祂領受了不配得的恩典，祂的恩典也是我們得救的保證。讓我們一起分享祂的恩典！

7月 Jul 13

祂的判決

你們中間誰是沒有罪的，誰就可以先拿石頭打她。約翰福音8：7

意外就這麼發生了！我發現自己陷在母親再三告誡我不要去的地方。我父親當時是一位牧師，他在一家旅館裡參加同工會議，我和媽媽也跟著去了。當時我年紀還小，興奮地在酒店的游泳池裡玩耍，媽媽再三告訴我要乖乖待在淺水區。但池底很滑，我慢慢地滑向水深之處。我驚慌失措，試圖蹬腳浮上去，但我還是不住地往下沉，始終無法到達水面。絕望中我做了最後一次嘗試，母親就在那時發現我的狀況不對，她趕緊把我救起來，儘管是我先去了不該去的地方。

那個犯姦淫的女人之所以遭遇如此下場，也正是因為她去了不該去的地方——罪惡的深淵。眾人對她的指控是很明確的：她是正行淫之時被拿的（約翰福音8：4）。犯姦淫是猶太人的三大罪之一；他們寧願死，也絕不願被人發現自己拜偶像、犯了謀殺或姦淫。文士和法利賽人進了殿，一手拿著《聖經》，一手拿著石頭，並叫那個婦人站在當中（第3節），他們要拿她當例子，在眾人面前羞辱她。「摩西在律法上吩咐我們把這樣的婦人用石頭打死。你說該把她怎麼樣呢？」（第5節；參利未記20：10和申命記22：22－24）。毫無疑問，文士和法利賽人正在鑽法律的漏洞好使他們的企圖得逞，但事實上這個女人的確犯了罪！你是否曾被判有罪，並受到法律的譴責？姦淫、誘惑、驕傲、八卦、偷竊、沒教養、撒謊、自以為是……諸如此類？是的，你、我和她正一起坐在法庭中間。只有經歷過最壞處境的人，才能體會聽見好消息的喜樂！耶穌給出的判決很明確：「你們中間誰是沒有罪的，誰就可以先拿石頭打她。」（約翰福音8：7）受到良心的譴責，他們一個接一個的離開了，剩下耶穌和她在一起。根據耶穌自己的定義，祂才是唯一一位（沒有罪的）可以拿石頭打她的人！但祂沒有如此做，因為祂選擇為你我的罪而死。哈利路亞！

我的回應

祂的開釋

我也不定你的罪。去吧，從此不要再犯罪了！約翰福音8：11

我被判無罪，不是因為我是無辜的，而是因為員警沒有出現。事情要從我把車從山上開下來說起：我開車到一個建築工地。路上有很多卡車進出，於是我便打算沿著路邊由橘色三角錐搭起的臨時車道行駛。一位高速公路巡警認為我這樣開車不對，於是他指示我把車停在路邊並開給我一張罰單，但我決定在法庭上對這張罰單提出異議。但是當法庭就我的案子開庭審理的時候，那位員警卻沒有到場，由於他的缺席，我被判無罪。

那個犯姦淫的女人被帶到耶穌面前，告她的人手裡拿著《聖經》。她顯然是在犯姦淫時被抓的（約翰福音8：4），這於他們而言，乃是一石二鳥的大好機會：既可以定她的罪，又能試探耶穌，得著告祂的把柄（第6節）。「祢說該把她怎麼樣呢？」（約翰福音8：5）。這陷阱非常巧妙；他們打的如意算盤是：根據羅馬律法，猶太人沒有權力執行死刑（參約翰福音18：31）。所以如果耶穌說：「去吧！拿石頭打死她！」他們就可以去向羅馬當局控告祂。相反的，如果祂說：「放了她！」他們就可以指控祂違反摩西律法，敗壞祂作為拉比的名聲。這無疑是一個精心設計的陷阱！耶穌說：「你們中間誰是沒有罪的，誰就可以先拿石頭打她。」（約翰福音8：7）她是有罪的，而耶穌是唯一有資格拿石頭打死她的人。但是祂沒有拿石頭打她，因為再過幾天祂自己將要為她承擔所應得的懲罰。當眾人紛紛離開後，祂說：「婦人，沒有人定你的罪嗎？她說：『主啊，沒有。』耶穌說：『我也不定你的罪。去吧，從此不要再犯罪了！』」（第10、11節）耶穌總是以同樣的順序說話。首先，「我不定你的罪。」第二，「去吧，不要再犯罪了。」上帝渴望我們活得更美好、更豐盛，為了祂的榮耀和我們的幸福。然而祂從來沒有改變過這個順序——豁免的好消息總是在祂的判決之先（參羅馬書8：1），因為祂已經付出了贖價！謝謝祢，耶穌！

7月 Jul 15

祂的懇求

我實在告訴你們，稅吏和娼妓倒比你們先進上帝的國。馬太福音21：31

在最意想不到的地方也有耶穌的跟隨者。我們的宣教媒體——《耶穌101》最近收到了一封來自一位受刑人的郵件，信中描述了他閱讀了我們的小冊子《路加福音：人人有分的救恩》之後的反應。「即使我被監禁，我的靈魂卻已獲得了自由！」他如此寫著，並以一聲激動的歡呼做為信的結尾。當我讀這信的時候，我突然意識到有些人雖然身在監獄裡，卻感覺很自由，可是有些人坐在教堂的長椅上卻感覺自己像被監禁。這真是無比矛盾，不是嗎？

〈馬太福音〉21章31節是新約中最令人震驚的章節之一。這是有關兩個兒子之比喻的一部分，耶穌用它來回應祭司長和長老們對祂權威的質疑（參馬太福音21：23）。在這個比喻中，有一個人懇求他的兩個兒子去葡萄園工作。大兒子起先不肯，以後自己懊悔，就去了（第29節）。二兒子起先說我去，後來卻改變主意不去了（第30節）。耶穌對他們說，「你們想，這兩個兒子是哪一個遵行父命呢？」他們說：「大兒子。」（第31節）耶穌給了他們一個令人震驚的解釋：「我實在告訴你們，稅吏和娼妓倒比你們先進上帝的國。」（第31節）最不可能相信的人選擇相信，祭司長和長老們反倒不相信（第32節）。稅吏和妓女素來是被宗教領袖們所鄙視的（參路加福音18：11），可是他們卻比那些向來守法、守安息日的祭司和長老們更早進入天國。而那些有宗教血統和階級的人，卻有被逐出天國的危險（參馬太福音8：11、12）。從字面的意義上說，在前的要在後，在後的要在前。耶穌的懇求是給我們每一個人的，無論我們是虔誠的信徒還是非信徒。在福音書中，宗教人士總是處於最嚴重的危機之中，因為他們沒有意識到自己的需要。讓我們透過檢視自己的內心，忠實地回應耶穌的懇求，接受祂的恩典，就是那個我們本不配得到的恩典。

16 7月 Jul

祂的慷慨

約在酉初雇的人來了，各人得了一錢銀子。馬太福音20：9

很多年前，我找到一份新的工作。我清楚地記得自己是在那年最後一季的中間開始工作的。我為了這份新工作充滿感謝之情，因為它給了我目標和意義。當我的老闆告訴我，我的薪水是從那一季的開始算起時，我非常驚訝，也對他的慷慨感到讚嘆！

有一個驚人的比喻只在〈馬太福音〉中出現過，它突顯了上帝的慷慨。這個故事就在耶穌所說的兩個關於「在前的，將要在後；在後的，將要在前」的論述之間（馬太福音19：30；20：16）。為了要解釋上述這番話，馬太敘述了一個家主清早雇人進葡萄園做工的比喻。「因為天國好像家主清早去雇人進他的葡萄園做工，和工人講定一天一錢銀子，就打發他們進葡萄園去。」（馬太福音20：1、2）然後他又分別在早上九點、中午、下午三點到市上去找了更多的工人，打發他們去他的葡萄園做工，並同意把所當付的酬勞給他們（第4節）。我們不知道他為什麼在一天之內需要那麼多工人，但這是在收成季節的典型場景。但令人驚訝的是，在下午五點時園主又到市上去雇工人。而那時也只剩下一個小時的工作時間了。當他問那些人為什麼整天在這裡閒站時，他們回答說因為沒有人雇他們（第7節）。有可能這些人之所以被拒之於門外，是因為他們不是受歡迎的工人，但園主仍然雇用了他們。摩西的律法要求雇主在每天工作結束時付工資給工人（申命記24：14、15）。領工資的順序和所領的金額令人震驚，因為是從後來的先發工資，而且所有的工人都是各得一錢銀子（馬太福音20：9）。每個人都是各得一錢銀子！雖然有些人只做了一個小時的工。你能想像他們有多快樂嗎？你或你所認識的人是否覺得自己被排擠或不被需要呢？上帝邀請你進入祂的國，而且現在還不晚！我們都是上帝慷慨救恩的承受者！永生是給所有願意接受它的人，因為「某些人的救恩並不比別人來得多」（註43）。

7月 Jul 17

祂的特權

我給那後來的和給你一樣，這是我願意的。馬太福音20：14

網路上有一個很有趣的影片，標題是「善惡計量器」（The GoodOMeter），它充分詮釋了關於拯救的意義。片中呈現在審判日時，人們排著隊，手裡拿著自己的「人生檔案」，等著站上「善惡計量器」，決定自己這一生究竟是好還是壞。即使是最有成就的人，也被機器評為「不夠好」，他們對自己被評為「不夠好」感到不滿！最後，一個明顯不配的人即將站上計量器，這時耶穌出現了，代替他站了上去。不料「善惡計量器」的指針當下立刻就指向「不能再好了」，於是不配的那個人就和耶穌坐在一起。其餘的人憤怒地喊道：「這不公平！」在最後一幕中，天使回答道：「這就是為什麼它被稱為恩典！」（註44）

慷慨的葡萄園園主之比喻（馬太福音20：1－16）主要是述說上帝對那些只工作了一小時之人的恩典，這些人的工資和其他人是一樣的。但那先來的看見後來的人，只工作一小時就獲得了一錢銀子，就以為他們所得的，一定會比講好的多更多（參第9、10節），結果他們也只得一錢銀子。他們就開始抱怨園主的不公平（第11、12節），就像〈路加福音〉第15章浪子的比喻之中的哥哥一樣，他為浪子所得到的恩典向父親生氣。抱怨之人帶著一種理所當然的神氣跟園主說：「我們整天勞苦受熱，那後來的只做了一小時，你竟叫他們和我們一樣嗎？」（馬太福音20：12）。園主向他們解釋他並沒有違反他們之間的約定，園主給那後來的和給他們的一樣，這是園主所願意的；施恩給誰本是他的權利。進天國的衡量標準從來不是以公平為基準，而是以恩典為基準；因為沒有人配得救恩。權利或合同條款並非等式之列，永生也沒有長期短期之分，我們都因恩典得救。讓我們以原本都不配、卻蒙上帝拯救而成為恩典之國的公民來彼此相待！

18 7月 Jul

祂的饒恕

那僕人的主人就動了慈心，把他釋放了，並且免了他的債。馬太福音18：27

奧斯卡・葛朗寧（Oskar Groening）是前納粹德國的親衛隊下士，曾在奧斯維辛（Auschwitz）集中營擔任簿記員。他被指控（後來被判有罪）串謀殺害了30萬人。而伊娃・科爾（Eva Kor）是一位81歲，曾經歷集中營卻倖存的匈牙利猶太婦人，她的父母和兩個姐姐都在集中營被毒氣殺害。她解釋了自己為什麼決定原諒他，儘管此舉遭到其他大屠殺倖存者的抗議。她說：「如果你想要的只是讓自己背負哀傷、憤怒和傷痛，那麼倖存又有何意義呢？我本就不是這樣的人！」她免了他那不可能還清的債務。

在有關天國的論述中（馬太福音18章），彼得問耶穌當饒恕得罪自己的人幾次呢？「七次可以嗎？」他問道（第21節）。拉比們的建議是三次。耶穌回答說：「乃是到七十個七次。」（第22節）。耶穌的重點不是要我們計算到490次，而是指無限量的、不斷的饒恕。然後祂說了一個比喻，這比喻分為兩部分，後者將在明天討論。耶穌先是把天國比喻成一個王要和祂的僕人算帳，這僕人欠了他一千萬銀子（希臘文「muriōn」也意味著「不計其數」）。這是一個無法還清的債務，相當於今天的數十億美元。一個僕人怎麼會欠下這麼多的債務呢？據信，他是負責收地稅的僕人，他們需要把這些稅收交給國王。這個人沒有這筆天文數字的錢來還債。但是他沒有要求憐憫，而是要求國王寬容等待，因為他對自己和自己還債的能力有著完全不切實際的看法（參第26節）。然而，「那僕人的主人就動了慈心，把他釋放了，並且免了他的債。」（第27節）這不僅是寬容，還加上免除了這筆巨額的債務。基督教不是一個償還債務的宗教。在饒恕的這個主題上，第一個不可或缺的部分就是充分理解我們已經被免去了一筆我們永遠無法還清的債務！

7月 Jul 19

祂的滿溢

你不應當憐恤你的同伴，像我憐恤你嗎？馬太福音18：33

在我們事工《耶穌101》（www.Jesus101.tv）的網站上，你可以看到一部名為「挑戰」的影片，這是我們的電視節目——「合上帝心意」系列的一部分，主旨是從大衛的生命探討關於「破碎」這一主題。在這個節目中，牧師邁克・塔克（Mike Tucker）和我一起探討饒恕的本質。饒恕不是否定；這並不是說人所犯的錯不會使人受傷或沒關係，也不是對錯誤的辯解或寬恕，更不是沒有界限。這就清楚指明了饒恕並不總是能使人和好。但饒恕是取消債務，它能釋放犯了錯的人，以及不懷怨恨。

在耶穌有關饒恕比喻的第二部分（昨天學習了第一部分），被饒恕的僕人遇見了一個欠他十兩銀子的同伴（馬太福音18：28）。這個僕人剛剛被免除了一筆天文數字的債務，現在他卻揪住了一個欠他少許債務的同伴，並掐住他的喉嚨（第28節）。他的同伴就俯伏央求他說：「寬容我吧，將來我必還清。」所說的話幾乎與第一個僕人向國王懇求時一樣（第29節，與第26節比較），但僕人卻拒絕寬容他的同伴（第30節）。他不能賣掉一個僕人同伴，所以就把他下在監裡。他鄙視欠他錢的同伴，拒絕成為一個像國王那樣有憐憫的人。他的同伴看見他所做的事就甚憂愁，去把這事都告訴了主人，主人便取消了之前所免除的債務，並把他下在監裡。「你不應當憐恤你的同伴，像我憐恤你嗎？」（馬太福音18：33）上帝願意免除債務，但不會容忍一個不饒恕他人的僕人。由於缺乏憐憫，被饒恕的僕人顯示出他其實並不明白上帝對他的憐憫有多大。天國的饒恕原則能產生連鎖效應，在這個效應中，我們所領受的仁慈也將透過我們對待同胞的方式彰顯出來。仁慈的耶穌，且讓我們成為祢恩典的工具！

祂的真實

鬼被趕出去，啞巴就說出話來。眾人都希奇，說：「在以色列中，從來沒有見過這樣的事。」馬太福音9：33

當我在修《組織行為學》這一門課程時，我瞭解到我們都是透過個人感知來評估和解釋真實，我們可以很固執地認為我們的解釋才是正確的。在我家，我們經常提到一個笑話，說的是兩個男人為了店裡的一件商品激烈爭吵。其中一個認為它是一塊肥皂，另一個則堅持認為它是一塊乳酪。他們繼續爭論，直到乳酪的支持者決定咬一口來證明。「它嘗起來的確很像肥皂，但它絕對是乳酪，」他堅持說。你沒聽錯，我們就是可以頑固至此！

耶穌在〈馬太福音〉9章32至34節所行的神蹟是兩章之間的第十個神蹟。然而，它產生了兩種截然不同的反應。一個被邪靈附身而啞吧的人被帶到耶穌面前（第32節）。他就像在前一個神蹟中瞎眼的得看見一樣（9：27－30），聾啞的人能夠聽見並說出話來，他這樣的期待是盼望已久的彌賽亞才能夠實現的（參馬太福音11：5；以賽亞書35：5、6）。對趕鬼與醫治這兩個神蹟的回應從9章33節道出：「鬼被趕出去，啞巴就說出話來。眾人都希奇，說：在以色列中，從來沒有見過這樣的事。」第一個反應是興奮和驚奇，如同那些在湖上見證了風暴被平息的人一樣（8：27），還有一個關於耶穌在傳道上的重要補充是：「在以色列中，從來沒有見過這樣的事。」（9：33）。與此相反，敵對的法利賽人做出了令人震驚的回應，這個公開的攻擊是在〈馬太福音〉中最嚴厲的一次，他們聲稱「祂是靠著鬼王趕鬼。」（第34節；參12：24－29），我們應該常常求上帝賜給我們屬天的視角。即使在今天，面對上帝在耶穌裡給予我們的恩典時，雖然有許多人感到驚訝和喜樂，但還是有另一些人對此持負面反應，聲稱這是犯罪的許可證，並認為上帝的恩典是蠻橫可恥的。讓我們祈求上帝賜我們謙卑和喜樂來接受祂的恩典。

7月 Jul 21

祂的選擇

耶穌從那裡往前走，看見一個人名叫馬太，坐在稅關上，就對他說：「你跟從我來。」馬太福音9：9

拒絕有很多種形式。你可能發出派對的邀請通知，最後卻沒有人出現。或者學校體育課正在組兩個團隊，你可能直到最後也沒有被選中參加其中的任何一個。我至今仍然能夠清楚地記得十二歲時遭人拒絕的情景。那時我剛剛隨家人來到美國定居，我清楚地記得在我們班上最受歡迎的女同學，她因為我的口音、膚色還有我的舊衣服而看不起我。但是當另一個女同學願意和我成為好友時，一切都改變了。

馬太（在〈馬可福音〉和〈路加福音〉中被稱為利未）是一個被拒絕之人的絕佳範例。他是個稅吏（希臘文telōnēs），因此倍受他的同胞鄙視，原因有三：首先，稅吏被視為叛徒，因為他們幫可恨的羅馬政府收稅。第二，稅吏為了個人的利益濫用職權，因為稅額由稅吏自行決定。敲詐勒索是稅吏司空見慣的劣行，因此他們的富有經常是以窮人和赤貧之人為代價。第三，猶太人認為稅吏在儀文律法上是不潔淨的，因為他們經常透過與外邦人打交道並處理他們的錢財而破壞了潔淨的律法。因此，出於社會、宗教和政治方面的原因，稅吏經常遭到鄙視和拒絕。耶穌會選擇一個稅吏作為祂的門徒（參馬太福音10：3），這比我們所能理解的更令人震驚。也許同樣令人吃驚的是，馬太捨棄了一切跟隨了祂（馬太福音9：9）。下一個場景發生在馬太的家裡，耶穌和祂的門徒，以及「許多稅吏和罪人」，都來與耶穌和祂的門徒一同坐席（馬太福音9：10；參路加福音5：29）。如果你曾經被一個宗教人士或團體所拒絕，你必須知道這不是耶穌會對待你的方式。此外，耶穌邀請被排斥、鄙視之人和被邊緣化的人來跟從祂。祂對被虜和迷失的人特別關懷。是的，祂是為了我們所有的人而來，即便是這些人當中最小的。

祂的接納

我來本不是召義人，乃是召罪人。馬太福音9：13

有一位牧師和我分享了一則非常感人的故事。一天早上在做禮拜時，他偶然走到教堂外面，碰到了教會的一個年輕人，但也同時從對方身上聞到了一股刺鼻的酒味。那個年輕人猶豫著要不要進去教堂，因為酒味一定會暴露了他的不良習慣。牧師鼓勵他無論如何都要進去，解釋說我們都是需要救主的罪人。他說：「如果我們所有的罪都有氣味，那麼教堂一定會是一個非常難聞的地方。」這話說得是多麼貼切而真實啊！

耶穌呼召利未馬太來跟從祂之後（馬太福音9：9），馬太在家裡舉行了一個盛大的慶祝活動，「有好些稅吏和罪人來。」（馬太福音9：10；參路加福音5：29）這些人可能是馬太從前的同事和熟人，現在正與耶穌和祂的門徒一同坐席。我相信他們一定非常好奇，迫切想要認識這位接納利未馬太成為祂門徒的人。在希臘文中，「罪人」這個詞指的是那些無視猶太儀文律法的人，儘管這些律法也包含道德意涵。這群「罪人」與法利賽人形成了鮮明的對比，法利賽人向耶穌的門徒們表達了他們的反對：「你們的先生為什麼和稅吏並罪人一同吃飯呢？」（第11節）。「一同坐席」是接納的標誌，這些儀文律法的守護者對耶穌接納「罪人」的做法感到憤怒，所以不得不說出來。耶穌聽見了，就用「康健的人用不著醫生，有病的人才用得著」（12節）的比喻來回應他們，意思是說祂本是為了那些身患屬靈疾病的人而來。然後祂引述了（〈馬太福音〉獨有的）〈何西阿書〉6章6節：「我喜愛憐恤，不喜愛祭祀。」這句話（馬太福音9：13；參12：7）。隨後，耶穌繼續宣告祂到世上來的使命：「我來本不是召義人，乃是召罪人。」（馬太福音9：13）祂所要彰顯的是一種比律法主義——或法利賽人所謂的「公義」——更純淨仁慈的公義。矛盾的是，只有那些知道自己不配或身上有「異味」的人（21：31），才願意接受耶穌的這個邀請！

7月 Jul 23

祂的勇氣

拉比，請看！你所咒詛的無花果樹已經枯乾了。馬可福音11：21

我小時候，我家就住在布宜諾賽勒斯（Buenos Aires）一家基督復臨安息日會出版社的後面。儘管是住在城市裡，我們卻有一個不尋常的祝福；那就是我們擁有一個種植了許多果樹的後院。其中有一棵非常大的無花果樹，每年都可結出上百個又甜又大的無花果。我們仔細觀察這棵樹，尋找我們稱之為「brebas」的初熟無花果，它們通常比其他作物更早長出來，而且滋味真是香甜無比！

耶穌從伯大尼回到耶路撒冷，就餓了（馬可福音11：12）。「遠遠的看見一棵無花果樹，樹上有葉子，就往那裡去，或者在樹上可以找著什麼。到了樹下，竟找不著什麼，不過有葉子，因為不是收無花果的時候。」（第13節）。我們清楚得知，那時候不是無花果的季節，但這棵特殊的樹卻有果實；有時，初熟的無花果可以在樹葉中被發現。突然之間，「溫柔且溫和的耶穌」似乎轉瞬間變成了「自私且野蠻的耶穌」（註45）。就在我們眼前，祂發出一個令人難解的咒詛：「從今以後，永沒有人吃你的果子。」（第14節）耶穌看起來很生氣，但事實上祂是要用這棵不結果的無花果樹說一個比喻，藉此教導門徒一些很重要的功課。在猶太《聖經》的預言中，無花果樹代表以色列人。可是當以色列人在列邦中沒有完成代表上帝的任務時，上帝就用枯乾了的無花果樹來形容他們：「我看見你們的列祖如無花果樹上春季初熟的果子。但他們……根本枯乾，必不能結果。」（何西阿書9：10，16）不結果子的無花果樹之咒詛，是為了要說明一個對不結果子和虛偽行為之審判的比喻。在這之後，耶穌潔淨了聖殿（參馬可福音11：15－18），審判他們對聖殿所做的事。第二天，他們經過的時候，彼得說：「拉比，請看！你所咒詛的無花果樹已經枯乾了。」（第21節）如此一來，就完成了這個比喻的設立。聖殿變得像一棵不結果子的無花果樹，一個不結果子的機構。透過這個比喻，耶穌宣告上帝不會容忍祂的子民排擠他人，或在宗教上表現驕傲和偽善。

祂的焦急

耶穌進入聖殿，趕出殿裡做買賣的人，推倒兌換銀錢之人的桌子和賣鴿子之人的凳子。馬可福音11：15

耶穌在大發義怒中來到了聖殿：「也不許人拿著器具從殿裡經過。」（第16節）你能想像耶穌舉起手來，禁止人們帶著貨物從聖殿經過嗎？古耶路撒冷的地圖幫助我們揭示了所發生的事。在橄欖山和城中間有一條捷徑，可以經過外邦人的外院。如果不走這條路，商人們就得繞著聖殿走，而聖殿是相當大的。

咒詛無花果樹之後（馬可福音11：12－14；參昨天的課文），耶穌進了聖殿。這一次，表面的虔誠所掩蓋的欺詐對祂來說實在是過分之舉！耶穌在祂公開傳道上唯一一次表現的義怒中，「進入聖殿，趕出殿裡做買賣的人，推倒兌換銀錢之人的桌子和賣鴿子之人的凳子；也不許人拿著器具從殿裡經過。」（第15、16節）所有人都不可置信的看著眼前這一幕！似乎直到公元30年，祭物的市場都還在橄欖山上，並且是在猶太官員的控制之下。但大約就在這段時期，大祭司已經准許商人在聖殿外院直接設立了市場，創造了一個以競爭和商業性質為主的氛圍。耶穌趕出了一切作買賣的，和兌換銀錢的人。上帝設計用來彰顯祂恩典和歡迎悔改之人的地方，竟然變成了一個褻瀆、自我中心、欺詐、驕傲的商業機構。最終，空洞、自以為義、虛偽的宗教系統成了一個空有敬虔外貌，卻沒有敬虔實意的褻瀆之地。當祂以權威如此行時，祂的門徒就想起了經上記著說：「我為祢的殿心裡焦急，如同火燒。」（約翰福音2：17）想像一下一個家長盡力保護他孩子的景象，你就會明白這個畫面了。上帝總是保護受欺壓之人！

7月 Jul 25

祂的對比

免我們的債，如同我們免了人的債。馬太福音6：12

《讀者文摘》講述了一個感人的故事，說到一個女人如何遇見了害死她丈夫的兇手，並在這過程中原諒了他。她的丈夫某天騎自行車時，不幸被一個酒駕的司機撞死。兩年後，這個女人的小女兒做了一張卡片給正在坐牢的司機。這張簡單的卡片推動了這一家人踏上了饒恕之旅，最終改變了這個兇手的一生。故事的結局令人驚訝：「帕蒂（即那位妻子）的行為令害死她丈夫的兇手徹底改變，而她說：『這正是我為丈夫復仇的方式。我要對方以活出自己生命的方式，來償還他所奪去的。』」

有時候，饒恕似乎遙不可及，尤其是當悲劇發生之時。這就是為何〈主禱文〉中有一個詞會為我們帶來挑戰。無論在希臘文還是英文中，這個詞都只有兩個字，卻能使世界變得截然不同。「免我們的債，『如同』我們免了人的債。」（馬太福音6：12）當耶穌教導祂的門徒禱告時，祂也教導他們以饒恕別人的方式來尋求饒恕。這個以對比呈現的章節是為了在道德上有虧負之人，也就是給那些得罪了我們的人。這是耶穌給我們的範例，祂稱天父為「我們的」父親，是為我們這些藉著祂而得到饒恕的人。別人欠我們的再多，也永遠比不上我們欠上帝的（參馬太福音18：23－35）。耶穌說如果我們不願意打從心裡饒恕我們的鄰舍，祂的天父也不會饒恕我們（參馬太福音18：35）。饒恕能讓我們脫離受傷害的困境；它不會因此就免除債務人的責任，也不一定能修復關係。但是，饒恕可以使我們的心釋放，在心中免去他人對我們的道德債務，這通常需要很長的時間才能做到。耶穌為我們死，也為他們死。「我們得蒙饒恕，並非因為我們饒恕了人，乃是照著我們恕人之量而定。一切的赦免，固然是基於我們所不配得的上帝之愛，但我們待人的態度卻顯明我們是否已習得那份愛。」（註46）。所以，我們該如何做，才能把這樣的寬恕擴展到他人身上呢？蒙恩得饒恕的人，就能獲得恩典去饒恕他人。這都是上帝所賜的恩典！

祂的救贖

沉且這女人……被撒但捆綁了這十八年，不當在安息日解開她的綁嗎？路加福音13：16

當我為我的新作《我會使你得安息》振筆疾書時（註47），我也在構思封面該放什麼圖片才能描繪在耶穌裡真正的安息。後來我找到了！我選中了一件藝術品，它的每一個細節都觸動我的心弦：那作品刻劃著耶穌擁抱著一個小女孩，她安詳的躺在祂的懷裡。祂的表情洋溢著與兒女團聚時的激動。女孩臉上的表情是如此安詳，因為深知此刻自己正安全的躺在拯救她之主的懷裡；她的手緊抓著祂的肩膀，絕不放手，她安息在完全的信靠和保證中。

這使我聯想到《聖經》中的一位女性，在耶穌徹底治好了她的疾病之後，她就開始讚美上帝（路加福音13：13）。福音書中只有路加記錄了這個女人在安息日獲得醫治的故事（路加記錄了五個在安息日醫治的神蹟，比任何福音書作者都多；路加福音4：31－35，38、39；6：6－10；13：13－16；14：1－6）。當耶穌於安息日在會堂裡教導人的時候，祂看見一個病了十八年的女人，她的腰彎得一點都直不起來（路加福音13：11）。祂主動的把她叫到自己身邊，在伸手按她之前就先宣告對她的救贖：「女人，你脫離這病了！」（第12節）。當耶穌行了這個神蹟之後，她就開始歸榮耀與上帝（第13節）。我卻是對接下來聽眾回應的反差感到震驚：她在讚美上帝，可是猶太會堂的官員卻因為耶穌在安息日治病而憤憤不平。最後，祂的敵人都慚愧了；而眾人因祂所行一切榮耀的事，就都歡喜了。耶穌使用拉比的辯論風格「豈不更」（qal wahomer）來揭露當時宗教領袖們的偽善。如果他們在安息日解開槽上的牛、驢，牽去飲水，那麼更何況是這位被撒但捆綁了十八年的女人呢？她難道不該在這個作為記念和恢復的安息日裡，獲得從捆綁得釋放的機會嗎？使我們從奴役中得解脫是上帝的首要優先，尤其是在安息日！願我們的聚會能反映出救贖主的使命——傳福音給貧窮的人，使被擄的得釋放，瞎眼的得看見，叫那受壓制的得自由（路加福音4：18）。

7月 Jul 27

祂的先見之明

耶穌對他說：「我實在告訴你，就在今天夜裡，雞叫兩遍以先，你要三次不認我。」馬可福音14：30

我承認我自己對於接下来要告訴你的事情頗感尷尬，但對我來說這是一個很重要的教訓，所以且容我娓娓道來。獲得組織行為學的碩士學位後，我開始攻讀神學碩士學位。在前一個碩士課程進修期間成績優異，讓我不由得自信滿滿。我以為第二個碩士課程於我而言也會是輕而易舉之事，尤其我自幼成長在一個牧師家庭裡，《聖經》是從小就熟讀的，我不禁想著：「他們到底還能教我什麼呢？」不料課程一開始就讓我感到吃驚！上帝讓我真正的謙卑自省！我彷彿像回到了幼稚園重讀一般！我明白自己知道的真是太少了！

不健康的自信會導致自己跌入深坑，門徒彼得比任何人都清楚這一點。耶穌指出門徒們將會不認祂，彼得卻信誓旦旦說自己不會。耶穌補充了一個盼望的啟示：「但我復活以後，要在你們以先往加利利去。」（馬可福音14：28）然而彼得完全錯失了這些提醒。之後耶穌還暗示：西門彼得，你會不認我！呃……絕對不會的！也許那些軟弱的門徒會離開你，但我不會！我可是彼得啊！「眾人雖然跌倒，我總不能。」（第29節）可是耶穌知道將要發生的事，祂比彼得自己更瞭解他的軟弱。因此，耶穌直接挑明，祂用「你」作了更具體的解釋，明確地解釋了彼得的失敗：「就在今天夜裡，雞叫兩遍以先，你要三次不認我。」（第30節）彼得仍然堅決的說他不會。但耶穌認識我們如此之深，祂甚至對我們的失敗有先見之明。然而，祂總是賜給我們祂的恩典和希望，雖然有時我們因為自己的自信而錯過了。彼得跌倒的故事在〈馬可福音〉14章66節中再次被提起，卻只用了七節經文來描述耶穌的信徒最徹底的失敗之一。如果你發現自己正陷入一個你從未想像的深坑裡，要相信耶穌已經知道這一切，而且祂也已經透過祂的犧牲為你開闢了一條出路。

28 7月 Jul

祂的祈求

但我已經為你祈求，叫你不至於失了信心。你回頭以後，要堅固你的弟兄。
路加福音22：32

雜技演員查理斯．布隆丹（Charles Blondin）於1859年夏天因走鋼絲橫越尼加拉瀑布一舉成名。他以不同的方式橫越了幾次：踩著高蹺，倒退著走，蒙著眼睛；他的技巧使觀眾大為驚奇。據說有一次，他問圍觀的群眾是否相信他能推著一輛手推車來完成橫越，每個人都大聲的回答說：「能！」然而，當他詢問是否有人自願坐在手推車上時，所有人卻都靜默不語。過了一會兒，他只好請他的經紀人坐上車橫越了瀑布。

聲稱自己相信某人有能力做某事是一回事，而相信他們能以個人的方式為我們成就大事卻又是另外一回事。《新約聖經》中的三部符類福音（**即馬太、馬可和路加福音**）都記載了耶穌預言彼得即將到來的失敗，但只有〈路加福音〉記錄了耶穌告訴彼得祂會為他禱告的這兩節經文。「西門！西門！撒但想要得著你們，好篩你們像篩麥子一樣；但我已經為你祈求，叫你不至於失了信心。你回頭以後，要堅固你的弟兄。」（**路加福音22：31、32**）耶穌一直在為彼得禱告！需要注意的是，祂並沒有禱告要求彼得不會不認祂，或彼得要更剛強。反之，祂禱告彼得不至於失了信心，以致在他失敗之後還能夠回頭。撒但不僅想要我們跌倒，還想引誘我們相信我們已經離救恩太遠，他試圖破壞我們對耶穌為了拯救每個人而犧牲的信心。恩典和信心是上帝的恩賜（**參以弗所書2：8、9**）；我們可以接受，也可以拒絕。耶穌祈求彼得可以相信，無論他的失敗多麼嚴重，上帝的恩典對他個人而言都是足夠的。憑著信，他可以回頭，堅固他的弟兄。與彼得一樣，耶穌也替我們祈求；祂的恩典是給我們這些經歷過各種失敗之人的。有一個獨特的事工，是為那些從不信中回轉之人所預備的。要相信！祂的恩典足夠你用！

7月 Jul 29

祂的忍耐

耶穌就對彼得說：「收刀入鞘吧，我父所給我的那杯，我豈可不喝呢？」約翰福音18：11

「奇異恩典，何等甘甜，我罪已得赦免……」，我不知道你是否面對過自己的弱點、缺陷和失敗。這可以是令人非常沮喪的經驗，然而我們有必要以我們墮落人性的真實面來審視自己。只有在這樣的背景下，我們才能領悟到上帝對我們恆久的忍耐。我們對上帝的絕對需要，呈現在兩個真實的層面上，就像一枚硬幣的兩面：這一方面是我們的罪惡，另一面是祂的恩典！

我從耶穌對待門徒的方式中看到上帝的恩典和忍耐，他們經常誤解祂，不斷的與祂的教導相悖，最終在祂最黑暗的時刻離棄了祂。例如，西門彼得——自以為無所不知的門徒，最終不得不面對自己的跌倒。在跟從了耶穌三年、聆聽祂的教導並向祂學習之後，彼得仍然有很長的路要走。在〈約翰福音〉中，我們看到當耶穌被猶大出賣時彼得的反應：「西門．彼得帶著一把刀，就拔出來，將大祭司的僕人砍了一刀，削掉他的右耳；那僕人名叫馬勒古。」（約翰福音18：10）他真的那麼頑固嗎？他不是曾多次看過耶穌所行的神蹟嗎？難道他不知道耶穌就是基督嗎？然而，耶穌溫柔的對彼得說：「收刀入鞘吧，我父所給我的那杯，我豈可不喝呢？」後來在同一章的記述中，彼得否認了耶穌（第25－27節）。耶穌在自己的苦難中，耐心地忍受了門徒的失敗。耶穌在復活後找回了那些失敗又有缺陷的門徒們，祂重新接納了彼得，指派他去傳道（約翰福音21：15－17）。當我們痛苦地面對我們的軟弱和缺點時，正是我們需要倚靠、相信救主的忍耐和恩典的時候。

祂的手中

你們可以去告訴祂的門徒和彼得，說：「祂在你們以先往加利利去。在那裡你們要見祂，正如祂從前所告訴你們的。」馬可福音16：7

我的丈夫派崔克和朋友在布宜諾斯艾利斯繁忙的高速公路上的某座長橋散步。當他快要走到盡頭時不經意地回頭一看，竟看見一個男人已經將一條腿跨過欄杆。派崔克開始往回跑；那人已經在橋的外面，準備跳下去結束自己的生命。派崔克成功的用雙手抱住那名男子的胸部，阻止他往下跳。那人卻不停地尖叫著：「放開我！放開我！」但派崔克一直對他說：「上帝愛你！上帝愛你！」終於，上帝的愛戰勝了他！

彼得願意緊跟著耶穌是值得稱讚的。當耶穌被人鞭打、吐唾沫的時候，彼得遠遠地跟在後面（參馬可福音14：54）。一個使女認出了他：「你素來也是同拿撒勒人耶穌一夥的。」彼得卻不承認。（第67、68節）他又兩次拒絕承認他與耶穌的關係，說他絕對不認得他們所說的這個人（第71節）。「立時雞叫了第二遍。彼得想起耶穌對他所說的話：『雞叫兩遍以先，你要三次不認我。』思想起來，就哭了。」（第72節）他一直堅信自己不會跌倒，但他還是跌倒了！當你陷入低谷並意識到自己的真實狀況時，你就可以在生活中得到改變生命的幫助；因為那時我們才意識到我們真的需要一位救主。但如果他已經走得太遠了呢？他是否應該從橋上跳下去，還是像猶大那樣上吊自殺呢？馬可告訴了我們一些關於復活的早晨所發生的事，是其他福音書沒有記載的。當婦女們星期天早晨到墳墓時，她們看見了一位天使，並且被告知耶穌已經復活了。天使又說：「你們可以去告訴祂的門徒和彼得，說：『祂在你們以先往加利利去。』」（馬可福音16：7）你聽見了嗎？你看到「彼得」那兩個字了嗎？你能想像那天早上耶穌給了天使特別的指示，讓他們提到彼得的名字嗎？祂的寶血遮蓋了他的過犯。彼得在耶穌的手中，祂不想放開他。你也在耶穌的手中，祂正在呼喚你的名字！

7月 Jul 31

祂的確證

凡父所賜給我的人必到我這裡來；到我這裡來的，我總不丟棄他。約翰福音6：37

肢體語言是一種有效的溝通方式；它有時比我們所說的話更有說服力。例如，有人向你保證他們有時間和你交談，但卻透過不停地看著手錶來傳遞相反的訊息。以上情形也適用於當有人嘴上說歡迎我們來訪，對方卻沒有高興地張開雙臂迎接我們，那麼我們就會有不被歡迎的感受，儘管在言語上對方已經作了保證。

耶穌使我們深信祂歡迎我們，祂永遠不會拒絕我們。在祂傳道期間，祂被指控接待罪人、被離棄的和被邊緣化的人。祂經常主動邀請他們到祂面前。上帝主動來拯救我們，尋找我們這些失喪的人。祂是從天上降下來的真理；這一點在〈約翰福音〉第6章中重複了七次（參33，38，41、42，50、51，58節）。祂的行動大聲宣告了祂對人類的愛。為了防止有人認為自己是個例外，耶穌向我們保證，任何來到祂面前的人都會發現，祂永遠不會丟棄他們。這個宣告中所使用的否定句——「總不」有強調作用；就如「祂永遠不會拒絕、不理、否定或推辭」。世界上沒有什麼罪惡是如此令人髮指，沒有什麼毒癮是如此黑暗，沒有什麼羞恥是如此深重，沒有什麼彎路是如此遙遠，而導致一個人不能受救主的歡迎。如此極端對比的確證，就是每一個到祂面前來的人都會被接納，甚至是在不信人群中的也是如此（第36節）。耶穌知道將會有許多人到祂那裡去，雖然不是所有人，但凡到祂那裡去的，必蒙祂張開雙臂歡迎。再者，天父完全同意這個救贖計畫：「差我來者的意思就是：祂所賜給我的，叫我一個也不失落，在末日卻叫他復活。」（第39節）如果你發現自己身陷泥淖之中，不確定上帝是否會接納你，你要滿懷信心的回到耶穌那裡去。祂一定會、鐵定、毫無疑問的張開雙臂歡迎你！

8月｜聽從祂的教導

8月 Aug 01

祂的神性

太初有道，道與上帝同在，道就是上帝。約翰福音1：1

也許你還記得多年前非常流行的3D拼圖和圖片，我完全看不見那些別人聲稱看得到的圖。直到我生日那天，我也收到一份3D圖片的禮物，朋友花了一些時間教我如何聚焦我的視線，我永遠不會忘記接下來所發生的事。按照朋友的指示，我的眼睛開始在畫面中看到一個完全不同的畫面，我現在終於也能看見其他人堅稱他們所看到的東西。這樣的發現真是激動人心！

約翰對耶穌的介紹絕不僅僅止於祂是從上帝而來的一位先知，也不只是一個會行神蹟的人。他希望我們看到耶穌超越人性的一面，與此同時他便提供了關於祂神性的驚人視角。〈約翰福音〉的敘述追溯至耶穌誕生之前，它開篇第一句話就是「太初有道」，這是刻意提醒我們《聖經》第一卷書〈創世記〉1章1節（「起初上帝創造天地……」）與它相仿，它說：「太初有道，道與上帝同在，道就是上帝。這道太初與上帝同在。」（約翰福音1：1、2）從一開始，我們就看見了一個永恆存在之上帝。這個「道」不是被創造出來的，祂是上帝，宇宙一開始就與上帝同在。約翰說耶穌就是上帝，祂從起初就與上帝同在，但祂與父上帝不同。他以這個宣告開篇，這是一個大膽的聲稱，因為猶太教無論古今都是一神論的宗教。基督教也是一神論的宗教，但其相信有三個位格的一個上帝，就是聖父、聖子和聖靈，我們稱之為「三一真神」。這對猶太教來說是一個完全陌生的概念。〈約翰福音〉第一章的開始和結束是一樣的：耶穌是上帝！（參約翰福音1：1，18）。當我們奉耶穌的名禱告時，我們並不是在談論另一個從上帝而來、有能力的先知或受膏者，雖然耶穌都具備這些特質。我們是奉宇宙中最強之「道」的名義來禱告，就是那位全能、無所不知，天地的創造者、人類的救主，也是那位愛我們超越一切和祂自己的上帝！

祂的講解

於是從摩西和眾先知起，凡經上所指著自己的話都給他們講解明白了。路加福音24：27

丹・史提夫斯（Dan Stevers）（註48）是一位天才藝術家，他透過動畫影片，用具深度並以基督為中心的方式來解釋《聖經》章節。他製作了一個我所見過最好的影片，名為「真實和更好的」。這是一齣卡通片，旨在展示舊約中最著名的故事，以及它們如何在耶穌身上應驗。它說明耶穌是真實且更好的亞當，真實且更好的亞伯拉罕、摩西、大衛、約瑟、以斯帖、約伯、逾越節的羔羊等等。這樣的呈現帶來驚人和非凡的效果，因為觀眾可以看出它們全都與耶穌息息相關！

這也是耶穌在復活的早晨所解釋的，它成為我們《耶穌101》事工的核心概念。這一次，耶穌向門徒解釋了《聖經》的一致性：「耶穌對他們說：『無知的人哪，先知所說的一切話，你們的心信得太遲鈍了。基督這樣受害，又進入祂的榮耀，豈不是應當的嗎？』於是從摩西和眾先知起，凡經上所指著自己的話都給他們講解明白了。」（路加福音24：25－27）。「講解」這個動詞的希臘文是「diermēneuō」，也就是英文名詞「釋經學」（hermeneutics）的字根，特指一門解釋《聖經》經文的學科。在這裡，耶穌提供了最好的解經工具！摩西的律法和先知的書都指向祂。逾越節、會幕、贖業至親，都是預表祂！耶穌後來和其他門徒在一起的時候，更詳細地重述了這個解釋，耶穌對他們說：「這就是我從前與你們同在之時所告訴你們的話說：『摩西的律法、先知的書，和詩篇上所記的，凡指著我的話都必須應驗。』於是耶穌開他們的心竅，使他們能明白聖經。」（第44、45節）。「明白」這個動詞在希臘文中的意思是「深入」或「得著領悟」。一個更好的建議就是將它翻譯成「把這些重點連接起來」。讓我們祈求上帝教導我們如何把這些重點連接起來，直到我們明白整本《聖經》都是指向耶穌的！

8月 Aug 03

祂的毅力

有個家主栽了一個葡萄園，周圍圈上籬笆……蓋了一座樓。馬太福音21：33

在我成長過程中，我家後院栽種了一顆葡萄樹，它的枝子覆蓋了整個露台。這是難得的祝福，因為我們住在城市裡。我的父母細心照料它，他們小心排除一切可能威脅它成長的事物。每年收成時，我父母都會帶一些特殊的設備來製作果汁，並把它們分裝入瓶。它的汁液是如此甜美！後來我很驚訝地發現葡萄園亦是上帝子民的隱喻。

耶穌使用以色列是葡萄園的獨特比喻（參馬太福音21：33－41）來談論當時的宗教領袖，這是三篇比喻中的第二篇，內容提到了以賽亞對以色列的描述：「我要為我所親愛的唱歌，是我所愛者的歌，論他葡萄園的事：我所親愛的有葡萄園……他刨挖園子，撿去石頭，栽種上等的葡萄樹，在園中蓋了一座樓，又鑿出壓酒池。」（以賽亞書5：1、2）

租下一個葡萄園，用收成來償付租金在當時是慣例；但在這個比喻中，租客不但不繳租金，還毆打並殺死園主的僕人，其預表的就是上帝的先知或僕人。我對園主（上帝）的堅忍不拔感到訝異。祂並沒有除滅這些租戶，而是繼續派遣更多的僕人到葡萄園去，然而他們的遭遇也和之前的僕人一樣。最後，園主差遣了祂的兒子——預表耶穌。不料，園戶看見他兒子，就彼此說：「這是承受產業的。來吧，我們殺了他，占了他的產業！」最後，上帝把葡萄園從他們手中奪回給了別人。不是上帝失去了耐心，而是祂已經把所有的都給了他們。耶穌是上帝的代表（希伯來書1：1－3）；在耶穌裡，上帝掏空了祂自己，把祂所有的都給了我們。如果一個人或一個宗教團體拒絕以耶穌作為中心，那就是拒絕上帝慈愛和恩典的完全展現，以及得救的唯一道路，那上帝還能為此做什麼呢？願我們把耶穌和祂的救恩作為我們信仰的核心，因為祂是唯一的救主！

祂的泉源

節期的末日，就是最大之日，耶穌站著高聲說：「人若渴了，可以到我這裡來喝。」約翰福音7：37

在我撰寫這篇晨鐘課內容時，有兩位名人在過去幾天裡自殺了。每當這樣的悲劇發生，新聞節目就會邀請專業人士討論憂鬱的早期症狀和其他關於心理健康的問題，以及應該如何尋求協助來預防自殺。當朋友和家人分享他們對這些事情的想法時，我們每個人都能清楚地體認到一件事：世上所有人都在尋找生活的意義和目的，我們每個人生來就有靈性上的渴望，而當我們無法找到時，絕望就悄悄來襲。

上帝賜給以色列人許多具記念性質的節期，其中多數乃是感恩的慶典，讓他們回想自己的歷史，他們作為一個民族的使命，以及上帝在過去、現在和未來的同在和供應。「住棚節」是猶太人的三大節期之一；過節時到處都可以看見用樹枝搭成的臨時帳篷；這是猶太人家庭聚會的慶祝活動。他們藉此提醒自己，在出埃及時，他們沒有遮風擋雨之處，然而他們卻蒙上帝的看顧（參利未記23：40－43；申命記16：13－15）。它被視為是所有節期中最快樂的節日，也是一個豐收的感恩慶典，有時也被簡單地稱為「節」。這個節日充滿了象徵意義；包含一個令人印象深刻的灑水儀式——每天，祭司會拿一個金水罐，從西羅亞池子裡將水罐盛滿，然後帶回聖殿，而百姓就會誦讀〈以賽亞書〉12章3節：「所以，你們必從救恩的泉源歡然取水」，並高唱頌讚詩歌（詩篇第113－118篇）。他們想起上帝如何在曠野把水賜給他們，同時也向上帝祈求雨水。據說，在最後一天，他們會圍著祭壇繞七圈。在這節期的最後一天，耶穌站起來，在這個以水為背景的慶典，大聲宣告說：「人若渴了，可以到我這裡來喝。」（約翰福音7：37）是的！耶穌是那位唯一能滿足我們內心的上帝。

8月 Aug 05

祂的中心

復活在我，生命也在我。信我的人雖然死了，也必復活；凡活著信我的人必永遠不死。你信這話嗎？約翰福音11：25－26

我童年時曾經和父母一起去過烏拉圭，那是我父母的家鄉，我對於那裡發現的石英石感到驚歎不已。烏拉圭有著全世界最大的紫水晶礦場，就是深紫色的石英石。那時我們可以在野外找到一些這樣的石頭。我不是一個岩石和礦物專家，但我對於它的外觀和內在鮮明的對比印象深刻；它外表看來灰撲撲的、沒什麼特別，但是一切開，你就會看見內部那奇妙美麗的紫色石英石。那種美真是激動人心！這一幕就是今天課文的視覺教具。

拉撒路已經死了四天（約翰福音11：17）。耶穌和馬大的第一次對話（約翰福音11：21－27），是有關信仰最驚人的對話之一。為了理解它，你可以試著想像一個包含三層結構的石英石或水果，比如橘子。這些層次代表了這個故事涵蓋的三層信仰。馬大首先肯定了她的信仰，即上帝會聽耶穌的禱告，將祂一切所求的賜給祂，即使耶穌顯然錯過了治癒拉撒路的機會（第21、22節）。她知道禱告是有用的，我們把這稱為基督信仰的第一層——「我們如何表現我們所信的？」基督徒生活的榜樣很重要；它是由禱告、研經和各樣的屬靈操練組成，但還有比這更重要的！耶穌說：「你兄弟必然復活。」（第23節）馬大回答說，她知道她的兄弟會在末日時復活（第24節）。我們稱這為基督信仰的第二層——「我們所信的是什麼？」要道自然是極其重要的，但還有比這更關鍵的！耶穌對她說：「復活在我，生命也在我……你信這話嗎？」（第25、26節）。這是第三個、也是信仰最深層——「我們所信的是誰？」耶穌要馬大相信祂！基督教信仰乃是一個歷經「如何」，「什麼」，然後一路達到「所信的是誰」的過程。基督教的要道和操練必須像吸管一樣讓我們能夠啜飲活水；它們存在的目的是為了讓我們親近耶穌。耶穌是美麗甘甜的活水，祂是最寶貴的中心點。願祂成為我們生命的核心！

祂的禱告

父啊，我感謝祢，因為祢已經聽我。約翰福音11：41

有一些人似乎與上帝有著親密的聯繫，當他們禱告時，整個天庭似乎都會聆聽。我的岳父就是其中之一；他的禱告似乎總是如此有效，他擁有如孩子一般的信心，當家族中有人遇到迫切的困難時，他們就會立即請他去禱告。我相信我們在禱告中都能直接接觸上帝，我們不需要任何仲介。儘管如此，一些祈禱勇士卻早已活出了一種上帝所看重、且樂意回應並喜悅的代禱生活。

耶穌無論何時何地都在禱告。祂懷著感恩的心禱告（馬太福音11：25），祂祈求天父的旨意得以實現（馬可福音14：36），祂為特定的人禱告（參路加福音22：31、32），祂在死的那一刻也禱告（路加福音23：46）。耶穌藉著與天父無比親密的關係禱告。但是耶穌有一個禱告令我心碎，就是祂為所有站在拉撒路墳墓周圍之人所做的禱告。拉撒路墳前的石頭已經被挪開。「耶穌舉目望天，說：父啊，我感謝祢，因為祢已經聽我。我也知道祢常聽我，但我說這話是為周圍站著的眾人，叫他們信是祢差了我來。」（約翰福音11：41、42）耶穌沒有向上帝祈求能力，也沒有向上帝祈求復活。祂感謝天父，在祂禱告以先上帝已經垂聽祂的禱告（參第42節）。耶穌知道祂的天父一直都在垂聽祂的禱告。但這一次，耶穌祈求這些將要見證此一神蹟的人，都能夠相信祂，也相信是天父差了祂來。猶太人有《聖經》，有律法和安息日，有飲食的規則可遵循，但他們卻不相信上帝差遣耶穌作為世界的彌賽亞。如果我們是耶穌的聽眾，祂會為什麼而禱告呢？也許祂會祈求，使我們相信祂的犧牲是夠我們用的，好讓我們可以無憂無慮地生活。也許祂會祈禱，使我們能在祂拯救的恩典中安息，在充滿救恩的喜悅和祂最終勝利的保證中生活。奉耶穌的名禱告，阿們！

8月 Aug 07

祂的明確

人若不重生，就不能見上帝的國。約翰福音3：3

有時候我們非常需要完全、肯定的答案。我和爸媽一起坐在腫瘤科醫生的辦公室裡，等著他向我們說明母親的檢驗結果。醫生在螢幕上給我們看了幾樣東西，但我們不能肯定我們真的完全理解這一切意味著什麼。經過一番討論後，我們不得不提出一個盤桓心中已久的疑問：「她還有多少時間？」醫生猶豫了一下，說：「如果六個月後她還能和我們在一起，我會覺得這很難得。」他是對的。我明瞭在生死攸關的事情上，明確清晰是不可或缺的。

尼哥底母是法利賽人，也是猶太人的官（約翰福音3：1）；因為如此，他守律法，也教導律法。他很有影響力，所以在決定是否公開支持耶穌之前，他選擇在晚上先私下去拜訪祂。尼哥底母以社交時慣用的場面話開啟了與耶穌之間的對話：「拉比，我們知道祢是由上帝那裡來作師傅的；因為祢所行的神蹟，若沒有上帝同在，無人能行。」（第2節）。特別的是，他使用了「我們」來指稱自己，這裡的我們是指一群受過教育、有宗教信仰的人。而他卻稱耶穌為「拉比」，換句話說，就是與他們共事的人。在公元第一世紀，在非正式的互惠原則之下，尼哥底母此言應該得到耶穌一連串的讚美，以回報他對祂的頌德。但耶穌卻完全不理會這些，對他直言道：「我實實在在地告訴你們，人若不重生，就不能見上帝的國。」（第3節）。耶穌解釋說，無論尼哥底母做了什麼，都不足以令他獲得救恩，以他的身分而言，這個說法是令人費解的。尼哥底母很困惑，所以他首先把耶穌的話理解為肉體的誕生。當受割禮的非猶太人改信猶太教時，他們被視為靈性的新生兒，但為什麼他需要重生呢？耶穌是非常清楚的；尼哥底母還需要其他的東西。當我們意識到我們嚴格的遵守律法卻不足以獲得救恩時，我們當中的許多人都會感到震驚。耶穌呼召我們重生並接受祂的死，因為這是進入天國唯一的途徑。是否接受這項邀請，對於我們而言是如同攸關生死的大事。

祂的擁抱

叫一切信祂的都得永生。約翰福音3：15

在一些國家，新人通常會發出兩張不同的婚禮請柬。因為大多數的新婚夫妻無法為所有參加婚禮的客人準備晚宴，所以他們通常在向許多人發出結婚典禮的邀約之餘，還會向少數幾個親朋好友發出參加婚宴的請柬。我認識的一對新人決定改變作法。他們只發出一張請柬，當婚禮結束後，主禮牧師邀請所有的客人參加接下來的慶祝活動。雖然筵席上每人可取得的食物份量有限，但每個人都為此覺得驚喜，整個婚宴過程更是賓主盡歡。

尼哥底母是一個有名望的人，他是猶太人的官（約翰福音3：1）。當耶穌明確地說他必須重生時，他感到非常困惑。但是，在與尼哥底母的交談過程中，耶穌最激進的言詞之一，可能是祂使用了「無論是誰」或「所有人」這個詞（希臘文pas）；「叫『一切』信祂的都得永生。」「上帝愛世人，甚至將祂的獨生子賜給他們，叫一切信祂的，不至滅亡，反得永生。」（約翰福音3：15、16）這是一個令人震驚的消息：上帝接納所有相信祂兒子的人！凡仰望十字架和相信祂的人就有永生。無論是誰，所有的人，每一個人，只要明白不能靠自己得救，並且仰望救主，他就能夠得救。出於某種原因，法利賽人比罪人更難理解這個真理（參馬太福音21：31）。後者已經知道他們的需要，但是法利賽人卻非如此。耶穌的門徒也為上帝接納所有世人——無論種族、膚色、語言等——這一事實而掙扎（參使徒行傳10：28，34、35）。在你的社交圈裡，是否有人需要知道他們也包括在耶穌給尼哥底母的真理之中呢？想一想某些特定的人，例如你那正處於青少年期、染著一頭綠色頭髮並且穿了肚臍環的孫子？你那曾經坐過牢的鄰居？或是你教會中未婚先孕的女孩？請讓他們知道這個真理！我心充滿感謝，因為在所有的人中，也包括我在內。

8月 Aug 09

祂的寶藏

你若願意作完全人，可去變賣你所有的，分給窮人，就必有財寶在天上；你還要來跟從我。馬太福音19：21

孩子們對錢的看法常使我不禁莞爾。在商店裡，你經常可以看到有些孩子們努力說服他們的父母，為他們購買某些特定的玩具。有時候父母會拒絕，這時有些孩子就會很自信地宣稱他會買給自己，並拿出他的錢包，掏出一些完全無法跟玩具價格相襯的銅板。當我們設法購買救恩時，我們的所作所為就好比這些孩子。

有一個少年人來見耶穌，問祂說：「夫子，我該做什麼善事才能得永生？」（馬太福音19：16）。這個問題的前提是他認為可以藉著做善事來獲得救恩。耶穌藉由說明「只有一位是善的」這樣的觀念，來反駁他的想法（第17節）；即使是人類最偉大的善舉也不能被稱為是「善」的。儘管如此，祂還是接納他，並指出他若要進入永生，就當遵守誡命。少年人問「什麼誡命？」耶穌列舉了〈十誡〉的第二部分——即第五誡到第九誡，聚焦在如何對待別人上，並引用了〈利未記〉19章18節「當愛人如己」（馬太福音19：19）作為這些誡命的總結。這並不突兀，也與猶太人普遍的觀點相符。這個少年人「把口袋裡所有的」都拿出來，並聲稱自己已經遵守了這一切，但他似乎感覺得出，他還需要付出更多。「還缺少什麼呢？」耶穌這次更深入的說：「你若願意作完全人……」，現在是揭示核心問題的時候了！祂邀請他放棄世上所有的安全感，並完全依賴上帝的供應，為成為門徒做好準備。「可去變賣你所有的，分給窮人，就必有財寶在天上；你還要來跟從我。」（第21節）「那少年人聽見這話，就憂憂愁愁的走了，因為他的產業很多。」（第22節）耶穌是真正的寶藏，以及生命中的首要。沒有任何事物——儘管表面看起來再好，可以為我們買到永生。我們的財寶在哪裡，我們的心也在那裡（參馬太福音6：21），耶穌才是真正無與倫比的寶藏。

祂的成就

在人這是不能的，在上帝凡事都能。馬太福音19：26

那真是一次難忘的經歷。我們計畫一起去埃及旅行已有一段時日，但是因為母親患了癌症，所以我們無法確定是否能夠成行。但後來計畫終於實現！我們就站在金字塔前方。我和媽媽向駱駝走去，牠們跪著方便讓我們坐到牠們背上。但是當駱駝站起來的時候……哇，牠們比我想像的還要高得多，高到有點嚇人！我從來沒有意識到這些動物有多大，直到我騎上牠們的背。

耶穌用這些在巴勒斯坦最大的動物來說明我們是如何得救的。祂說到一個富人想要進入天國的難度，其可能性幾乎微乎其微。「駱駝穿過針的眼，比財主進上帝的國還容易呢！」（馬太福音19：24）耶穌使用的是一種誇飾法的修辭。有些人試圖將針眼解釋為一扇小門來減低這個教導的意義，但在當時並沒有如此解釋的跡象，這樣的解釋大大降低了上下文所帶出來的衝擊（註49）。耶穌以此點明人若無法意識到自己的需要，將是極其危險之事。在猶太文化中，富人被認為是最受上帝賜福的人，因為他們擁有充足的資源，可以向窮人施捨，並有更多研究《聖經》的時間。門徒們聽見這話肯定啞口無言；若這樣蒙福的人都不配進天國，那有誰能得救呢？但耶穌所教導的是，我們的得救並不在乎我們擁有什麼，也不是因為我們在社會中有何等地位。救恩是祂所成就的，不是我們。無論一個人多麼富有、聰明、強壯，沒有人能賺取天國；「被賜福的人」應該保持警惕，不要因他們的富足把他們擋在天國門外。對每一個人來說，無論其地位如何，賺取救恩都是不可能的；唯有在上帝凡事都能。

8月 Aug 11

祂的卓越

但司提反被聖靈充滿，定睛望天，看見上帝的榮耀，又看見耶穌站在上帝的右邊。使徒行傳7：55

我曾有過一次難忘的臺灣之旅；我在這美麗的國家度過了一段美好的時光，也在那裡分享了上帝的話語。雖然有人告訴我，福音派基督徒在台灣的人數還不到總人口的10%，但我卻從沒想過在這裡會看到這般情景——我參觀了一間著名的寺廟，那裡的偶像讓我目瞪口呆。成百上千的人向廟裡供奉的「神明」獻上祭品，我的心不禁因此而觸動。這些「神明」當中有些看上去非常憤怒，甚至滿臉通紅，這在我心中留下難以磨滅的印象。

當我們提到偶像崇拜時，我們經常聯想到的是那些崇拜許多不同神祇的異教國家和文化。但是在西方世界，我們也談論現代的偶像——就是那些在我們的生活中，其地位凌駕於我們的造物主和救贖主上帝的人、事物和行為。在救贖歷史的講道中，司提反提出了一種不同類型的偶像崇拜。首先，他提到他們的先祖不願意順服，並且「他們造了一個牛犢，又拿祭物獻給那像，歡喜自己手中的工作。」（使徒行傳7：41）。然後他也提到會幕和所羅門所建造的聖殿，你可曾注意到，他的聽眾雖然是宗教人士，卻仍然因為崇拜偶像而拒絕上帝的義者。「你們這硬著頸項、心與耳未受割禮的人，常時抗拒聖靈！你們的祖宗怎樣，你們也怎樣。哪一個先知不是你們祖宗逼迫呢？他們也把預先傳說那義者要來的人殺了；如今你們又把那義者賣了，殺了。」（第51、52節）不論他們如何吹噓自己優越的宗教傳統，他們仍然像異教徒一樣行事，因為他們的心與耳未受割禮。這就是沒有將耶穌置於所有的宗教儀式、信仰和傳統之上時會發生的錯誤。耶穌是我們的救贖主和中保，祂的公義（不是我們的）是我們得救的唯一原因。司提反的聽眾捂著耳朵（第57節）。司提反卻被聖靈充滿，看見耶穌站在上帝的右邊，對他的信息表示贊同和肯定（第55節）。願我們留意這個警告。耶穌比一切更卓越！

祂的命令

耶穌說：「你來吧！」彼得就從船上下去，在水面上走，要到耶穌那裡去。
馬太福音14：29

我決定在教堂講道時使用視覺教具來傳達信息。那天我們有一個浸禮儀式，所以我想在進入講道的序言時，有人能夠當著所有人面前在水面上行走。浸禮池有一面正對著會眾的玻璃牆，所以我們在水中放了兩張長桌，然後請一個人「在水面上行走」，從平台的這一邊走到另一邊。對這個講道主題而言，這是一個相當有效的視覺道具：一切都是因著信心而稱義，不論是永恆的救恩還是基督徒的行為，所有的一切都是耶穌所成就的。

當耶穌在水面上走向門徒時，祂向門徒們揭露了祂的身分：「是我。」（馬太福音14：27）彼得想到了一個好主意，彼得說：「主，如果是你，請叫我從水面上走到你那裡去。」（第28節）耶穌說「你來吧！」於是彼得就在水面上行走。在這個故事中，彼得同時表現出對耶穌能力的信心和懷疑。首先，在耶穌的命令下，彼得做了不可能的事，不是因他是誰，而是因耶穌的能力。然後，只因見風甚大，就害怕，將要沉下去，便喊著說：「主啊，救我！」（第30節）「拯救」這個詞，也是「耶穌」這個名字的含意——「你要給他起名叫耶穌，因他要將自己的百姓從罪惡裡救出來。」（馬太福音1：21）正如祂名字的意思，祂立刻伸手拉住彼得，表明這是一個缺乏信心的問題：「你這小信的人哪，為什麼疑惑呢？」（馬太福音14：31）。這一切都是基於耶穌和祂拯救的能力。而我們因著信獲得了這一切，都是上帝所賜的禮物（參以弗所書2：8）。當耶穌和彼得上了船，風就住了（馬太福音14：32）。在船上的人都拜他，說：「你真是上帝的兒子了。」（第33節）你能想像嗎？一個在湖中央的教會！門徒們意識到，他們是在上帝的兒子和祂超自然的力量面前得到拯救。這是〈馬太福音〉第二次、也是最後一次耶穌在祂復活之前被敬拜（第一次「拜他」的是來自東方的博士們；馬太福音2：11）。祂仍然是唯一值得我們敬拜的上帝，一切皆因有耶穌！

8月 Aug 13

祂的價值

天國好像寶貝藏在地裡，人遇見了就把它藏起來，歡歡喜喜地去變賣一切所有的，買這塊地。 馬太福音13：44

無論小孩大人，大家都喜歡玩尋寶遊戲。我住在一個有門禁的社區，那裡不時地會舉辦一個很受歡迎的社區跳蚤市場，許多人都會參與買賣。社區的通訊上登載了一則故事，有一位居民在跳蚤市場以相當便宜的價格買了一件物品，後來她無意中發現這件物品竟然價值連城！最後她以大約一百萬美元的價格把它轉賣出去，並將其中大部分的金額捐給了業主協會。這真是奇特的經歷！我們如何才能夠在生活中找到寶藏呢？

在古代，把硬幣和貴重物品埋在地裡是很常見的，有時主人會在尚未交代任何人之前就離世，使這些寶藏在不為人知的情形下深埋於地裡。在今天經文的比喻中，土地的主人並不知道地裡有寶藏，否則他就不會把土地賣掉。發現寶藏的人又把它埋了起來，然後就歡歡喜喜把他所有的都變賣了，買了那塊地，這樣他就成了那塊地以及寶藏的合法主人。耶穌的國是最大的寶藏。我們為了擁有它而必須放棄的任何一件事物，在價值上都無法與它相比。拋開一切、把耶穌放在第一位，不是一種犧牲，而是一種無比的喜樂。有關這個主題的第二個比喻其信息也相仿：「天國又好像買賣人尋找好珠子，遇見一顆重價的珠子，就去變賣他一切所有的，買了這顆珠子。」（馬太福音13：45、46）。當時的潛水夫和現在一樣，他們會在不同的地方（波斯灣、印度洋等）尋找珍珠，有些珍珠的價值等同於今日的數百萬美元。比喻中的商人為了擁有一顆價值連城的珍珠而變賣了一切。馬太的聽眾需要「變賣」什麼東西呢？宗教？世界觀？想法？行為？耶穌的福音比我們所擁有的一切更有價值。上帝是否要求你放棄某些東西，好讓自己完全接受福音呢？無論我們因為耶穌而放棄了什麼，都比不上擁有祂而獲得的喜樂！正如一首福音詩歌所唱的：「我寧願有耶穌，勝於金錢，我寧屬耶穌，勝得財富無邊……」

祂的「新」

沒有人把新布補在舊衣服上；因為所補上的反帶壞了那衣服，破的就更大了。馬太福音9：16

當我還是小女生時，某次我極需一件洋裝，可是家裡經濟拮据，所以我的母親便發揮了她的創意。她找來了兩件我們不再穿戴的舊衣物加以裁剪，縫製了一件直到今天都還令我記憶猶新的美麗裙子，而且是紅白相間的。但首先，她需要確保這兩種材料是相容而且不會縮水，還要有適度的彈性，這樣裙子在清洗時就不會被撕裂。

耶穌用了一個類似的例子來解釋福音的「新」為何與舊思維和傳統無法相容。這個論述始於約翰的門徒來問耶穌說，「我們和法利賽人常常禁食，你的門徒倒不禁食，這是為什麼呢？」（馬太福音9：14；法利賽人一週禁食兩次，參路加福音18：12）。耶穌用新郎（祂自己）和祂的門徒作為伴郎的比喻來回應，「新郎和陪伴之人同在的時候，陪伴之人豈能哀慟呢？但日子將到，新郎要離開他們，那時候他們就要禁食。」（馬太福音9：15；這是〈馬太福音〉中，第一個對於將來必臨到耶穌之死亡的暗示）耶穌接著繼續說明，要想將福音的「新」所帶來的喜樂，硬加在古老的猶太傳統上，乃是徒勞無益的。《聖經》中的一切都必須根據耶穌的身分和使命來重新詮釋。為了解釋這種不相容，耶穌用了兩個例子：「沒有人把新布補在舊衣服上；因為所補上的反帶壞了那衣服，破的就更大了，」（第16節）以及「也沒有人把新酒裝在舊皮袋裡；若是這樣，皮袋就裂開，酒漏出來，連皮袋也壞了。」（第17節）當新酒經過發酵的過程而膨脹時，新的皮袋亦會隨之伸展，反之，已經變硬的舊皮袋則會破裂，酒就漏了出來。基督教起源於猶太教，最終成為一個獨立的宗教團體，這便是「道不同，不相為謀」。耶穌並沒有遵循法利賽人的傳統，而是提出了一種新的福音來歡迎那些不被接受的人。耶穌基督的福音是以喜樂、包容、恩典和接納為特徵的！歡迎你一同來參加這個新的慶典！

8月 Aug 15

祂的根基

所以，凡聽見我這話就去行的，好比一個聰明人，把房子蓋在磐石上。 馬太福音7：24

加州終年氣候乾燥，除非遇上下雨天；可是一旦下雨，就有發生土石流的危險，尤其是之前曾經遭到野火肆虐的地區。有一次我們遇上了連續十四天的大雨，我很擔心我們會因此與外界隔絕，因為到我們家的唯一道路必須經過一座橋，這橋建在平日已經乾涸的河床之上。但那次橋下的水位居然升到了路面的高度。當水退去之後，該地區的景觀與先前完全不同，但那座橋由於立基穩固，依然屹立不搖。

〈福山寶訓〉在馬太福音5到7章以一系列的對比結束，最後一個是兩組人之間的對比：一個是聰明的，另一個是愚拙的。兩個人都聽見了耶穌的話（就像那些聽祂講道的民眾）。唯有聰明的人聽見了耶穌的話就去行。耶穌這句「我這話」在希臘原文中強調了「我」這個詞，因為它出現在句子的第一位。這是需要留意的，因為它不僅僅是出於個人的意見或宗教傳統，而是耶穌親口說的話。聽見祂的話就去行的，就好比一個聰明人，把房子蓋在磐石上；愚拙的人聽見了耶穌的話，卻不加理會，把房子蓋在沙土上。但有些人誤用了這個經文，認為耶穌強調的是行為而不是信心。但是這些人忘記了，在這個比喻中，兩個人都造了房子，做了一些事，但只有一個人願意讓耶穌的話成為他房子的根基。兩者所使用的措辭相似，這就突顯了最重要的區別：這兩個人都聽了耶穌的話；房子蓋在相同的環境中，唯一不同的是它們的根基。近東地區的暴風雨在來襲時，只消不到幾分鐘的時間，就可以把乾涸的河床變成洶湧的河流。在這個比喻中，房子的根基是由於突如其來的狀況而被突顯出來。建在磐石上的房子不會倒塌（7：25）；可是建在沙土上的房子就倒塌了，而且倒塌得很大（7：27）！聽見耶穌的話卻不去行的就完全崩塌了。我們的選擇往往是在遇到困難時，才能突顯其重要性，且將帶來永恆的結果。讓我們選擇倚靠那磐石吧！

祂的安息

我心裡柔和謙卑，你們當負我的軛，學我的樣式；這樣，你們心裡就必得享安息。馬太福音11：29

「救救我，我是艾曼達・貝瑞（Amanda Berry）！」隨著一通緊急的報案電話，三個已經失蹤多年的女人在克里夫蘭的一間屋子裡被發現。「我被人綁架，」貝瑞說，她還告訴調查人員，她是十年前失蹤的。「我已失蹤十多年，但現在我逃出來了，我自由了！」這個突破是在貝瑞鼓起勇氣逃跑時發生的。震驚的親朋好友們幾乎無法相信，他們失蹤多年的家人終於被找到了（註50）！

當亞當和夏娃犯罪、被撒但欺騙之後，你我在屬靈上就已經被綁架了（參創世記第3章）。我們所有人都感受過痛苦和失落，但我們最初受造是因為平安，而非憂慮；是因為豐盛，而非痛苦；是為了生存，而非死亡！人是按著上帝的形象受造的，上帝也將永生安置在我們心裡（傳道書3：11）。這就是為何在我們的心靈深處有一種揮之不去的感覺，提醒我們這個世界不是我們的家。在不安的境況中，耶穌邀請我們來到祂裡面得安息，這是一份從重擔和痛苦世界中脫離所能獲得的歇息。這個邀請只在〈馬太福音〉11章28至30節中出現。我花了8年時間研究它，作為我博士論文的主題（註51）。安息（anapausis）這個詞在《七十士譯本》（希臘文舊約聖經）中共出現過137次，它的主要含義是安息日的安息、智慧的休息、平安的居所。我們每週安息日的休息是對創造和救贖的記念，也是天國的預嘗，在那裡我們將從痛苦和折磨中得到完全的休息，並將永遠生活在天國的安寧和完全的和平中。耶穌邀請我們現在就開始在我們的心靈上去體驗那「將要到來的國度」，因為祂是提供、保證我們永恆安息的主。祈願你接受耶穌的邀請，在祂的救贖、得勝、供應和復興中得安息。祂對我們的過去、現在和將來已經做出了應許：「我就使你們得安息。」（參馬太福音11：29）接受祂的邀請，歇一歇，然後進入祂的安息！

8月 Aug 17

祂的確定

又對他們說：「安息日是為人設立的，人不是為安息日設立的。」馬可福音2：27

對於俄羅斯亞歷山卓宮深深著迷、亦有深入研究的艾奇遜（Bob Atchison），曾經分享過一件值得深省的軼事。在亞歷山卓（俄羅斯帝國時期最後一位女皇）之前，俄國皇室向來都對鮮花喜愛有加。女皇凱薩琳（Catherine the Great）甚至把她最珍視的玫瑰收藏在沙皇村裡，還指派了專門的侍衛常年保護這些花，使它們免受惡劣氣候和意外傷害的影響。過去皇令一旦下達就必須遵守，直到命令被解除為止。凱薩琳死後一個多世紀，尼古拉和亞歷山大才意外發現，那裡竟然還有一群守衛駐紮多年，只為了保護凱薩琳那些早已經消失的玫瑰花（註52）。

你能想像嗎？這一群皇家侍衛就這樣在那裡駐守了一百多年，不問緣由地看守著一叢已經不存在的玫瑰花？耶穌不願見到同樣的事發生在祂的跟隨者身上。祂知道有許多人雖然遵守安息日，可是卻拒絕祂（他們只是駐守在那兒捍衛著傳統，卻拒絕了那真正的沙崙玫瑰——耶穌）。另一些人不停地談論安息日的律法，把這一天變成了重擔，而不是用來慶祝創造和救贖。法利賽人便是如此。拉比根深蒂固的傳統，以及伴隨其洋洋灑灑的39項違反安息日的各項規矩，制定了重重的人為限制，導致安息日的真正意義被掩蓋。這個神聖的日子之所以被設立，是為了要記念和恢復的，好用來提醒我們，我們是造物主和救贖主的兒女。當門徒們在安息日掐了麥穗時（馬可福音2：23），法利賽人向耶穌抱怨說，他們所做的是不合乎律法的事，並透過律法的眼光來解釋他們的行為（參申命記23：25；出埃及記34：21）。作為回應，耶穌點明了安息日的意義以及遵守安息日的真正原因：「又對他們說：『安息日是為人設立的，人不是為安息日設立的。所以，人子也是安息日的主。』」（馬可福音2：27、28）。每週的安息日都在提醒我們，在耶穌裡我們是祂的兒女。願我們可以在祂為我們所成就的大工中得安息！

祂的命令

耶穌對他說：「起來，拿你的褥子走吧！」約翰福音5：8

我個人十分欽佩那些會把自己對上帝的虔誠和熱愛實踐在生活中的人。我去以色列的時候，看到許多正統的猶太人，他們公開地實踐他們的信仰，無論是在飛機上，街上，還是一般的工作場所。他們會調整一些生活文化以便實行宗教信仰。我們的旅館還專門設立了一部安息日電梯，它在每層樓都會自動停下，這樣就沒人會因為去按樓層的按鈕而違反安息日的規定。我認為這樣的作法似乎有些極端，但當我審視自己的生活時，我意識到我有時也會將這種重擔加諸在他人的身上。

那在畢士大池獲得醫治之癱瘓病人的故事，使我深受挑戰。經過38年悲慘的生活，那人生命中只剩下少許盼望，耶穌命令他「起來，拿……走」（約翰福音5：8）。那人照著這些指示去做，就發現自己已經完全好了！（第9節）然而，他不但沒有聽到周圍的人發出對上帝的讚美之聲，反而受到了宗教人士的譴責：「今天是安息日，你拿褥子是不可的。」（第10節）這是多麼冷淡又悲哀的表現啊！因為對宗教禁制充滿狂熱，這些律法的遵守者竟然無法對耶穌的醫治神蹟產生喜悅之情！我相信那些安息日的規條最初被設立的目的，原本是為了記念上帝的聖安息日（參耶利米書17：19－27；尼希米記13：15－19），但他們最終使它成為了一個重擔。在安息日有39種工作是被禁止的，並有成千上萬對這些規條的解釋。安息天可以把針帶在外衣上嗎？可以把飾物別在外袍上嗎？ 這些都是當時爭論不休的話題。耶穌希望恢復安息日的救贖意義，尤其是在祂的救贖使命中，因此祂選擇在安息日使這個人痊癒。耶穌和那個被醫治的人專注於他現在的境況：「痊癒了。」（約翰福音5：14、15）但猶太人所強調的卻是他們違反了所定下的規條。讓我們求上帝賜給我們得救的喜樂，教導我們上帝誡命的美麗和單純，並把我們從人為的重擔中釋放出來！

8月 Aug 19

祂的修剪

凡屬我不結果子的枝子，他就剪去；凡結果子的，他就修理乾淨，使枝子結果子更多。約翰福音15：2

在我二十幾歲時曾經帶領過一個青年詩班，這個詩班最終成長為一個青壯年詩歌班。我們最喜歡的歌曲之一，是由基督徒歌手史蒂夫．格林（Steve Green）所唱紅的「精煉之火」（The Refiner's Fire）。現在回想起來，我意識到我們當時都太年輕了，根本無法理解我們所唱這句歌詞的含義——「無論我將失去什麼，我都會選擇精煉之火。」（註53）成年後，當我們最終有了破碎的經歷，這句話才顯為真實。

像「精煉之火」和「神聖的修剪」這樣的詞彙會讓我們不太舒服，因為我們都有令自己逃避痛苦的傾向。但是修剪的目的是什麼呢？在舊約中，以色列經常被描繪成一棵葡萄樹（參以賽亞書5：1－7；耶利米書2：21；以西結書15及19章；何西阿書10：1；等等）。上帝經常發現這棵葡萄樹（以色列）已經變得荒蕪又不結果實。耶穌說祂是真葡萄樹，祂的跟隨者是枝子，祂的父親是栽培葡萄的人（約翰福音15：1，4、5）。葡萄園存在的目的就是要生產葡萄，但不經過修剪它就不會結出果實；我們存在的目的是要將榮耀歸給上帝，並邀請別人進入祂的國度，但只有上帝知道如何實現這一切。在這個葡萄園的比喻中，只有兩種枝子：不結果的枝子會被砍掉，而結果子的枝子會被修理或修剪（第2節）。請特別注意這一點：只有結果子的枝子會被修剪。在希臘文中，「他拿」（airei）和「他修理或修剪」（kathairei）之間有一種文字上的趣味，這種言外之意很難用其他語言表達出來，但它清楚表明，我們若不是前者，就是屬於後者。下一節（第3節）更明白指出，我們因耶穌所講給我們的道，已經乾淨了。讓我們相信，葡萄園主知道我們需要如何做才能榮耀祂。我們所要做的就是降服在祂大能的手中。葡萄樹的枝子結果子；枝子順服葡萄樹，也順服園主的修剪。要相信我們在破碎中仍然可以榮耀上帝。要記得耶穌的十字架，它提醒我們祂對我們無限的愛；當我們不明白祂的道路時，也依然可以相信祂的心！

祂的生命力

我是葡萄樹，你們是枝子。常在我裡面的，我也常在他裡面，這人就多結果子；因為離了我，你們就不能做什麼。約翰福音15：5

我們的空調最近出了問題，雖然機器尚在保固期內，但我們需要等上幾天，新零件才能到貨。當維修人員發現電線已經燒壞之後，他拜託我們在零件到來之前，先暫時不要使用它。他隨即切斷電源使其停止運作。沒有接上電源，空調就無法再發揮作用，除非它重新再接上電源。

耶穌說：「你們要常在我裡面，我也常在你們裡面。」（約翰福音15：4）我一直對「在」（abide）這個詞很感興趣，它的意思是「維持」或「保持聯繫」；「在」有兩層含義：耶穌在我們裡面，我們也在祂裡面。在希臘文中，章節裡的「我」這兩個代名詞是並置的，強調兩者的對等。這種親密的聯合對於結果子是必要的，因為我們沒有能力靠自己結果子。耶穌詳細地解釋說：「枝子若不常在葡萄樹上，自己就不能結果子；你們若不常在我裡面，也是這樣。我是葡萄樹，你們是枝子。常在我裡面的，我也常在他裡面，這人就多結果子；因為離了我，你們就不能做什麼。」（第4、5節）。祂是源頭，我們是枝子；我們不應該對這些角色感到困惑。每一天，枝子都經歷葡萄樹所賦予的、結果子的生命力。離了祂，我們什麼都不能做。就我們自己而言，我們缺乏技能、精力、時間、智慧、耐心、喜樂、盼望等等。沒有耶穌所賜的生命及能力，我們無法在靈裡成長，也無法去服事他人。這樣對等的關係是成立的：有了耶穌，我們凡事都能做（參腓立比書4：13）；離了祂，我們什麼都不能做。我們的救恩和基督徒的行為都是上帝所成就的。我們因著恩典得救，也因著恩典成為祂的工人，在基督耶穌裡被創造，叫我們結果子（參以弗所書2：8，10）。祂對我們的設計是要讓我們過有目的的生活，就是為了榮耀祂而活。如果你發現自己今天有所欠缺，記得上帝是一切的源頭！要常在祂裡面！

8月 Aug 21

祂的工作

信上帝所差來的，這就是做上帝的工。約翰福音6：29

我親身體驗了這個說法：「一幅畫勝過千言萬語。」當我發現布倫南·曼寧（Brennan Manning）的著作——《衣衫襤褸的福音》的圖像版一書時（註54），我感到非常的驚訝。插畫家不僅成功捕捉到福音概念，還將其更進一步藝術化，例如，一個遊民手裡舉著「願意以行為得拯救」的牌子，作為恩典的一個對立面。

在施行了餵飽五千人的神蹟之後，耶穌對於群眾尋找祂的自私動機提出了挑戰（約翰福音6：27）。祂對他們說：「不要為那必壞的食物勞力，要為那存到永生的食物勞力，就是人子要賜給你們的，因為人子是父上帝所印證的。」（第27節）但是在群眾當中，正如現在有些人一樣，將耶穌的這番話解讀為必須靠行為才能得到永生，所以他們問祂：「我們當行什麼才算做上帝的工呢？」（第28節）。他們忘記了耶穌曾對他們說，人子要把不能壞的食物賜給他們。想要藉著工作賺取金錢是人的天性，因此我們自然會對於上帝透過我們所做的「善工」對救贖毫無益處感到不解；祂在我們裡面所行的乃是為了祂的榮耀（馬太福音5：16），而不是為我們的。祂在兩千年前就為我們付上了贖價，我們得救是因著恩典，不是因著行為（以弗所書2：8－10）。陸可鐸（Max Lucado）在〈使徒行傳〉第15章中觀察到恩典與行為的難題時，他分析道：「這並不是說人們不相信恩典。他們相信，而且是非常相信，他們只是不相信單單靠恩典就行。於是他們想要在基督的犧牲上再加添一些。有很多人是相信恩典的。他們辯稱，耶穌『幾乎』完成了救贖。他們認為在名為『天堂之界』的小船上，耶穌大部分時間都在划槳。但祂需要我們的幫助。所以我們要幫祂一把。」（註55），對於那些靠行為得救的人，耶穌回答說：「信上帝所差來的，這就是做上帝的工。」（約翰福音6：29）這是上帝為我們所做的工：相信耶穌！祂會負責其餘的事。

祂的類比

22 8月 Aug

我實在告訴你們，凡要承受上帝國的，若不像小孩子，斷不能進去。馬可福音10：15

我的孫子尚在襁褓時，有一天下午她不肯睡覺，我便把她抱在懷裡，開始哼歌，輕輕拍著她的背，很快她就睡著了。她不知道自己距離地板有一段距離，她只是靜靜地躺在我的懷裡就安詳入睡。就在那時，我和上帝開始了一段有意義的對話，我問祂：「這就是祢所說的，要我們像孩子一樣相信祢，並完全順服於祢的看顧的意思嗎？」這真是一個美好又溫馨的時刻！

我相信我們所有人都曾因為孩子展露出來的微笑、熱情，以及他們的單純和誠實感到愉悅。當有人帶著孩子來求耶穌的祝福時，門徒卻責備他們（馬可福音10：13）。他們認為耶穌有一個國度要建立，所以還有更重要的事情要做。然而，馬可告訴我們耶穌看見就惱怒（第14節）。祂給了門徒兩道對等的命令，一個以肯定語氣，另一個以否定句表達：「讓小孩子到我這裡來，」以及「不要禁止他們。」（第14節）。為什麼？因為在上帝國的，正是這樣的人。但這還不是全部。耶穌藉此機會，透過一個類比來宣布進入上帝國度的條件：「我實在告訴你們，凡要承受上帝國的，若不像小孩子，斷不能進去。」（第15節）。像一個小孩子？這是真的嗎？有些人曾期待，即將到來的國度是透過權力和軍事力量而建立；另一些人則試圖透過嚴格遵守律法來建立。誰能想像一個人是因孩子般的軟弱來進入上帝的國呢？作為成年人，我們很自然地想要賺取或是靠行為來獲得這個國度，但它卻是一份禮物。小小孩子主愛惜！「只有當一個人知道自己的無助和渺小，也沒有權利和功績可倚仗時，他才能進入這個國度。『接待……像一個小孩子』這個譬喻強調的，就是小孩子的天性會公開且自信地接受所給予他的……從具體的觀點來看，就是接受福音，以及耶穌，作為天國近了的那一位。」（註56）

8月 Aug 23

祂的階級

所以，凡自己謙卑像這小孩子的，他在天國裡就是最大的。馬太福音18：4

我參加過幾次幼稚園畢業典禮；孩子們經常被問到：「你長大後想做什麼呢？」大多數孩子的回答都是帶有專業頭銜的，如律師、醫生或會計師。但偶爾你也會聽到一些比較不尋常的回答，例如：「長大後，我想要快樂。」或者，「就算長大了，我也想要做小孩。」從屬靈的角度耶穌會說，當我們「長大後」，我們應該變成像小孩子一樣。

門徒進前來，問耶穌說：「天國裡誰是最大的？」（馬太福音18：1）。這一個部分始於耶穌有關天國的論述。可是門徒們關注的卻是天國的階級；他們滿腦子都是地位和權力分配的問題。「誰是最大的？」「如何坐上高位？」「如何保住最好的位子？」〈馬太福音〉不只一次記錄了這個困擾門徒的想法（參馬太福音20：26－28；23：11、12）。耶穌喜歡用比喻來解釋天國的價值，祂使用一個小孩子作為教導上的具體說明。「我實在告訴你們，你們若不回轉，變成小孩子的樣式，斷不得進天國。」（馬太福音18：3）。兒童在第一世紀時的社會地位最低；即使受到父母的疼愛，他們仍然不具備社會地位。耶穌解釋說，門徒們必須改變他們的思維方式，變得像孩子一樣謙卑，因為小孩子的軟弱正是門徒們渴望權力的反比。那些謙卑、沒有權位或偽裝的人，正是天國的承受者，無論現在和將來都是。孩子們完全依賴他們的照顧者生存，說明了耶穌的跟隨者對天國無法用任何的功績交換而來。上帝的國是以一個與世俗完全相左的價值體系運作的，是一個高低完全互換的階級，那些謙虛承認自己地位卑微的人，將被視為偉大，且在後的要在前。

祂的責備

你們為什麼因著你們的遺傳犯上帝的誡命呢？馬太福音15：3

我正要出發前往德國去佈道，就在機場等待安檢人員檢查我的行李，突然一個安檢人員大聲叫了我的名字：「塔爾博特！」隨即他對我說：「妳是想讓我的心臟病發作嗎？」我心下納悶著，不知道發生了什麼事。然後他指著我行李裡面的一條大橡皮蛇，這條蛇是我講道的道具，預備在分享〈約翰福音〉3章14至16節的時候派上用場。現在我明白了他的恐懼，他還以為那是一條真的蛇呢！

耶穌說一個虛假無情的宗教比這個更可怕。在祂對法利賽人和文士最嚴厲的指責中，祂稱他們為假冒為善者，因為他們為了維持傳統，就削弱上帝的話（馬太福音15：1－20）。假冒為善者善於假裝自己與眾不同，意思就是戴著假面具。這個詞來自希臘文，指的是歌劇院裡的演員。在耶穌時代，宗教傳統是口傳的，後來才被寫成書。在這個故事中，法利賽人指責門徒在吃飯前不洗手。這無關乎衛生問題，而是儀文律法的規定。耶穌回答說，他們是離棄上帝的誡命，拘泥人的傳統了。他們「假裝」虔誠，卻違背了慈愛和憐憫的原則。其中一個作法是，他們不孝敬父母，也不照顧父母，卻說，他們的財物已經作為供物獻給上帝了（稱為各耳板，參馬可福音7：11），因此，他們沒有任何東西可以孝敬父母了。上帝知道他們內心所想的。耶穌引用了以賽亞的預言對他們說：「這百姓用嘴唇尊敬我，心卻遠離我。」（馬太福音15：8）耶穌經常責備人缺乏憐憫（參馬太福音12：7），這是祂國度的一個基本原則。我們都是祂憐憫的領受者！願上帝教導我們向周圍的人施予憐憫，將上帝的原則置於我們個人的解釋和喜好之上。

我的回應

8月 Aug 25

祂的指示

就對他說：「你跟從我吧！」約翰福音21：19

我對馬瞭解不多，但我認為牠們是了不起的動物。我總是對牠們奔馳時需戴上眼罩一事感到奇怪。於是我對此做了一些研究，才發現馬有周邊視覺。有時牠們需要眼罩來將注意力集中在前方而不是側面或後方。眼罩可以幫助馬兒跑在正確的路線上。你是否也曾覺得自己的大腦需要類似的眼罩帶來幫助，以便讓你能夠專注在最重要的事情上呢？

我們的思緒會被成百上千個、像這樣的疑問困擾——「假如……？」「那要不要……？」「現在該如何？」以及諸如此類的其他問題。門徒彼得也思考過類似問題。在耶穌委託他去牧養祂的羊群之後（約翰福音21：15－17），祂向彼得揭露了一些關於他未來的事情（第18節）。當〈約翰福音〉成書時，彼得已經為主殉道，約翰對耶穌的這句話提供了更進一步的說明：「耶穌說這話是指著彼得要怎樣死，榮耀上帝。」（19節），在這之前，彼得表明他已經預備好和耶穌一起面對死亡（路加福音22：33），而他也將獲得這個特權。在這個啟示之後，耶穌對彼得說：「你跟從我吧！」彼得不應該被這個啟示困擾，他應該專注於跟隨耶穌。但是性格急燥的他總是容易被旁邊的事物所吸引，就像在風暴的水面上行走，以及在耶穌被捕時拔刀出鞘時一樣。這次也不例外。當他看見約翰跟在他們後面時（約翰福音21：20），他想要知道將來會發生在約翰身上的事。耶穌有沒有對約翰的未來說過什麼呢？「彼得看見他，就問耶穌說：『主啊，這人將來如何？』耶穌對他說：『我若要他等到我來的時候，與你何干？你跟從我吧！』」（第21、22節）。第二次，耶穌指示彼得要專心跟隨祂，把其餘的事情交給祂。救贖我們的主也是那位完全掌管我們生命、死亡和未來的主，祂也掌管著我們所愛的人。我們可以相信祂！我們的命運掌握在祂的手中。讓我們專心跟隨祂！

26 8月 Aug

祂的動機

又因信我，得蒙赦罪，和一切成聖的人同得基業。使徒行傳26：18

我參加過很多次婦女退修會，有時一些特別的活動會經常出現在節目當中。有一次，所有的與會婦女都拿到一些小紙張，讓她們寫出導致內心沉重之罪的首個字母，與此同時她們也希望接受上帝，並獲得基督所給予的信心。然後，我們所有人都站起來，把我們的紙張掛在十字架上，象徵著將我們屬靈上的罪疚卸在十字架上。這樣的作法確實非常有效，許多婦女感到肩上的擔子在掛上紙條的那一刻已然卸下。

罪是沉重的，許多人生活在罪疚和羞恥的陰影下。〈使徒行傳〉26章1至23節記述了保羅第三次見證他在大馬士革路上的悔改和蒙召，保羅解釋說，因信稱義是他福音使命的核心信息：「要叫他們的眼睛得開，從黑暗中歸向光明，從撒但權下歸向上帝；又因信我，得蒙赦罪，和一切成聖的人同得基業。」（第18節）這是耶穌在〈路加福音〉一個不斷重複的主題，在〈路加福音〉最後一章中耶穌也把這個相同的使命給了門徒：「又對他們說：『照經上所寫的，基督必受害，第三日從死裡復活，並且人要奉祂的名傳悔改、赦罪的道，從耶路撒冷起直傳到萬邦。』」（路加福音24：46、47）此外，保羅強調，除了蒙饒恕之外，那些因信耶穌而成聖的人也將獲得一份確定的基業（使徒行傳26：18）。基督強調說，這些人被「分別為聖」不是因為他們無罪或完美，而是因為他們「信我」（第18節）。透過耶穌的犧牲得蒙饒恕之主題是基督教會傳揚福音的核心。接受耶穌饒恕的結果是一種不配得，卻是永恆基業的保證。把你的罪卸在祂的十字架上，生活在光明中，並享受你永遠得救的喜樂！

8月
Aug 27

祂的莊稼

所以，你們當求莊稼的主打發工人出去收他的莊稼。馬太福音9：38

當我們抵達加拿大時，正逢油菜花豐收時節，整片黃橙橙的油菜花盛開的景象在我的腦海中揮之不去。一個農民邀請我和丈夫去參觀他的花田。我拍了一些照片，你幾乎看不到我們站在油菜花田裡，因為花實在長得太高了！他還讓我們坐在他新買的拖拉機上，為我們介紹他的收割機，一邊解釋和展示它的許多功能。這是一次很棒的經歷！當我離開的時候，我驚訝於他對油菜花的熱愛，以及對花田無保留的投資，他做了一切必要的事以獲得成功的收成。

耶穌周遊許多城鎮去傳道、傳福音和醫治病人，「祂看見許多的人，就憐憫他們；因為他們困苦流離，如同羊沒有牧人一般。」（馬太福音9：36）。有那麼多的事要做！那麼多的人需要幫忙！那麼多的需要得供給！那麼多迷失的生靈要牧養！祂對門徒說：「要收的莊稼多，做工的人少。」（第37節）作為一位牧者，我常常對這些需要感到無能為力。工作永遠做不完，因為這個世界有太多的需要和痛苦。這就是為什麼我從耶穌接下來的話中找到了極大的安慰：「所以，你們當求莊稼的主打發工人出去收他的莊稼。」（第38節）。你可曾注意到這句話中所強調的詞——「他的」？這是祂的莊稼！這不是我們能製造出來、也無法憑之邀功的。祂提供所需要的，祂知道何時是正確的時機，祂提供工人。一切的結果都握在祂手中！我是那種很容易將不屬於我的工作攬在身上的人；有時我甚至會試著去做聖靈的工作。我要人們馬上決志信耶穌……現在就要決志！上帝的確授權我們去為祂工作，就如同下一章耶穌差遣門徒出去傳道一樣（馬太福音第10章）。但祂並沒有授權我們去掌控時機和結果。這是祂的莊稼，請放心，祂為它所投入的遠遠超過一切！事實上，耶穌的死正是為了莊稼的大豐收！

28 8月 Aug

祂的完全

這是要應驗主藉先知所說的話，說：「我從埃及召出我的兒子來。」馬太福音2：15

一名年輕女孩十分聰明優秀，可是她的家庭負擔不起她的學費。她決定報讀醫學院，並申請助學貸款。她成了一個非常優秀的學生，但當她畢業後，她無法想像自己該如何還清這一大筆學貸。不久後，她獲得了一份工作，合約裡聲明會為她償還全部的貸款！她簡直欣喜若狂！你是否曾經欠下連自己都無法還清的債呢？

馬太多次記錄耶穌重溫以色列的歷史，將他們的失敗轉化成祂的成功。因此，馬太有時會引用舊約中有關以色列的章節，並將它們應用在耶穌身上。其中一個例子就是在嬰兒耶穌從埃及回來時，馬太引用了〈何西阿書〉11章1節：「這是要應驗主藉先知所說的話，說：『我從埃及召出我的兒子來。』」（馬太福音2：15）；〈何西阿書〉11章是舊約中情感最豐富的章節之一，在這一章中，上帝用父子的形象來說明祂如何愛以色列人像愛自己的兒子一樣，如何將他們抱在懷裡，用慈繩愛索來牽引他們，可是他們竟離棄了祂。以色列人（全體；參出埃及記4：22）和以色列王（個人；參撒母耳記下7：14）是舊約中上帝和耶穌之間父子關係的兩個象徵。現在，耶穌是上帝子民完美的君王代表。馬太記述耶穌如何重溫以色列歷史，並在他們失敗的地方取得勝利，這些篇章內容給我的心靈帶來了極大的平安。耶穌完美的生活和犧牲，為我償還了我無法償還的債務，是我得救的保證。當上帝看見我的時候，祂會看見在我身上有著耶穌為我成就的義。當我接受耶穌為我的救主時，我所有犯罪的記錄都被祂的完全所遮蓋。馬太指明以色列人的歷史是隱藏在基督裡的，因為耶穌改寫了他們的歷史。我祈願你也能夠如此相信，因為你的故事就是祂的故事！

8月 Aug 29

祂的克服

弟兄勝過牠，是因羔羊的血和自己所見證的道。啟示錄12：11

你是否曾經看過一幅畫，其中描繪的是改革家馬丁路德把墨水瓶扔向魔鬼？這些畫作的靈感源自馬丁路德的著作，故事說到他在瓦爾特堡時曾用墨水與魔鬼爭戰。雖然有人認為這只是一則故事，但毫無疑問，路德擊退魔鬼最成功的一件事，就是透過他的筆書寫福音作品，並且將《聖經》翻譯成德文，使一般人都可以理解上帝的恩典。

《聖經》告訴我們，上帝的敵人也是上帝兒女的控訴者。是撒但把罪和欺騙帶進這個世界（啟示錄12：9）；他也是那個不斷將對上帝子民的控訴，帶到天上審判台前的人（第10節）。如同約伯（約伯記1：6）和大祭司約書亞（撒迦利亞書3：1）的例子。但這一切在十字架上都被改變了：「我上帝的救恩、能力、國度、並祂基督的權柄，現在都來到了！因為那在我們上帝面前晝夜控告我們弟兄的，已經被摔下去了。弟兄勝過牠，是因羔羊的血和自己所見證的道。」（啟示錄12：10、11）。蘭科・斯蒂法諾維奇說到：「情況完全改觀，隨著基督在十字架上的死亡，撒但的失敗是注定的。在十字架上，整個宇宙都清楚看見上帝是誰，以及祂統治的品格。同樣的，撒但的品格也在十字架上顯露無疑……結果，撒但永遠被逐出了天庭。」（註57），耶穌已經戰勝了仇敵！雖然我們接受了上帝的赦免，但上帝的仇敵仍要引誘我們去犯罪，直到他最後滅亡之時。然而，他無法在上帝或天庭面前指控我們了。上帝的仇敵想讓我們灰心喪志，以便讓我們因羞愧而放棄。但是讓我們記住，直到我們死的那一刻，我們的得勝都是因為羔羊的血和所見證的道。耶穌已經在十字架上得勝了，這代表撒但已是一個被擊敗的敵人，並且他的時間也是有限的（第12節）！

祂的使命

30 8月 Aug

所以，你們要去，使萬民作我的門徒，奉父、子、聖靈的名給他們施洗。馬太福音28：19

由布魯斯·馬基亞諾（Bruce Marchiano）主演的《視覺聖經：馬太福音》，是一部在1993年出品、根據〈馬太福音〉改編的耶穌生平電影。我看這部電影的結局看了幾十次。在影片中，耶穌將大使命吩咐了門徒之後（馬太福音28：18－20），祂背對著鏡頭，開始步行離開。突然，祂轉過身，面帶微笑，直視著鏡頭，示意要門徒跟著祂。這一幕對我來說總是那麼的感同身受，每次都讓我熱淚盈眶。

在耶穌宣告了天上地下所有的權柄都賜給了祂之後（馬太福音28：18），祂接著發出了後來被稱為「大使命」的吩咐：「所以你們要去使萬民作我的門徒」（第19節）。「所以」這個詞，將大使命與耶穌先前所說的權柄聯繫起來；門徒們是奉耶穌的權柄出去傳道的。它的目的清楚的由三個動詞表述：「去」，「施洗」，「教訓」，而這三個動詞又指向第四個動詞——使他們「作耶穌的門徒」（第19、20節）。「作門徒」在希臘文中是一個動詞。「門徒」這個詞的意思是「學生」。他們要使萬民作門徒以繼續耶穌的事工，教導他們耶穌所教導和吩咐的（第20節）。他們要往各地去（第19節），這是與亞伯拉罕最初所立的約（參創世記12：3）：不僅僅是猶太人，而是地上所有的人都能蒙福！如此耶穌的救贖才能夠臨到各國、各族、各方、各民，這一點從天國敬拜的場景中就能彰顯出來（參啟示錄5：9、10）。門徒要奉三一真神的名施洗——即聖父、聖子和聖靈（馬太福音28：19）。最後，耶穌藉著「我就常與你們同在，直到世界的末了」一席話來向門徒保證，無論是在他們的日常生活，還是傳道事工，或在救贖工作上，祂都會與他們同在。耶穌的這個保證以首尾呼應的結構呈現，就是呼應〈馬太福音〉的開篇：耶穌是「以馬內利」——上帝與我們同在（馬太福音1：23）。耶穌如此說既是提醒他們，也是提醒我們：「我就常與你們同在，直到世界的末了。」阿們！

8月 Aug 31

祂的驗證

上帝既然給他們恩賜，像在我們信主耶穌基督的時候給了我們一樣；我是誰，能攔阻上帝呢？使徒行傳11：17

我永遠不會忘記某次有位虔誠的執事在教會執行委員會中所做的見證。多年以來，他一直非常反對某項特別計畫。但是那一天，他在會議上發表他的見證，他確信聖靈已經在他所反對的計畫中動工。然後他宣布，他將放棄之前所持的意見，預備好跟隨上帝給予他的指示。

上帝總是溫柔地引導我們進行深刻的理解之旅。當我們對祂的啟示保持開放的態度時，我們一定會成長，甚至改變我們的思想，因為我們會更深入的去瞭解上帝救恩的範圍。即使是在耶穌從死裡復活之後，門徒們還是不明白，凡求告主名的，就必得救，並在傳揚福音上被上帝所使用。在〈使徒行傳〉第10章，上帝藉著一個異象將彼得悄悄帶入一個外邦人的家裡，向他們傳講耶穌。但即便如此，新成立的教會仍然沒有準備好為外邦人施洗。故此，聖靈就趕在他們前頭，沛降在那些還沒有受洗，但樂意領受耶穌福音的人身上。彼得見了就吩咐給他們施洗，與此同時，他還是必須對他的行為特別解釋一番（使徒行傳10：44－48）。在耶路撒冷，猶太人基督徒與他爭辯（參使徒行傳11：2、3）。彼得向他們解釋所發生的事，又說：「我是誰，能攔阻上帝呢？」（第17節）。結果，因為聖靈所顯示的驗證，他們接受了，並改變了他們的想法。「眾人聽見這話，就不言語了，只歸榮耀與上帝，說：『這樣看來，上帝也賜恩給外邦人，叫他們悔改得生命了。』」（第18節）主的工作隨即在所有已知的地方蓬勃發展（第20－24節）。想想，如果彼得站在上帝的面前會發生什麼事呢？我們也將被賦予同樣的機會。願我們的心常向上帝敞開，使福音能在我們的家裡、工作地點、學校和教會裡被傳揚，直等到末日臨近！

9月 | 分享祂的慈愛

9月 Sep 01

祂的見證

看哪，這是上帝的羔羊！約翰福音1：36

我的同事兼好友——奧索林斯博士曾分享過他在烏干達布格馬大學時遇到的一個學生及其故事（註58）。這個年輕人買了一張去巴基斯坦的機票，但是在出發那天他丟失了護照，錯過了航班。他沮喪到不想和任何人說話，但後來他卻遇到了一個熱心與他分享耶穌的人，結果最終他成為基督徒。現在他是一名神學生，正在努力裝備自己，好為主作見證。但其實在他錯過航班的那一天，他正在前往恐怖分子訓練營的路上，目的是要成為一名自殺式炸彈的攻擊者。因為一個基督徒與他分享的見證，他的人生旅程就此改變了！

施洗約翰看見耶穌，就見證說：「看哪，上帝的羔羊。」（約翰福音1：36）所以約翰的兩個門徒決定跟從耶穌；這兩個人其中一個是西門彼得的兄弟安得烈（第40節）。他們和耶穌一起度過了一天，這足以讓安得烈相信耶穌確實是彌賽亞。他非常激動，因為他找到了他的主，他所做的第一件事就是找到他的兄弟西門，對他說：「我們遇見彌賽亞了。」（第41節），他把他帶到耶穌那裡（第42節）。安得烈是一個在幕後默默低調工作的人，他不是那種講一次道，就能讓幾千人受洗的人。彼得一次講道，就有三千人受洗（使徒行傳2：41），但是安得烈卻是那個把彼得帶到耶穌面前的人。安得烈經常帶一個人，或一小群人去見耶穌。有一次，有幾個希臘人來見腓力，要求見耶穌。腓力告訴安得烈，兩個門徒就把這些希臘人帶到耶穌面前（約翰福音12：20－22）。在〈約翰福音〉第6章，當門徒們面臨要給一大群人吃飽的挑戰時，是安得烈發現了一個帶著五餅二魚的小男孩。他把孩子領到耶穌面前，耶穌藉此行了一個驚人的神蹟，把這一點點的食物變成了足夠讓幾千人吃飽的食物。我們每個人都有向別人見證我們奇妙之主的特權，我們不必擔心自己缺乏智慧或技能。就像主賜給我們救恩一樣，祂也會賜給我們所需用的一切！

02 9月 Sep

祂的成就

他們下了網，就圈住許多魚，網險些裂開。路加福音5：6

我一直很喜歡觀看關於蝴蝶的紀錄片，但現在我比以往更為這些小生物感到訝異。毛毛蟲究竟是如何變成蝴蝶的？這一直是許多科學家嘗試解密的難題，他們當中的許多人在試圖解釋這種令人難以置信的蛻變時，都用了「不可思議」這個詞。繭中會發生數百種變化，從生殖系統的形成到遷徙的方向感；所有的一切始終還是一個謎。這顯然是上帝親手所造！

當耶穌呼召第一批門徒時，祂第一件事就是要說服他們，令使命得以完成的是祂，而不是他們。他們所擁有的知識和方法，都將被上帝的大能轉變。他們必須學會信賴祂的方法，而不是以自己的方式去行。當耶穌發現他們時，他們已經捕了一整夜的魚，現在正在洗他們的網，這意味著他們一夜的勞作已經完成了（路加福音5：2）。從西門彼得的船上教訓了眾人之後，耶穌吩咐他「把船開到水深之處，下網打魚。」（第4節）。作為一個專業的漁夫，彼得實在是打從心裡抗拒這看似毫無意義之命令。彼得知道加利利海捕魚的最好時段是在晚上，但現在已經是大白天了。可是他選擇順服，他說：「夫子，我們整夜勞力，並沒有打著什麼。但依從祢的話，我就下網。」（第5節）。是的，「但……」這樣的降服是我們迫切需要的！當彼得下網之後，神蹟發生了！他們捕到了許多的魚，網險些裂開，甚至船差點沉下去（第6、7節）。是耶穌成就了這事。他們在個人的生活和事奉上都要經歷很大的轉變。從那時候開始，他們就要「得人了」（第10節）。然而這是上帝所成就的，不是他們。上帝的使命成功與否，並不取決於我們的技能、工具和知識，而是完全取決於耶穌的同在和祂的作為。我們的救恩和呼召完全是祂的作為、成就，和祂的功績。祂樂意拯救我們，賜我們保證和信心的翅膀！

9月 Sep 03

祂的影響

不要怕！從今以後，你要得人了。路加福音5：10

我很幸運能夠師從美國和英國的幾位傑出學者。他們是我攻讀神學碩士和博士學位時的教授。我從他們身上可以感受兩種相互對立、卻又共存的情感。一方面，在他們面前，我覺得自己胸無點墨、才疏學淺，與之相比，他們似乎是那麼的才高八斗、富有智慧，因而讓我學會了謙卑。但另一方面，我又極度渴望能和他們在一起，向他們學習，吸收他們豐富的知識。

廣義上而言，在耶穌面前，同樣的情況也發生在彼得身上。在整夜勞力，並沒有打著什麼的情況下，耶穌發現他們正在洗網（路加福音5：2）。耶穌吩咐他把船開到水深之處，下網打魚。他起初反對，但最終還是聽從。當他如此行之後，他經歷了一次神蹟般的收獲，他們下了網，就圈住許多魚，網險些裂開，甚至船要沉下去（第6，7節）。目睹了這驚人能力的展示之後，彼得突然覺醒，此刻他是在上帝的面前。在耶穌面前，彼得驚覺自己的罪是那麼明顯，就俯伏在耶穌腳前，說：「主啊！離開我，我是個罪人！」（第8節）彼得因為自己的罪，覺得自己完全不配與耶穌在一起，但這正是他唯一的希望。我能想像彼得抓住耶穌的腳，喊著說，「離開我，但請留下。因祢是我的一切！我深知自己不配，但我需要祢！我是一個有罪的人，但是請不要離開我！」這就是耶穌對我們的影響：我們會深知自己不配，卻也同時渴望得到祂那無限的愛，和不配得到的救贖。在祂面前，我們從來不覺得自己是公義的。若有人自誇自己無罪，他必定離上帝很遠。路加告訴我們，所有的人都對這次神蹟般的收獲感到驚訝。彼得醒悟了自己的罪，所以被呼召為主傳道。耶穌對彼得說：「不要怕！從今以後，你要得人了。」（第10節）彼得和那些同行的人，就撇下所有的跟從了耶穌。祈願耶穌對我們也能產生同樣的影響！

祂的觀點

先知以利沙的時候，以色列中有許多長大痲瘋的，但內中除了敘利亞國的乃縵，沒有一個得潔淨的。路加福音4：27

亨利．塔伊費爾（Henry Tajfel）是一位社會心理學家，以其在偏見認知方面的研究而聞名。他在實驗的過程中發現，在不同群體之中，微不足道的差異，例如對某種特定藝術的偏好，可以激發了人們對自己群體的喜愛。「我們與他們不同」這樣的心態是一種可以驗證的人性狀態；隸屬於一個群體的確可以帶來自尊和自豪。與此同時，一個群體有時為了確保他們的社會身分，也會有排斥、甚至歧視其他群體的現象。

當耶穌來到拿撒勒的會堂時（路加福音4：14－30），祂發現這種「我們與他們不同」的心態非常強烈。耶穌知道他們心裡所想的。耶穌對他們說：「你們必引這俗語向我說：『醫生，祢醫治自己吧！我們聽見祢在迦百農所行的事，也當行在祢自己家鄉裡！』」（第23節）換句話說，「醫生，祢醫治自己吧！祢怎麼能使陌生人而不是你自己的人民受益呢？好消息是給我們的，實際上就是只給我們的！」但耶穌接著說：「我實在告訴你們，沒有先知在自己家鄉被人悅納的。」（第24節）然後祂繼續說明祂的觀點，以及祂的包容性和使命。祂給拿撒勒的聽眾舉了兩個《聖經》中上帝喜悅外邦人的例子：以利亞奉差遣去到撒勒法的寡婦那裡，以及以利沙神蹟般地治好了敘利亞人乃縵的大痲瘋（第25－27節）。以色列中有許多寡婦和長大痲瘋的，但上帝卻差遣先知到外邦人那裡去。聽眾聽聞此言就被激怒了！「耶穌是說上帝棄絕了我們的寡婦和長大痲瘋的，卻揀選了外邦人嗎？」但這一切是如此顯而易見。他們怒氣難抑，在安息日就要把祂推下山崖（第28、29節），但這時還不是祂受死的時候。無論過去或現在，耶穌都擁有絕對的包容性。在十字架腳前，沒有「我們與他們不同」的觀點存在；耶穌為我們每個人付出了最高昂的代價。天國會比我們所能想像的更多樣化，有不同的民族、膚色、語言和性別（啟示錄5：9）。父啊，求祢賜給我們祢的恩典，使我們能在此時此地，彰顯祢包容的心。阿們！

9月 Sep 05

祂的渴望

「我喜愛憐恤，不喜愛祭祀。」你們若明白這話的意思，就不將無罪的當作有罪的了。馬太福音12：7

這是關於一位母親的故事，她喜歡親手為家人烘焙一種特製的水果塔。但她有個習慣，在把水果塔放進烤箱之前，她一定會把它的一端切掉。當她的小女兒問起這件事時，她說她其實不知道原因，所以她們決定去問一下奶奶，因為奶奶也總是做著同樣的動作。但是奶奶也不曉得這麼做的緣由，於是她們去拜訪了曾祖母，這時她才慢條斯理地解釋說，她剛結婚時只有一個小烤箱，所以做水果塔時，邊緣經常超過小烤箱所能容納的範圍，這就是事情的真相！我不禁好奇我們當中有多少人也做過同樣的事，信奉一個沒有真正目的之人為宗教傳統而不自知？

有一次，當耶穌的門徒在安息日經過麥田的時候，他們開始掐起麥穗來吃（馬太福音12：1）。法利賽人看見了就挑戰耶穌：「看哪，祢的門徒做安息日不可做的事了！」（第2節）。耶穌使用了舊約三個部分的經文來回答：歷史書（第3、4節），律法／摩西五經（第5、6節）和先知書（第7節）。第三個部分的經文來自〈何西阿書〉6章6節：「『我喜愛憐恤，不喜愛祭祀。』你們若明白這話的意思，就不將無罪的當作有罪的了。」（馬太福音12：7）耶穌提出解釋的首要原則是憐恤。這個詞在〈馬太福音〉中被使用了三次（馬太福音9：13；12：7；23：23），三次都是耶穌挑戰法利賽人對律法的解釋和對憐恤的缺乏。所有的律法，不僅僅是安息日的律法，都必須用愛和憐恤的原則來解釋（參馬太福音22：38－40；23：23、24）。雖然他們遵守儀文和祭祀（馬太福音23：23、24），他們卻不明白它們背後的原則。如果沒有憐恤，宗教體系就會遭到上帝的拒絕。耶穌解釋說，真正的原則比儀式本身更重要。上帝不喜愛沒有憐恤和沒有耶穌的宗教信仰和儀式。上帝的恩典、憐恤和愛是祂品格的核心，也是我們救贖計畫的基礎。

祂的事工

耶穌看見眾人都跑上來，就斥責那污鬼，說：「你這聾啞的鬼，我吩咐你從他裡頭出來，再不要進去！」馬可福音9：25

一位極有天賦的小提琴家被安排在市政廳舉行一場音樂會。廣告上說他將使用一把非常昂貴的小提琴來演奏。人們從四面八方趕來，渴望聆聽這場音樂饗宴！不料音樂會進行到一半時，小提琴家突然停止了演奏，讓所有的人驚訝的是，他把小提琴摔在了地上。然後他說，他剛剛摔壞的那把小提琴，實際上是在一家二手商店以不到一美元的價格買的。但是，當他接下來以他自己昂貴的小提琴演奏時，竟只有少數人能聽出其中的區別。小提琴家充分證明了他的觀點：一切都在乎音樂家和他的技能，而不是樂器。

在基督徒的生活和事工中，我們都必須認清一件事，我們的角色既不是音樂家，也不是音樂本身；我們只是主人手中的器皿。門徒們是在無法趕出污鬼的時候，才明白了這個道理。耶穌斥責那污鬼，污鬼立刻就出來了（馬可福音9：18－26）。他們很困惑！耶穌不是給了他們趕鬼的能力嗎？他們從前不也是趕鬼並醫治了許多的人嗎？（馬可福音6：7，13）這究竟是怎麼回事呢？這個故事的結論解釋了他們無法趕出污鬼的原因。當耶穌進了屋子，門徒就問祂說：「我們為什麼不能趕出他去呢？」耶穌回答說：「非用禱告，這一類的鬼總不能出來。」（馬可福音9：28、29）馬太補充說道，耶穌說：「是因你們的信心小。我實在告訴你們，你們若有信心，像一粒芥菜種……就沒有一件不能做的事了。」（馬太福音17：20）。他們已經與神聖的能力來源失去了聯繫。也許他們已經開始倚靠自己的權威，或倚靠自己的才能和經驗來應付邪靈。他們認為自己的能力是理所當然的，而不是依賴上帝無限的能力。「在信的人，凡事都能。」（馬可福音9：23）。但這個應許不是在於我們的能力，而是在於完全仰賴上帝的大能大力。我們既不是音樂家，也不是音樂本身，我們只是樂器。耶穌是我們的主，祂有無限的能力施行拯救、醫治和恢復。祂就是一切！所有的一切都在於耶穌和祂的事工！

9月 Sep 07

祂的恩慈

我的東西難道不可隨我的意思用嗎？因為我作好人，你就紅了眼嗎？馬太福音20：15

惡魔之眼（也稱邪眼）是一種古老的迷信，其來源可以追溯到幾千年前。它意味著你的好運會因為有人嫉妒你而被改變。直到今天，如果你去希臘旅遊，你仍然會在市場上看到無數的藍眼護身符，人們購買這些護身符是為了保護自己免受惡魔之眼的傷害。它現今已成為一個非常受歡迎的記念品。但我們是否會嫉妒那些不配領受、卻得著上帝恩典的人呢？

葡萄園的比喻旨在說明上帝慷慨的恩典。園主在一天中的不同時段出去雇工人為他工作，他甚至在下午五點鐘時雇傭了一群人去葡萄園作工！到了傍晚收工時園主給所有的工人相同的工價。那些一早就來工作的人向他發怨言，因為在他們看來，這是不公平的。那時，園主說：「我的東西難道不可隨我的意思用嗎？因為我作好人，你就紅了眼嗎？」（馬太福音20：15）。這句話的希臘文原意是：「因為我是好人，所以你便以邪眼看待嗎？」祂的回答暴露了這兩者之間——這一方是滿口要求公義、公平，卻嫉妒的工人，另一方是良善仁慈、慷慨的園主——在價值觀上的差異。哈格納（Donald A. Hagner）解釋說：「嫉妒的精神，就像那些較早被雇傭的工人所體現對『堅持公義』的抱怨一樣，與真正的恩典形成了鮮明的對比。」（註59）。我們能夠與人分享上帝的恩典和憐憫，乃是根植於這樣的一種體認——我們全然不配，卻因上帝的恩典而得到拯救，而非因自己的努力。只有當我們明白我們都是站在十字架腳下相同的地上，沒有一個人比其他人來得強，並且只有一位是值得我們讚美和榮耀的，唯有如此，我們才能喜樂地與所有人分享上帝的憐憫和恩典。天國好像一個園主，把他的恩慈給了我們這些不配的罪人。讓我們毫無保留地盡全力分享祂的恩典！

祂的公平

有一個撒馬利亞的婦人來打水。耶穌對她說：「請你給我水喝。」約翰福音4：7

人類的歷史一直存在著偏見和歧視，甚至第一世紀的教會也同樣面臨這個問題。教會增長的同時，因種族偏見而產生的不滿也隨之出現：「那時，門徒增多，有說希利尼（希臘）話的猶太人向希伯來人發怨言，因為在天天的供給（diakonia）上忽略了他們的寡婦。」（使徒行傳6：1）。考慮到這些抱怨是來自於希臘化的猶太人，十二門徒很有見地的指派了七名有希臘名字的信徒來負責管理這事（第2－6節）。

在耶穌時代，猶太人和撒馬利亞人之間充滿了敵意。它起源於幾個事件，包括他們在亞述和巴比倫被擄期間所產生的宗教差異，以及在基利心山上建立、隨後被摧毀的撒馬利亞神廟。除了這些過去的歷史事件，猶太人還認為撒馬利亞人在儀文律法上是不潔淨的，這意味著他們不會使用撒馬利亞人所使用過的飲水器具，尤其是女人用過的。因此當撒馬利亞婦人來到井邊打水的時候，耶穌一舉打破了所有的屏障，祂不但對她說話，還跟她要水喝，暗示無論用什麼杯子或碗盛水給祂，祂都會喝。祂說：「請你給我水喝。」（第7節）。她不禁提出了這個疑問；她想也許耶穌是忘記了規則……你是否曾因為你的種族、社經地位、口音、膚色、性別、年齡等等，而被視為二等公民呢？撒馬利亞的婦人對他說：「你既是猶太人，怎麼向我一個撒馬利亞婦人要水喝呢？」作者約翰還附註了一句：「原來猶太人和撒馬利亞人沒有來往。」（約翰福音4：9）然而耶穌沒有回應她的異議；相反的，祂賜給了她一份禮物；祂說：「向我求活水」（參第10節）。打破偏見的最好方法就是按照上帝的公平原則來對待他人，這一原則也由耶穌自己體現出來。

9月 Sep 09

祂的計畫

我所賜的水要在他裡頭成為泉源，直湧到永生。約翰福音4：14

很多年前，在我人生最困難的時候，上帝賜給了我一位良師益友。他是一位非常專業的牧師和輔導人員，他陪我一起走過孤獨的自我探索之路。他幫助我擺脫了一層又一層的痛苦外衣。當我的心敞開時，我開始了人類在世界上最長的旅程：這是一段十三英寸長的旅程——從一個人的思想（頭部），到一個人的心靈（心臟），這是我們每個人都會受邀經歷的。也許這就是為何撒馬利亞婦人的故事如此吸引我；耶穌慈愛和溫柔的話語，一層一層地使她敞開了心靈。

撒馬利亞婦人在正午的時候來打水；她孤獨、充滿羞恥，背負著自己過去痛苦的重擔。她與耶穌的對話經常在世界和屬靈之間切換，這是〈約翰福音〉中一個典型的故事。在這個故事中，對話的切換是在她從井裡取水和耶穌提供了活水之間發生的。但是，就像我們大多數人在受到傷害時所做的那樣，她利用各種各樣的技巧迴避，使自己與這個陌生人保持距離，不讓祂有機會觸及到她內心中的種種痛苦。首先，耶穌說：「請你給我水喝。」（約翰福音4：7）她運用了五種成熟的迴避技巧來回應，這五種技巧在過去可能非常有效：偏見（約翰福音4：9）、宗教優越感（第12節）、膚淺的真理（第15節）、對宗教的虔誠（第20節）和拖延（第25節）。實際上，她是在說：「先生，我現在不需要面對或處理這件事。我知道彌賽亞要來；祂來了，必將一切的事都告訴我們。之後我就會去處理的。」但是耶穌已經來到了她的身邊，也來到了我們的身邊，且帶著拯救的目的而來。祂是如此恆久忍耐，又有恩慈，伸手剝去我們心靈上的層層傷痛，讓我們的心向祂的愛敞開，特別是我們所受到的嚴重傷害。祂渴望深入我們的內心，不管它在層層痛苦下面埋藏得多深。祂要賜給我們祂恩典的禮物（第10節）。在一個前所未有的對話中，耶穌向她揭示了祂就是那位要來的彌賽亞！並且祂也渴望能夠為我們每個人做同樣的事。

祂的交換

那婦人就留下水罐子，往城裡去。約翰福音4：28

許多年前，我曾經參加過一個交換禮物的派對。我們在場的每個人都收到了一份神祕的禮物。一個十幾歲的男孩非常興奮地打開了他的禮物，但後來他發現在精美的包裝裡面，所埋藏的禮物竟然是……一個蓮蓬頭！他的興奮和笑容立刻消失無蹤，他的肢體語言傳達出徹底的失望。派對結束後，一位收到上好禮物的男士走到男孩面前，提出了跟他交換禮物的建議，男孩欣然的接受了。

撒馬利亞婦人來到井旁，因為她需要水。她來是因為她不得不來，儘管她感到羞恥和孤獨。耶穌不斷地要賜給她另一種水，可是她不斷地抗拒，不明白祂的恩賜。在四福音書中，這段對話是耶穌在面臨審判和被釘十字架之前，唯一一次承認自己是彌賽亞的章節（約翰福音4：26）。然後令人驚奇的事情發生了：「那婦人就留下水罐子。」（第28節）她留下了水罐子！就是她用來打水的那個罐子。背負著種種的傷害和恐懼，她終於喝了一口活水！她終於接受了用活水來交換她生命重擔的提議！她進城去與眾人分享她所獲得的一切，這經歷成為了四福音書中最成功的佈道之一，因為她的見證使許多人相信耶穌就是這個世界的救主！（第42節）耶穌基督的福音彰顯了偉大的交換。就像在交換禮物時那個善良的男士一樣，耶穌給了我們最好的交換。我們帶來了死亡，但耶穌帶來了永生。祂願意與我們交換。在最後的那日，我們將帶著耶穌所賜給我們的永生離去，因為祂帶著我們的死和刑罰來到了加略山上，代替我們死。花些時間來思考這段經文中的代名詞：「哪知祂為我們的過犯受害，為我們的罪孽壓傷。因祂受的刑罰，我們得平安；因祂受的鞭傷，我們得醫治。」（以賽亞書53：5）。這是多麼偉大的交換！這一換，換走了你的悲傷，你的過去，你受過的種種痛苦和傷害；祂已經付清了贖價，也換回了對你的醫治。

9月 Sep **11**

祂的訓誡

從前西羅亞樓倒塌了，壓死十八個人；你們以為那些人比一切住在耶路撒冷的人更有罪嗎？路加福音13：4

2001年9月11日，當美國遭遇史上最嚴重的一次恐怖襲擊時，我正在一間教會開始擔任副堂主任。我在辦公室裡獨自納悶著為什麼時間已到，卻沒有人出席教會的職員會議。後來有人在電話裡告訴我剛發生的悲劇。到了下個週末，我們都期待著堂主任的證道，我永遠不會忘記那次證道的主題；他使用的中心章節，正是上述的存心節。

直到現在，還是會有人引用古老的猶太文化來解讀逆境和不幸是來自上帝對罪惡的審判（參約翰福音9：1、2）。有人將彼拉多使加利利人的血攙雜在他們祭物中的事告訴耶穌（路加福音13：1），這說法符合彼拉多長年以來與猶太人交惡的事實，但是耶穌將所有人的眼光帶到了一個事實，世人都是有罪，且需要悔改的。耶穌說：「你們以為這些加利利人比眾加利利人更有罪，所以受這害嗎？」（路加福音13：2）在接下來的事件中，耶穌也駁斥了這樣的看法，即從前西羅亞樓（可能位於耶路撒冷城牆的東南角）倒塌了，壓死十八個人；你們以為那些人比一切住在耶路撒冷的人更有罪嗎？耶穌用相同的結論來總結這兩個事件：「我告訴你們，不是的！你們若不悔改，都要如此滅亡！」（第5節）在祂的回答中，每一節都使用了「一切」這個詞，表明了對罪惡的概括性（第2－5節）。耶穌反對根據悲劇的程度來認定罪惡的程度，並警告人們不要自我膨脹，把自己看得比別人更好。耶穌說得非常清楚，我們都是需要悔改的罪人。我們都需要一位救世主。我們只有兩個選擇：一個是滅亡，另一個是相信那位代替我們死去的救主。耶穌得勝了！我們可以選擇祂代表我們所得的勝利。「因為世人都犯了罪，虧缺了神的榮耀；如今卻蒙神的恩典，因基督耶穌的救贖，就白白的稱義。」（羅馬書3：23、24）

祂的恢復

你們在天上的父也是這樣，不願意這小子裡失喪一個。馬太福音18：14

如果你上谷歌搜索「沒有人來參加我的派對」這個主題，你會驚訝地發現，原來有許多孩子（甚至包括成年人）都曾經因為受到同學和朋友輕視而心碎。最近一個類似的例子引起了我的注意，因為它被媒體大幅報導：有個男孩舉辦了一個生日派對，可是卻沒有人來參加，這從他獨自坐在食物旁和生日派對的布置上可以看出，他的母親為此非常傷心失望。然而，有些名人對這一消息做出了回應，承諾在他下一次生日時會來參加他的生日派對。

輕視某人意味著低估並輕視他們的價值；它與接受、歡迎並珍惜一個人完全相反。〈馬太福音〉第18章，耶穌詳細描述了我們在祂的社區裡應該如何彼此對待。耶穌說：「你們要小心，不可輕看這小子裡的一個。」（馬太福音18：10）「小子」不只是指小孩子，也是指那些謙卑自己，對天國抱持著小孩子般信心的人（第4節）。上帝看顧每一個祂的「小子」。為了說明對基督徒群體中每一個成員的關心，耶穌講述了迷羊的比喻，這個比喻在〈路加福音〉第15章中也可以找到，只是兩者敘述背景不同。在後者，它是指尋找迷失或不信主的人，但在〈馬太福音〉18章12至14節中，它指的是「羊群中」迷失的成員。牧人去尋找那走失的，把牠安置回羊圈裡。找回的喜悅表明每一隻羊都受到高度的重視。這個比喻的結論是：「你們在天上的父也是這樣，不願意這小子裡失喪一個。」（第14節）上帝不希望祂「小子」中的任何一個失落，從此不再是祂家庭中的一員，而所有的教會都應該謹記這一點。再者，下一節道出了這個比喻的應用方法：「倘若你的弟兄得罪你，你就去，趁著只有他和你在一處的時候，指出他的錯來。他若聽你，你便得了你的弟兄。」（第15節）訓誡的動機並非懲罰或輕視，而是恢復。

9月 Sep 13

祂的目的

倘若你的弟兄得罪你，你就去，趁著只有他和你在一處的時候，指出他的錯來。他若聽你，你便得了你的弟兄。馬太福音18：15

我至今還記得朋友和我懇談的地方。她很想和我談談我自己不知道的盲點。最重要的是，她是那麼愛我、關心我，使我能夠明白她所說的一切。我知道她是為我著想，她告訴我這一切是出於善意，而不是為了指責。這一點改變了一切，她真的說服了我，贏得了我的心。

在說了迷羊的比喻之後，耶穌提醒祂的門徒們，「你們在天上的父也是這樣，不願意這小子裡失喪一個。」（馬太福音18：14）然後給了他們一個贏回犯罪弟兄的過程：趁著只有他和你在一處的時候，指出他的錯來；他若不聽，你就另外帶一兩個人同去；若還是不聽，就告訴教會。引起我注意的，是這整個過程的目的——得了我們的弟兄。「他若聽你，你便得了你的弟兄。」（第15節）其目的不是指責，也不是羞辱，更不是要叫我們的弟兄為自己的罪「付出」代價。它不是為了懲罰，也不是為了貶低。我們的目的是要得著我們的弟兄。上帝不希望有一人沉淪；祂的動機永遠都是拯救和贖回。控告一直都來自那個被打敗了的敵人——「因為那在我們上帝面前晝夜控告我們弟兄的，已經被摔下去了。」（啟示錄12：10）。如果有人得罪了我們，我們向朋友或親戚提起這件事的動機也當如此。我們提出來的目的不是為了貶低他們，而是為了重新得著他們。耶穌不僅贏得了世界，作為世界的救主，祂在每一次贏得、救贖和重建弟兄的爭戰中都是勝利的。上帝的目的總是救贖：「惟有基督在我們還作罪人的時候為我們死，上帝的愛就在此向我們顯明了。」（羅馬書5：8）。當我們不想和祂有任何的關係時，耶穌還是為我們預備了救贖，並且祂也為我們的弟兄預備了救贖。願我們能夠成為祂手中醫治和恢復的工具。

14 9月 Sep

祂的包容性

我又告訴你們，從東從西，將有許多人來，在天國裡與亞伯拉罕、以撒、雅各一同坐席。馬太福音8：11

證道結束之後，我被邀請到教堂的聯誼廳一同吃午餐。我認識的教會領袖們都還在為事忙碌著，所以我便拿了食物，坐在一個我從未見過的人旁邊。幾分鐘後，一件不可思議的事發生了。我們開始互相分享我們的生活，結果發現我們這桌就如同一個「聯合國」！我們來自世界各地，有著非常不同的背景，這真是太美好了！這樣的聯誼在第一世紀是聞所未聞的。

就在耶穌對百夫長的信心感到驚訝之後（馬太福音8：10），〈馬太福音〉記錄了耶穌最令人震驚的一段談話（這段話也出現在路加福音13：28、29中，以不同的語境說出）。「我又告訴你們，從東從西，將有許多人來，在天國裡與亞伯拉罕、以撒、雅各一同坐席。」（馬太福音8：11）為了回應百夫長的信心，耶穌對祂的跟從者們宣布，所有相信祂的人，包括猶太人和外邦人，都將和他們的先祖們一同出席在末日預言中所提到之彌賽亞的宴席（參以賽亞書25：6；啟示錄19：9）。在過去，舊約的預言提到有人將從「東方和西方」而來（參以賽亞書43：5），這些預言經常被解釋為散居之猶太人的回歸。但在這裡，耶穌這話是指著代表外邦人的百夫長而說的。在此之前，想要獲得資格參加這樣的宴會，你必須是亞伯拉罕的後裔（參馬太福音8：11），或屬於某個特定的宗教團體。但是耶穌打破了這些藩籬。從那時起，信靠耶穌將是參加這個末日宴席的唯一門票；並且一些自稱是「天國之子」的人將被趕到外邊的黑暗裡去（馬太福音8：12）。我由衷感謝耶穌的這個宣告！我相信上帝會接納一個像我這樣的罪人，以及任何一個奉耶穌之名，以及因著祂功勞而來的人。包容，而不是排他，將成為那些參加耶穌宴席之人的特徵！

9月 Sep 15

祂的挑戰

你想，這三個人哪一個是落在強盜手中的鄰舍呢？路加福音10：36

「好撒馬利亞人法」旨在法律上保護那些在事故或危難之中，幫助受難者的人。「好撒馬利亞人」一詞已經成為了善行的同義詞。但許多人並不知道這個比喻的真正來源。我在修讀《商業心理學》期間，有位同學恰巧是洛杉磯地區某間好撒馬利亞人醫院的執行長。我問他是否知道這名稱背後的比喻，他反問：「是什麼比喻呢？」於是我意識到，雖然在宗教圈大多數人都曉得好撒馬利亞人的比喻，但是耶穌當年給那個律法師的挑戰，在今天看來似乎比以往更有意義。

一個律法師問到：「誰是我的鄰舍呢？」（路加福音10：29）。耶穌以一個故事作為回應。這個故事的詳盡描述是發人深省的。「有一個人從耶路撒冷下耶利哥去，落在強盜手中。他們剝去他的衣裳，把他打個半死，就丟下他走了。」（第30節）一位祭司正經過這條路，這表示他在耶路撒冷的宗教服事工作已經結束。祭司看見那幾乎半死的人躺在路上，「就從那邊過去了。」（第31節）。潔淨的律法甚至不允許一個人的身影投射在屍體上，但仁慈的法則卻要人們盡可能幫助那些陷入困境的人。仁慈法則是被視為高於潔淨律法的。看見那個人已經奄奄一息，祭司卻還是決定堅守潔淨律法而無視仁慈法則。他走到路的另一邊，以免他的影子碰到那可能成為死屍的人。利未人也照樣如此做。有些人到了今天依然如此：把仁慈法則置於潔淨律法之下，拒絕幫助那些有需要的人。如果你曾經因為這樣的事受過傷害，希望你明白這並不是上帝的方式。在這個故事中，耶穌挑戰律法師不要像祭司或利未人那樣，而是要像撒馬利亞人那般憐憫人（第37節）。耶穌在十字架上為我們成就的勝利不是來自祂的冷漠，而是祂的仁慈和無私的道成肉身。

祂的結論

耶穌說：「你去照樣行吧！」路加福音10：37

我們的青年團每年都會參加激流泛舟的活動。在某次活動時，一些經驗豐富的參加者決定走一條更長、更險峻的河流。我們已經熟記了所有相關的安全措施和指示。但那一天，當緊急情況發生時，需要派上用場的就不僅僅是口頭說明了！我們一行人其中一艘橡皮艇在一波較大的激流中翻了過去，艇上的人都被困在橡皮艇下。教練立即採取行動，用堅定明確的指示讓所有的人脫離險境。她的知識和行動拯救了他們的生命。安全指示的說明的確很重要，但採取行動的時機亦然。

有一個律法師來見耶穌，向祂詢問有關永生的問題。耶穌反問他律法上寫的是什麼呢？律法師引用了〈申命記〉6章5節和〈利未記〉19章18節來回答，就是要盡心、盡性、盡力、盡意愛主——你的上帝；又要愛鄰舍如同自己（路加福音10：27）。耶穌對他的回答表示讚許，律法師接著問祂說：「誰是我的鄰舍呢？」（第29節）作為回應，耶穌便說了好撒馬利亞人的比喻（第30－37節），這故事我們自昨天就開始學習；它以一系列逐漸增強的措辭呈現，對讀者的震撼程度亦然。首先第一幕是傷者經歷的暴力程度：他被搶劫、被剝光衣服、被打得半死。第二幕的震撼是那些宗教人士、祭司和利未人對那人的處境竟然毫無作為——他們見死不救；他們的宗教信仰只是紙上談兵。第三幕的震撼是撒馬利亞人的行動：他是一個受鄙視的外邦人，然而看見受害者的他卻動了慈心，包裹好他的傷口，扶他騎上自己的牲口，帶到店裡去照應並幫他付了費用。最後的震撼來自耶穌的結論：律法師應該按照撒馬利亞人的行動去行！我們很難想像這個結論為祂的聽眾所帶來的影響力。耶穌要求我們用行動來表達我們的愛，就像祂對我們所做的一樣。當我們不想和祂有任何接觸的時候，祂的愛卻促使祂來為我們而死。現在祂賦予我們愛鄰舍的能力，就是祂為之犧牲的每一個人。祂說祂的跟從者「若有彼此相愛的心，眾人就因此認出他們是祂的門徒了。」（約翰福音13：35），這表示我們彼此相愛的時刻已經來到！

9月 Sep 17

祂的目的

人子來不是要滅人的性命，是要救人的性命。路加福音9：56

在《激進的門徒培訓》一書中，我的同事兼好友艾瓦斯．奧索林斯講述了他童年時期的一個有趣故事。他記得有一次他與鄰居的孩子大吵：「當我在激烈的爭吵中快沒轍的時候，我決定把這十年來自宗教信仰學習的所有能力孤注一擲，於是我告訴對方：『你竟敢這樣欺負我，你知不知道上帝可以降火燒死你！』但不知何故，這話一出口我就很確定，我這個『傳福音的方法』不會使任何人改變他們的信仰。」（註60），我相信我們很多人都曾經使用過類似的「傳福音」方法。

「雷子」——雅各和約翰（馬可福音3：17）進入撒馬利亞人的村莊時，也採用了類似的方法。撒馬利亞人對前往耶路撒冷的猶太人向來極為反感，通常都會拒絕給予他們款待和庇護。這對那些從加利利出發前往耶路撒冷的人來說是個困擾，因為這段旅程大約需要三天。因此，許多猶太人寧願越過約旦河，也不願經過撒馬利亞。但是耶穌決定經過撒馬利亞人的村莊，並打發使者在祂前頭去為祂作預備（路加福音9：52）。那裡的人不接待祂（耶穌），因他面向耶路撒冷去（第53節），雅各和約翰因此決定現在就是使用非常手段傳福音的時候了！「祂的門徒雅各、約翰看見了，就說：『主啊，祢要我們吩咐火從天上降下來燒滅他們，像以利亞所做的嗎？』」（第54節）。他們在想什麼呢？他們認為自己被賦予了懲罰和毀滅的神聖力量。但耶穌責備他們說：「你們的心如何，你們並不知道。人子來不是要滅人的性命，是要救人的性命。」（路加福音9：55、56）當我們為耶穌作見證的時候，永遠不應該存著為了贏得爭論、展示我們的智慧或羞辱他人的目的才如此做。讓我們永遠記住祂的目的是要拯救，而不是毀滅。

祂的使者

又對他們說：「照經上所寫的，基督必受害，第三日從死裡復活，並且人要奉祂的名傳悔改、赦罪的道，從耶路撒冷起直傳到萬邦。路加福音24：46、47

我住的地方位在沙漠地區，房子後院有好幾種不同的仙人掌。它們對我來說非常珍貴，因為它們是我母親所栽種的。它們的花是那麼豔麗多彩，每年開花時節都讓我感到無比驚奇。一些仙人掌長出的花非常碩大且豔麗；另一些則會開出許多小花。它們都很可愛，令人驚歎！很難理解這些外表粗糙、無葉、莖又多刺的植物為何能開出如此豔麗的花朵？這些仙人掌給了我希望，因為上帝也可以用我的生命來榮耀祂。

復活後，耶穌向祂的門徒解釋了《聖經》中指著祂所說的話（路加福音24：45）。耶穌說：「照經上所寫的，基督必受害，第三日從死裡復活，並且人要奉他的名傳悔改、赦罪的道，從耶路撒冷起直傳到萬邦。你們就是這些事的見證。」（路加福音24：46－48）耶穌清楚地告訴門徒基督教會的核心宣言：靠祂的名，罪得赦免。他們是祂的見證，也是祂的福音使者。但如果我們深入研究，就會發現他們是一群外表粗糙、不學無術的小民。他們怎麼可能成為上帝在這個世上的使者呢？耶穌的跟從者包括易怒的漁夫、激進分子、一個受人鄙視的商人和一個聲名狼藉的女人。它們如同長相粗糙、莖上有刺的仙人掌。他們怎麼可能履行自己的使命，成為他們這一世代傳悔改、赦罪之道的使者呢？很高興你有此一問！耶穌的恩典掌管了他們的生命，他們被應許從天上藉著聖靈得著能力（路加福音24：49）。這就是我們在〈使徒行傳〉第2章讀到的，他們受了聖靈的洗，如同沙漠開滿了五顏六色的花朵。讓我們祈求聖靈的能力，來完成向這個世代宣告真理的呼召，因為「我們有這寶貝放在瓦器裡，要顯明這莫大的能力是出於上帝，不是出於我們。」（哥林多後書4：7）

9月 Sep 19

祂的威權

他們來到耶穌那裡，看見那被鬼附著的人，就是從前被群鬼所附的，坐著，穿上衣服，心裡明白過來，他們就害怕。馬可福音5：15

「前後對比圖」是一種相當有效的廣告手法。無論是抗皺面霜還是房屋改造工具，廣告商都確保「之後」的圖片一定比「之前」的更具吸引力。然而，這些產品並不總是像廣告描述的那般有效。但是在上帝而言，「之前和之後」的對比一向真實有效。福音書以華麗的「前後對比圖」呈現了耶穌的神蹟。耶穌從不會讓接觸祂的人保持原樣。

耶穌使海面的風浪平靜之後，祂和門徒來到海邊格拉森人所住的城邑。在那裡，他們目睹了比風暴更可怕的景象。對於被污鬼附著之人的描述提醒我們，邪惡的靈是如何想方設法破壞上帝在人身上的形象（參馬可福音5：35）。在耶穌到來之前，沒有人有能力捆住他。污鬼立刻認出了耶穌，稱祂為「至高上帝的兒子耶穌」。（第7節；在使徒行傳16：17，污鬼也稱保羅和西拉為至高上帝的僕人）耶穌吩咐說：「污鬼啊，從這人身上出來吧！」（馬可福音5：8）污鬼就出來，進入一群豬裡去。於是那群豬闖下山崖，投在海裡，淹死了（第13節）。在下一個場景中，我們看到的是一個「之後」的畫像，一個完全改變了的人，他穿著衣服，思維正常（第15節），這與「之前」的畫像形成了鮮明的對比。他成了耶穌在那個地區的福音使者！如此的變化令人驚歎！撒但仍在繼續透過使人成癮、染上各種惡習，以及扭曲思想的伎倆來毀滅世人。邪惡的靈試圖將人類與他們的創造主和救贖主隔絕。然而，耶穌的威權超越邪惡的力量，祂在十字架上為我們的醫治付上了贖價。「撒但是人類的敵人和破壞者，而耶穌是人類的朋友和救世主。這個故事給了我們希望，即使是那些在撒但控制下的人，也可以變成福音的使者，並向世界宣告上帝為他們所成就的大事。」（註61）

祂的努力

卻對他說：「你回家去，到你的親屬那裡，將主為你所做的是何等大的事，是怎樣憐憫你，都告訴他們。」馬可福音5：19

跟隨保羅的腳步，我們來到了腓立比，我覺得這個地方很迷人。就在這個城市，污鬼透過一個使女說話，製造宣傳福音的障礙。於是保羅奉耶穌基督的名，吩咐污鬼從她身上出來！污鬼當時就出來了（參使徒行傳16：16－21）。但使女的主人們見得利的指望沒有了，非常憤怒，便揪住保羅和西拉，把他們下在監裡。

在耶穌的傳道歷程中，祂努力將救恩、醫治和復原帶給每一個與祂接觸的人，但不是每一個人都願意接受祂所提供的。有時，正如上面的例子中所看到的，人們選擇金錢和利益，而不是醫治和拯救。面對上帝的恩典和能力彰顯時，不同的聽眾有不同的反應：有的憤怒，有的害怕之餘就要求耶穌離開，有的向祂的愛降服，渴望跟從祂。在格拉森趕鬼的故事中，這兩種反應都存在。邪靈稱呼耶穌為「至高上帝的兒子耶穌。」（馬可福音5：7）耶穌的意思是「耶和華拯救」（參馬太福音1：21），祂的努力是顯而易見的：拯救和復原。當耶穌吩咐污鬼離開那被鬼附著的人時，污鬼央求祂，准他們進入一群豬裡去。當耶穌准了他們，污鬼就出來，進入豬裡去。於是那群豬闖下山崖，投在海裡，淹死了。這暴露出撒但的最終意圖（馬可福音5：10－14）。看見這事的人，將被鬼附之人所遇見的，和那群豬的事都告訴了眾人；眾人就央求耶穌離開他們的境界，因為他們選擇了金錢而不是恢復。與他們的恐懼和拒絕相反，這個復原的人穿著衣服，頭腦清醒，懇求耶穌讓他與祂同行（第17、18節）。眾人央求祂離開；而這個人卻要跟隨祂。耶穌離開了那個地方，但祂還是繼續努力拯救他們。祂吩咐這個從前被鬼附著的人回家去，在他生活的地區，將主為他所做的是何等大的事，都告訴他們。耶穌永遠不會強迫人接受祂，但祂也不會放棄尋找失喪之人。

祂的警告

你們這假冒為善的文士和法利賽人有禍了！因為你們正當人前，把天國的門關了，自己不進去，正要進去的人，你們也不容他們進去。馬太福音23：13

在以色列之旅的第一站，我們來到了古老的雅法（約帕）。在據稱是硝皮匠西門之家的旁邊有一間教堂，裡面收藏了彼得見異象的畫（參使徒行傳10：11－16）。若不是上帝以此異象與百夫長接觸，彼得就無法進入百夫長家裡，因為猶太人不能進入外邦人的家。上帝必須把祂的方法教給祂有缺陷的門徒。

到目前為止，墨守成規的宗教信仰經常阻礙福音的傳播，尤其是當一個群體覺得自己比另一個群體更優越時。耶穌經常捲入與法利賽人和文士的爭論，因為他們經常把宗教傳統和解釋置於上帝的誡命之上。即便到了今天，一些人仍然選擇潔淨而不是仁慈，拒絕讓那些似乎不符合條件的人接近上帝。耶穌經常譴責那些願意樂捐薄荷和小茴香，卻忽視憐憫的人，這一點揭露了法利賽宗教所造成的負擔（參馬太福音23）。如果你曾感到法利賽壓迫的痛苦，願上帝賜給你醫治。耶穌譴責缺乏憐憫之人（馬太福音12：7）。他甚至說，稅吏和妓女比那些不知道自己需要救主的人更早進入上帝的國（參馬太福音21：31）。馬太使用了「擔子」這個詞兩次。〈馬太福音〉23章4節講到文士和法利賽人，耶穌說他們把難擔的擔子捆起來，放在人的肩上。另一個提醒則記載在〈馬太福音〉11章30節，「我的軛是容易的，我的擔子是輕省的。」法利賽人挑了重擔，但耶穌的擔子是輕省的。願我們的心中充滿救恩的喜樂！願祂教導我們公開地以憐憫和恩典和他人分享祂的福音，時刻牢記祂救贖的目的。因為祂來是要讓被擄的得自由，被壓迫的得釋放。

祂的子民

對面站著的百夫長看見耶穌這樣喊叫斷氣，就說：「這人真是上帝的兒子！」馬可福音15：39

有幾年的時間，我負責教導碩士班關於四福音書的課程，我的學生多數都是傳道人。某個學期，一個特別的學生引起了我的注意；他似乎很害羞，時常穿著一件連帽外套。上課幾週後，他跟全班同學分享了他所做的城市音樂佈道事工。我很感興趣，請他上台為我們表演。我永遠不會忘記福音透過音樂所能展現的深度和影響力；他絕對可以將基督的福音帶給許多人！在課堂表現上，我也對他的聰明才智讚不絕口！我鼓勵他繼續攻讀博士學位。

這個經歷挑戰了我對他人的預設。你有沒有問過自己，上帝的子民應該是什麼樣子的呢？如果你有，也許今天的課文會為你帶來挑戰。在耶穌的時代，宗教領袖們對敬虔之人該有的樣子自有其既定框架。敬虔之人當然不會是百夫長，因為百夫長不僅是外邦人，而且還是羅馬政府的軍官。他們是效忠凱撒的士兵，而凱撒有時也被稱為「神之子」。也許這就是為何當百夫長看到耶穌被釘死在十字架上時，對耶穌的受難有如此深切的描述。當他看見耶穌這樣喊叫斷氣，就說，「這人真是上帝的兒子。」（馬可福音15：39），路加記載百夫長也稱耶穌為義人（路加福音23：47）。在其他人沒有如此敏銳的察覺時，這個百夫長竟承認耶穌是上帝的兒子，而非凱撒，這強調了上帝無論在何處或何種情況下，都能以祂的榮耀感動並使用某些人！順帶一提，在福音書中耶穌只有一次對一個人的信仰感到驚訝，那人就是百夫長（參馬太福音8：10）。上帝的子民沒有固定的樣子。無論一人屬於何種語言、膚色、年齡、社經地位、敬拜方式，都可以蒙上帝邀請和使用來擴張祂的國度，而你也包括其中！

9月 Sep 23

祂的方法

你擺設筵席，倒要請那貧窮的、殘廢的、瘸腿的、瞎眼的，你就有福了！因為他們沒有什麼可報答你。路加福音14：13、14

一對新人在印第安那州卡梅爾市的麗池酒店預定了一場非常昂貴、且不能退費的婚宴，可是他們的婚禮卻在舉行前的幾天因故被迫取消。準新娘於是聯繫了當地的幾家遊民收容所，那些驚訝的來賓臨時受到邀請，搭上巴士來到這個豪華酒店，參加了一個令他們永生難忘的高級宴會。當地的商家還捐贈了衣服，讓這些客人可以穿上合適的衣著赴宴。準新娘卡明斯小姐雖在痛苦中，仍然決定無私的與那些無法回報她的人分享這個宴席（註62）。

第一世紀的地中海世界是一個極重視名譽的社會。因此，傳統的互惠原則人人都必須遵守，尤其是在精英階層。禮物和請柬往往都有附帶條件，使窮人和物資缺乏的人無法參加，耶穌經常挑戰這些用來建立有利人脈的社交行為。耶穌見所請的客人爭先恐後選擇首位（路加福音14：7－11），就用比喻對他們說：「你被人請去赴婚姻的筵席，不要坐在首位上，恐怕有比你尊貴的客被他請來……因為，凡自高的，必降為卑，自卑的，必升為高。」（第8－11節）這是一種新的生活禮節！但是耶穌還沒有說完。祂繼續教導他們以一種全新的方式與不同的人交往，就是貧窮的、殘廢的、瘸腿的、瞎眼的、沒有什麼可以回報的人（第13、14節）；換句話說，祂教導我們要歡迎那些被社會邊緣化的人。在今天這群人會是誰呢？未婚先孕的少女？剛出獄的年輕人？這就是耶穌的方法，祂向我們走來，請我們去參加那個我們永遠無法回報的筵席。願我們活出這份本不配得的恩典，讓我們向世界走去，樂意接納那些感覺孤單、被貶低以及沒有盼望之人。

祂的降服

父啊！祢若願意，就把這杯撤去；然而，不要成就我的意思，只要成就祢的意思。路加福音22：42

我拿著一瓶油，前往我父母的住處，心中不斷祈禱著，因為各種情況都顯示出母親的癌症已經到了末期。我送給她一個小雕像，上面是一個手持一大束「勿忘我」之花的女孩。我告訴媽媽，這是為了提醒她我永遠不會忘記她；當她不在我身邊的時候，我還有「勿忘我」雕像在我身邊。然後我用油膏她，為她禱告，祈求上帝的醫治，如果這真是上帝的旨意，我們也願意完全順服祂的旨意。兩週後，她平靜地離開了人世。當我寫著今天的課文時，那座小雕像就在我旁邊。今天——9月24日，正是她的忌日。

我們所有人都做過這樣的禱告，雖有所祈求，卻仍順從上帝的旨意，即使結果可能與我們所求的相反。我們對上帝旨意的了解是如此有限，因此我們很樂意順服上帝在任何環境中的旨意。當我的父母面臨死亡的時候，我必須與自己的意志爭戰，才能在我的禱告中加上這句話：「然而，不要成就我的意思，只要成就祢的意思。」（路加福音22：42）當耶穌來到位於橄欖山的客西馬尼園時，祂對門徒們說：「你們要禱告，免得入了迷惑。」（路加福音22：40），然後祂離開他們，跪下禱告（第41節）。〈路加福音〉說耶穌禱告了三次（第41，44、45節）。祂向天父做了一個特別的請求：「父啊！祢若願意，就把這杯撤去。」（第42節）這杯就是在之前幾節祂對門徒所說的：「這杯是用我血所立的新約，是為你們流出來的。」（第20節）現在這杯在祂的手中顫抖著。人性使祂想要以一種不同的方式拯救人類，而不是以如此痛苦和黑暗的方式，甚至汗珠如大血點滴在地上（第44節）。不過，祂補充道：「……然而，不要成就我的意思，只要成就祢的意思。」（第42節）然而，拯救沒有其他的辦法。上帝垂聽了祂的禱告，有一位天使從天上顯現，加添祂力量，而不是將杯子撤去。你和我都得到了拯救，因為祂順服於上帝所給予祂的苦杯。

9月 Sep 25

祂的任務

天國又好比一個人要往外國去，就叫了僕人來，把他的家業交給他們。馬太福音25：14

很難相信，那位憑藉蘋果電腦技術徹底改變了世界以及我們溝通方式的人，曾經在年幼時被他未婚的親生父母遺棄。史蒂夫·賈伯斯（Steve Jobs）後來被保羅賈伯斯和克拉領養，他長大後成為我們這個世代的天才之一，留下的眾多智慧遺產更是影響了未來的世世代代。2011年10月5日，就在蘋果推出iPhone 4S的第二天，賈伯斯去世，留下了超過一百多億美元的遺產。

如果一個科技奇才能帶來改變世界交流的方式，那麼基督的跟從者又能在多大的程度上以祂救贖的福音來影響整個世界呢？今天的經文來自耶穌有關天國比喻之中的一部分，這是祂交代門徒在祂升天之後和第二次降臨之間，他們所當行的事（馬太福音25：14－30）。這會是一段很長的時間，祂的門徒要竭盡所有的能力和恩賜來傳揚天國的福音。在這個比喻中，要往外國去的家主把他的家業託付給他的僕人。「一個給了五千，一個給了二千，一個給了一千，就往外國去了。過了許久，那些僕人的主人來了，和他們算帳。」（第15，19節）主人回來，見那領五千和那領二千銀子的僕人，都為他賺取了較原先整整多一倍的銀子。兩個人都受到了讚揚：「好，你這又良善又忠心的僕人，可以進來享受你主人的快樂。」（第21，23節；也參24：47）但第三個僕人說：「我就害怕，去把你的一千銀子埋藏在地裡。」（馬太福音25：25）這個僕人代表了那些對信仰帶有恐懼、害怕為基督冒險的人。上帝不希望我們因恐懼而信；祂希望我們把一切都投入，為祂的國度去接觸生命；祂的救贖計畫必須被宣揚。傳福音的工作沒有交托給天使，而是交托給我們這些看似軟弱，卻能夠為祂的大恩作見證的世人。

祂的執政

我實在告訴你們，這些事你們既做在我這弟兄中一個最小的身上，就是做在我身上了。馬太福音25：40

在我十二歲時，我們全家搬到美國住了一年。對我來說，如果不懂當地的語言，就很難適應或融入當地的生活，我感到格格不入，即使在學校也是如此。可是不久後，因為結識了琳內爾．布萊森（Lynell Blazen）使我的生活有了改變。四十年後我們再次見面時，我們擁抱、哭泣、歡笑。我告訴她，她為我帶來了多麼大的改變，但她不停重複說著：「我做的那些事不算什麼！真的！妳是我的朋友呀！」

這是承受天國祝福之人的典型反應：他們在行善時並非刻意為之，也不指望靠它們得救。在〈馬太福音〉25章31至46節中，耶穌是那位坐在寶座上的王，祂在宣告判決時，把萬民分成兩組。無論是義人或是不義的人似乎都對王的裁決感到非常驚訝。王告訴右邊的人，他們曾在六種不同的情況下接待了他：餓了、渴了、作客旅時、赤身露體、病了以及在監裡。我們會對他們的反應感到驚訝：「是嗎？那是什麼時候的事呢？」他們不記得曾為他做過的這許多事；他們沒有記錄下來。耶穌解釋說，這些事你們既做在我這弟兄中一個最小的身上，就是做在我身上了。不義的人也對王的判決感到困惑，因為他們認為自己所做的許多善事都可以用來證明自己的公義。我們什麼時候見你餓了、或渴了、或作客旅、或赤身露體、或病了、或在監裡，不伺候你呢？這些事你們既不做在我這弟兄中一個最小的身上，就是不做在我身上了！耶穌所彰顯出來的無私精神是天國的特徵，「真正的幸福是在無私的事奉中找到的。在這樣的事奉中，所有的一言一行都被記錄在天國的冊上，正如為基督所行的。你們要生活在救主之愛的陽光下，然後你們的影響將為世界帶來祝福，讓基督的靈來掌控你們，你們嘴裡要常存慈愛的律法。寬容和無私是那些重生、在基督裡成為新造之人的言行標誌。」（註63）

9月 Sep 27

祂的成長

上帝的國如同人把種撒在地上。黑夜睡覺，白日起來，這種就發芽漸長，那人卻不曉得如何這樣。馬可福音4：26、27

老師讓我們把一顆豆子放在罐子中間，用吸水紙包著。我們需要為它澆水，吸水紙就會吸收水分。然後它就可以漸漸地、在沒有任何外力的幫助下發芽長大！作為一個孩子，看著嫩芽和根在我眼前生長，這整個過程真是既令我興奮又好奇！種子發芽和生長的能力是大自然的奧祕之一，在它之上有上帝偉大創造的指紋。

耶穌用這個例子來說明福音種子所蘊含的神祕力量。有一則簡短的比喻只記載在〈馬可福音〉4章26至29節之中，耶穌說，上帝的國如同人把種子撒在地上。黑夜睡覺，白日起來，這種子就發芽漸長，那人卻不曉得如何這樣。種子本身有一股神祕的力量讓它發芽、生長和結果：先發苗，後長穗，之後穗上結成飽滿的子粒（第28節）。這個比喻強調了福音的宣揚如何包含了上帝使之發芽和成長的力量。我們藉著努力學習和訓練來分享耶穌的福音，然而最終在人心生根發芽的救恩，乃是倚靠上帝的大能方可成就。許多父母跟我分享他們對已成年子女的擔憂，他們似乎對屬靈的事情不感興趣。但是我一向都認為，上帝比我們更關心孩子們的救恩，聖靈有能力讓已經在他們心裡撒下的福音種子發芽成長。同樣的道理也適用於所有我們這些覺得不配與他人分享福音寶藏的人。要記得，上帝會在我們為人類付出的微薄努力上增添神祕的力量。我們無法看見其發生的過程，然而偉大的成就會在我們還無法理解的情況下就成形。傳揚耶穌基督的福音從來都不是徒然的。我們應當相信，那透過祂的寶血而撒下的救恩種子，必藉著聖靈的能力，自己發芽成長！

祂的憐憫

你看見這女人嗎？我進了你的家，你沒有給我水洗腳；但這女人用眼淚溼了我的腳，用頭髮擦乾。路加福音7：44

昨天我目睹了一個深刻感人的場面。我停下來加油，看見一個街友坐在加油站商店的入口附近。雖然他看來一貧如洗，但他並不是在那裡向人討錢。突然，一個男人下了車，向他走來，給了他一些錢，但更重要的是他花了一些時間和他交談。他的憐憫和溫柔感動了我。我們被呼召透過簡單的善舉來分享耶穌的恩典，例如以同理心而不是批評來接觸他人，聆聽他人的感受，展示上帝的愛和憐憫。在一個不完美的世界裡，我們總是能輕易就找到批評和恐懼的理由，然而上帝要求我們透過不同的方法來分享祂那無條件的愛，就是以溫柔、且沒有任何附加條件的方式分享。

有一個法利賽人請耶穌和他一同坐席。耶穌接受了他的邀請，無論他的動機是要榮耀祂，還是要陷害祂。這時有一個女人，她是一個罪人，進了屋子，「站在耶穌背後，挨著祂的腳哭，眼淚濕了耶穌的腳，就用自己的頭髮擦乾，又用嘴連連親祂的腳，把香膏抹上。」（路加福音7：38）邀請耶穌的法利賽人看見這事，不但沒有表現出憐憫或同情，反而對耶穌和這個女人充滿了嚴厲批判的念頭（第39節）。耶穌對他說：「你看見這女人嗎？」（第44節）。你真的看見她了嗎？祂繼續溫柔地解釋她的行為，並公開聲明她的罪已經蒙赦免，所以她可以平平安安地去了（第48，50節）。在你的生活、工作、學校、或是鄰居當中，有沒有人是需要你關注、並與他分享上帝之憐憫的呢？我們與他人分享上帝的恩典，不是因為我們是完美的，而是因為我們自己非常需要上帝的恩典，祂愛我們，不論我們有著多少的弱點。「所以，你們既是上帝的選民，聖潔蒙愛的人，就要存憐憫、恩慈、謙虛、溫柔、忍耐的心。」（歌羅西書3：12），願我們能自由地分享祂的恩典！

9月 Sep 29

祂的豐裕

你們要給人，就必有給你們的，並且用十足的升斗，連搖帶按，上尖下流地倒在你們懷裡。路加福音6：38

當我擔任專責牧養年輕人的牧者時，我們每年都會舉辦復活節藝術展覽會，我們會邀請所有人透過提交藝術作品來參與展覽。至今我仍記得許多令人為之驚歎的藝術品。其中一個作品呈現的意象簡單而深刻，內容包含兩個元素：一個只裝著一些米飯的小杯，在它旁邊卻有一個滿溢著米飯的大桶。小杯子的標籤上寫著「我們對上帝的期望」，而大桶的標籤上則是「上帝想要給我們的」。

關於上帝國度的慷慨和包容性，其特質並不是「公平」，而是充充足足、超乎人所能想像的！上帝不顧一切地把祂的恩典慈愛賜給我們這些不配獲得的人。祂希望祂的跟從者也能以同樣的原則對他人表現出豐富的恩慈。「你們倒要愛仇敵，也要善待他們，並要借給人不指望償還……你們也必作至高者的兒子；因為他恩待那忘恩的和作惡的。你們要慈悲，像你們的父慈悲一樣。」（路加福音6：35、36）這兩節是前文的總結，耶穌告訴祂的跟從者要恩慈地對待他人，即使是那些曾經得罪過他們的人（第27－34節）。我們恩慈待人是因為充分認識到上帝也是如此恩待我們。「你們要給人，就必有給你們的，並且用十足的升斗，連搖帶按，上尖下流的倒在你們懷裡；因為你們用什麼量器量給人，也必用什麼量器量給你們。」（第38節）耶穌的比喻來自當時的市場情境：一個慷慨的商人，不僅正直公平，而是用十足的升斗，連搖帶按，上尖下流的將穀物倒在顧客的懷裡。即使在我們還不是上帝的朋友之時，上帝已經愛我們了。祂是慷慨的上帝，以恩慈對待我們這些可憐的罪人。現在，祂要求我們成為祂豐厚憐憫的管道，愛我們的仇敵，饒恕他們，給予他們，不求任何回報。願祂的恩慈湧流！

祂的偉大

好像一粒芥菜種……雖比地上的百種都小，但種上以後，就長起來，比各樣的菜都大。馬可福音4：31、32

我對物理學瞭解不多，但我知道，當原子被發現時，它是當時已知最小的物質粒子；但後來原子核內的質子和中子接連被發現！而質子療法也成為迄今為止最精確的放射療法。我家就住在羅馬琳達醫學中心附近，有很多人會來到該校的質子治療中心治療前列腺癌、乳癌和肺癌。連肉眼都無法看見的微小事物，怎麼會有如此強大的醫治能力呢？

在猶太文化中，芥菜種是最小的種子。這就是為什麼耶穌選擇用它來說明上帝國度的「對比面向」（contrasting dimensions）（註64），並作為強調成長的比喻。「這麼小的一粒種子長成後能有多大？」有人會問道。然而，如果把種子種在地裡，它會長成花園裡最大的植物。它長成後確實很高大，「甚至天上的飛鳥可以宿在它的蔭下。」（馬可福音4：32）。那位馬槽裡的嬰兒在祂出生時並沒有達到以色列精英們對救主的期望，甚至耶穌公開傳道和醫治的事工都是如此的低調，這樣的作為無法達到猶太人對彌賽亞的期待。不僅如此，耶穌還選擇了一群不起眼的小民成為祂的第一批門徒。是的，的確如此，上帝的國開始時看起來很小，沒有多少潛力。那髑髏地呢？十字架看起來就像是對君王盼望的幻滅！然而，正是祂的死亡和復活應驗了古老的救贖預言！面對控告祂的人，耶穌指出了將來國度的偉大。耶穌說：「我是（基督），你們必看見人子坐在那權能者的右邊，駕著天上的雲降臨。」（馬可福音14：62、63）不久，地上的，和地底下的，因耶穌的名無不屈膝（腓立比書2：10）。永遠不要低估福音種子的力量，即使它被撒在最不可能之人的心田裡！且讓上帝來掌管它的成長吧！

在世上，你們有苦難；但你們可以放心，我已經勝了世界。

10月｜擁抱祂的確據

10月 Oct 01

祂的醫治

不要怕，只要信！你的女兒就必得救。路加福音 8：50

我們的資深牧師——喬恩・西塞雷利（Jon Cicarelli），在一次名為「不要懼怕」的講道中，為了幫助會眾認識恐懼，他在講道開始時展示了幾張人們在大型鯨魚和鯊魚旁邊游泳的圖片。當他進一步闡述這個主題時，他要求會眾大聲覆誦：「不要怕，只要信。」他提醒我們，上帝有能力處理我們的生活，祂愛我們。恐懼就像一個巨大的影子潛伏在我們的心靈深處。然而，大部分我們懼怕的事都從未發生，其餘的也不在我們控制範圍內。這不是「拼了或是逃跑」類型的恐懼，而是一種佔據生命的焦慮不安。然而，若真的必須面臨更深的恐懼，我們又該如何呢？

這和發生在睚魯身上的事如出一轍。他來見耶穌，求祂醫治他的獨生女。她女兒已經十二歲，但如今就快要死了。在前往他家的路上，耶穌治好了一個患了十二年血漏症的女人（路加福音8：48）。就在那時，睚魯的噩夢不幸成真。「還說話的時候，有人從管會堂的家裡來，說：你的女兒死了，不要勞動夫子。」（第49節）在那一刻，睚魯一定十分不安。耶穌對他說：「不要怕，只要信！你的女兒就必得救。」（第50節）然後耶穌使睚魯的女兒從死裡復活（第54節）。耶穌對恐懼的解決之道，總是靠信心勝過恐懼。在希臘文中，「相信」和「信心」是同一個字根。我們受邀相信上帝的大能，並相信耶穌最終會使所有的事情回歸正軌，那時將不再有痛苦或死亡（啟示錄21：4）。耶穌提醒我們要相信祂。雖然許多事情我們不明白，但我們可以相信，上帝絕對能夠幫助我們面對所有日常生活中的挑戰，祂已經透過祂的犧牲確保了我們永恆的生命。我們可以完全信靠祂而活：「我們既因耶穌的血得以坦然進入至聖所……就當存著誠心和充足的信心來到上帝面前。」（希伯來書10：19，22）。祂已經為我們預備了救恩，現在也賜給我們信心去依靠祂。所以，不要怕，只要信！

祂的果效

耶穌拉著她的手，呼叫說：「女兒，起來吧！」她的靈魂便回來，她就立刻起來了。路加福音8：54、55

我年輕的表妹對社會上的邊緣人很有負擔。卡拉雖然只有廿出頭，但她時常和一群年齡相仿的教會弟兄姐妹一起，前往大城市許多被遺忘的角落和地區，為許多挨餓受凍、住在黑暗橋下的街友提供服務。她們會把毯子、食物和燦爛的微笑帶給許多無家可歸、無助絕望的人。

耶穌總是被那些社會邊緣人所吸引。睚魯的女兒和患血漏的女人（路加福音8：41－56）有幾個共同點：她們都活在一個不重視女性的社會；此外，兩人都病得奄奄一息——睚魯的女兒十二歲患了重病，而那位患血漏的女人則病了整整十二年。患血漏的女人和女孩的父親都俯伏在耶穌的腳前；耶穌都對他們二人講述有關信和痊癒（得救）的信息。令人驚訝的是，患血漏的女人和睚魯的女兒都被稱為「女兒」（第42，48節）。這兩個故事之間最緊密的聯繫之一，就是她們都不被當時的社會看重。耶穌時代有許多規定禁止任何人觸摸病人或死者。因這婦人身患血漏的緣故，凡挨近她的，就都成為不潔淨了（參利未記15：19－31）。然而，她摸了耶穌，耶穌不但沒有被玷污，反而使她痊癒。當耶穌抵達睚魯家的時候，他的女兒已經死了（第49節），耶穌再一次觸摸了那個不可觸摸的人。耶穌拉著她的手，呼叫說：「女兒，起來吧！」她的靈魂便回來（第54、55節）。也許你今天已經無計可施，或者你的一個孩子或孫子成了社會邊緣人。但奇妙的是，耶穌很擅長接觸那些被我們的社會和環境視為不潔淨的人。你不會使祂不潔淨！相反的，祂卻能使你（或你的孩子）得醫治。無論你覺得自己多麼不潔淨，多麼貧窮，多麼不可接觸，都不要害怕來到耶穌面前。這就是耶穌的果效：祂的觸摸能帶來生命！

10月 Oct 03

祂的保證

從今以後，我不再喝這葡萄汁，直到我在我父的國裡同你們喝新的那日子。
馬太福音 26：29

十幾歲時，某次我決定不在媽媽的幫忙之下，嘗試自己剪頭髮。很快的我就意識到我有了大麻煩；我的頭髮參差不齊，而且只剩下幾英寸長了！最後，我不得不放下身段，請求母親的原諒和幫忙。最後，我剪了一個非常短的髮型，我也從她的諒解和技能中得到了深刻的教訓。我始終確信她會永遠幫助我。有時我們所面臨的挑戰比剪壞了頭髮要大得多，我們會想：「上帝還會幫助我嗎？」還是祂會說：「我不是早就告訴過你了嗎？」祂還會救我嗎？還是我已經走得太遠，回不去了呢？

當耶穌和門徒一起吃逾越節的最後晚餐時，耶穌拿起杯，祝謝，並解釋它最終的含義：「因為這是我立約的血，為多人流出來，使罪得赦。但我告訴你們，從今以後，我不再喝這葡萄汁，直到我在我父的國裡同你們喝新的那日子。」（馬太福音26：28、29）多麼驚人的保證！耶穌不僅解釋祂的寶血會流出來，使罪得赦，祂也向他們的未來做出保證。祂談的是天國和永恆的生命。我能想像門徒們的興奮——他們迫不及待地想要在耶穌的國度裡，與祂一同飲那葡萄汁！我渴望在這個保證中生活，你不也是嗎？但還有更多讓我啞口無言的。「今夜，你們為我的緣故都要跌倒。因為經上記著說：我要擊打牧人，羊就分散了。但我復活以後，要在你們以先往加利利去。」（馬太福音26：31、32）什麼？你的意思是耶穌已經知道他們將要失敗，可是卻仍然賜給他們天國的保證嗎？是的！耶穌引用〈撒迦利亞書〉13章7節來讓他們知道結局。即使他們會讓祂痛苦失望，但如果他們願意選擇相信祂，他們還是能在祂的國度裡！而我們也會的！

祂的逆轉

叫飢餓的得飽美食，叫富足的空手回去。路加福音 1：53

那天，力克．胡哲（Nick Vujicic）（註65）來到我們教會作見證。這個生來就沒有四肢、意志力非凡的年輕人，鼓勵全世界的人都來接受並分享耶穌。他說：「如果上帝可以使用一個沒有胳膊和腿的人來做祂的手和腳，那麼祂一定會使用任何一顆願意為祂奉獻的心！」出乎所有人的意料，數百位來自不同群體的人湧入教堂。我們的停車場有一處站滿了一群長相粗獷的摩托車手，他們坐在前面的長椅上，敞開心扉，舉手禱告。那天教堂裡有穿著隨性的年輕人，也有穿西裝打領帶的老年人。所有的差異都消失了；我們都在基督裡合而為一，上帝的恩典真叫人驚歎！

〈路加福音〉是新約最長的一卷書，它敘述的方式強調了上帝恩典的包容性。其中一個有趣的方式是透過平行結構，先講述一個男人的故事，之後再講述一個女人的故事。一些平行的組合包括撒迦利亞和馬利亞（第1章），西面和亞拿（第2章），撒勒法的寡婦和敘利亞的乃縵（第4章），迦百農的百夫長和拿因城的寡婦（第7章），一個失去一隻羊的男人和一個失去一枚硬幣的女人（第15章），等等。路加描繪救贖計畫之包容性的另一個方式，是透過追溯耶穌的家譜直到亞當（路加福音3：23－38）。但是，在所有的神學主題中，最激進的也許就是——救恩不在乎世人的社會地位，救贖恩典的獲得包括那些似乎不符合資格的人：窮人、地位低下的、被社會排斥的以及被邊緣化的人。這些故事一個接一個開啟了一個逆轉的新時代。當談論到獲得永生的資格時，路加寫道：「祂叫有權柄的失位，叫卑賤的升高；叫饑餓的得飽美食，叫富足的空手回去。」（路加福音1：52、53）在這一個逆轉中，你我找著了信心和一首新的救贖之歌，因救主正是為了我們這樣的人而來！

10月 Oct 05

祂的確定

匠人所棄的石頭已作了房角的頭塊石頭。馬太福音 21：42

我們的第一個房子是在未開始興建之前就購買的，它距離當時我們住的地方約20分鐘的路程。因為興奮之故，我們經常去現場參觀，但幾個月過去之後，他們才開始興建。有一天，我們發現施工人員剛打好了地基，我們想要留下上帝對我們信實的宣告，所以我們用一根小木枝在新澆上的混凝土上寫著：「約翰一書4：19。」後來我們雖然賣了那個房子，但耶穌的愛和恩典仍然是我們堅固的根基。

在兇惡佃戶比喻的結尾（馬太福音21：33－41），耶穌引述了〈詩篇〉118篇22至23節中、房角的頭塊石頭（第42節），卻是最初匠人所棄的石頭。耶穌是房角石，所有的一切都在祂裡面得安息和保證。上帝要在錫安立一塊房角石作為穩固的根基，這事早已經在〈以賽亞書〉中預言：「我在錫安放一塊石頭作為根基，是試驗過的石頭，是穩固根基，寶貴的房角石；信靠的人必不著急。」（以賽亞書28：16）對於房角石的回應只有兩種：誰掉在這石頭上，必要跌碎（接受它的）；以及這石頭掉在誰的身上，就要把誰砸得稀爛（拒絕它的；參馬太福音21：44；彼得前書2：3－8）。對某些人來說，祂令人感到不安、戰競；然而，對信的人而言，祂必作他們穩固的根基。懷愛倫解釋說：「上帝以祂無窮的智慧，揀選並親自安放了這塊基石，並稱之為『穩固的根基』。全世界的人類盡可以把他們的重擔和憂患放在其上，它足能擔當一切。他們盡可以放心地在其上進行建造。基督是『試驗過的石頭』，凡信靠祂的人，祂總不使他們失望。祂已經受各種考驗。祂已承受了亞當的罪擔和他子子孫孫的罪擔，不僅得勝了那惡者的權勢，並且得勝有餘。每個悔改的罪人放在祂身上的重擔，祂都肩負起來了。有罪的人在基督裡得了拯救。祂是穩固的根基，凡倚靠祂的有絕對的安全。」（註66）阿們！

祂的勸告

你們也要聽見打仗和打仗的風聲，總不要驚慌；因為這些事是必須有的。馬太福音 24：6

耶穌第二次降臨的預兆就像地圖上的指標，表明我們距離目的地越來越近了！一位女士和我分享，她的孩子們是如何靠著學習不同的路標，來預知何時他們離祖父母的家更靠近了一步。每當他們看見這些指標時就越來越興奮。然後她說：「這就是耶穌第二次降臨之預兆的作用。它們的出現，使我們可以適時的知道祂來臨的日子近了，也會為此心中越來越火熱！」我完全同意她的說法。

基督復臨的預兆，從來都不是為了要使我們感到害怕，而是為了鼓勵我們。耶穌復臨是基督教信仰最大的盼望。基督第一次的來臨是為了代替世人償還贖價，復活升天的基督將會再來接我們，使我們能夠永遠與祂同在。這意味著痛苦和死亡的結束；如同創世之時，我們將要與我們敬愛的造物主和救主同在。當我們看見祂要再來的預兆時，我們就會越來越興奮！但是耶穌知道，在祂復臨之前將會有大災難，祂的門徒和我們將會因此而恐懼害怕。因此，祂告誡說：「總不要驚慌；因為這些事是必須有的。」（馬太福音24：6）「驚慌」的原文也可以翻譯成「驚恐」或「不安」。不要驚慌是因為我們的上帝是至高無上的，祂完全掌控著世人的救贖計畫；「這些事是必須有的」；它們必須在末日到來之前發生。我們常常對自己不理解的事情感到驚慌。當約翰看見耶穌的異象時也是如此。然而，耶穌對他說：「不要懼怕！我是首先的，我是末後的……我曾死過，現在又活了，直活到永永遠遠。」（啟示錄1：17、18）「末後」（eschatos）這個詞在希臘文乃是「末世論」一詞的字根，也就是有關末日事件之研究。耶穌提醒我們不要害怕，因為祂是首先的，也是末後的；祂是阿拉法，祂是俄梅戛，祂是始，祂也是終。我們永遠不會被撇下！

祂的權柄

但要叫你們知道，人子在地上有赦罪的權柄。馬可福音2：10

我剛擔任某地方教會的主任牧師時，有一晚我到教堂去，為即將進行的活動做預備。有一個偶爾會租用教會設備的合唱團正在大廳裡排練，他們聲稱已經獲得了允許。我告訴他們，我們待會在這裡要舉行一個活動，下次他們要租用教會時，應該直接向主任牧師確認。這時，他們當中有一個人忍不住質問我道：「那妳又是誰呢？」我回答說：「我就是主任牧師。」在一陣無比尷尬的沉默之後，幹事把我介紹給他們。後來，我們有時仍不免因為這事會心一笑。

是否有人曾經質疑過你的地位、角色或能力呢？在福音書中，文士和法利賽人經常質疑耶穌的身分和能力。當耶穌對癱子說：「小子，你的罪赦了。」（馬可福音2：5）文士們心裡說：「這個人為什麼這樣說呢？祂說僭妄的話了。」（第7節）這是文士、法利賽人與耶穌之間，五個彼此辯論敘述中的第一個。為什麼律法師們無法接受這個聲明呢？「你的罪赦了」這句話，乃是上帝的代言人在宣告一個人的罪被赦免後所使用的話；類似的話也使用在一個人帶了祭物來到聖殿懺悔蒙垂聽之後。祭司會說一些類似「你的罪赦了」的話，祭司和律法師們經常使用這話來描述上帝為祂子民所做的行動。現在，耶穌已經打開了一條通往恩典的新途徑，可是他們卻不喜歡！耶穌知道他們所質疑的是祂的權柄和能力，就對他們說：「但要叫你們知道，人子在地上有赦罪的權柄。」就對癱子說：「我吩咐你，起來！拿你的褥子回家去吧。」（第10、11節）。於是那人就起來，拿著褥子，當著眾人面前出去了。現在無論你在哪裡，即便似乎沒有其他的中保在旁，也要相信耶穌有能力和權柄赦免和醫治你。

祂的估價

一個罪人悔改，在天上也要這樣為他歡喜，較比為九十九個不用悔改的義人歡喜更大。路加福音 15：7

在修讀《組織行為學》課程時，我接觸到企業心理學中所謂的「具體化」(Reification) 概念。這個詞意謂著我們必須為一個物品賦予抽象的價值或意義，否則它就可能所值無幾。如果公司從外面聘請一位企業顧問，在對於某些商品——如圖片和裝飾，做出取捨的建議之前，他必須先提出一份報告，說明這物品可能擁有的特殊意義或基本價值；換句話說，這個顧問必須將該物品具體化，並考量保存的可能性。

生活中有許多事物的價值，都遠遠超過它們本身在金錢上的價值，比如照片、記憶等等。當涉及到人和動物時，他們的價值都是不可替代的。耶穌對一群抱怨祂和罪人一同坐席的宗教領袖說了一個迷羊的比喻（路加福音15：1—7）。類似的比喻也記載在〈馬太福音〉18章12至14節，但這裡的背景是一個遠離天國之人的回歸。〈路加福音〉這個比喻的背景，是耶穌對於尋找迷失之人的渴望和找回他們的喜樂。「你們中間誰有一百隻羊失去一隻，不把這九十九隻撇在曠野、去找那失去的羊，直到找著呢？」（路加福音15：4）這個比喻的一個問題聽起來就像：「你們當中有誰不會這麼做呢？」如果你有五個孩子，其中一個走失了，你難道會拿出計算機來計算之後說：「還好，我至少還剩下80%的孩子？」當然不是！你會迫切的尋找，直到找著為止。這個比喻的焦點並不在於當牧羊人不在時，誰要來照管那九十九隻羊？而是要突顯牧羊人如何看待每隻羊的價值。每一隻羊的估價都是百分之百的，因為牠對牧羊人而言是那麼有價值。你在上帝眼中的價值也是無限的。如果你是唯一一個迷失的人，耶穌也會為你而死。因為你對祂來說太重要了，祂不會放棄尋找你！

10月 Oct 09

祂的尋找

或是一個婦人有十塊錢，若失落一塊，豈不點上燈，打掃屋子，細細地找，直到找著嗎？路加福音 15：8

你曾經失去過對你來說價值非凡的東西嗎？我記得幾年前曾有人丟失了她的結婚戒指。這是一個設計簡單大方、不是非常昂貴的戒指，可是因為上面刻著他們夫妻倆的名字和結婚日期，所以對他們而言就意義非凡了！我們找遍了所有可能的地方，包括一個大垃圾桶。我們把裡面的東西全部翻出來，一絲不苟地把每一件垃圾都仔細翻找了一遍。我不記得那枚戒指是在什麼地方被找著的，但我清清楚楚記得那迫切尋找的感受。

當法利賽人抱怨耶穌接待罪人的時候（路加福音15：1、2），耶穌對他們說了三個比喻。在路加的敘述中，前兩個比喻是採用一男一女的對照組。在丟失了一隻羊的男人之後，緊接著第二個比喻說的就是丟了一枚硬幣的女人（路加福音15：8－10）。她有十個銀幣，卻失落一個，這相當於她一天的工資。這些銀幣應該是她以備不時之需的積蓄。有些人認為這可能是她的「嫁妝」（ketubah），是她在結婚時擁有的，也是她在將來可能被休了之後，唯一的經濟保障。在這個比喻中，這個女人代表了上帝對罪人迫切尋找和拯救；祂是一個會積極尋找並採取恢復行動的上帝。這一點可以透過比喻裡的四個階段來加以說明。首先，女人細細的找。第二，她使用了她擁有的所有資源，如點上燈，打掃屋子，仔細的找。第三，她堅持不懈，直到找著；在找著之前絕不放棄。第四，因為找著而快樂慶祝。上帝迫切的尋找我們，使用我們所不知道的所有資源。如果你有一個迷失的孩子或孫子，願你得著安慰，知道上帝不會放棄我們，直到祂找著我們為止。這是《聖經》中對上帝的真實寫照：祂迫切的尋找我們。我們對上帝的尋找只是一種回應；因祂對我們的尋找，總在我們尋找祂之前。

祂的設計

耶穌聽見，就說：「這病不至於死，乃是為上帝的榮耀，叫上帝的兒子因此得榮耀。」約翰福音 11：4

在基督徒的生命中有許多「未見之事的確據」。這似乎是一個很矛盾的說法，但它卻是〈約翰福音〉寫作的前提。這世上有一些我們看得見的真實，但也有一些是我們肉眼看不見，卻更深刻、重要的真實；我們唯有透過對耶穌基督的信心，和祂對我們生命的設計才能看見。信心就像一副眼鏡，透過它我們可以看見一些看不見的事，使我們可以相信祂，並超越我們肉眼能見的一切。

〈約翰福音〉11章1節提到拉撒路、馬大和馬利亞。拉撒路的姐妹打發使者送信給耶穌，說他們的兄弟病了，這絕對是請求幫助的暗示。「她姐妹兩個就打發人去見耶穌，說：主啊，你所愛的人病了。」（第3節）馬大和馬利亞全心倚靠耶穌對他們兄弟的愛。拉撒路這個名字是以利亞撒的別名，意思是「上帝是我的幫助」，而她們這次真的需要上帝的幫助！當耶穌聽到了這個消息，祂告訴那些在祂身邊的人一個計畫：這病不至於死，乃是為上帝的榮耀，叫上帝的兒子因此得榮耀（第4節）。我實在很想知道這個計畫是什麼，你也一樣吧？但是，我們通常都不會知道計畫的具體內容，只有上帝知道，所以我們需要相信祂的計畫，而不是我們自己對整個形勢的看法。接下來兩節經文看似矛盾：「耶穌素來愛馬大和她妹子並拉撒路。聽見拉撒路病了。就在所居之地仍住了兩天。」（約翰福音11：5、6）這不太合常理，不是嗎？因為愛他，所以耽延？顯然，這並不是因為耶穌缺乏關心，所以耽擱了。上帝的時間表是祂計畫的一部分，祂知道何事、何時有所作為才能帶來最大的榮耀，見證祂的愛和能力。我們可以學習信靠祂，即使我們無法理解。我給了自己一個座右銘：上帝明顯的耽延，是為了彰顯祂偉大的作為。我喜愛這一點！當我們無法理解上帝的時間表時，我們可以相信祂對我們的愛，和對我們生活的安排。

10月 Oct 11

祂的擴展

天國好像麵酵，有婦人拿來，藏在三斗麵裡，直等全團都發起來。**馬太福音13：33**

最近，我不得不對我的花園做一些重大的改變。四年前當我們搬進這所房子時，我們在後院種了一些植物以及一些玫瑰花。不料四年後，其中兩棵樹長得太大，完全佔據了花園的一邊。它們錯綜複雜的根讓我沒辦法靠自己來清理它們，所以我不得不雇用一個專業人士來幫忙剷除這兩棵樹。耶穌為要使人明白天國在地上令人驚訝的擴展，也採用了類似形象來比喻。

在〈馬太福音〉第13章，耶穌說了兩個比喻來闡明天國無聲無息的開始，以及後來沒有人可以忽視的驚人成長。兩者都描繪了一個幾乎難以察覺的開端。第一個是芥菜種的比喻：「天國好像一粒芥菜種，有人拿去種在田裡。」**（馬太福音13：31）**芥菜種是當時已知世界上最小的種子，這一點可在《聖經》以外的資料中證實，它常用來作為微小程度的象徵**（參馬太福音17：20有關信心的比喻）**。天國已經開始了，並不是按照一般人期望的方式，但它長成後卻比人所能想像的還要大：「這原是百種裡最小的，等到長起來，卻比各樣的菜都大，且成了樹，天上的飛鳥來宿在它的枝上。」**（馬太福音13：32，參但以理書4：21）**第二個比喻是說到「天國好像麵酵，有婦人拿來，藏在三斗麵裡，直等全團都發起來」**（馬太福音13：33）**。酵是隱性的，但耶穌向我們保證它的影響是不可否認的。福音運動以及它卑微的開端也是如此，它最終成為一個世界級的現象，並帶來了永恆的結果。我們都有家人和朋友，我們希望看見他們來到主面前。這兩個比喻非常鼓舞人心，因為它們提醒我們，永遠不要低估天國在世人心中的成長。上帝正在幕後動工，且讓我們給福音的酵一點時間，讓它全團運作。

祂的統治

天國近了，你們應當悔改！馬太福音3：2

我很久沒見到我親愛的表姐艾琳娜了！她即將從南美飛來美國探望我。隨著約定日期的接近，我們倆都萬分期待這天的到來。她每天都在日曆上數算日子，我也興奮地為她在家中整理了一個房間。最後，我們的期待的那一天終於到來！你還記得自己等待孩子或好友到來時的興奮嗎？這是一種對期待已久之事終於實現的美妙感受！

關於上帝在地上最終統治的預言一直存在於以色列歷史中。天國臨近的宣告在猶太的領土上引起了極大的騷動。〈馬太福音〉在耶穌的幼年和祂成年後的事工之間，突然插入了施洗約翰在猶大曠野傳道的敘述（馬太福音3：1）。他帶來的信息是明確的：「天國近了，你們應當悔改。」（第2節；耶穌稍後在4：17亦重複了這句話）第一個動詞是以現在式呈現的命令句，也可以翻譯為「轉身」，「返回」，「改變心意」，「改變方式」等等。他的信息有一種迫切感；需要採取重要行動以實現期待已久的預言。在〈馬太福音〉中，「天國」這個詞共使用了33次，這是〈馬太福音〉獨樹一格之處，在新約的其他書卷不曾使用過。最後，上帝在地上久違的統治終於展開。它已經臨近，即將在耶穌的身上彰顯，且已經真實降臨！天國就在我們中間，雖然還沒有完全實現，但我們已經可以享受到天國的平安和喜樂。這就是我們所稱，上帝在地球上統治的「已開始」但「未完成」。它「已經」透過耶穌的傳道、死亡和復活開始了，但它尚未完全根除罪和邪惡，這是上帝在耶穌第二次降臨時要完成的工。我們如今正活在這兩種狀態之間。這是一個多麼令人激動的等候時刻，因為我們正在等待著我們的救主回來！

10月 Oct 13

祂的保證

主上帝說：「我是阿拉法，我是俄梅戛。」啟示錄1：8

這趟旅程本該和平時一樣，但中間卻有了一些波折。我在行李上掛了一個小行李牌，清楚的註明班機啟程和抵達的地點：洛杉磯至亨茨維爾（LAX－HSV）。由於天氣的原因，我們在轉機時有些延誤，對此我早已司空見慣。不料快到半夜時，我人雖然已經到了亨茨維爾，行李卻遲遲未到。因此我不得不在沒有道具、麥克風以及合適衣著的情況下進行研討會，而這些東西都是我精心預備的。我預備離開的那天，行李終於被送到了旅館。我實在很想知道——「洛杉磯至亨茨維爾（LAX－HSV）」，究竟是哪一個字出了差錯，導致機場無法判讀呢？

也許正是因為這樣的經歷，大多數人不僅在旅程中，也在人際關係、工作、財務等方面，都對我們的生活和這個世界的未來感到焦慮。上帝知道對我們而言最困難之處就在於「過渡地帶」，既不在甲地也不在乙地。在內心深處，我們渴望知道自己最終的目的地，並堅信自己一定能夠到達。事實上，我們都發現自己是生活在一個「過渡地帶」；處在「已經」和「尚未」之間。耶穌已經償還了贖價並獲得了勝利；但祂尚未再來，結束我們所有的痛苦，並重建這個地球。這正是為何我十分喜歡〈啟示錄〉序言中描繪耶穌的第一個象徵——主上帝說：「我是阿拉法，我是俄梅戛，是昔在、今在、以後永在的全能者。」（啟示錄1：8）阿拉法（alpha）是希臘文的第一個字母，俄梅戛（Ōmega）是最後一個。因此，若用英文字母來說，上帝就是宣告祂既是A也是Z，無論過去、現在或將來，祂都在那裡；祂是首先的，也是末後的（啟示錄1：17；2：8），祂更是勝利者！這象徵也出現在《聖經》的最後一章——「我是阿拉法，我是俄梅戛；我是首先的，我是末後的；我是初，我是終。」（啟示錄22：13）所以，無論你面對的問題是在A或Z，還是中間的任何字母，你都可以得到幫助！因為祂是開始、中間和終點。祂保證當你跟從祂的時候，絕對不會在「過渡地帶」迷失！哈利路亞！

祂的權柄

百夫長回答說：「主啊，祢到我舍下，我不敢當；只要祢說一句話，我的僕人就必好了。」馬太福音 8：8

當我試圖解決我的一份水電費帳單引發的問題時，我幾乎想要放棄，因為我已經和許多不同的職員一一交涉過，他們似乎都無法解決這個問題。但我決定再試一次。我要求與真正有權解決這個問題的人會面：一位主管。在幾分鐘內，一個長達一年的問題就得到了解決。她的職位等級不同，顯然有權可以決定其他人無法處理的問題。

百夫長有一個難題，除了耶穌以外沒有人能夠解決。雖然這位軍官是一個外邦人，但還是來到這位著名的猶太教師面前，懇求祂可以讓他癱瘓的僕人得到醫治（馬太福音8：5、6；在希臘文中「僕人」也有「兒子」之意）。〈路加福音〉補充說，猶太人的長老試圖說服耶穌幫助他，「你給他行這事是他所配得的；因為他愛我們的百姓，給我們建造會堂。」（路加福音7：4、5）。猶太人進入外邦人的家是不符合律法的，但耶穌告訴他：「我去醫治他。」（馬太福音8：7）有些學者把這句話翻譯成問句，變成：「你要我去醫治他嗎？」無論如何，百夫長回答說：「主啊，祢到我舍下，我不敢當；只要祢說一句話，我的僕人就必好了。」（馬太福音8：8）他繼續解釋說，他深知什麼是權柄，以及在發出、接收命令，並要求服從的同時意味著什麼。那個被推薦為「配得」的人現在說「我不敢當」，並繼續暗示他確信耶穌對疾病有完全的權柄，只要祂說一句話就足夠了！這般絕對的信心居然是來自一個外邦人！難怪耶穌對百夫長的信心感到稀奇（第10節）。就在那一刻，僕人就好了（第13節）。每當有一個問題大到我無法處理的時候，我都會記得耶穌的權柄。我們不能，但祂卻完全掌控一切。我們要確信祂是至高無上的主宰，因為解決我們一切困難的權柄都已經賜給祂了（參馬太福音28：18）！

10月 Oct 15

祂的征服

墳墓也開了，已睡聖徒的身體多有起來的。馬太福音 27：52

在我的冰箱上有一個磁鐵的標語牌，它是我在母親因癌症過世之後，於一家基督教商店買的。牌上寫著：「癌症是如此的有限——它不能削弱愛，不能粉碎希望，不能腐蝕信心，不能破壞和平；它也不能扼殺友誼，塗抹回憶，壓抑勇氣，侵蝕心靈；它更無法竊取上帝賜給我們的永生，無法澆滅聖靈，無法削弱復活的能力。」墳墓並不是我們最後的結局。

〈馬太福音〉27章52至53節這一段驚人的敘述，是其他福音書所沒有的。當耶穌斷氣時（第50節），殿裏的幔子從上到下裂為兩半，地也震動，磐石也崩裂，〈馬太福音〉記載墳墓也開了，已睡聖徒的身體多有起來的，並將這個復活與耶穌對死亡的得勝連結。在舊約時期就已經有這樣的盼望：當彌賽亞來臨時，祂有能力掌管死亡（參但以理書12：2；以賽亞書26：19，以西結書37：13）。馬太指出，這一個盼望透過耶穌的死得以實現；復活和救恩是耶穌死後的結果。祂的犧牲征服了死亡！當耶穌死時，死亡也失勢了。祂從死裡復活的時候，祂為我們成為祭物的預表就得到了確證。我們確信，對於那些相信耶穌的人來說，死亡並不是永遠的。當你為失去所愛之人而悲傷時，記得耶穌已經戰勝了死亡！在那個週末，已睡聖徒的身體多有起來的，預表著即將到來的復活，屆時所有相信基督的，必在基督第二次降臨時復活。這是我們所擁有的幸福保證，尤其是當我們失去所愛之人，或自己面臨死亡的時候。死亡不是結局！永生將伴隨著復活，因為耶穌已經戰勝了死亡，祂擁有陰間的鑰匙（啟示錄1：18）。耶穌說：「時候要到，凡在墳墓裡的，都要聽見祂的聲音，就出來。」（約翰福音5：28）耶穌勝了！所以你們要壯膽，以祂的話彼此勸慰。

祂的能力

孩子的父親立時喊著說：「我信！但我信不足，求主幫助。」馬可福音 9：24

我小的時候，我阿姨曾經寄給我一個洋娃娃。這是每個女孩的夢想；它有一些內建的特殊功能！她的眼睛會轉動，會吸吮奶瓶，還有做一些其他有趣的事情。我愛她！但是有一天，她裡面的機器壞了，這讓我心煩意亂。我的父母告訴我他們將為她做個小手術，但在「手術」進行期間，我不能進入房間。我相信我的父母有能力修好她，但我還是非常緊張，以至於在等待時我的皮膚還發了疹子！

在現實生活中，當問題涉及到我們所深愛的孩子時，有時我們的信心不免變得軟弱。我們想知道上帝是否有能力醫治他們的心靈，恢復他們的靈命。也許過去別人曾經讓我們失望，導致我們現在不願意把孩子交給天父。這經歷發生在一位父親和他那個被污鬼附身的孩子身上。當耶穌和祂的三個門徒從祂變像的山上下來時，他們發現有許多人圍著門徒們（馬可福音9：14）。耶穌問他們說：「你們和他們辯論的是什麼？」（第16節）。那位父親說，他帶了他的兒子到耶穌這裏來，他被啞巴鬼附著。他請過門徒把鬼趕出去，他們卻是不能。這位父親極其痛苦地講述了污鬼如何從他的兒子孩童時期起就折磨著他。在那一刻，耶穌允許邪靈顯示它的能力，為要強調祂將行的大能神蹟。那位父親對耶穌說：「祢若能做什麼，求祢憐憫我們，幫助我們。」（第22節）耶穌回答說：「你若能信，在信的人，凡事都能。」（第23節）在那一刻，這位父親意識到，他雖然相信，但他的信心卻是缺乏的，所以他喊道：「我信！但我信不足，求主幫助。」（第24節）耶穌斥責那污鬼，污鬼就出來了。當我們相信祂的時候，上帝無限的能力就會啟動，對祂而言沒有什麼事是不可能的！順帶提一下，後來我的父母真的修好了我的洋娃娃！在現實生活中，上帝也有能力拯救和醫治我們所愛的人。要相信祂！把你的親人交給祂！相信祂有拯救的能力！

10月 Oct 17

祂的承諾

只等真理的聖靈來了，祂要引導你們明白一切的真理……祂要榮耀我，因為祂要將受於我的告訴你們。約翰福音16：13、14

在我母親逝世兩年後，我的父親也過世了。當我失去雙親時，嚴格來說，我就徹底的成了一個孤兒，我從未想過這個階段對我而言會是如此的椎心之痛。一對敬虔父母所能付出的、無條件的愛，在這世上是無可替代的。我的一個朋友把它描述成一個可愛的「保護毯」，一旦失去就再也找不回來。對於上帝所賜予的、關於復活的保證，我內心充滿感激！

耶穌告訴祂的門徒，祂不會讓他們成為孤兒（約翰福音14：18）。當祂告訴門徒祂即將離開的時候，門徒們都很憂愁，於是祂就安慰他們（參約翰福音第14章）。祂向他們透露，祂將為他們預備一個地方，然後就會再回來接他們。祂也應許賜給他們一位幫助者、保惠師和鼓勵者，也就是聖靈。後來，在〈約翰福音〉第16章中，耶穌再次確立祂會賜下聖靈的應許：「然而，我將真情告訴你們，我去是與你們有益的；我若不去，保惠師就不到你們這裡來；我若去，就差祂來。祂既來了，就要叫世人為罪、為義、為審判，自己責備自己。為罪，是因他們不信我；為義，是因我往父那裡去，你們就不再見我；為審判，是因這世界的王受了審判。」（約翰福音16：7－11）我一直對於《聖經》如何描述聖靈的角色很感興趣。祂來是要定我們不信耶穌的罪。祂還使我們相信上帝在基督裡的公義，因為耶穌會升到天上去，所以只有聖靈能幫助我們相信，唯有透過耶穌完美的生和死，而不是透過自己的行為，才能讓我們在上帝眼中得稱為義（參羅馬書3：21－26）。最後，聖靈要來提醒我們這個世界的結局，因為上帝的仇敵已經在十字架上受了審判，耶穌勝了！是的！我們知道這個故事的結局！聖靈，請來到我們中間！以我們對耶穌應許的認識，點燃我們的心！

祂的約

向我們列祖施憐憫，記念祂的聖約，就是祂對我們祖宗亞伯拉罕所起的誓。
路加福音1：72、73

救贖歷史上的每一件事都不是憑空發生的，它們是大局的一部分，是在創造世界之前所設計的一部分。我們需要把這些個別的事件連接起來，以便準確地解釋經文。喬爾・格林（Joel B. Green）解釋道：「從〈路加福音〉的敘事角度來看，理解耶穌之死的關鍵在於用《聖經》的角度來詮釋它……在耶穌身上所發生的事只能從《聖經》的角度來理解，而《聖經》本身也只能從耶穌身上所發生的事情來理解。」路加非常認真的看待這件事。他不僅把舊約和耶穌的死連結（參路加福音24：27，44），他也把耶穌所有的事工都串連起來，包括祂的降生。

撒迦利亞因為懷疑天使所給予他的、有關兒子出生的信息而成了啞巴，後來當他又能說話時，他以一首帶預言的詩歌來讚美上帝（參路加福音1：68－79）。這首詩歌被稱為「感恩之歌」（Benedictus，亦作「撒迦利亞頌」），以它拉丁文版的第一個字命名。在這首詩歌裡，撒迦利亞讚美上帝眷顧祂的百姓，為他們施行救贖。他窮本溯源至亞伯拉罕和先知們，將施洗約翰和彌賽亞耶穌未來的角色聯繫起來，作為上帝從一開始就訂立之救贖之約的一部分。除了耶穌在最後的晚餐中解釋說，祂的血實際上就是「立約」的血之外（參路加福音22：20；馬可福音14：24；馬太福音26：28），〈路加福音〉1章72節是四福音書中唯一一次使用「約」這個詞的福音書。然而，路加在他的福音書中，經常強調耶穌的生與死早已在〈律法書〉、〈先知書〉和〈詩篇〉中預言過了。我深信上帝對我們的救恩有一個詳盡的計畫，祂從一開始就一直忠於祂的救贖之約，也對我們每個人的生命忠實，指引我們並我們所愛的人。祂按照祂的旨意實行救贖目的，祂忠於祂的救贖之約！

10月 Oct 19

祂的確定

因為我父的意思是叫一切見子而信的人得永生，並且在末日我要叫他復活。
約翰福音 6：40

生活中的某些時刻是你永生都難以忘懷的。父親的癌症復發，癌細胞來勢洶洶的攻擊，令治療和藥物都無能為力。我到他家裡去，用油膏抹他，我們順服上帝的一切旨意。這是一個非常特殊且意義深遠的時刻。他內心十分平靜。我讀了〈約翰福音〉11章25節——「復活在我，生命也在我。信我的人雖然死了，也必復活。」然後我問他：「你相信嗎？」他回答說：「是的！我信！」幾天後他去世了。我永遠不會忘記，對於耶穌將來會使他復活一事，我的父親是深信不疑的。

耶穌賜給那些相信祂的人確據：「並且在末日我要叫他復活。」（約翰福音6：40）我全心全意地接受了這個保證，當我在短時間內失去雙親之後，這個保證成了我的支柱。我發現耶穌的這句話有兩方面的確定性。首先，耶穌是針對個人的，祂強調祂自己——「我要」叫那些「相信我的人」復活，這表明祂對信祂之人的復活負有個人責任。第二個驚人的確定性是動詞的使用——我要「叫他復活」。復活的確會在未來成為現實，它不僅僅是一種可能性。這不是「我可能」，而是「我要叫他復活」。我們生活在一個充滿不確定性的時代，周圍的一切都在不斷變化，從技術、政治到經濟皆是如此。然而，在耶穌裡，我們找到了那拯救我們永不改變的磐石；祂給了我們復活和永生的保證。雖然我們仍然生活在這個充滿罪惡、痛苦、疾病和死亡的世界裡，但這些都是暫時的，很快就會不復存在了（啟示錄21：4）！耶穌為我們死在十字架上，第三天復活；祂的犧牲勝過死亡本身（參馬太福音27：52、53）。當我到我父母的墳前致意時，我知道這只是他們暫時的安息之地。耶穌給了我們確據，祂會使我們所愛的人復活。願祂的確據也能帶給你安慰！

祂的意向

我是好牧人；好牧人為羊捨命。約翰福音10：11

我丈夫認識一對夫婦，他們和他分享了一個非常感人的故事。他們的女兒需要進行骨髓移植，而她的弟弟正好適合做骨髓捐贈者。父母詢問他是否願意捐獻骨髓來救姐姐的生命？結果他毫不猶豫就同意了！在醫院做完手術後，他用顫抖的聲音問：「那麼，我現在還能活多久呢？」這是多麼充滿愛的表現啊！這個小男孩同意救他的姐姐，但他一直誤以為會在這個過程中也失去自己的生命。

但耶穌並不只是「以為」祂會為我們捨棄生命，祂知道祂必會犧牲，祂也真的如此做了！救贖我們不僅僅是祂的想法，而是真正捨命的行動。我們的信心就來自我們深知祂是誰，又為我們做了哪些事。耶穌強調了好牧人和雇工的區別，雇工乃是為了工價而照看羊群，遇到危險就逃跑。但牧羊人不是！他會保護牠們，甚至在這個過程中捨棄他的生命。耶穌說：「我是好牧人；好牧人為羊捨命。若是雇工，不是牧人，羊也不是他自己的，他看見狼來，就撇下羊逃走；狼抓住羊，趕散了羊群。雇工逃走，因他是雇工，並不顧念羊。」（約翰福音10：11－13）你是祂寶貴的兒女；祂把你的幸福看得比祂自己的生命更重要。如果我們發現自己缺乏，我們可以完全相信好牧人有能力供應我們所需要的，也相信祂總是心甘情願以恩慈看顧我們。祂在十字架上的犧牲成為真實。我們對今生和來世有信心是因為耶穌已經證明了祂的信實。當危險像狼群襲擊羊一般攻擊我們時，我們可以確信好牧人永遠不會離棄我們。反之，在我們陷入最黑暗的時候，上帝為我們所做的，乃是羊不能為自己而做的！

10月 Oct 21

祂的親密

看見門徒因風不順，搖櫓甚苦……就在海面上走，往他們那裡去。馬可福音6：48

我年輕時，〈詩篇〉第46篇是我最喜歡的經文篇幅之一。上帝是我們的避難所，是我們的力量，即使在患難中，上帝也是我們隨時的幫助。這首讚美詩給了我年輕的心靈很大的安慰。現在即便年紀漸長，我仍繼續倚賴上帝那強大、安慰人心的同在，以及祂在任何時候都能夠與我親近的能力，特別是在生活的黑暗和痛苦的風暴中。是的，祂是我們在患難中隨時的幫助。

在忙碌了一整天之後，到了晚上，馬可告訴我們，門徒們在湖中央的船上，耶穌卻往山上去禱告（馬可福音6：47）。雖然他們在身體的位置上相距甚遠，但在屬靈上卻是那麼靠近；耶穌總是知道他們置身何處。當暴風雨來臨時，門徒們顯然是獨自面對、孤軍奮戰的，但他們似乎在與自然力量戰鬥中失敗了。耶穌「看見門徒因風不順，搖櫓甚苦。夜裡約有四更天，就在海面上走，往他們那裡去。」（第48節）這是多麼令人欣慰的章節啊！耶穌看見他們的掙扎；祂從來不曾對門徒身處的位置和境況置若罔聞，即使當下祂沒有在他們身邊。在他們需要幫助時，祂總是即時出現，讓他們知曉祂深知他們的困難。祂選擇在四更天（約凌晨3點到6點之間）往他們那裡去，祂隨時都知道他們身處何處。正是在危難當頭之際，我們才能深刻體會上帝與我們的親密。世上沒有任何黑暗是如此的深重，以至於上帝之子無法用祂的光來穿透。耶穌在水面向他們走來，這是祂至高無上的能力和神性的彰顯。雖然祂的門徒們看到了餵飽多人的神蹟，但他們還是無法完全理解耶穌神聖的身分，也無法完全理解祂拯救世界的計畫。希望你能夠意識到，宇宙中最強大的上帝，在你最需要的時刻，也是離你最近的上帝。

祂的方法

天將亮的時候，耶穌站在岸上，門徒卻不知道是耶穌。約翰福音 21：4

向一個處於困惑或有危機的人伸出援手是不容易的，尤其是當他們正迷失的時候。我父親在這方面特別有恩賜；在我年輕時，每當我發現自己遇到了困難，我就會向我的父親求助。不知何故，他處理問題的方法總是合乎邏輯，且充滿溫柔慈愛。即使我陷入麻煩有時是因為自作自受，但他的出發點一向都是為了幫助我，給我希望，而不是懲罰我。

耶穌在信徒們最絕望的時刻向他們伸出援手，祂的恩慈感動了我。〈約翰福音〉21章1至11節記載了這項事蹟。在耶穌被釘死在十字架之後不久，彼得去捕魚，有六個門徒和他同行。這次捕魚行程是在耶路撒冷那令人恐懼不安的事件之後，描繪的是一群困惑又不知前程該如何的人。我們不清楚他們去捕魚的目的，僅僅是為了要忘卻他們的煩惱？還是出於經濟上的需要？不管什麼原因，經過一整夜的努力，他們徒勞的嘗試可以用一句話來概括：「那一夜並沒有打著什麼。」（第3節）天將亮的時候，復活的耶穌站在岸上（第4節）。祂出現在他們最沮喪和困惑的時刻。上帝總是在我們有困難的時候來到我們身邊，溫柔憐憫地靠近我們，給我們帶來希望和奇妙的幫助。祂是來拯救，不是來刑罰。但是，他們沒有認出耶穌來，就像祂復活後，在抹大拉的馬利亞面前（約翰福音20：14），以及在以馬忤斯與那兩人同行的路上一樣（路加福音24：16）。然後祂用最溫柔的聲音對他們說：「小子……」（約翰福音21：5）。祂稱他們為「孩子」（新國際版《聖經》將其譯為「朋友」）。耶穌體貼地對待這些辛苦的漁夫，就像慈愛的父親對待孩子一樣。然後祂問了他們一個問題並行了一個神蹟來滿足他們的需要（參明天的晨鐘課）。在我們最困惑、沮喪的時候，上帝以最強而有力的方式向我們顯明祂自己。祂像我們的父親一樣來到我們的身邊，帶著恩慈、憐憫和祂對我們的救贖之愛。

10月 Oct 23

祂的注意力

他們上了岸，就看見那裡有炭火，上面有魚，又有餅。……耶穌說：「你們來吃早飯。」約翰福音 21：9—12

當我們關心一位需要幫助、平安或指引的親人時，務要記得，上帝比我們更關心他們的福祉！當亞伯拉罕不得不打發夏甲和以實馬利離開時，他因他兒子的緣故甚是憂愁（創世記21：9—21）。當她們在曠野走迷了路，上帝聽見童子的呼求，就賜給她們食物和水並一切需要的。上帝總是關注著我們，以及我們所愛之人的需要。

在昨天的晨鐘課內容中，我們看見〈約翰福音〉記載，基督復活後向門徒第三次顯現。耶穌在加利利海，就是提比里亞海，在他們捕了一整夜的魚卻毫無所獲時，向他們顯現。祂對他們說：「小子！你們有吃的沒有？」他們回答說：「沒有。」耶穌說：「你們把網撒在船的右邊，就必得著。」他們便撒下網去，竟拉不上來了，因為魚甚多（約翰福音21：5、6）。就在那時，他們知道是主，彼得一聽見是主，就跳入海裡（第7節）。他們共捕獲153條大魚（第11節）。這個神蹟讓人想起門徒起初傳道的呼召（路加福音5：1—11），當時門徒們撇下一切跟從了祂。現在，在耶穌的死和復活之後，他們想起了他們的呼召。我對耶穌的做法非常感動，祂知道門徒們經歷了辛苦、卻毫無所獲的一夜，於是就為他們準備了一頓熱騰騰的早餐！當他們上了岸，就看見那裡有炭火，上面有魚，又有餅。如同最後的晚餐，耶穌拿起餅來，遞給他們（約翰福音21：13）。接著，耶穌恢復了彼得的職分，雖然他曾經不認祂。就在那天早上，耶穌不但為他們行了一個偉大的神蹟，還預備了一頓溫馨的早餐，甚至恢復了彼得的傳道職分。這位救贖我們的上帝，也關懷我們一切所需。我邀請你將自己和所愛的人，獻在祂充滿愛和儆醒的關懷裡。

祂的信息

保羅照他素常的規矩進去……講解陳明基督必須受害，從死裡復活。使徒行傳17：2、3

我參加了一趟名為「跟隨保羅的腳蹤」的旅遊行程。除了以弗所（位於土耳其）以外，這次參訪的大多數城市都位於希臘境內。在高速公路上看到標示了帖撒羅尼迦、哥林多、雅典等地的路牌是相當令人興奮的，歷史彷彿活生生的躍入我眼簾！除了我們參觀的那些令人驚歎的地方，我也越來越清楚保羅在宣講耶穌時所遇到的反對勢力。信徒們因為不信的猶太人造成的紛亂，就只好把他從這個城市送到另一個城市去工作。

耶穌給予門徒祂同在的保證（馬太福音28：18－20），但祂從來沒有保證他們在傳福音的時候不會遭遇激烈的反對。耶穌說，「人若因我辱罵你們，逼迫你們，捏造各樣壞話譭謗你們，你們就有福了！應當歡喜快樂，因為你們在天上的賞賜是大的。在你們以前的先知，人也是這樣逼迫他們。」（馬太福音5：11、12）若是如此，保羅一定是一個非常快樂的人……因為他受了不少逼迫！保羅來到帖撒羅尼迦，去到會堂，一連三個安息日，本著《聖經》與他們辯論（使徒行傳17：2）。他信息的核心體現在今天的經文中——「講解陳明基督必須受害，從死裡復活」，所以耶穌就是基督（第3節）。他們中間有些人聽了勸，但那不信的猶太人心裡嫉妒，招聚了些市井匪類，搭夥成群，聳動合城的人（第5節）。他們甚至跟著保羅去到庇哩亞（第13節）。在耶穌公開傳道期間，祂最激烈的敵人是猶太人——上帝的選民；他們也是保羅最激烈的反對者。令人驚訝的是，對福音最強烈的反對，竟是來自那些素來虔誠學習《聖經》的人！在傳福音的反對聲浪中，你有上帝同在的應許。反對並不意味著你走錯了路，像保羅一樣，你可能被呼召為了傳福音而力排眾議，甚至在遵行律法、學習《聖經》或上教會時也是如此。願你靠著信心的保證而勇敢站立。

10月 Oct 25

祂的鼓勵

夜間，主在異象中對保羅說：「不要怕，只管講，不要閉口。」使徒行傳 18：9

哥林多古城是一個令人印象深刻的地方。這個考古遺跡包括市場和主要街道上的一些小商店、以及公共浴場的遺跡。當我們走在大街上時，我們當中有人指出，我們很有可能正走在保羅製作帳篷和做交易的地方。這感覺就像走在《聖經》裡，尤其是〈使徒行傳〉第18章的敘述之中。可以確定的是，保羅曾經在這條街上行走，而且也在這個城市傳道過。

哥林多城像是一座連接兩個大陸的商業貿易中心。從東和西有海路可達，從北到南有陸路可達。在〈使徒行傳〉第18章，我們讀到保羅從雅典來到哥林多，在那裡他遇見了亞居拉和他的妻子百基拉。他們從義大利來，因為革老丟命猶太人都離開羅馬。「保羅就投奔了他們。他們本是製造帳棚為業。保羅因與他們同業，就和他們同住做工（第2、3節）。」保羅照他素常的規矩，每逢安息日，去到會堂勸導猶太人，向他們「證明耶穌是基督」，（第5節）就是他們等候了多年的彌賽亞。你能想像嗎？一個比猶太人更猶太人的保羅在努力試圖說服自己人——在耶穌裡，上帝所有的救贖應許都已應驗了！哦，我多麼想聽他的講道！但聽眾抗拒、譭謗得太厲害，以致他不得不離開那裡，往外邦人那裡去，到了一個人的家中；這人名叫提多猶士都，是敬拜上帝的，他的家靠近會堂（第7節）。我們每個人都需要不時地受到鼓勵才能前進。保羅在哥林多看見了異象。主向他顯現了五個信息（第9、10節）：❶不要害怕；❷為福音放膽傳講；❸我與你同在；❹反對勢力不會勝過你；❺主在哥林多有許多的百姓（祂知道他們在何處）。救贖世界的基督親自與他同在！也許你今天正需要鼓勵。不要害怕，勇往直前！耶穌基督會站在你這一邊！

祂的子民

有我與你同在，必沒有人下手害你，因為在這城裡我有許多的百姓。使徒行傳18：10

—— 十多歲時，我家族中有一位非常喜歡和人分享耶穌的阿姨，她邀請了一位年輕的理髮師來她家一起查經，而我則是她的查經老師。我的阿姨在每次查經時都會為我們準備美味的早餐。在我們結束了查經系列課程時，這位年輕的女士並沒有當下就決定要接受耶穌。從表面上看來這次的努力似乎是徒勞的。許多年過去之後，有一天我的阿姨見到了她並驚喜地發現，她已經受了洗也忠心赴會，還成了一位熱心的傳教士，帶領了幾十個親戚相信了耶穌。上帝知道祂的子民身在何處，祂不會把我們撇在黑暗中，即使我們需要一段時間才願意接受祂。

使徒保羅在哥林多會堂遭遇了激烈的反對之後，主在異象中勉勵他：「不要怕，只管講，不要閉口，有我與你同在，必沒有人下手害你，因為在這城裡我有許多的百姓。」（使徒行傳18：9、10）在保羅被帖撒羅尼迦和庇哩亞的猶太人逼迫之後，他「軟弱又懼怕，又甚戰兢」的來到哥林多（哥林多前書2：3），並定了主意，在他們中間不傳別的，只傳耶穌基督並祂釘十字架（第2節）。主在異象中向他確定同在的保證、鼓勵他大膽的宣揚福音，並提醒他上帝在這城裏有許多的百姓。隨著體力的恢復，保羅在那裡住了一年半。當猶太人抗拒、譭謗他之後，保羅就去了提多猶士都的家中，他的家靠近會堂（使徒行傳18：7）。「管會堂的基利司布和全家都信了主。」（第8節）誰能想像到呢？嗯……上帝知道，因為祂總是知道在哪裡可以找到祂自己的子民。我的手機上有一個叫做「尋找朋友」的應用程式。當我打開它的時候，我就可以看到我的朋友和親人所在的位置。上帝有一個巨大的「尋找朋友」應用程式。祂確實知道祂的子民身在何處！祂也知道你在哪裡，祂稱你為屬於祂的人！

10月 Oct 27

祂的執著

這保羅不但在以弗所，也幾乎在亞細亞全地，引誘迷惑許多人，說：「人手所做的，不是神。」使徒行傳19：26

當我第一次看到以弗所古城遺蹟時，我簡直目瞪口呆，不敢相信自己的眼睛！它擁有令人印象深刻的建築：一個大市場和一個可以容納兩萬五千人的劇院！阿耳忒彌斯（亞底米）神廟號稱是古代世界七大奇蹟之一，它是雅典帕特農（Parthenon）神廟的四倍大！〈使徒行傳〉第19章的戲劇性事件就是發生在這個繁華的城市裡。

因上帝的堅持，我曾嘗試接觸屬於不同文化、社會背景、甚至是對福音有敵意之人，並為此深深折服。這使我深信，上帝正在幫助我那些看似未遵行主道的親朋好友，儘管他們看起來已經離祂甚遠，祂仍不放棄他們。當保羅在以弗所傳道時，他行了許多非凡的神蹟（參使徒行傳19：11－20），卻也面對了激烈的反對。人們反對福音有各種原因：宗教的、社會的、政治的，還有在今天這個例子中，出於經濟上的考慮。由於異教的亞底米神廟是古代世界七大奇蹟之一，遊客們從四面八方來參觀，並購買紀念品和護身符。底米丟是一個銀匠，是製造亞底米神銀龕的，他使這樣手藝人生意發達（第24節）。他注意到了保羅的講道，就聚集同行的工人，說：「……不獨我們這事業被人藐視，就是大女神亞底米的廟也要被人輕忽，連亞西亞全地和普天下所敬拜的大女神之威榮也要消滅了。」（使徒行傳19：27）這些話引起了一大群人聚集在劇院裡（閱讀第29－41節的結果）。他們發動了一連串的計謀來反對保羅和他所傳的道，然而上帝仍舊使他能夠在異教城市裡繼續傳揚福音。請相信，即使到了今天，上帝對救贖人類的執著，依然是真實的。

28 10月 Oct

祂的確定

保羅說了這話，就拿著餅，在眾人面前祝謝了上帝，擘開吃。使徒行傳 27：35

在一場猛烈的暴風雨來襲時，我媽媽和我阿姨正在南非外海的一艘船上。船搖晃得非常劇烈，並且持續了相當長的一段時間，以至於她們都認為這船可能撐不住了！第二天，她們注意到船的前方有一個巨大的凹痕，可是令她們吃驚的是，沒有人知道船到底撞上了什麼。我媽媽從未忘記那場風暴。

這應該是一次沿著克里特海岸的短途航行，在佳澳和腓尼基海口之間。然而，狂風從島上撲下來，那風名叫「友拉革羅」。「太陽和星辰多日不顯露，又有狂風大浪催逼，我們得救的指望就都絕了。」（使徒行傳27：20）風暴是可怕的，因為我們不知道它會帶來怎樣的危險，也不知它何時結束，這就是保羅的遭遇。然而，在風暴中，一位天使向保羅顯現，帶給他上帝的信息：「保羅，不要害怕，你必定站在凱撒面前，並且與你同船的人，上帝都賜給你了。」（第24節）保羅試著鼓勵每一個人，因為他知道他們一定會得救，雖然他們仍然處於風暴之中。我把這稱為「過渡時期」——雖然我們已經得到了對未來的保證，但尚未抵達終點。因為他們懸望忍餓不吃什麼，已經十四天了。所以保羅勸他們吃飯。路加記錄了保羅接下來所做的事：「就拿著餅，在眾人面前祝謝了上帝，擘開吃。」（第35節）這句話讓人想起耶穌在主的晚餐（聖餐）時所說的話，要記念祂的犧牲，直等到祂來。現在，保羅向他們提供了上帝的保證，雖然他們仍然處於風暴之中。事實上，我們現在也正處於「過渡時期」。耶穌已經戰勝了死亡，但祂還沒有消滅罪惡。儘管如此，我們仍然可以帶著得救的信心和神一起經歷生命的風暴，因為祂在十字架上為我們的得救做了保證。所以，拿著你的餅，祂破碎的身體已經為未來提供了保障，即使是在暴風雨中！

10月 Oct 29

祂的機會

保羅在自己所租的房子裡住了足足兩年。……放膽傳講上帝國的道，將主耶穌基督的事教導人。使徒行傳 28：30、31

一位牧師因堅持信仰而遭到監禁，甚至連他的家人也因為他的信仰拒絕了他。他在監獄裡的生活非常艱苦，可是他仍然和獄友們分享基督，也帶領了他們當中的許多人接受了耶穌！他沒有怨恨，反而把自己的處境當成一個傳福音的機會。有沒有可能一個看似悲慘的不幸，卻可以被上帝使用，成為分享耶穌的神聖機會呢？

我們確信，如果我們願意讓上帝使用我們的試煉作為榮耀祂和促進祂國度的成長時，就沒有一個試煉是無用的。在〈使徒行傳〉的最後幾章，保羅遇到了各式各樣的困難：密謀殺害、監禁、猛烈的風暴、船難、被毒蛇咬等等。你可能會想，當他來到羅馬覲見凱撒的時候，他一定已經筋疲力盡，滿腹怨氣，並且懷疑上帝的保護和指引。然而，耶穌基督的福音已經完全充滿了他的生命，他利用每一次的試煉和困難作為機會來寫作、講道、教導、唱歌，並為耶穌和祂在十字架上所成就的事作見證。當他抵達羅馬時也不例外。他被軟禁，由一名士兵在他所租來的住處看守他（參使徒行傳28：16，30）。即使如此保羅也完全沒有浪費時間！過了三天，保羅請猶太人的首領來，對他們講論這事，證明上帝國的道（第23節）。他也讓他們知道，基督為外邦人所成就的救恩（第28節）。猶太人聽到這話就離開了他，但這並不能阻止保羅，現在不能，將來也不能！〈使徒行傳〉以他如何在那裡住了兩年及其事工的勝利作為結束，「凡來見他的人，他全都接待，放膽傳講上帝國的道，將主耶穌基督的事教導人，並沒有人禁止。」（第30、31節）讓我們仿效保羅，讓上帝把我們的失望轉化為與周圍的人分享恩典福音的神聖機會！請相信這將產生永恆的結果！

祂的渴望

我多次願意聚集你的兒女，好像母雞把小雞聚集在翅膀底下，只是你們不願意。馬太福音 23：37

我童年時期因為患有氣喘的緣故，我不能養狗或貓作為寵物。雖然住在城市裡，我們家卻有一個很大的後院，所以我的父母給我買了一隻身上羽毛艷麗多彩的小母雞和一隻公雞。不久，我興奮地期待著即將孵化的小雞。大約就在那個時候，我們經歷了一場強烈而漫長的暴風雨。母雞帶著母性的本能，竭盡全力的保護牠的蛋，然而，天氣的惡劣還是影響了小雞的發育，牠們當中只有一隻存活了下來。故此，她把所有的關懷都集中在那隻小雞身上。那畫面看起來是如此的美好而溫馨！

像母雞奮力地保護小雞這樣的畫面，亦是上帝竭力救贖祂兒女們的具體形象之一，耶穌發出了一個內心的哀歎：「耶路撒冷啊，耶路撒冷啊，你常殺害先知，又用石頭打死那奉差遣到你這裡來的人。我多次願意聚集你的兒女，好像母雞把小雞聚集在翅膀底下，只是你們不願意。」（馬太福音23：37）耶穌之前也曾經提及法利賽人和文士對先知們的殺害（第29－32節），現在祂為全城而哀歎。耶穌極願救贖那些殺害先知、用石頭打死他們，並拒絕上帝救恩計畫之人的渴望，觸動了我的心。祂渴望的隱喻充滿了溫暖和深情。祂要聚集耶路撒冷的兒女，好像母雞聚集小雞。用唐納德．哈格納的話來說：「一隻母雞把小雞聚集在翅膀底下的比喻暗示著安全、撫養和幸福（諸多範例可參路得記2：12；詩篇17：8；36：7；以賽亞書31：5）。在天國的信息中，這種救恩一再的向猶太人發出邀請。」（註67）可是他們卻不願意。他們選擇拒絕祂。這段經文賜給我保證，在耶穌的話中，我看到了上帝是如何看重我們。祂不僅隨時準備向我們伸出手來，而且真心渴望我們願意被拯救。祂渴望把你放在祂救贖的翅膀底下。你願意嗎？

10月 Oct 31

祂的揀選

使萬民作我的門徒。馬太福音 28：19

我在傳道期間，某次碰巧遇見我那個地區的一位主管。他問我截至目前為止總共去過哪幾間研究所就讀。不料我的回答竟引起他接下來的回應：「那真是太可惜了！如果妳上過這間或那間研究所，妳就可以成為我們新成立的委員會成員，因為我們正在找像妳這樣的人。」我瞬間感覺自己像個局外人！不僅如此，我還得接受自己被一些與我個人毫無關係的事品頭論足。

在第一世紀，很多人都有這樣的感受。他們不是猶太人的後裔，因此也不屬於那些自稱是上帝子民的一份子。另一方面，有些猶太人視他們的血統為進入天國的資格。〈馬太福音〉主要是為猶太人而寫的福音書，書中對於猶太人的固有觀念——認為上帝透過血統、家譜、國籍、背景、甚至機構的從屬關係來揀選提出了挑戰。〈馬太福音〉中耶穌的家譜提醒我們，在上帝的國裡沒有所謂的外邦人。每一個人都因耶穌的犧牲而蒙福：亞伯拉罕的後裔和外邦人，男女老幼，甚至我們這些離義路已經太遠的人，現在都可以得到上帝的恩典，這恩典比我們所走的彎路更大。即使有些人可能會告訴我們說我們沒有資格，但上帝神聖的全球定位系統（GPS）會改變我們的路線。地球上所有國家和萬民，都將因亞伯拉罕的後裔而蒙福，這在〈創世記〉12章1至3節已經被預言了，這也是上帝與亞伯拉罕所立之約的一部分。〈馬太福音〉的開篇以耶穌是亞伯拉罕的後裔作為提醒（馬太福音1：1），並在〈馬太福音〉的結尾以約的包容性來提醒我們，要使「萬民」作祂的門徒（馬太福音28：19）。與上帝立約的不僅僅是猶太人，這一事實震撼了祂的跟從者。有人稱之為「亞伯拉罕的包容性」，這是一個三明治結構的敘事表達（馬太福音1：1；28：19），提醒我們在這地球上的所有人，不分「國家」、「血統」、「膚色和語言」，都包含在救恩的揀選之中。這當然也包括你和我！哈利路亞！

11月｜讚美祂的能力

11月 Nov 01

祂的稱謂

耶穌和門徒出去，往凱撒利亞．腓立比村莊去；在路上問門徒說：「人說我是誰？」馬可福音8：27

當我參觀凱撒利亞．腓立比古城時，我發現一處不但與〈馬可福音〉 8章27節之敘述有關，且非常有趣的背景。這座古城叫帕尼雅，它座落在黑門山山腳下，以異教神祇「潘」命名。那裡有一個美麗的水泉和一個被稱為潘神洞的大山洞。在它旁邊的岩石上有幾個擺放著神像的壁龕。這是一個重要的異教崇拜中心，展示了許多異教神祇的塑像。

眼見那些雕刻在岩石上的異教神龕，我不禁想像耶穌就是在那個地方，問祂的門徒說：「人說我是誰？」（馬可福音8：27）。在〈馬可福音〉的前半部，人們一直在問：「這個人是誰？」現在，耶穌也如此反問他們。他們說：「有人說是施洗的約翰；有人說是以利亞；又有人說是先知裡的一位。」（第28節）於是祂直接問門徒說：「你們說我是誰？」（第29節）彼得回答說：「祢是基督。」（第29節）。〈馬可福音〉的前半部強調上帝的兒子耶穌的權柄，但現在耶穌向他們啟示更多關於祂自己的身分。祂教導他們說：「人子必須受許多的苦，被長老、祭司長，和文士棄絕，並且被殺，過三天復活。」（第31節；也參9：31；10：33）祂也是受苦的僕人和人子，願意「捨命作多人的贖價」（10：45）。「人子」是耶穌在福音書中提到自己時最常使用的稱謂。這是舊約中關於彌賽亞的隱晦稱呼（參但以理書7：13），這個稱謂最能將祂與人類緊密地聯繫在一起。「你說祂是誰？」祂不是眾多神明中的一個，也不是一個遙不可及的神。祂是創造和救贖的上帝，是我們的贖業至親，是為我們的自由而死的上帝。祂是最瞭解我們的；祂引導我們並供應我們所需。祂配得我們的讚美，因為祂是為我們成就大事的上帝！

祂的允准

耶穌說：「由她吧！她是為我安葬之日存留的。」約翰福音 12：7

力克．胡哲出生在澳大利亞的墨爾本，他天生就沒有手和腳，但這並不妨礙他成為一個全球佈道士（註68）。他拒絕對自己的處境怨天尤人，反倒把自己的一生都奉獻給耶穌，以回應上帝對他的愛，他特蒙允許，可以進入我們大多數人都被禁止進入的國家和人群。當他在我們的教會分享見證時，我親身體驗到他見證的力量和他對基督的心。的確，這個地方充滿了他奉獻的馨香之氣。

拉撒路的妹妹馬利亞坐在耶穌的腳前（參路加福音10：39；約翰福音11：32；12：3）；祂的愛擄獲了她的心，她想用她所能提供的、最好的東西來記念祂。在伯大尼，人們為耶穌和他的門徒預備了晚餐（約翰福音12：2）。拉撒路在那裡，馬大也在服事，突然馬利亞來到現場並做了以一個十分引人注目、又有違常規的舉動。「馬利亞就拿著一斤極貴的真哪噠香膏，抹耶穌的腳，又用自己頭髮去擦，屋裡就滿了膏的香氣。」（約翰福音12：3）

香氣使所有的人都發現了她的舉動。在眾人的注視下，她首先是以僕人的身分，用香膏抹耶穌的腳，這是在節慶當中一個最卑微的工作。然後，她獻上了她寶貴的禮物，按照猶大的說法是一個人一年的工價（三十兩銀子；第5節）。再者，她以一種自發的、內在的虔誠，用自己的頭髮去擦耶穌的腳，這是一般女性在公共場合中不會做的事。一般的情況下，浮誇的敬拜行為會讓他人感到不快。因此，就連那位後來既不誠實、又出賣耶穌的猶大，亦公開指責她（第4節）。耶穌為馬利亞辯護，公開讚揚她這個無私奉獻的行為，並將她的舉動與祂即將面臨的安葬之日聯繫在一起（第7節）。耶穌即將流出宇宙中最寶貴的液體：祂的寶血。因上帝的恩典和慈愛而激發的內在動機，其意義要遠遠超過因畏懼導致的外在動機，並由衷產生對基督真誠、發自內心的奉獻。願我們的生命流露出祂愛的芬芳！

11月 Nov 03

祂的至高無上

這是我的愛子，我所喜悅的。你們要聽祂！馬太福音 17：5

我們的佈道事工——《耶穌101》（www.Jesus101.tv）開設了一個兒童專區，我們為其發布的第一個資源是一本名為《發現聖經裡的耶穌》的著色本（註69），旨在教導孩童們從眾所周知的舊約故事中認識耶穌。每一頁都有兩幅圖畫可以著色：左邊是自舊約故事取材的人事物（如亞伯拉罕、摩西、大衛等），右邊是耶穌如何完成這個故事的意象圖。在兩者之間有一個箭頭，從左到右。當我欣賞這些圖畫時，我覺得這項設計的用心真是再貼切不過了！律法和先知本就是指向耶穌的箭！

〈馬太福音〉強調耶穌是新的、亦是更偉大的摩西。這在登山變像（馬太福音 17：1—8）中就已被凸顯出來，那時，耶穌帶著彼得、雅各和約翰上了一座高山。這段記述中的許多字句，使我們想起摩西到山上去覲見上帝，與上帝重新立約，並領受誡命時的經歷。那時候，摩西的臉面發光，現在耶穌的臉面也發光。摩西和以利亞出現在山上，同耶穌說話（第3節）。這個場景看來是如此完美，彼得見了便心生一計：「主啊，我們在這裡真好！祢若願意，我就在這裡搭三座棚，一座為祢，一座為摩西，一座為以利亞。」（第4節）在這裡，「棚」的希臘文與《七十士譯本》（舊約希臘文譯本，LXX）中的「會幕」相同（出埃及記29：42）。彼得想要搭三座棚（殿）。但上帝不認為這是一個好主意。當彼得還在說話的時候，上帝打斷了他。「這是我的愛子，我所喜悅的。你們要聽祂！」（馬太福音17：5；參申命記18：15）上帝透過舊約所彰顯的、關於祂自己和祂的救贖計畫，乃是至關重要不能被忽視的。然而，上帝透過耶穌所展現的，已然超越了先前所有的啟示。如果你曾經為了上帝是誰，以及祂如何看待我們感到疑惑，請記得，在耶穌裡，我們已經得到了上帝至高無上的啟示。讓我們敬拜祂！

祂的出埃及

忽然有摩西、以利亞兩個人同耶穌說話；他們在榮光裡顯現，談論耶穌去世的事，就是祂在耶路撒冷將要成的事。路加福音 9：30、31

當我造訪希臘時，我在當地有許多令人興奮的發現，從宏偉的古代建築，令人驚歎的各樣雕塑，到各種手工藝品，在在都使人驚嘆！但有一件意想不到的事真正引起了我極大的興趣：那便是「Exodos」一詞，它在希臘文中的意思是「出口」。我到處都能看到它——在公共建築裡，在高速公路出口——好多地方都用希臘文寫著：「Exodos」。你可以想像，我收集了不少它們的照片。

我一直對這個預表饒富興趣，即希伯來人的「出埃及」，是我們最終救贖的象徵，以及通往應許之地的旅程。但這些只有透過羔羊的血才有可能達到，就是希伯來人在門柱上所塗抹的逾越節羔羊之血（出埃及記12：21、22）。這個神學主題貫穿了《聖經》的始末。當我看見登山變像敘述中一些驚人記述——即摩西和以利亞來與耶穌討論祂未來面臨的死亡時，我就更被這個主題所吸引。這段內容若是從希臘文字面直譯是非常令人震驚的，其意為：「看哪，有兩個人與祂說話，他們是摩西和以利亞，他們在榮耀中顯現，談論祂將在耶路撒冷完成的出埃及。」（路加福音9：30、31；註70）你看出來了嗎？耶穌在耶路撒冷完成了出埃及！我可以想像摩西鼓勵耶穌說：「堅持住；我永遠不會忘記，當我們過紅海的時候，那些希伯來奴隸臉上的喜樂表情。祢即將完成最終的出埃及，將整個世界從罪惡的奴役中解救出來！」耶穌是逾越節的羔羊（參哥林多前書5：7），祂的寶血確認我們是祂的子民，我們的自由都是因祂而來。是的！我們正走在那條路上！這世界不是我們的家；我們只是路過而已。當這個世界變得無法再忍受時，要切記耶穌已經為我們買贖了自由。我們如何能夠從現在就開始讚美祂直到永遠呢？讓我們一同高唱：「蒙主救贖，藉羔羊血成全救恩；我愛頌揚主偉大救贖，我必永遠為祂子民！」（註71）

11月 Nov 05

祂的參與

就是你們的頭髮也都被數過了。馬太福音 10：30

我是很依賴視覺來學習的人。因此，在我的祈禱日誌中，我有時會將自己特有的、關於《聖經》的想法畫出來；故此它在我的心靈中就能留下持久的影響。某次，當我正研究今天的存心節經文時，我畫了一個自己的頭，並在頭上畫了幾根頭髮。然後在每根頭髮旁邊標上數字：1、2、3。突然間，我意識到：我對上帝來說是如此重要，祂知道我生活中的點點滴滴，祂也參與我生命中的每一個細節。祂比我更瞭解我自己。這就是我不需要懼怕的原因（馬太福音10：31）。

當我們有了這種體認，讚美和感恩就開始自由的流淌。我感謝上帝對我的看顧，並以我現在的樣子來愛我。誰能數得清我們的頭髮呢？我們不能，但上帝卻做得到。祂把我們的頭髮都數過了，這表達出祂對我們的關懷和保護，如同在〈路加福音〉21章18節所說的：「你們連一根頭髮也必不損壞。」祂完全知道我們生活中正在發生的事情。此外，祂的愛和參與是持續不斷的。我們的頭髮在今天都被數過了；五年前是這樣，五年後也是如此。有些人只把上帝的愛和關懷當作是過去或將來的事來談論。上帝的愛最偉大的彰顯是在十字架上，即耶穌斷氣之時。當祂為了我們再來的時候，我們的救恩就完成了。然而，我們必須體認到，那促使祂被釘在十字架上的愛，在我們今天的日常生活中仍然是滿溢的。在這段經文中，我們三次被提醒不要懼怕（馬太福音10：26，28，31），因為上帝認識我們，我們對祂而言是如此寶貴。請用一些時間來感謝上帝願意參與你的生活，感謝祂對你強而有力的保護和引導。祂對我們個人生活的關心是〈詩篇〉的焦點，例如：「我坐下，我起來，祢都曉得；祢從遠處知道我的意念……祢也深知我一切所行的……我舌頭上的話，祢沒有一句不知道的……這樣的知識奇妙，是我不能測的，至高，是我不能及的。」（詩篇139：2—6）

祂的憑據

從水裡上來，主的靈把腓利提了去，太監也不再見他了，就歡歡喜喜地走路。使徒行傳8：39

我們一旦接受耶穌為我們的救主，就沒有任何事物能帶走我們所經歷的喜樂。當我開始進行青年牧師工作時，我們小組的一位年輕女生被診斷出患有帕金森氏症。這疾病糾纏了她將近廿多年，她也經歷了幾次手術，可是她從未失去喜樂，以及對上帝的信靠。反之，她成了明亮的燈塔，繼續活出她強有力的見證。

在〈路加福音〉和〈使徒行傳〉中，路加不斷強調，真正的喜樂是一個人接受耶穌的有力證據。在〈路加福音〉的前兩章，我們看到四首讚美和感恩的詩歌；喜樂的讚美不斷地在這本福音書中流淌。當我們讀到〈使徒行傳〉時，喜樂之主題也與接受救恩有關（參使徒行傳8：39；16：34）。在今天存心節經文的故事中，上帝差派腓利去向一個坐在車上、正在讀〈以賽亞書〉第53章的衣索比亞太監解釋耶穌的福音（使徒行傳8：31－35）。那人一明白福音，就馬上回應福音並要求受洗。「二人正往前走，到了有水的地方，太監說：『看哪，這裡有水，我受洗有什麼妨礙呢？』」（第36節）當衣索比亞太監明白了上帝的禮物，就想要接受它，並對他的決定做公開的見證。「於是吩咐車站住，腓利和太監二人同下水裡去，腓利就給他施洗。從水裡上來，主的靈把腓利提了去，太監也不再見他了，就歡歡喜喜的走路。」（第38、39節）歡歡喜喜！我們內心真正的喜樂、讚美和感恩，是因著信而接受基督救恩的結果。無論你現在在做什麼，請停下你的腳步，歡歡喜喜地讚美主，感謝祂藉著耶穌所賜給你的永生禮物。如果你還沒有受洗，我邀請你儘快做出決定！只有在祂裡面，我們才能找到最大的喜樂（詩篇16：11）！

11月 Nov 07

祂的堅忍

你們都要跌倒了，因為經上記著說：「我要擊打牧人，羊就分散了。」馬可福音14：27

我曾經見證過那能夠忍耐漫長艱辛、永不放棄的慈愛。我認識一位母親，她多年來一直持續到監獄去看望她的兒子，從未間斷過對他的愛和鼓勵。我也曾見過一個男人，他的妻子得了重病，臥床不起，但他每週都用輪床帶她去教堂聚會。然而，能夠忍受拒絕和輕視的愛，又是怎樣的呢？

耶穌值得我們讚美的原因有很多：祂的愛、祂的恩典、祂的能力；這個清單還可以無限延伸。但今天我想再補充一個：祂的堅忍。祂在面臨反對、被拒絕、挑釁和被攻擊時的堅忍。有多少次我們的心反對著祂的計畫？有多少次我們的心拒絕了祂的道路？有多少次祂因為這個世界上的罪惡被遷怒，而祂的犧牲還被法利賽人拒絕？然而，祂仍然繼續愛著、敲著我們的心門，對我們施行拯救。耶穌告訴祂的門徒，逾越節的筵席實際上是指向祂自己的犧牲（馬可福音14：22－25），並解釋說，這杯「是我立約的血，為多人流出來的。」（第24節）他們唱了詩，就出來，往橄欖山去。然後耶穌對他們說：「你們都要跌倒了，因為經上記著說：我要擊打牧人，羊就分散了。」（第27節）耶穌的預言讓祂的跟從者感到震驚，他們無法理解祂話語中的辛酸。這是一位什麼樣的上帝？有哪一位神會與那些否認祂的人立約，並把自己的生命獻給他們作為贖價呢？耶穌說祂立約的血要流出來，而祂的門徒也將棄絕祂。然後祂繼續說，「但……」——我個人很喜歡上帝的轉折語——「但……」。它給我們指明了一條出路，為迷失的人帶來恩惠，提供了再一次的機會。「但我復活以後，要在你們以先往加利利去。」（第28節）什麼？祢依然想見我們嗎？即使我們讓你失望？說真的，耶穌究竟是怎樣的一位上帝呢？祂是一位配得我們讚美、堅忍的上帝！

祂的預備

你們需用的這一切東西，你們的天父是知道的。馬太福音 6：32

暢銷書作者大衛．耶利米（David Jeremiah）曾經分享過他的一個經驗。他從小就很有活力，從來沒有機會真正意識到什麼是身體的虛弱，直到他被診斷出患了第四期的淋巴癌。治療使他的身體極度虛弱和疲勞。當他接受治療後第一次回去講道，聽到詩班唱出讚美上帝能力的詩歌──《完全讚美》時，他不禁淚如雨下。他寫道：「我知道是上帝讓我從癌症中恢復。全能的上帝是我力量的泉源。祂是我生命的力量。」（註72）

我相信，你和我一樣，有時會因某些特定情況感到不知所措，無論是經濟、人際關係、情感還是身體上遭遇的困境。我們意識到我們無法獨自面對它們，因為我們已經耗盡了我們的資源、精神和力量。可是，當我知道上帝密切地關注我的一切需要，並隨時準備供應時，我就能感到極大的安慰：「所以，不要憂慮說，吃什麼？喝什麼？穿什麼？這都是外邦人所求的，你們需用的這一切東西，你們的天父是知道的。你們要先求祂的國和祂的義，這些東西都要加給你們了。」（馬太福音6：31－33）其中第32節有很多地方帶給了我希望。首先，「你們的天父」這句話，勾勒出祂與我們之間的關係，以及祂是我們天父的這個事實；我們是祂的兒女，我們不是倚靠自己！你會為你的兒女做什麼呢？一切！是的！然後是一個關鍵的動詞：「天父是『知道』的。」祂不是猜測，祂已經知道了！祂知道什麼呢？我們的需要，而且是「一切的需要」。你可以把食物、飲料和衣服的清單擴展到任何你需要、卻無法靠自己獲得的東西。當我們注目於基督、祂的公義、以及祂所提供的救恩時，我們意識到祂已經預備好要供應我們所有的需要。祂必賜給我們力量、智慧、平安和盼望。讓我們讚美上帝這些藉著基督耶穌供應我們一切所需的預知和預備（腓立比書4：19）！

11月 Nov 09

祂的回應

因為凡祈求的，就得著；尋找的，就尋見；叩門的，就給他開門。馬太福音7：8

我丈夫打開錢包要找他的信用卡，可是它卻不翼而飛！我們到處找，但沒有找著。我們為此禱告，並試著往回找；就在那時，我接到了一通電話。那是從我們社區的行政辦公室打來的。有人在一條步道上發現了他的信用卡，並馬上把它送到辦公室。我們心中對此非常感激！這是上帝立即的回應！我們甚至沒有花多少時間去擔心這件事！

如果我們所有的禱告都能得到這樣的回應，那該多好啊！但我們知道，從人的角度來看，事情並不總是這樣順利。也許你和我一樣，有時會在上述這個存心節經文的第一和第二部分之間感到進退兩難；第一部分說「凡祈求的」，而第二部分強調「就得著」。三個希臘文的現在分詞——「祈求」、「尋找」、「叩門」，意味著持續不斷的行動（馬太福音7：8）。此外，還有兩個以現在式表達的應許：「就得著」和「就尋見」。我們可能會想：我一直在祈求，卻一直沒有得著呀！我真的是「凡祈求」之人中的一個嗎？第11節中強調的四個要素為我們提供了解釋：「你們雖然不好，尚且知道拿好東西給兒女（參第9、10節），何況你們在天上的父，豈不更把好東西給求祂的人嗎？」（第11節）。所以❶我們雖然把好東西給兒女，但我們始終是有罪的；我們並沒有天國般的視角；❷上帝不是一個遙不可及的上帝；祂是我們的天父，祂回應祂兒女們的祈求；❸祂把好的東西給祈求祂的兒女們，但我們並不一定知道或理解什麼東西對我們是好的。❹凡祈求祂的，祂就把好東西賜給他們。祂垂聽我們不斷的祈求，總是給我們真正有益的回應。

重要的是務必要記得，這位父親也是同一位為了我們的救恩，願意把祂的兒子賜給我們的天父，使一切信祂的都能夠獲得永遠的生命。讓我們讚美上帝！因為祂賜給我們最美好的救贖恩典，以及一切我們不盡然明白的美好事物。

祂的本質

我為此而生，也為此來到世間，特為給真理作見證。凡屬真理的人就聽我的話。彼拉多說：「真理是什麼呢？」約翰福音 18：37、38

如果你去尋找「真理」這個詞的意思，你會發現諸如真實、事實、忠實等解釋；此外，它也有忠誠和真誠之意，甚至還有字典將這詞彙定義為「上帝」。耶穌站在彼拉多面前時，彼拉多問祂說：「真理是什麼呢？」（約翰福音18：38）他問這話，是在耶穌表明祂是為真理作見證之後。

我們都想知道什麼是「真理」，尤其是當我們面臨生命中的關鍵和不確定之時。在約翰的福音書中，他使用了「真理」和「真實」這兩個詞共47次（英語版），比新約中的任何一卷書都來得多。從一開始，約翰就把真理描述為耶穌的本質——「充充滿滿有恩典有真理」（約翰福音1：14），「恩典和真理都是來由耶穌基督來的」（第17節）。相比之下，魔鬼在他描述中是一個大說謊家：「他心裡沒有真理。他說謊是出於自己；因他本來是說謊的，也是說謊之人的父。」（約翰福音8：44）。撒但這位上帝的敵人，從一開始就一直在撒謊，當他在伊甸園引誘人類時（創世記第3章），他對亞當和夏娃撒謊，說他們不會因為不聽話而面臨不利的後果，但我們都清楚結果如何！當他不能成功引誘我們入罪時，他就撒謊，說我們可以透過我們的善行、血統來獲得救贖。或是告訴我們，我們已經離上帝太遠了，像我們這樣的人再也無法得到救贖了！另一方面，耶穌介紹自己是真理：「我就是道路、真理、生命；若不藉著我，沒有人能到父那裡去。」（約翰福音14：6）除了耶穌，別無拯救之路，因為祂是真理，在祂裡面沒有虛謊。祂說：「你們必曉得真理，真理必叫你們得以自由。……所以天父的兒子若叫你們自由，你們就真自由了。」（約翰福音8：32，36）祂是真理的終極聲音，你可以相信祂——祂的應許、祂的話語、祂的救恩、祂的自由、祂永恆的生命、以及祂為你所做的犧牲，因為祂就是真理。

祂的大使

那裡的弟兄們一聽見我們的信息就出來，到亞比烏市和三館地方迎接我們。保羅見了他們，就感謝上帝，放心壯膽。使徒行傳 28：15

《9／11》是一部由諾德特（Naudet）兄弟所拍攝、記錄，關於911恐怖襲擊事件的紀錄片。這部影片給我留下了深刻的印象；在眾多場景之中，我特別記得在消防站的那一幕，就在第一架飛機撞上世貿中心北塔之後。退休的長官勞瑞・伯恩斯（Larry Byrnes）來到了第一營，因為他無法待在家裡坐視不管。他一生都在為此受訓，他必須來幫助那些需要幫助的人。

今天，我感謝上帝，因為祂在我的生命中派遣了許多人來幫助我，使我能夠成為祂的大使。他們放下手頭上的工作，作為上帝盼望和保證的使者來幫助我。也許你也想停下來感謝上帝，感謝祂在這世上的代表——就是那些在黑暗時期鼓勵你的人。信徒們為傳福音聚集在一處，於困難和需要時互相鼓勵。我們很難想像就連保羅也需要鼓勵，但他確實需要！歷經千辛萬苦後，他終於抵達了羅馬，那裡的弟兄們一聽見他的到來，就出去迎接他。希臘原文中暗示著他們陪著他，和他一起走在路上。經文說他們「就出來，到亞比烏市和三館地方迎接」他（使徒行傳28：15）。著名新約學者布魯斯更進一步解釋說：「他們中的一些人到達了三館，這是一個位於亞比烏的驛站，距離羅馬約33英里。其他人走了10英里，到亞比烏市與他會面。」（註73）「保羅見了他們，就感謝上帝，放心壯膽。」（第15節）人人都需要時刻受到鼓勵，所以上帝賜給了我們在主內的弟兄姐妹。也許今天上帝要你去鼓勵一個人，讓他想起耶穌的愛和關心，想起祂為他所做的犧牲，以便能夠完全遮掩他的罪，並告訴他耶穌很快就要再來，帶我們到一個永遠沒有痛苦的家。主啊，我們讚美祢，感謝祢賜給我們那些帶來恩典和盼望的使者！

祂的婚禮

凡被請赴羔羊之婚筵的有福了！又對我說：「這是上帝真實的話。」啟示錄19：9

法蘭西斯做了一件身為丈夫會為妻子做的事（註74）。2012年1月13日，一家網路新聞社報導了這一則令人感動莫名的事件：在歌詩達協和號（Costa Concordia）遊輪沉沒之際，法蘭西斯．塞爾維爾和他的妻子妮可意識到船快要沉了，他們決定跳進水裡，但他們兩人只有一件救生衣。法蘭西斯是一個強壯的游泳健將，他當下就把救生衣塞到他妻子手裡，說：「親愛的，努力向前游，我不會有事的！」但此後她就再也沒有見到他了。他為結婚40年的妻子獻出了自己寶貴的生命。

上帝選擇用一個深愛妻子、甚至願意為她而死的丈夫作比喻，描述祂對我們不可思議的愛。耶穌在獻出祂的生命時說：「只管向前去吧！親愛的，我再一會兒就到。」祂走向十字架，代替我們死，使我們得著永生。在《聖經》的最後一卷書〈啟示錄〉中，我們不僅得到了上帝最終將徹底戰勝罪惡的保障，並且確信羔羊耶穌將和祂的新娘團聚，就是祂用自己的生命買回來的教會。今天的經文是〈啟示錄〉七個福氣中的第四個：「凡被請赴羔羊之婚筵的有福了。」（啟示錄19：9）多麼令人鼓舞的福氣！蘭科．斯蒂法諾維奇補充說：「約翰受命寫下這個福氣，是為了提醒上帝的子民，即使他們可能正在經歷艱難困苦，但他們是蒙福的，因為他們被邀請去參加羔羊的婚宴。基督與祂在十字架上所贖回之人的結合，是整本〈啟示錄〉的中心焦點。書中的一切都朝向勝利的高潮邁進。」（註75）我非常感謝耶穌給我的保證，就是在未來與祂同在的應許！祂把救生衣給了我們，替我們而死。我們不妨花一些時間，寫一份願意接受羔羊婚宴邀約的喜樂回函！

11月 Nov 13

祂的恢復

上帝要擦去他們一切的眼淚；不再有死亡，也不再有悲哀、哭號、疼痛，因為以前的事都過去了。啟示錄 21：4

當亞當和夏娃拒絕了造物主的道德保護傘後，罪惡就進入了這個世界，然後他們試圖靠自己來「解決問題」。維克多・漢密爾頓（Victor Hamilton）解釋說：「這對夫婦試圖解決這個問題的方法是愚蠢的。他們自己已經犯了罪，活在罪裡的直接後果就是羞恥、純真的喪失，他們卻試圖自己去解決問題。他們的罪疚並沒有讓他們回到上帝那裡，反而引導他們進入一個單靠自我救贖、保護的過程：他們必須遮蓋自己。」（註76）

但是他們靠自己是無法解決問題的。除了罪所帶來的恐懼、羞恥和推諉（參創世記第3章），他們還會經歷痛苦和死亡（第16，19節）。如果《聖經》就此結束，我們的故事就將是宇宙中最悲慘、最絕望的故事了！但它沒有在這裡畫下句點，而是從這裡出發，因為在〈創世記〉3章15節，上帝賜下了一個應許，為人類帶來了希望；祂神聖地宣告，這不是結束。上帝對試探者說：「我又要叫你和女人彼此為仇；你的後裔和女人的後裔也彼此為仇。女人的後裔要傷你的頭；你要傷他的腳跟。」（創世記3：15）上帝應許祂的兒女會得到恢復，而《聖經》的其餘部分都是救贖的故事。我們無法靠自己修復，我們需要一位救主來擊敗那條蛇。耶穌把我們的罪帶到了十字架上，並戰勝了罪惡及其後果。我非常感恩，因為在新造的地球上，墮落的後果將不復存在：「上帝要擦去他們一切的眼淚；不再有死亡，也不再有悲哀、哭號、疼痛……。」（啟示錄21：4）如果你此刻正處在痛苦或哀慟當中，和我一起讚美耶穌，因為祂已經獲得了勝利，並且罪的一切後果已經被除去。我們知道故事的結局！耶穌勝了！

祂的誓言

我若去為你們預備了地方，就必再來接你們到我那裡去，我在哪裡，叫你們也在那裡。約翰福音 14：3

誓言是嚴肅而莊嚴的承諾。也許你曾聽過羅伯遜·麥奎爾金和他的妻子穆麗爾的故事。當穆麗爾開始有嚴重的健忘症狀之時，他正擔任一所神學院的院長。經過診斷後確認她得了阿茲海默症，他便辭掉工作，全心全意照顧她，並聲明他早在42年前就已經做出這個決定，因為當時的他在婚禮上立了以下誓言：「無論疾病還是健康，唯有死亡能將我們分開。」他們的故事已經寫成書（註77），這樣的愛與承諾在這個對背棄誓言、不守承諾習以為常的時代，亦能持續激勵著我們。

耶穌向我們立下莊嚴的誓言。當生活的困境似乎掩蓋了祂的臉，我們可以站在祂堅定的應許上，因為祂是信實的。祂的再來不是可能，而是必然。耶穌向我們保證祂將與我們同在。祂對未來的預言在黑暗、艱難的日子中支撐著我，那時我似乎看不到隧道盡頭的光明：「我實在告訴你，今日你要同我在樂園裡了。」（路加福音23：43）「這離開你們被接升天的耶穌，你們見祂怎樣往天上去，祂還要怎樣來。」（使徒行傳1：11）「祂要與人同住，他們要作祂的子民。上帝要親自與他們同在，作他們的上帝。上帝要擦去他們一切的眼淚。」（啟示錄21：3、4）這些應許（加上一些你所喜歡的）都一再向我們保證耶穌會復臨，罪惡會永遠消失，上帝會永遠與我們同在。這些應許並不是說祂「可能」回來，而是說祂「一定」會回來接我們。在希臘文中，今天的存心節經文為祂的應許增加了另一層面的解釋：「我若去為你們預備了地方，就必再來接你們到我那裡去，我在哪裡，叫你們也在那裡。」（約翰福音14：3）祂要回來接我們，叫我們永遠與祂同在。耶穌為了遵守祂對我們的誓言而死，祂不僅僅值得信賴，也配得稱頌！即使山窮水盡疑無路，我們都要站在救主耶穌的應許上！

11月 Nov 15

祂的堅持

我現在心裡憂愁，我說什麼才好呢？父啊，救我脫離這時候；但我原是為這時候來的。約翰福音 12：27

耶穌令人欽佩的特點之一是祂的自制。祂擁有的能力可以讓祂不經歷死亡，可是祂卻沒有使用這能力，祂克制自己。祂完全有能力消滅這個罪惡的世界，讓它重新開始，但祂卻選擇了犧牲的道路，為釘死祂的人而死。祂堅持走愛的道路，而不是使用能力掌控一切。正如楊腓力（Philip Yancey）所指出的：「上帝讓自己變軟弱的目的只有一個——讓人類自由選擇如何對待祂。」（註78）

祂沒有行使祂的能力來強迫我們順從，而是選擇了溫順的方式，下決心為我們而死。耶穌在客西馬尼園面對苦難的時候，顯示出祂心裡的愁苦：「我現在心裡憂愁，我說什麼才好呢？父啊，救我脫離這時候；但我原是為這時候來的。」（約翰福音12：27）當然，祂可以救自己脫離十字架！但祂沒有。相反的，祂順服於透過死亡而達成的救世目的。「現在這世界受審判，這世界的王要被趕出去。我若從地上被舉起來，就要吸引萬人來歸我。耶穌這話原是指著自己將要怎樣死說的。」（第31－33節）祂在十字架上的死完成了對罪惡的獲勝，並為我們的罪付上了贖價。祂犧牲的愛喚起了我們對祂的忠誠。楊腓力解釋說：「撒但的能力是外顯和強制性的。相反，上帝的能力是內化、非強制性的。有時，這樣的能力看似軟弱。但上帝的能力會從內到外溫柔地轉變人，強烈要求人做出選擇。正如每一位父母和每一位愛人都知道的那樣，如果所愛的人選擇拒絕愛，愛就會變得無力。」（註79）上帝選擇用犧牲的愛來吸引我們。親愛的耶穌：我們感謝祢的順服，為我們而死，並選擇了愛的力量，而不是強迫。那把祢釘在十字架上的並不是釘子，而是祢對我們的愛！

我的回應

祂的時間表

他們就想要捉拿耶穌；只是沒有人下手，因為祂的時候還沒有到。約翰福音7：30

在這個世界上，哪裡才是最安全的地方呢？一個經常旅行的人給了我一個很好的答案，它一直深深印在我的腦海裡。他說：「世界上最安全的地方，就是上帝想讓我們去的地方。」無論是坐飛機、船、汽車，還是步行，當我把自己的生命交在上帝手中時，除非上帝為了救贖的目的而允許，否則任何事情都不會發生在我身上。我無法掌控自己的生命、死亡和使命，但祂可以。祂的計畫遵循著一個神聖的時間表推動。

在耶穌的生活和傳道期間，祂的反對者多次試圖抓拿祂，但是他們都沒有成功，因為偉大的天國時鐘尚未標記「祂的時候」。在聖殿裡，耶穌強調了祂的身分和祂與天父的關係：「你們也知道我，也知道我從哪裡來；我來並不是由於自己。但那差我來的是真的。你們不認識祂，我卻認識祂；因為我是從祂來的，祂也是差了我來。」（約翰福音7：28、29）他們回應了這個驚人的啟示：「他們就想要捉拿耶穌；只是沒有人下手，因為祂的時候還沒有到。」（約翰福音7：30）上帝掌管著基督的救贖使命，在時機未到之前，沒有什麼能傷害祂。利昂・莫里斯（Leon Morris）對上述章節補充說：「祂的敵人企圖抓拿祂，但上帝在萬有之上，祂要實現目的時，人們無法阻止。耶穌的死期還沒有到，祂的敵人無論怎樣處心積慮，也無法將死期提前。」（註80）在〈約翰福音〉中，耶穌的「時候」特別指向十字架，耶穌是為了死而來。〈約翰福音〉有好幾次強調了祂的「時候」還沒有到來（2：4；7：6，8，30；8：20），並在之後宣告祂的時候已經到了（12：23，27；13：1；16：32；17：1）。耶穌在指定的時間死去，自有計畫性之目的。感謝上帝，因為祂有無法言喻的救贖計畫！讓我們把自己交給那位掌管神聖時間表的上帝，讓我們活在對未來毫無恐懼的生活中，在祂的設計和時間表中得安息。

11月 Nov 17

祂的勝利

和散那歸於大衛的子孫！奉主名來的是應當稱頌的！馬太福音 21：9

有許多關於聖地的經歷是我永遠不會忘記的；其中之一是我們的巴士一路逐漸往上爬坡，直到耶路撒冷。導遊出人意料的透過巴士的音響系統播放了一首愉快的讚美詩歌。我將永遠記得那一刻！當我們想像朝聖者前往耶路撒冷旅途上的喜悅，和他們在歌曲中愉快的歡呼時，我們所有人都開始跟著旋律拍掌合唱。

我們很難想像耶穌凱旋進入耶路撒冷的盛況。我們從記載中得知，耶穌和門徒們是從橄欖山進入這座城市的（馬太福音21：1），這是一個與彌賽亞有關的預言之地：「那日，祂的腳必站在耶路撒冷前面朝東的橄欖山上。」（撒迦利亞書14：4）橄欖山是一個重要的地方：耶穌在那裡發表了祂的末世論（馬太福音24：3），祂也在那裡升天（使徒行傳1：9－12）。現在更應驗了〈撒迦利亞書〉9章9節所說，耶穌騎著小驢駒進入耶路撒冷，接受了符合國王的接待儀式。在祂面前，眾人把衣服鋪在路上；還有人砍下樹枝鋪在路上，毫無疑問，他們理解這個時刻的象徵意義（參列王記上1：38－40）。他們用讚美詩（詩篇113－118篇）中的歡樂歌詞來歡迎祂：「和散那歸於大衛的子孫！奉主名來的是應當稱頌的。」（馬太福音21：9；比較詩篇118：26）等候已久的大衛家君王終於來了！只是，這不是他們所期待的、凱旋的軍事領袖，而是一位藉著在十字架上的犧牲而得勝，和平、謙卑、溫和、柔順的彌賽亞（參馬太福音21：5；11：29）。幾天後，現在稱頌祂的人將要置祂於死地。是的！耶穌勝了！但不是以我們所期待的方式，無論是在我們的日常生活中，還是在永恆的救恩中。上帝的方式不同於我們的方式。耶穌以一種前所未見的方式獲得了勝利——透過受苦和死亡。哈利路亞歸於大衛的子孫！

18 11月 Nov

祂的啟示

父啊，天地的主，我感謝祢！因為祢將這些事向聰明通達人就藏起來，向嬰孩就顯出來。馬太福音 11：25

有時候，作為成年人，我們真的很容易把事情複雜化；相較之下，孩子們卻能夠以簡單的方式理解深刻的真理，並接受它們的表面價值。例如，我經常發現孩子們很容易理解〈啟示錄〉的核心信息：他們知道大龍是邪惡的，王是善良的，並且王得勝了！ 孩子們有純粹的信任和洞察力，他們的誠實是無與倫比的。

今天的經文以「Todah」開始，這一詞是指希伯來文讚美或感恩的禱告，經常在猶太《聖經》中出現（例如，撒母耳記上22：50；詩篇9：1）。這節經文最引人注目的是對耶穌的讚美。這是新約中唯一一次將讚美的原因凸顯的章節。耶穌讚美祂的父，祂是天地的主宰，因為祂既「藏起」，又「顯出」——「因為祢將這些事向聰明通達人就藏起來，向嬰孩就顯出來。」（馬太福音11：25）「這些事」指的是之前提到，有關理解和接受耶穌身分及使命的內容。上帝將福音的奧秘向那些自以為有智慧和驕傲的人藏起來。上帝會「剝奪」那些自以為是之人的理解，像這樣的概念也出現在《舊約聖經》中（參約伯記12：24－25）。然而上帝卻願意將耶穌的福音啟示給那些受教的人，就是那些知道自己缺乏悟性的人。在耶穌時代，神學家和宗教精英都被認為是聰明且高人一等的，但他們卻拒絕了耶穌。另一方面，嬰兒（參馬太福音21：15使用的同一個詞）卻擁有對耶穌的理解，這是神學家所缺乏的。此舉並不是在打擊那些致力學習的人，而是對於我們為何需要受教的重要提醒，我們要像孩童一樣，不需要資格，單純接受福音的啟示。你是否曾經覺得自己不夠聰明而無法進入天國？歡迎光臨！記得，上帝會將福音向那些認為不配的人顯現出來！

11月 Nov 19

祂的大能

但那在我以後來的，能力比我更大。馬太福音3：11

當我們遇到某個在知識或能力上超過我們的人時，我們會產生一種合乎常情的謙卑，甚至是缺乏價值之感。這是我在整個學術生涯中，在傑出的《聖經》學者指導下學習所不斷經歷之事。直到今天，如果有人稱讚我對《聖經》的了解很透徹時，我的回答仍然經常是：「你應該和某某人見面，他知道更多關於《聖經》的研究；我懂的只是皮毛。」

我無法想像施洗約翰在描述那位在他以後要來的耶穌時內心的感覺。約翰被差遣去為耶穌預備道路，他心裡很清楚，有一位比他更偉大、更強的要來。他的話是令人震驚的，尤其是以耶穌評論約翰的話來理解：「我實在告訴你們，凡婦人所生的，沒有一個興起來大過施洗約翰的。」（馬太福音11：11）耶穌——更強大的那位，不能與任何其他的先知相比，因為祂是至高的！約翰繼續描述說，他甚至給祂提鞋都不配，這通常是一個奴隸為主人所做的工作。耶穌的使命比約翰的使命偉大得多。約翰被委以預備的使命，但更大的耶穌將承擔無與倫比的救贖任務。在解釋《聖經》的時候，將耶穌至高的地位置於任何其他先知之上是極其重要的，因為律法和先知都指向祂。可惜當時有許多學習《聖經》的人卻不把耶穌視為救恩歷史的中心人物。耶穌自己指出了這個悲哀的事實：「你們查考《聖經》，因你們以為內中有永生；給我作見證的就是這經。然而，你們不肯到我這裡來得生命。」（約翰福音5：39、40）耶穌比亞伯拉罕、摩西、大衛、以賽亞和施洗約翰更有能力。祂是我們的救主，我們生命的主。我們雖不配、卻仍獲得祂所賜給我們救恩的保證。讓祂成為我們所有敬拜、讚美和稱頌的中心。一切皆因為有耶穌！

祂的公義

你暫且許我，因為我們理當這樣盡諸般的義。馬太福音3：15

在我童年時期，我一直為《聖經》中那個小使女的故事深深著迷——她是從以色列被擄到亞蘭國的小女子，她服事乃縵的妻子（列王紀下第5章）。藉著她的見證，身為亞蘭王元帥的乃縵所患的大痲瘋得到了醫治，因他聽從先知的指示，在約旦河中洗了七次。當時我所不知道的是，乃縵在約旦河得到醫治的故事是《七十士譯本》（希臘文舊約聖經）中，唯一一個提到浸禮概念的篇章。

令我驚訝的是，這個故事在幾個世紀後延伸，就是當耶穌來到了同一條河中，準備接受約翰的洗禮時（馬太福音3：13）。起初，約翰試圖勸阻耶穌不要這樣做，因為他知道耶穌比他偉大，祂要用聖靈與火給祂的跟從者施洗（第14節；參第11節）。在這段只有〈馬太福音〉記載的對話中，耶穌回答約翰說，「你暫且許我，因為我們理當這樣盡諸般的義。」（第15節）耶穌受洗不是因為祂有罪，而是因為祂在過去和現在都是代表我們，甚至是替代我們的。藉著祂完全的生活、死亡和復活，祂成全了律法和先知（參馬太福音5：17）。我們得救不是因為我們自己而是因為祂的義。藉著耶穌對律法的完成，我們獲得了恩典、平安和醫治，就像乃縵一樣。我們都有一些不希望出現在自己人生經歷中的事情，也都知道我們不配得到救贖。如果你發現你自己或你所愛的人，正處在對過去（或現在）的錯誤之中，或是因罪感到絕望時，記得耶穌已為我們活出了完全的生活。當我們接受祂為我們的救主時，祂完全的生命就使我們稱義；我們被稱義，是因為祂的義，不是因為自己的義。這不是最好的消息嗎？這就是「因信稱義」——「就是上帝的義，因信耶穌基督加給一切相信的人，並沒有分別。」（羅馬書3：22；參第23－26節）。讓我們稱謝讚美耶和華完全的公義，就是那賜給我們作為禮物的公義！

11月 Nov 21

祂的順服

當時，耶穌被聖靈引到曠野，受魔鬼的試探。馬太福音4：1

你曾有過別人為你做到了自己力不能及之事的奇妙經歷嗎？幾年前，在我攻讀博士學位時，有一年，我的學費尚餘一千美元未繳。在我的生日來臨時，我的父母給了我一個禮物袋，裡面裝著各種各樣他們知道我會喜歡的小東西。然後我摸到了在袋子底部的一個小木盒。當我打開它的時候，發現其中竟然是一卷一百美元的鈔票共10張！因他們為我所做的，我感動地哭了！我的債務得以繳清是因為我父母對我的愛！

在馬太的福音書中，他記載了耶穌重溫以色列的歷史，並在他們失敗的地方取得勝利。耶穌是新以色列的代表和替身。耶穌受洗的時候，上帝的靈降在祂身上（馬太福音3：16），現在聖靈又領祂到曠野，「受魔鬼的試探。」（馬太福音4：1）在介紹這個事件時，馬太提醒我們以色列人的旅程：「當時，耶穌被聖靈引到曠野，受魔鬼的試探。祂禁食四十晝夜，後來就餓了。」（馬太福音4：1、2）讓我們比較一下在〈申命記〉8章2至3節記載的、關於以色列人的曠野之旅：「你也要記念耶和華你的上帝在曠野引導你這四十年，是要苦煉你，試驗你……祂苦煉你，任你饑餓，將你和你列祖所不認識的嗎哪賜給你吃，使你知道，人活著不是單靠食物，乃是靠耶和華口裡所出的一切話。」耶穌引用了最後一部分來回應第一個試探（馬太福音4：4）。耶穌的三個回應都來自〈申命記〉6至8章中，對以色列歷史的平行敘述。這是一個最需要理解的重要真理：當我們接受耶穌為我們的救主時，不僅祂的死亡，就連祂完美的生命也代替了我們，為我們獻上，還清了贖價。祂的順服和死亡都是為了我們。就連我們得救的保證都來自祂所成就的，而不是我們自己。這真是一個好消息！祂的恩典多麼奇異！

祂的信實

撒迦利亞的口立時開了，舌頭也舒展了，就說出話來，稱頌上帝。路加福音1：64

我安靜了好一段時間，現在終於能開口了！我迫不及待地想要和我周圍的每個人說話。那是幾年前的某一天，我爸爸正在進行一個大手術，醫生要切除他胃裡的一個惡性腫瘤。我們已經等了好幾個小時，比我們預期的還要久。在那段時間裡我們都默不作聲。然後，我們看到醫生朝我們走來，我只記得他說的第一句話：「腫瘤拿出來了！」然後他繼續解釋了許多其他的事情，但我只想對候診室裡的每個人大聲宣布說：「腫瘤已經拿出來了！」

由於撒迦利亞的不信，他至少九個月無法開口說話（參路加福音1：20）。當他照天使所說的，在板上寫出了新生兒的名字「約翰」時，他的「口立時開了，舌頭也舒展了，就說出話來，稱頌上帝。」（第64節）當我們開口表達感激和讚美，而不是懷疑和不信時，情況就大不相同了！聖靈降在他身上，他就說出了讚美的預言（路加福音1：67－79），我們稱這首讚美詩為「感恩之歌」（Benedictus，具稱頌或有福之意），這個詞來自這首拉丁文版詩歌的第一個字：「主以色列的上帝是應當稱頌的！因祂眷顧祂的百姓，為他們施行救贖。」（第68節）這首讚美詩分為兩個部分：在第一部分（第68－75節），撒迦利亞敘述了上帝如何按照應許兌現了與亞伯拉罕所立的約。他使用了舊約中許多美麗的比喻和表號。當我們回憶上帝在我們過去的帶領時，我們對將來必定會抱持希望。而在詩歌的第二部分（第76－79節），人稱和語法改變了，撒迦利亞對他的兒子說：「孩子啊！你要稱為至高者的先知；因為你要行在主的前面，預備祂的道路。」（第76節）他接著告訴我們，在不久的將來，世界將透過耶穌而獲得拯救。讓我們和撒迦利亞一起來讚美上帝，感謝祂在過去、現在和將來對我們的信實。上帝的信實是我們對將來唯一真實的保證！

11月
Nov 23

祂的補足

我故此沒有違背那從天上來的異象……勸勉他們應當悔改歸向上帝，行事與悔改的心相稱。使徒行傳26：19、20

基於他對信仰的堅持，戴斯蒙．杜斯（美國國會榮譽勳章得主）因拒絕攜帶兵器，自願成為一名戰地醫生。在二戰時的沖繩島戰役中，他冒著生命危險，一次扛著一名傷兵往返戰地和營地，此舉挽救了許多人的生命。當被問及他是如何找到力量，持續回去尋找更多傷兵時，他回答說，每一次禱告他都祈求：「主啊，請幫助我，再多救一個人！」

當我們相信耶穌的拯救時，即使是在最惡劣的情況下，我們也能得蒙應許並獲得能力去與他人分享上帝的恩典。當我們在救贖的工作上與祂同工時，祂也必供應我們無法靠自己擁有的資源。保羅被囚時，即使在捆鎖中，上帝也使他有機會時常與人分享福音。保羅不但沒有灰心喪志，反而不斷地與猶太人、外邦人、君王和巡撫分享福音。在〈使徒行傳〉第24章，保羅被巡撫腓力斯囚禁。過了兩年，非斯都接了腓力斯的任，繼續負責審理保羅的案子。保羅向凱撒提出上訴後（使徒行傳25：11、12），非斯都不知道應該控告保羅什麼，因為查明保羅並沒有犯甚麼該死的罪（第25、26節）。當亞基帕王（希律亞基帕二世）訪問非斯都的時候，非斯都為他安排了一場對保羅的聽審。甚至到了那種時候，保羅都還努力向王傳福音！「亞基帕王啊，你信先知嗎？我知道你是信的。亞基帕對保羅答道：「你想少微一勸，便叫我作基督徒啊！」（使徒行傳26：27、28）保羅的座右銘似乎也是：「主啊，請幫助我，再多救一個人！」說到分享上帝的恩典，我們每個人都可以有自己獨特的方式：多花一個小時來照顧一位長期患病的親人，對一個不友善的人多一天的仁慈，再一次原諒犯同樣過錯的人，與多一個人分享耶穌，儘管在這個過程中可能會被嘲笑。讚美上帝，因為祂神蹟般地使我們的心靈得到補足，使我們能夠透過言語和行動繼續分享耶穌。

祂的功勞

你配拿書卷……因為你曾被殺，用自己的血從各族、各方、各民、各國中買了人來，叫他們歸於上帝。啟示錄5：9

童年時期，我曾經對關於天國的事非常著迷（順便說一句，我現在還是）。我很好奇的一件事是，在天國我們為耶穌所唱的詩歌會是什麼歌呢？那歌詞會寫些什麼？我很想知道，因為我不想錯過為祂唱歌的機會。我知道這聽起來有點奇怪，但當我還是個孩子時，我就好奇人們是怎麼知道他們從未唱過之歌曲的歌詞。我真的很想知道那些詩歌的內容！

〈啟示錄〉第5章描述一首新歌將在天上高唱！在〈啟示錄〉中有許多「新事」：新名、新天、新地，因為上帝叫一切都更新了（我等不及親眼目睹這些新事！）對羔羊透過犧牲所成就之事的最好回應，就是一首新的敬拜之歌——華麗、美妙，是一首從未有人唱過的歌。因為在此之前，人們從未完全理解祂救贖的深廣。這首詩歌記載在〈啟示錄〉5章9至10節；請花些時間讀一讀。我對這首歌的歌詞蘊含的細節感到訝異，因為它恰巧回答了為什麼羔羊值得每個人讚美並永遠敬拜：❶羔羊是何時獲得勝利的？在祂死後。❷羔羊成就了什麼？祂買贖了人類。❸祂如何做到？祂靠自己的寶血完成，祂付出了昂貴的代價，所以祂配得。❹祂救贖了誰？祂從各族、各方、各民、各國中買了人來，沒有任何群體被排除。❺祂為了誰贖買他們呢？為了上帝！祂重建了創世之初所設立的關係。祂使他們成為上帝的國度和祭司！當我讀著這首歌的歌詞時，我感受到上帝的愛、感謝、重視和接納，我開始看見耶穌為我所放棄的一切！是的！我要讚美祂！你願意和我一起高唱祂救贖的勝利和永遠的福音嗎？願我們的生命成為羔羊的頌贊詩歌，從今直到永遠！

11月 Nov 25

祂的記念

這是我的身體，為你們捨的，你們也應當如此行，為的是記念我。路加福音22：19

1863年，感恩節成為美國的國定假日，林肯總統也宣布那一天是為了「感恩並讚美住在天上仁慈的父親」（註81）。關於這個節日，我有非常特殊的個人回憶。2016年，當我們坐在感恩節餐桌旁時，我的父親卻在另一個房間，他因為病得太重不能加入我們，所以他在餐桌上的盤子是空的。就在那天晚上，他去世了。每逢感恩節晚餐時，我總會記起那一天，我感謝上帝賜給我敬虔的父母，以及他們那無條件的愛。今天正是我父親的忌日。

在《聖經》中，上帝經常告訴祂的子民要「記念」。他們要守安息日為聖日，以記念他們的創造者主和救主（出埃及記20：9－11；申命記5：12－15）。當他們進入應許之地感到害怕時，他們也要記念耶和華在埃及為他們所行的，以及上帝一路的引導（申命記7：17、18；8：2）。每一年，以色列人都會慶祝逾越節，這是一個記念拯救的日子，在這個節日中，他們會回想自己是如何透過逾越節羔羊的血而蒙救贖（出埃及記12：21－27）。耶穌和祂的門徒們每年都吃逾越節的晚餐，耶穌拿起餅來，不是按著平時逾越節的規矩，而是對他們說，從今以後你們要吃這「為的是記念我」的晚餐。「又拿起餅來，祝謝了，就擘開，遞給他們，說：『這是我的身體，為你們捨的，你們也應當如此行，為的是記念我。』」（路加福音22：19）最初的逾越節預示了一個即將發生且更偉大的拯救。耶穌要我們記念祂，吃祂的餅、喝祂的杯，以記念祂並祂為我們所做的犧牲。如果我們曾經對未來感到恐懼，我們應該記念過去。我們每一次吃祂的餅、喝祂的杯，都是象徵著祂的犧牲，也是為了記念祂，接受祂在我們身上救恩的保證。讓我們記念祂為我們所付出的贖價，直到那一天，祂將帶我們回到天上的家！不要害怕……當記念祂！

祂的恩慈

潔淨了的不是十個人嗎？那九個在哪裡呢？路加福音 17：17

在這個世界上某些地方，由於面臨更急迫的現實需要，某些社會和種族的障礙往往會因此崩解並消失。這其中一個地方就是醫院。多年來，由於父母在癌症上的治療，我進出了好幾家外科候診室、癌症中心和急診室。我意識到，當遇到痛苦和疾病時，我們都站在平等的位置上。在這樣的情況下，我們就會團結起來，祈求一個積極的結果。

在耶穌時代，痲瘋病導致了病患和社會之間的障礙。當耶穌進入一個村莊時，有十個人遠遠地站著（路加福音17：12）。律法要求痲瘋病人需獨居營外，與社區隔離（利未記13：45、46；民數記5：2）。那十個人高聲說：「耶穌，夫子，可憐我們吧！」（路加福音17：13）。耶穌從來沒有忽略這樣的請求，但是祂沒有宣布自己已經治癒他們，而是讓他們去把身體給祭司察看。「他們去的時候就潔淨了。」（第14節）醫治的發生是在他們去把身體給祭司察看的路上。「內中有一個見自己已經好了，就回來大聲歸榮耀與上帝。」（第15、16節）多麼令人驚訝啊！當他看見自己已經痊癒了，他就轉身回去做了三件事：第一，大聲歸榮耀與上帝！（大聲的希臘文是「phones megales」，這兩個字組合成英文的「擴音器」，megaphone）第二，他俯伏在耶穌腳前，知道祂是他獲得醫治的源頭。第三，他感謝耶穌。只有在那時，讀者才看見一個令人震驚的事實——這人是撒馬利亞人，一個外邦人！（第16節）。那十個人都得了醫治，因為上帝同樣憐憫那些不知感恩的人（參路加福音6：35、36）。但是只有這個外邦人，認識到耶穌的憐憫，因此他不但被醫治，還得蒙拯救（路加福音17：19）。作為一個撒馬利亞人，他可能不被允許進入聖殿，但是真正的聖殿已經臨到他身上並醫治了他！耶穌已經打破了障礙。願我們的生命也能成為一個擴音器，榮耀、讚美、感謝上帝透過耶穌賜給我們所有人的恩慈！

11月 Nov 27

祂的動機

今天救恩到了這家。路加福音 19：9

在我小時候，歐・亨利的短篇故事——《博士的禮物》（The Gift of the Magi）給我留下了深刻印象。有一對年輕夫婦非常相愛，他們各自擁有兩樣非常珍貴的東西：妻子有一頭美麗的長髮；而丈夫有一塊從父親那裡繼承的懷錶。他們很想送給對方一份聖誕禮物，可是他們沒有錢。在聖誕節那天，他們在交換禮物時發現了彼此都深愛著對方：他當掉了他的懷錶，給她買了一隻漂亮的梳子，而她也將她美麗的長髮賣了，為他買了一個精緻的懷錶鏈帶。愛情絕對是最有力的催化劑。

上帝的愛是人類心靈最大的內在力量，遠遠超過恐懼所產生的外在壓力。這在一個富有的稅吏——撒該的故事中就可得到證明（路加福音19：2）。稅吏是罪人的同義詞，這一點在故事的尾聲（第7節）可以從群眾的評論獲得證實。撒該想看看耶穌是怎樣的人，就爬上桑樹，要看耶穌，因為耶穌必從那裡經過。耶穌到了那裡，抬頭一看，對他說：「撒該，快下來！今天我必住在你家裡。」（第5節）耶穌所使用的動詞「必」，表示一個需要、根本上不可缺少的動作。那天耶穌必須去他家。我們要明白，上帝的恩典和慈愛總是先於悔改和轉變。一個人必須先經歷上帝的恩典，才能有悔改和恢復的動力。只有這樣，那個人才能像撒該一樣做出積極的回應；不是為了被愛，而是因為他已經被愛了。撒該以驚人的熱情款待回應，以喜樂的心歡迎耶穌到他的家，這與抱怨的人群形成鮮明對比：「祂竟到罪人家裏去住宿。」（第7節）他的回應方式是令在場所有人目瞪口呆的：「主啊，我把所有的一半給窮人；我若訛詐了誰，就還他四倍。」（第8節）恐懼不是永久或內在的動機，愛才是。讓上帝以祂的愛和恩典來豐富你！只有這樣，我們才有能力來回應愛（約翰一書4：19）。

祂的國度

彼拉多又用牌子寫了一個名號，安在十字架上，寫的是：「猶太人的王，拿撒勒人耶穌。」約翰福音 19：19

凡爾賽宮（Palace of Versailles）的奢華讓遊客得以一窺那些曾經在此統治之皇親貴族的生活。它那令人印象深刻的建築、宏偉的花園、鏡廳、藝術收藏品，和許多其他的東西，處處都見證了國王和皇后極盡奢華的享受。這是法國最大的城堡，亦是當時法國實力的象徵。

即使在新約時代，君王和統治者也同樣過著窮奢極欲的生活。這就是為什麼耶穌與一般君王的普遍形象並不相符。「彼拉多又進了衙門，叫耶穌來，對他說：『你是猶太人的王嗎？』」（約翰福音18：33）「耶穌回答說：『我的國不屬這世界；我的國若屬這世界，我的臣僕必要爭戰，使我不至於被交給猶太人。只是我的國不屬這世界。』」（第36節）「猶太人的王」（約翰福音19：19）這個頭銜成為放置在十字架上的正式指控。約翰補充說，它以三種文字書寫——希伯來文，拉丁文和希臘文；這意味著當時所有能夠閱讀的人都能夠理解它。這個頭銜讓猶太祭司長十分不滿，所以他們要求彼拉多澄清這是耶穌自己的要求，而非事實。但是彼拉多沒有同意。然而，所謂的指控和嘲弄卻成為宇宙中最重要的一幕：萬王之王離開了祂的天庭，來到人間，為了拯救祂的子民，成為一個死在十字架上的罪犯。布魯斯補充說：「因此，約翰看到十字架上的『頭銜』，具有比彼拉多或大祭司所見更深層的含義。『人子得榮耀的時刻已經到了。』那被釘十字架的人是真正的君王，是萬王之王。因為是祂被釘在十字架上，所以祂將羞恥的酷刑工具變成了榮耀的寶座，並『從樹上登基。』」（註82）讓我們讚美我們的王，祂配得一切的榮耀，因為祂看我們的救恩遠勝過天上所有的尊貴和榮耀（啟示錄5：12）。

11月 Nov 29

祂的管轄權

天上地下所有的權柄都賜給我了。馬太福音28：18

每個人在生活的許多領域上都會碰到管轄權的問題，例如法庭、地域劃分、經濟甚至網路空間。管轄權的定義為：「具有統治或立法權，以及可以行使權力的界限或領土。」（註83）我非常感謝耶穌以透過祂具備全面管轄權之宣告，展開了祂在〈馬太福音〉中最後的吩咐：「天上地下所有的權柄都賜給我了。」（馬太福音28：18）是否有人會對此提出疑問呢？你沒聽錯——天上地下，一切都在祂的權柄之下。

〈馬太福音〉的最後一幕發生在十一個門徒往加利利去之時，「到了耶穌約定的山上。」（馬太福音28：16）他們在那裡敬拜耶穌，「然而還有人疑惑。」（第17節）「耶穌進前來，」（第18節）祂靠近了一點。這是他們離別的時刻，祂的遺言將永遠被銘記。馬太透過兩個動詞來介紹耶穌的話，並強調這一個重要時刻：「（祂）對他們說……」（第18節）。我可以想像門徒們此刻的嚴肅心情，他們認真地聆聽基督的話：「天上地下所有的權柄都賜給我了。所以，你們要去，使萬民作我的門徒，奉父、子、聖靈的名給他們施洗。」（第18、19節）耶穌在吩咐向萬民宣告祂的使命之前，祂向門徒們確立一切受造物，整個宇宙都在祂的權柄之下。這要成為門徒的保證。耶穌在傳道時已經說過，「一切所有的，都是我父交付我的；」（馬太福音11：27）現在祂完美的生與死已經透過復活得到了證實，並且也從預言中獲得了應驗，一切的國度權柄都是祂的（參但以理書7：13、14）。請暫停片刻，默想其中意義：無論是死，是生，是天使，是掌權的，是有能的，是現在的事，是將來的事，是順境或是逆境，耶穌都有絕對的權柄。祂是至高無上的！沒有什麼能使我們與祂隔絕（羅馬書8：38、39）！

祂的歌

主上帝——全能者啊，祢的作為大哉！奇哉！萬世之王啊，祢的道途義哉！誠哉！啟示錄 15：3

我大學時的主修是音樂，為此我一直對詩歌體裁的《聖經》故事十分喜愛。以色列是一個連在出征時都有詩班隨行的國家。《聖經》中有許多華麗的敬拜場景，包括〈啟示錄〉中最後的事件，其中更包含許多美麗的敬拜之歌。但是，且讓我們先從〈出埃及記〉開始。

以色列人已經等了好幾百年才脫離他們的欺壓者。在經歷了最後一災和逾越節羔羊之血後，我們看見紅海分開，這是上帝帶領祂的子民到應許之地的神奇方式。歡欣鼓舞的慶祝伴隨著過紅海之後而來。這首救贖之歌記載在〈出埃及記〉第15章，在大多數《聖經》譯本中被稱為「摩西之歌」，但它所彰顯的其實並非摩西，而是耶和華的大能之手，祂能夠救贖祂的子民。我們在《聖經》的最後一卷書將再次看到這首歌，但是〈啟示錄〉第15章所敘述的美麗和新奇之處在於——即使災難仍會發生，但約翰首先思想的乃是救贖的慶祝！第15章的歌是以出埃及為背景，是由被救贖之人所唱的。約翰如此描述：「我看見彷彿有玻璃海，其中有火攙雜。又看見那些勝了獸和獸的像並牠名字數目的人，都站在玻璃海上，拿著上帝的琴，唱上帝僕人摩西的歌和羔羊的歌，說：主上帝——全能者啊，祢的作為大哉！奇哉！萬世之王啊，祢的道途義哉！誠哉！」（啟示錄15：2、3）。現在我們明白了！摩西的歌也是羔羊的歌。耶穌是得勝的救主，是一位更偉大的摩西！祂在我們走投無路時為我們開道路。應許之地就在眼前了！願我們的生命成為羔羊的慶典。無論我們正經歷什麼，願我們從現在開始，帶著一種富有感染力的感恩態度來生活。讓我們現在就開始唱這首對救贖的感恩之歌，並唱到永遠永遠如何？「我愛頌揚偉大救贖主，藉羔羊血成全救恩！」（註84）

在世上，你們有苦難；但你們可以放心，我已經勝了世界。

12月｜歡迎祂的同在

12月 Dec 01

祂的美意

「你要我為你做什麼？」他說：「主啊，我要能看見。」耶穌說：「你可以看見！你的信救了你了。」路加福音18：41、42

我們每一個人都需要知道我們是被愛、被重視的。我認識一對夫婦，他們決定去一家養老院過聖誕節，要求院方提供那些不會有家人來探望的獨居老人名單。然後，他們準備了禮物籃，並親自把它們送給名單上的每一個人。他們收到的回應是激動人心的！那些孤獨的老人感受到被愛且受到重視。在我生命中很多時候也曾感到孤獨、空虛，需要保證和指引，但我知道上帝已經預備好，願意以奇妙的方式來滿足我所有的需要。我可以把我的缺乏告訴祂，獲得從祂那裡來的無限資源。

巴底買是一個瞎子，經常坐在路旁討飯（路加福音18：35）。耶穌經過的時候、他就呼叫說：「大衛的子孫耶穌啊，可憐我吧！」（第38節）。由於他是一個乞丐，請求憐憫可能只是簡單意味著索要金錢。可是這個特別的呼喊指向大衛的子孫，那位眾人期待的彌賽亞。天使已經宣告耶穌是大衛的子孫，祂將帶來安息和醫治（路加福音1：30－33；2：4；參以西結書34：15，23、24），但這是在〈路加福音〉從記載耶穌降生以來，第一次公開提到耶穌的這個稱謂。在前頭走的人就責備他，不許他作聲；他卻越發喊叫說：「大衛的子孫，可憐我吧！」（路加福音18：39）與所有試圖不許他出聲的人不同，耶穌停下來，叫住了他並且問他說：「你要我為你做什麼？」（第41節）那人要求能看見。然後，他就看見了！上帝滿足我們需要的美意今天依然存在。福音書中所有的神蹟都指向耶穌最終的救恩。讓我們把我們的缺乏告訴祂，直到祂來接我們回家。讓我們以祂的剛強來代替我們的軟弱，以祂的安息代替我們的疲乏，以祂的智慧代替我們的無知，以祂的平安代替我們的恐懼，以祂的同在代替我們的孤獨，以祂的豐富代替我們的缺乏。「我的上帝必照祂榮耀的豐富，在基督耶穌裡，使你們一切所需用的都充足。」（腓立比書4：19）

祂的住所

看哪，上帝的帳幕在人間。祂要與人同住，他們要作祂的子民。上帝要親自與他們同在，作他們的上帝。啟示錄 21：3

遊覽耶路撒冷的聖殿山是一次非常令人難忘的經歷。我在星期五晚上時去了西牆，因為安息日的慶祝活動就在那時展開，敬拜者的歡樂是激昂的！這道牆是猶太第二聖殿擴建的一部分。時至今日，虔誠的信徒仍然會把祈求的小紙條放在牆的石縫之間，在那裡祈禱和默想，盡可能的靠近上帝顯現的地方。

當人類犯罪後，上帝繼續與人類保持關係。祂設計了一個方式，讓祂的人民經歷祂的同在。祂在曠野的會幕／聖所中，之後也在聖殿裡，設計了這個生動的象徵。上帝在神聖的建築中彰顯了祂的恩典、榮耀以及祂的救贖計畫。祂與祂的百姓同住，在他們中間顯示祂的同在。而耶穌「道成了肉身，住在我們中間」（約翰福音1：14），這和「曠野裡的會幕」是同一個意思，只不過是動詞形式，通常被翻譯成「居住」。耶穌是上帝榮耀的終極代表，上帝透過祂與世人同在。在新天新地裡，上帝的帳幕（在《七十士譯本》中與曠野時期的用詞相同）將在人間，祂將永遠與我們同住（啟示錄21：3）。祂一直與我們同在，且將永遠與我們同在。祂將與祂的兒女同住，在那裡不再有死亡，也不再有悲哀、哭號、疼痛（第4節），在那裡不再有聖殿，因為上帝會在我們中間：「我未見城內有殿，因主上帝——全能者和羔羊為城的殿。」（啟示錄21：22）上帝將永遠與祂在伊甸園失落的兒女們同在。「上帝與我們同在」，是我們在這個世界上最大的應許。上帝的靈現在也與我們同在。耶穌以「以馬內利」的身分來到，與我們同在；祂住在我們中間，替我們死在十字架上，使我們常與祂同在。願你能藉著上帝永遠與你同住的應許得著安慰！

12月 Dec 03

祂的意圖

亞伯拉罕生以撒；以撒生雅各……。馬太福音1：2

當我在都柏林時，曾詢問主辦單位是否可以帶我參觀馬拉海德城堡，他欣然同意了！我參觀過一些更大、更令人印象深刻的城堡，但我對這座城堡特別感興趣，因為一個簡單的原因——它是塔爾博特家族八百年來的定居之地。坦白說，這也是我想去的主因，這也是一次很棒的經歷！導遊在旅程中一直稱呼我：「塔爾博特夫人」，就是這個城堡女主人的稱謂。

找到祖先們的下落似乎總能為我們的生命增添一些意義。但在第一世紀，其意義則更為深遠。對猶太人來說，像亞伯拉罕和大衛這樣的名字會讓他們想起自己的血統，並證明他們是上帝的子民。他們聲稱自己是亞伯拉罕的後裔，這是宗教血統的證明。馬太以「創世記」（族譜）開始，說到彌賽亞耶穌是亞伯拉罕的後裔，大衛的子孫（馬太福音1：1），這對猶太人來說是很重要的名字。他從亞伯拉罕開始記錄，到以撒，雅各，以及其他（第2節），但如果我們仔細看看所有的這些信心英雄，我們會意識到兩件事：第一，他們都是有缺陷的人，第二，上帝的恩慈比我們的錯誤更偉大。想想亞伯蘭（後來被稱為亞伯拉罕），他被應許會有一個兒子，以及他的子孫會多如天上的星（創世記15：5）。亞伯蘭信耶和華，耶和華就以此為他的義（第6節；這是《聖經》中第一個因信稱義的明確例子）。然而在下一章（創世記第16章），當他年老，他的妻子撒萊無法生育時，他就試圖以自己的方法幫助上帝，與埃及人使女夏甲生了一個兒子。然而上帝並沒有違背祂最初的旨意，祂仍把應許的兒子以撒賜給了他。雖然亞伯蘭缺乏信心，繞道而行，上帝仍然實現了祂的應許。你是否犯過你認為會使你失去進天家之資格的錯誤呢？或許我們所有人都曾有過。這就是為什麼十字架是必要的。上帝最初拯救我們以及要賜給我們一個神聖目的之初衷，到了今天依然存在。亞伯拉罕出現在耶穌的家譜中，便是要提醒我們上帝的救贖大能！

祂的祖先

猶大從她瑪氏生法勒斯和謝拉。馬太福音 1：3

多年前，我錄製了一個關於耶穌的曾祖母、乃至高祖母的電視節目。在這個節目中，我們分析了〈馬太福音〉的耶穌家譜，以及馬太出乎人意料地，竟在族譜中記錄了四位女性，在所有男性祖先之中有四位女性祖先，這樣的作法並不常見。但最令人驚訝的是，這四個女性中沒有一個能稱得上是「以色列年度傑出女青年」。我們將一一研究，以期更了解救贖計畫。

〈創世記〉第38章似乎是約瑟故事中的一個插曲。然而，它提供了關於耶穌祖先的關鍵資料。猶大是雅各的第四個兒子，他離開了他的弟兄，娶了迦南的女子為妻。她懷了孕，給他生了三個兒子——珥、俄南和示拉。猶大為長子珥娶妻，她名叫她瑪，她很可能是個迦南人。珥在耶和華眼中看為惡，耶和華就叫他死了。根據當時社會兄終弟及的律法要求，弟弟當盡他身為兄弟的本分，要為死去的哥哥傳宗接代（申命記25：5－10），按照這個律法，猶大對二兒子俄南說：「你當與你哥哥的妻子同房，向她盡你為弟的本分，為你哥哥生子立後。」俄南知道生子不歸自己，所以同房的時候便遺在地，免得給他哥哥留後（參創世記38：9）。俄南所做的在耶和華眼中看為惡，耶和華就叫他也死了。之後，猶大沒有照他所承諾的，將三子示拉給她瑪。因此，有一天，她瑪知道猶大上亭拿剪羊毛去了，為了傳宗接代，就扮成妓女與猶大同寢。之後猶大將他的印、帶子，和杖給了她，卻不知道她是誰。之後，她瑪懷了雙胞胎！當猶大被告知他的兒媳懷孕了，就想把她燒死（第24節），然而她瑪拿出了他的印、帶子，和杖給他看，並對他說：「這些東西是誰的，我就是從誰懷的孕。」猶大承認說：「她比我更有義。」最後雙胞胎出生了。很難想像她的名字在猶太彌賽亞的家譜中出現會引起多大的震撼，可是她的名字就在那裡！耶穌出自猶大，她瑪，和他們這個不正常的家族。馬太特意提到她，讓我們知道天國之門也是向有缺陷的人敞開的，就像我們一樣！

12月 Dec 05

祂的解救

撒門從喇合氏生波阿斯。馬太福音1：5

清晨三點半，托尼．坎波羅（Tony Campolo）坐在檀香山的一家咖啡館裡，他無意中聽到一個阻街女郎打扮的年輕女孩跟她的朋友說，明天是她的生日，但她從來沒有舉辦過生日派對，於是托尼決定為她準備了一個。第二天凌晨三點半，那女孩走進咖啡館時訝異地發現有一大群人在等她。她感動的不知所措！托尼為她禱告，櫃檯後面的男士問他屬於哪個教會，托尼回答說：「我屬於一間在凌晨三點半，願意為妓女舉行生日派對的教會。」那個男士回答：「我想說的是，如果真有這樣的教會，我也願意加入！」（註85）

為什麼馬太要把妓女的名字放在耶穌的家譜裡呢？（馬太福音1：5）上帝的恩典會如此伸向黑暗嗎？妓女喇合的故事記載在〈約書亞記〉第2章和第6章。約書亞打發兩個探子去窺探耶利哥城。他們來到一個名叫喇合的妓女家裏，就在那裡躺臥。她領二人上了房頂，將他們藏在那裡所擺的麻稭中。她向耶利哥王謊報了他們的下落，並給了探子如何逃跑的建議。在所有的人中，她對以色列的上帝作了一個最深刻的懺悔。她敘述了上帝過去的作為，還說了一個預言及一個關於真神上帝的聲明：「我知道耶和華已經把這地賜給你們……因為我們聽見你們出埃及的時候，耶和華怎樣在你們前面使紅海的水乾了……耶和華——你們的上帝本是上天下地的上帝。」（約書亞記2：9－11）探子們向她保證，當他們來到耶利哥的時候，她若把那條朱紅線繩繫在縋他們下去的窗戶上，凡聚集在她家中的人就必得救（第18節）。就像那些用逾越節羔羊的血抹在門框上而得救的人一樣，她在攻城之時得以倖免。她歸入了以色列，成為耶穌的祖先之一；她在〈馬太福音〉1章5節被提及，並於後來被稱為一個信心英雄：「妓女喇合因著信，曾和和平平地接待探子，就不與那些不順從的人一同滅亡。」（希伯來書11：31）我們所事奉的上帝解救了每一個願意的人，無論是妓女還是稅吏，無論是罪犯或是癮君子，祂都賜給了他們一個彰顯祂榮耀的神聖目的！

祂的血統

波阿斯從路得氏生俄備得；俄備得生耶西；耶西生大衛王。馬太福音1：5、6

我的父母都在烏拉圭出生。我知道我母親的家族是瑞士裔德國人，而我父親的家族可能是西班牙裔葡萄牙人。我小時候父母曾經去過烏拉圭一處隸屬查魯亞（Charrua）印第安人的墓地，令他們驚訝的是，他們發現很多墓碑上都有我祖母的姓氏！我很興奮，因為這代表我可能也有一些查魯亞的血統！我實在應該找一天去做個基因系譜檢測。

耶穌的血統對馬太的讀者來說非常重要，尤其是祂出自大衛家的皇室血統。但是馬太也強調了耶穌的血統中一些令人驚訝的名字。不過，和我不一樣的是，他的聽眾可能不會對這些名字感到興奮。大衛的曾祖母路得與她的第二任丈夫波阿斯住在伯利恆。路得是摩押人，名義上來說她並不是真正的以色列人。摩押人來自摩押地，亞捫人來自亞捫；他們的祖先是羅得和他兩個女兒亂倫的後代（參創世記19：37、38）。他們的後裔不是以色列人的朋友，也不能進入耶和華的會（參民數記22；23；申命記23：3）。拿俄米的丈夫和他的兩個兒子死在摩押地之後，路得陪著婆婆拿俄米來到了伯利恆。路得無論如何都不肯離開拿俄米，並且許諾會跟隨她直到死的那一日：「你的國就是我的國，你的上帝就是我的上帝。你在哪裡死，我也在那裡死。」（路得記1：16、17）在伯利恆路得嫁給了拿俄米的一個近親波阿斯為妻，他們生了一個兒子，名叫俄備得，他就是大衛的祖父。一個摩押人會在耶穌的族譜中被提及，乃是指向未來那位要拆毀種族隔離之牆的彌賽亞。你是否曾經因為你的背景、痛苦的經歷，或過去的記錄，而覺得自己不屬於上帝呢？要切記一點，耶穌以成為你的兄弟為榮！你是被接納，也是被愛的！因你是屬於祂的！

12月 Dec 07

祂的貴族身分

耶西生大衛王。大衛從烏利亞的妻子生所羅門。馬太福音1：6

我在網上搜索關於我的祖先居住地的地理位置，當我點擊了一個網站後，上面便出現了許多關於我母親姓氏的各種資料：包括平均壽命、人口普查記錄、移民記錄、徵兵卡等等。然後其中有一個問題引起了我的注意：「在你的家譜裡有名人嗎？」

在耶穌時代，這是一個很重要的問題。耶穌是大衛王室的後裔，作為備受期待的彌賽亞，這稱呼出現在〈馬太福音〉1章1節，在祂的家譜中，「大衛的子孫」這個頭銜不斷被強調。但是當我們讀到第6節的時候，我們發現大衛不僅是一個有名的君王，他也犯了大罪。也許這就是為什麼在希臘文版本中，拔示巴的名字沒有被提及的原因。希臘文版是這樣記載的：「耶西生大衛王。大衛從烏利亞的妻子生所羅門。」（第6節）所以，大衛與別人的妻子生了一個孩子。是的！這就把我們帶到大衛如何犯了大罪的故事裡。你不妨花一些時間讀一下〈撒母耳記下〉第11章和第12章。大衛發現烏利亞的妻子在洗澡，儘管他已經有了許多的妻子，他還是把她召來，並與她同寢。她懷孕了，大衛試圖掩蓋這件事，想讓這孩子看起來像是烏利亞的孩子。但是當此計謀行不通的時候，大衛就另生一計，安排烏利亞去戰場的前線——有很大機率陣亡的危險地區。事後，上帝透過一位先知去指責大衛，儘管他罪惡深重，他還是透過懺悔而獲得了饒恕。他們又生了一個兒子，就是耶穌的祖先所羅門。姦淫和謀殺——這是耶穌家譜中，這節經文背後的故事。那麼為什麼要把它放在家譜呢？因為世人，即使是名人，都是有罪且不完整的。耶穌作為我們的救主而來，是因為祂深知我們非常需要祂。祂的血統包含外邦人、罪人以及不正常的家庭，也包括我們。對於這位包容一切的救主，我們難道不該心存感謝嗎？

祂的答案

不要害怕，因為你的祈禱已經被聽見了。路加福音 1：13

我有一個小小的祈禱盒，它對我來說真的很特別，因為它是在我母親與癌症抗爭時，我為她親手做的。我把〈以賽亞書〉41章10節寫在盒子外。我記得，當我媽媽與疾病辛苦奮戰時，她會把她的祈禱文寫在小紙上，然後把它們放在盒子裡。上帝是如此的信實，直到最後祂都賜給她力量、平安、信心、甚至幽默感。現在，當我使用這個盒子時，我驚訝於上帝回應我禱告的方式是如此多樣化，甚至超出我所求所想！

如果我們可以問撒迦利亞，他肯定會對上帝回應禱告的驚人方式有很多話要說。他的妻子以利沙伯無法生育；他們可能為了想要一個兒子而禱告了幾十年。如今他們年事已高，撒迦利亞照祭司的規矩掣籤，得進主殿燒香（路加福音1：9）。這是一個莫大的尊榮，是眾祭司所羨慕的。燒香的時候，眾百姓在外面禱告。有主的使者站在香壇的右邊，向他顯現（參第19節），這意味著天使將為他帶來好消息，可是撒迦利亞卻因為心事重重，以至於沒有注意到天使站在祭壇的右邊（參第11節）。天使對他說：「撒迦利亞，不要害怕，因為你的祈禱已經被聽見了。你的妻子以利沙伯要給你生一個兒子。」（第13節）我們的禱告獲得了垂聽，這不是很好嗎？但是哪一個祈求被垂聽了呢？天使所指的是哪一個祈求呢？我以為撒迦利亞早在那一天前就停止了求子的禱告。顯然的，以色列人和代表他們的祭司都一直在為以色列的救贖而祈禱；他期盼上帝能同時回應這兩個祈求：一個是為自己的一生（他們祈求能有個孩子），另一個是為整個民族的世世代代（祈求彌賽亞的到來）！是的，撒迦利亞的兒子將是彌賽亞的先鋒！讓我們相信上帝的視角以及祂對我們祈禱的驚人回應。祂能成就的比我們想像的要大得多，祂總是把我們的救贖放在祂心裡！

12月 Dec 09

祂的應驗

到了時候，這話必然應驗。路加福音 1：20

我的丈母娘是非常熱心的查經員，她會一節一節地研究經文，並把自己的觀察記錄在日記本裡。當我讀到她對撒迦利亞失去說話能力的評論時，我不禁莞爾。她寫道：「感謝上帝，撒迦利亞變成了啞巴，這樣他就不能一直把他的懷疑和不信掛在嘴邊了！」我認為她的評論很有趣，也很真實而深刻！他既然無法相信上帝會實現祂的應許，這時他說的話也自然不會具有啟發性。

很多時候，當我們面對一些不可能的事情時，就像撒迦利亞一樣，我們的預設立場就是不相信和懷疑。他的妻子以利沙伯多年來無法生育，現在又已屆高齡，從人的角度來說，是絕不可能懷上一個作為彌賽亞先鋒的孩子的。當撒迦利亞問他如何能確知這些事的時候，天使回答說：「我是站在上帝面前的加百列，奉差而來對你說話，將這好信息報給你。到了時候，這話必然應驗；只因你不信，你必啞巴，不能說話，直到這事成就的日子。」（路加福音1：19、20）相反的，當馬利亞得知她懷了聖靈的孕，因為「出於上帝的話，沒有一句不帶能力的。」（第37節），她就順服地說：「情願照你的話成就在我身上。」（第38節）。撒迦利亞和馬利亞之間的相似之處是驚人的：他們都見到了天使加百列，他們都對孩子的到來感到困惑，也都希望知道這將如何發生，都被告知「不要怕」，兩人也都獲得一個從上帝奇妙應許而來的孩子，也被告知孩子會在救贖歷史中扮演重要角色，都在天使離開時獲得了一個預兆。但兩者的不同之處在於——馬利亞相信不可能的事會按照上帝的話成就。願我們相信我們所得到的好消息，因為，從人的角度來說，我們的救恩是不可能的。然而我們的救恩已經被買贖，一切都應驗了！而且是按照上帝的話語應驗！

祂的獨特

天使進去，對她說：「蒙大恩的女子，我問你安，主和你同在了！」路加福音1：28

我們收到了許多親朋好友們寄來的節日賀卡，但有一張賀卡格外引人注目：那是一位親戚寄來的數位賀卡，上面有兩個聖誕裝飾品的圖像。第一個裝飾品中間有一張她小女兒的臉。第二個看起來卻像一個普通的裝飾品，直到我意識到這竟然是一個嬰兒的超音波照片！這是她懷孕的宣告！正因如此，它就不僅僅是一張普通的節日賀卡了！

你是否有過這樣的經歷：一個突如其來的通知、一份領悟，或是一個好消息，就讓你的一天從平凡變獨特呢？在《聖經》中，上帝救贖的宣告總是把平凡的時刻變成非凡的經歷。直到今天，當我們親身經歷上帝的救贖之愛時，我們的生命就會變得格外不同。馬利亞住在加利利地一個不起眼的城市——拿撒勒。她也許過著平凡的日子，在家裡忙著自己的事情，直到天使加百列到訪，給她帶來一個特別的消息。加百列向馬利亞問安，使她更加確定上帝的喜悅和同在：「蒙大恩的女子，我問你安，主和你同在了！」（路加福音1：28）。類似的保證在舊約中也曾被使用，當一個人被上帝揀選來從事某個任務時，上帝會向他們保證祂的同在，並幫助他們完成任務（參創世記26：24；出埃及記3：12；士師記6：12）。馬利亞被揀選作為眾人期待已久的彌賽亞之母（路加福音1：30－33）；她將生下救主！從那以後，馬利亞的生命就再也不平凡了！你也同樣蒙上帝揀選，要經歷祂非凡的救恩，你也得到了祂的恩典和同在的保證。你蒙了大恩，因為耶穌代替你而死，使你獲得永恆的生命。此刻祂就在你身邊。是的！儘管困難重重，上帝仍然賜給你一個充滿喜樂、平安、有目的的非凡生命。歡喜快樂吧，蒙大恩的你！主與你同在了！

12月 Dec 11

祂的無限

因為，出於上帝的話，沒有一句不帶能力的。路加福音 1：37

這個星期，我有意想不到的屬靈經歷。我做了超音波心電圖，這是我有生以來第一次聽到自己的心跳，並看見它的瓣膜在眼前跳動！這讓我很驚訝，這不是因為我不知道它一直在為我工作，而是透過聲音和視覺效果，這個奇蹟得以突顯！這是我體內的一個引擎，它自行運作了五十多年，沒有任何外部的動力來源。我更加意識到我們活著的每分每秒，本身就是真正的奇蹟！

當天使加百列對馬利亞說她將要懷孕並生下一個嬰孩時，馬利亞感到不可思議，因為她還是個童女。天使回答說，聖靈要臨到她身上，因此所要生的聖者必稱為上帝的兒子（路加福音1：35）。然後他告訴她，她那位年長無法生育的親戚——以利沙伯，已經懷孕六個月了，並補充說，「出於上帝的話，沒有一句不帶能力的。」（第37節）這個句子在希臘文可以翻譯成「沒有任何話語、事情、事件或事物，在上帝面前是不可能的。」在上帝沒有難成的事；對祂來說，一切皆有可能。當撒拉聽見自己將老來得子就偷笑時，上帝也給了亞伯拉罕相同的回應：「耶和華豈有難成的事嗎？」（創世記18：14）。因上帝之約而生的後裔將透過這個年老、無法生育的女人，來彰顯上帝的旨意和無限。然後，在〈路加福音〉中，耶穌解釋救恩時也用了加百列對馬利亞所說之話的相同字根：「聽見的人說：『這樣，誰能得救呢？』耶穌說：『在人所不能的事，在上帝卻能。』」（路加福音18：26、27）我們的上帝不受世人的限制。上帝「是那叫死人復活、使無變為有的上帝。」（羅馬書4：17）。宇宙藉著祂的道而造，我們也是藉著祂的道成肉身而得救。祂那神聖的無限與我們的有限是相對的。要確信，對我們而言不可能的救恩，已經在基督裡成為可能了！哈利路亞！

我的回應

祂的方向

我是主的使女，情願照你的話成就在我身上。路加福音1：38

我的父母剛搬到另一州繼續他們的事工。他們在鎮上買了一幢新住宅，但是當第三方託管契約即將到期時，地基卻出了問題，導致他們無法購買。他們於是選擇了同一家公司的另一棟房子，但那棟房子在交付日期未到之前居然著火了！他們不得已，只好選擇了第三間房，就是他們直到退休都還居住的房子。即使在不尋常的情況下，我仍見證到他們是如何忠心的相信上帝的指引。

生活中有許多事情是我們無法完全理解的，其中大多數超出了我們的控制。馬利亞是個童女，當天使加百列向她宣告她將要由聖靈懷孕生下上帝的兒子時，儘管不能完全理解，她還是順服於這個計畫。上帝的道路不是我們的道路，我們不能總是明白上帝給我們的生命方向。但我們仍然可以完全信靠祂，順從祂的計畫，而不是按照我們自己的。在〈主禱文〉中，耶穌教導祂的門徒如何禱告：「願祢的國降臨。願祢的旨意行在地上，如同行在天上。」（馬太福音6：10）我們都希望上帝的旨意能行在地上，不是嗎？但有一個小小的希臘文單字有時會給我們帶來麻煩；這個字就是「moi」，翻譯出來就是「在我」。馬利亞的回答是：「情願照你的話成就在我身上。」（路加福音1：38）在某種程度上，上帝對我們生命的指引很個人化，而且常常莫測高深。當我們面對複雜的情況時，我們可能會問，這個難題如何才能成為上帝的榮耀呢？但這些答案大多是在永恆的另一端等待著我們。就像馬利亞的經驗一樣，我們蒙召順服上帝的計畫，藉著祂的恩典完成我們在計畫中的角色。「人的腳步為耶和華所定；人豈能明白自己的路呢？」（箴言20：24）在這種情況下，我們必須相信上帝對我們的良善、慈愛和恩典。為我們的生命捨己的上帝，祂也要指引我們的腳步。「你要專心仰賴耶和華……祂必指引你的路。」（箴言3：5、6）

12月 13
Dec

祂的計畫

大衛的子孫約瑟，不要怕！馬太福音 1：20

我花了一段時間才開始使用GPS（全球定位系統）。每當我為演講出差時，我都習慣將目的地的地圖先列印出來，並提前檢查我的路線。但後來我意識到，GPS更有能力安全地帶領我抵達目的地，即使在我發現自己已經走錯了路之時。人生就是如此，上帝有祂自己的GPS。然而，我們有時會在每日生活中，與上帝的GPS鬥爭，因為我們不見得總是瞭解祂的路線，儘管我們相信上帝比我們更清楚前方的路。

從〈馬太福音〉1章18至25節中，我得到了極大的安慰，因我看見一個義人如何在他的計畫和上帝的計畫之間掙扎。在福音書中，除了耶穌以外，約瑟是唯一一個被稱為「大衛子孫」的人（第20節）。此外，他也從他命名為耶穌的兒子奠立了合法的王室血統（第25節）。他是一個正直、富有憐憫的人。當他得知未婚妻懷孕了，卻不是從他那受孕的，就想要把她休了（必須破壞當時「丈夫和妻子」的婚約），為了不讓她被石頭打死，更不願意讓她受到公開的羞辱，就想要暗地的把她休了（第19節）。是的，他有自己的考量，而且正在思考如何實現這計畫；就在那時，上帝決定採取主動與他溝通，並推翻了他的計畫。「正思念這事的時候，有主的使者向他夢中顯現，說：『大衛的子孫約瑟，不要怕！只管娶過你的妻子馬利亞來，因她所懷的孕是從聖靈來的。』」（第20節）你注意到了嗎？約瑟感到害怕。根據他對形勢的瞭解，他已經制定了其他的計畫。然而上帝卻給了他一個全新的視角，告訴他這個孩子是從聖靈所懷的孕（這個事實在這篇幅中提到了兩次；參18，20節）。我非常感謝上帝的GPS；在人生中有許多次，我常根據自己的觀點制定計畫，上帝卻推翻了我的另賜給我更好的。我邀請你相信上帝的計畫。因為祂知道的比我們更多。找到拯救我們方法的上帝，一定也會找到指引我們的方法！

祂的救恩

你要給他起名叫耶穌，因他要將自己的百姓從罪惡裡救出來。馬太福音 1：21

我相信你一定聽過這句話——「認識多少人不重要，認識『關鍵人物』才重要！」是的，那一天真是如此。我乘坐的飛機才剛降落，我就看見了這則簡訊：「你爸爸在急診室，快點過來！」在醫院裡，我得知他昏倒了，醫院想要為他做全面性的檢查。我請醫生把他轉到那家為他定期做癌症治療的大醫院去，但他們告訴我，那家醫院的急診室無法收他，因為他已經住進了當地的醫院。這是一個大問題，因為他正在進行癌症治療！所以，是時候給能提供幫助的人打一通電話了！過了一會兒，醫生來到我爸爸病房對我說：「我不知道妳在那裡認識的人是誰，但是他們正派人過來接他。」

說到拯救，最重要的就是你認識的是誰。天使宣告救主的名字叫耶穌，「因祂要將自己的百姓從罪惡裡救出來。」（馬太福音1：21）耶穌是「約書亞」這個名字的希臘文；意思是「耶和華拯救」或「主拯救」。在《聖經》時代，一個人的名字代表的意義很重要，耶穌這個名字傳達了祂的使命——「拯救」。在祂傳道期間，大多數人都不會直呼耶穌的名字；通常他們會叫祂師父、老師、拉比、大衛的子孫、上帝的兒子等等。但也有幾個例外，如那個在十字架上的強盜稱呼祂為耶穌：「耶穌啊，祢得國降臨的時候，求祢記念我！」（路加福音23：42）因此從另一個角度來看，他是在說：「主拯救，記念我……」，耶穌的名字本身就為祂旁邊的強盜提供了保證。耶穌是來拯救我們的；這是祂從古至今最核心的使命。祂也扮演了許多其他的角色：祂是我們的朋友、中保、祭司、君王、亦是我們的主。然而，祂作為一個嬰孩來到世界的主要原因，就是要成為我們的救主。祂為了死而降生。如果你想知道上帝是否願意饒恕你的罪，呼求耶穌的名字，你就必蒙記念。是的！祂是來拯救我們的！

12月 Dec 15

祂的名字

她將要生一個兒子，你要給他起名叫耶穌。馬太福音1：21

前些時候，我們正在錄製根據〈使徒行傳〉改編的電視節目，並製作了一部叫做「名字」的單元。我們討論了〈使徒行傳〉第3和第4章。 這兩章強調了「在天下人間，沒有賜下別的名，我們可以靠著得救。」（參使徒行傳4：12）一位名叫唐．辛格的音樂家為該節目創作了一首叫《耶穌之名》的歌曲，這首歌一開始就唱道：「在天上人間，有什麼名字，能拯救像我這樣的人？」這是一首很棒的歌曲，也是一個很好的問題，接下來的歌詞就是描述耶穌的身分和事蹟。

名字為何如此重要呢？在《聖經》時代，名字所包含的意義比現在更廣。一個人的性格和使命深深的烙印在他們的名字裡；因此，孩子的名字便透露出父母的期望。當耶穌還在馬利亞的子宮裡時，上帝就選擇並啟示了祂的名字。這在當時是一個普通的名字；「耶穌」就是「約書亞」這個希伯來名字的希臘名，意思是「耶和華拯救」。上帝選擇用這個名字，揭示聖嬰的主要目的和使命：「拯救！」主的使者繼續解釋祂被取名為「耶穌」的原因：「因祂要將自己的百姓從罪惡裡救出來。」（馬太福音1：21）代名詞「祂」有強調性，含有「祂自己」要將百姓從罪惡裡救出來的意義。是祂來拯救我們；無論我們如何竭盡全力，都無法拯救自己。正如昨天所討論的，祂為我們扮演了許多角色：祂是我們的朋友、榜樣、保惠師等等。但最重要的是，祂的使命是拯救我們，因為我們無法拯救自己。祂要將自己的百姓從罪惡裡救出來的想法與普遍的預期相反，因為大多數人所期待的彌賽亞，是一位能夠將他們從欺壓者的手中解救出來的宗教和政治領袖。但耶穌來到世上，是要把我們從罪的咒詛和與上帝的隔絕中拯救出來，祂背負了我們的罪，使我們得與上帝和好。請相信，沒有什麼罪孽和黑暗是祂的寶血和名字所無法遮掩的。當我們奉耶穌的名禱告時，讓我們記得祂是誰：祂是我們的救主！

祂的同在

人要稱祂的名為以馬內利。（以馬內利翻出來就是「上帝與我們同在。」）馬太福音1：23

我媽媽一發現我們坐錯車時，她就馬上帶我在下一站下車。當時已是深夜，我們發現我們處於鎮上的一個工業區，沒有可尋求幫助的住家。我和媽媽不斷地走著，一路背誦《聖經》經文。對當時年幼的我來說，我有一個最重要的保證：媽媽和我在一起，所以我很安全；她的同在就是我年幼的心所需要的一切。她一定會找到回家的路，果然，她後來很快就找著了！直到現在，作為一個成年人，我才意識到這段經歷對我媽媽來說有多麼艱難！

馬太描述了約瑟在得知馬利亞懷孕消息之後的沮喪（馬太福音1：18、19）。他對此非常難過，以致於主的使者不得不在夢中向他顯現，讓他知道馬利亞的懷孕是聖靈的工作，她即將生下的兒子將被稱為耶穌（第20、21節）。在約瑟夢醒之後，馬太寫下了在四福音書中，只記載在〈馬太福音〉的兩個章節；這是一個要應驗在耶穌身上的舊約預言（馬太福音1：22、23）。這個引言來自〈以賽亞書〉7章14節，而預言的內容是最具啟發性的。在〈以賽亞書〉第七章，猶大王亞哈斯遭遇了困境，亞蘭王夥同以色列王上來攻打他，亞哈斯和他的百姓都甚懼怕（以賽亞書7：2）。以賽亞給亞哈斯帶來了上帝同在的應許，並試圖阻止他與其他軍事力量結盟，但亞哈斯卻拒絕尋求耶和華的幫助。然而，上帝還是決定給亞哈斯一個記號，讓他可以永遠記得上帝在這艱難時刻與他同在。必有童女懷孕生子，給他起名叫以馬內利，就是「上帝與我們同在」的意思。上帝也給了我們同樣的保證。馬太強調耶穌是預言的最終應驗。我們絕不孤單，因為耶穌是我們全能的救主。無論周圍多麼黑暗，我們感覺多麼失落，未來看起來多麼危險，我們都擁有祂同在的保證。上帝與我們同在！

12月 Dec 17

祂的方式

這相信的女子是有福的！路加福音 1：45

我爸爸曾經講過這個故事無數次，但每次只要講起來他還是很激動。在我還是嬰孩時，某次我們的小車在一條偏僻的路上拋錨了，當時沒有別的車路過可以求援。我爸爸下車查看，發現一個零件壞了，汽車不可能再發動。他手裡拿著壞了的零件，上了車，就在那荒蕪人煙的地方，我的父母向上帝祈求神蹟：讓汽車能發動起來，儘管在實際上是不可能的！但我們一家人的生存，尤其尚在襁褓中的我，都只能依靠它。禱告之後，我爸爸緩緩地轉動了鑰匙……汽車竟然發動了！它又繼續行駛了好幾英里，直到我們來到主要道路上，它才停了下來。我們得到了幫助，接下來的事都已成過去。但這是我們家所經歷、很明確的一次神蹟！

所有福音書中都有對相信上帝宣告之人的祝福，即使祂的方式看似不可能，或他們在當下無法完全理解。我們通常稱這為「有福」。以利沙伯在年老時懷了孕，對耶穌的母親馬利亞說了兩句「有福」的話。第一句是在〈路加福音〉1章42節：「你在婦女中是有福的，你所懷的胎也是有福的！」第一句「有福」與馬利亞作為人母有關。第二句「有福」是基於馬利亞對主話語的信心：「這相信的女子是有福的！因為主對她所說的話都要應驗。」（路加福音1：45）馬利亞知道她不可能在沒有結婚之前就懷孕，但她還是相信這件不可能的事，因為上帝是這樣說的。上帝的方式不同於人的方式，因此我們時常不能明白或解釋它。但我們仍然受邀去相信上帝的應許。有趣的是，以利沙伯對馬利亞的第一句「有福」使用的是第二人稱——「你」是有福的。而第二句「有福」是以第三人稱——「這相信的女子（她）是有福的。」一些學者認為，使用第三人稱也可視為是邀請他人來相信（註86）。是的，我們都受邀去相信難以置信的事情，這是上帝的方式和我們的不同之處，甚至我們的救恩也是因著信。而你這相信的，是「有福」的！

祂的恩寵

那有權能的，為我成就了大事。路加福音 1：49

當我為疼愛的繼孫進行孩童奉獻禮的時候，她的家人都踴躍出席。她過去是、現在仍是一個喜樂、溫柔的孩子。什麼經文最能貼切地的表達上帝對孩童的悅納呢？我想起了兩位《聖經》中記載的母親，她們都因上帝賜給她們的恩惠高歌讚美祂。當我們讀這些詩歌的時候，我們的心也會充滿了感恩。

第一首歌來自哈拿，她是一個遭人誤會、無法生育的女人（參撒母耳記上1：2）。她丈夫的妾經常因她無法生育而嘲諷她。她傷心哭泣、不肯吃東西、得不到安慰。當她們舉家前往示羅的時候，她把求子的祈禱帶到聖殿中，但即使在那裡，她還是被誤會了！祭司以利誤以為她是個喝醉酒的婦人，就責備她。哈拿卻謙卑地解釋說，她是向上帝傾心吐意，求祂施恩。以利為哈拿祝福，哈拿就懷孕了。她熱情洋溢的感恩之歌記載在〈撒母耳記上〉2章1至10節。「我的心因耶和華快樂……我因耶和華的救恩歡欣。」（撒母耳記上2：1）她的兒子撒母耳將成為膏大衛為王的先知。

一千多年之後，我們讀到了第二首歌；它來自馬利亞——耶穌的母親，她受到天使的問安：「蒙大恩的女子，我問你安。」（路加福音1：28）然後她被告知將由聖靈懷孕生子。祂要為大，稱為至高者的兒子；主上帝要把祂祖大衛的位給祂（第32節）。馬利亞以哈拿的歌為基礎，唱出了一首感恩之歌：「我心尊主為大；我靈以上帝我的救主為樂……那有權能的，為我成就了大事。」（路加福音1：46－49）馬利亞的這首歌被稱為《尊主頌》（Magnificat），以它拉丁文歌詞的第一個字命名。這是在〈路加福音〉前兩章中出現的四首詩歌中的第一首！當我們在救贖計畫中看到祂偉大的恩典時，感恩的歌聲就會從我們的心中流淌！

12月 Dec 19

祂的親近

主——以色列的上帝是應當稱頌的！因祂眷顧祂的百姓，為他們施行救贖。
路加福音 1：68

在南美洲陷入政治危機時期，我父親當時還是教會的一名行政人員。某天，一封匿名信送到了他的辦公室，要他必須馬上辭職，否則他唯一的孩子將被綁架。多年後，一位牧師告訴我，他在當時問過我是否會害怕被綁架，我回答說：「不會！因為上帝與我同在！」你有沒有注意到孩童常常比大人更能意識到上帝的親近？是什麼導致這種認知在往後的生活中被掩蓋了呢？也許是我們意識到了自己的罪惡，或是我們的恐懼阻礙了我們。

上帝與祂的子民同在，是整本《聖經》的核心主題。祂不是一個遙不可及的上帝，而是完全參與人類生活和施行拯救的創造主；祂的救贖之約在《聖經》中隨處可見。亞當夏娃犯罪之後，上帝應許女人的後裔必打傷蛇的頭（創世記3：15）。在洪水之後，上帝繼續與挪亞立約，提供了一條救贖之路（創世記6：18）。祂應許亞伯拉罕，要賜給他後裔，並最終實現對萬民的應許（參創世記12：3；15章；加拉太書3：16）。接著是摩西（逾越節的羔羊、會幕、贖罪日等等）和大衛（約、聖殿等等）都是如此。聖潔的上帝透過祭物的血與不潔淨的人同住，這血就是預表著即將來臨的救主。最後，在福音書中，上帝向祂的子民顯現，並賜給他們所應許的救主。先知撒迦利亞說到：上帝眷顧祂的百姓，為他們施行救贖（參路加福音1：68，也參第78節）。即使我們犯罪悖逆，上帝也與我們同在。祂最偉大的顯現就是耶穌的降生、生活和死亡。上帝道成肉身，藉著祂的靈持續與我們同在，直到與我們永遠同住的那一天（啟示錄21：3）。當你歡迎祂在日常生活中與你同在時，願祂的親近成為你真實的體驗和信心。

祂的安排

他們在那裡的時候，馬利亞的產期到了，就生了頭胎的兒子。路加福音2：6、7

當我的父母去世時，安娜——這位曾經在我們教會工作、非常和藹可親且虔誠的婦人，請我將父母和自己最喜歡的照片寄給她。我不知道她為什麼會突然提出這個請求，但很快就知道了原因，因為我從她那裡收到了一份既貼心又有意義的禮物。她把我最喜歡的照片做成了一個拼圖；她將拼圖放在一個漂亮的盒子裡，裡面有我們三個人的全家福照。我很喜歡拼圖，但我更喜歡這個特別的拼圖，因為每一塊拼圖都讓我想起我深愛的父母。

路加是唯一一位給了我們有關耶穌降生最後一塊拼圖的福音書作者。舊約中有許多關於耶穌降生的預言：要傷撒但的頭的救主（創世記3：15），地上的萬族都要因救恩得福（創世記12：3），救主將從大衛家而來（撒母耳記下7：12－16），等等。但是有一塊拼圖遺失了！那就是有關彌賽亞將在伯利恆降生的預言（彌迦書5：2）。令人不解的是，約瑟和馬利亞明明就住在拿撒勒！路加為人們揭開了最後一塊神祕拼圖，他告訴我們說「當那些日子，該撒亞古士督有旨意下來，叫天下人民都報名上冊……約瑟也從加利利的拿撒勒城上猶太去，到了大衛的城，名叫伯利恆，因他本是大衛一族一家的人。」（路加福音2：1－4）上帝早在幾百年前就安排了這最後一塊拼圖，並啟示給祂的先知。每個細節的背後都有上帝存在。看起來彷彿是該撒亞古士督要求進行人口普查（第1－5節），但實際上，這背後有一個完整的神聖計畫。大衛早在一千年前就出生在伯利恆，現在，被期待已久的後裔也將在那裡降生，這是整個計畫的一部分。上帝也精心安排了我們的生命。雖然有許多我們所無法明白的事，但有一天耶穌會讓我們看見天上的計畫。在那之前，讓我們相信祂已經為了拯救我們的生命而精心安排。

12月 Dec 21

祂的喜好

在伯利恆之野地裡有牧羊的人……有主的使者站在他們旁邊。路加福音2：8、9

你可能聽說過泰德．威廉姆斯（Ted Williams）這號人物——即所謂的「黃金之聲」，他曾經無家可歸，也曾是家喻戶曉的電台及體育節目主持人。在電台工作到1994年時，他因為酗酒、吸毒和犯罪而流落街頭。有一天，一名攝影師採訪了他，並在網上發佈了與他的對話。2011年，他的聲音重新被發現，也收到了多份工作邀請。他甚至還寫了一本書，講述了他從街頭流浪，直到重新找回自我及信仰的故事（註87）。

上帝揀選誰作祂傳福音的聲音呢？我很高興你有此一問！上帝不斷地揀選那些謙卑的人，這也是〈路加福音〉的主題之一。上帝喜愛謙卑的平凡人，超過驕傲的博學之士。在第一世紀，法庭上不允許兩種人出庭做證：女人和牧羊人，原因是基於他們低下的社會地位。但在路加的福音書中，他指出耶穌降生的第一批見證人就是牧羊人（路加福音2：8－10），而耶穌復活的第一個見證人則是個女人（路加福音24：1－12）！這實在令人訝異，不是嗎？上帝總是向那些被社會邊緣化的人顯示祂自己，因為唯一能將我們帶到上帝面前的，是我們對祂的強烈需求。儘管社會把牧羊人放在權力和地位的最底層，他們卻得到了上天的厚愛。天使們繞過聖殿，來到野地，這些卑微的人正看守他們的羊群。有天使向他們顯現，報給他們大好的消息：「因今天在大衛的城裡，為你們生了救主，就是主基督。」（路加福音2：11）一位救主，為了他們而降生！就這樣，他們找到了他們的「聲音」。在馬槽裡找到嬰孩之後，「牧羊的人回去了，因所聽見所看見的一切事，正如天使向他們所說的，就歸榮耀與上帝，讚美祂。」（第20節）他們成為第一批耶穌降生後的福音使者。你覺得你被社會忽視了嗎？讓我告訴你一個大好的消息：你有一位救主，祂要讓你成為祂的聲音！

祂的喜樂

那天使對他們說：「不要懼怕！我報給你們大喜的信息，是關乎萬民的。」
路加福音2：10

伊麗莎白・斯馬特（Elizabeth Smart）經歷了一場可怕的磨難。她於2002年6月5日遭人綁架，直到2003年3月12日才被發現。伊麗莎白的父親對她的獲救所流露出的激烈反應使我為之動容。他描述了他如何坐在警車裡，懷裡抱著伊麗莎白，然後打電話給他的妻子說：「你不會相信的（他邊哭邊覆述著這個經歷），伊麗莎白還活著！她就在我的懷裡！」這是為人父母所能得到的最好消息，就是他們被綁架的孩子終於被找到，而且還活著！這真是令人歡喜的大好消息！

也許天使奉命去宣告「大（希臘文mega）喜的信息」一事，可以幫助我們一瞥上帝的興奮之情（路加福音2：10）。早在〈創世記〉第3章，上帝的兒女們就已經被罪惡綁架了，但隨後一位救主的應許也因此被賜下（創世記3：15），祂會支付他們的贖價，讓他們與天父團聚。救主誕生的時候到了！希臘文的「好消息」（euangelion）一詞通常用來表達統治者在戰場上的勝利（參以賽亞書52：7），傳達好消息的使者被稱為「福音使者」。現在天使們帶來了有史以來最偉大的消息！上帝將透過救主為人類所作的救贖工作而得勝。當牧羊人看到天使時，他們感到懼怕（mega fear意謂甚是懼怕；路加福音2：9）。但「那天使對他們說：『不要懼怕！我報給你們大喜的信息，是關乎萬民的。因為今天在大衛的城裡，為你們生了救主，就是主基督。』」（路加福音2：10、11）當我們接受了一位救主的好消息時，我們就經歷了屬天的大喜樂，這喜樂是世界無法奪去的。無論我們在生活中遭遇何事，透過耶穌的犧牲而得救的喜樂，都能遠勝我們在這世上可能遭遇的所有悲傷痛苦。所以保羅在監裡寫信說：「你們要靠主常常喜樂。我再說，你們要喜樂。」（腓立比書4：4）當我們選擇信心而不是懼怕時，我們就會發現大恐懼將被大喜樂所吞噬！

12月 Dec 23

祂的價值

牧羊的人回去了，因所聽見所看見的一切事，正如天使向他們所說的，就歸榮耀與上帝，讚美祂。路加福音2：20

帳篷大會在北美通常是範圍包含整個州的大型靜修會，成千上百的人會在大會地點聚集幾天，透過學習上帝的話語和不受干擾的敬拜來獲得屬靈上的奮興；有許多人會住在帳篷裡，也有人會住在房車裡。這些年來，我在北美參加過幾次這樣的聚會，留下了許多珍貴的回憶。在某次營會中發生了一件令我很難忘的事；每晚聚會之後，有幾十個人會自發地聚在一起唱歌讚美上帝。這件事沒有任何事先規劃，大家會帶著自己的樂器前來，且只唱大約一個小時的時間。那一幕景象對我產生了深遠的影響。

在〈路加福音〉中，對好消息的一般回應是讚美上帝。耶穌是配得讚美的，而救恩的好消息蘊含內在的動機，繼而歌唱並榮耀上帝的恩典。當你意識到上帝為你所做的一切時，你是無法保持沉默的！喜樂和讚美將充滿你的心靈，並透過詩歌讚美而洋溢。如果你身處困境之中，試著讚美上帝，專注於祂的良善，你就會發現你的觀點在改變，你的日子也會好起來！在〈路加福音〉中，人們用歡愉的讚美和喜樂來回應。例如，施洗約翰在他母親的子宮裡歡喜跳動（1：44），而牧羊人因為看見了嬰孩耶穌，就以讚美和歸榮耀予上帝來回應；他們是最早的福音使者！〈路加福音〉的前兩章有四首詩歌；每一首讚美詩的名稱都是以它們拉丁文歌詞的第一個字著稱：馬利亞的《尊主頌》（Magnificat；1：46－55）；撒迦利亞的《感恩頌》（Benedictus；1：68－79）；天使的《榮歸主頌》（Gloria in Excelsis；2：14）；以及西面所唱的《西面頌》（Nunc Dimittis；2：29－32）。我們將永遠歌唱和讚美羔羊！天上的生靈也要讚美他們唱新歌，說：「你配拿書卷，配揭開七印；因為你曾被殺，用自己的血從各族、各方、各民、各國中買了人來，叫他們歸於上帝。」（啟示錄5：9）讓我們現在就開始讚美我們的救主吧！

祂的平安

在至高之處榮耀歸與上帝！在地上平安歸與祂所喜悅的人。路加福音2：14

屋大維——或者更廣為人知的名字是凱撒．奧古斯都——是尤利烏斯．凱撒（Julius Caesar）的養子。他大約自公元前31年起繼位成為羅馬皇帝，直到公元14年。在他統治期間，人們非常重視和平；他建立了後來被譽為「羅馬治世」的和平時期。安全性的提高使整個帝國的交通大為普遍，因而締造了繁榮盛世，他也因這一成就倍受尊崇。

當天使們來到牧羊人那裡，宣布救主誕生的好消息之時（路加福音2：8 10），天上的詩班唱起了彌賽亞所帶來的平安（路加福音2：14），不僅是為了羅馬，也是為了整個世界！這份平安不僅意味著沒有戰爭或苦難，更是一種出自內心的平安，讓我們知道自己已經與上帝和好。

這就是為什麼「平安」這個詞在〈路加福音〉會成為一個關鍵字的原因。在醫治或赦免了一個人之後，耶穌通常不是跟他們道別，而是對他們說：「平平安安的去吧！」例如那位用油抹耶穌的腳，罪得赦免的女人（路加福音7：50），還有那位摸了耶穌袍子，因而痊癒並得救的患血漏女子（路加福音8：48）。即使在復活後與門徒會面時，耶穌也以「平安」向他們問候（路加福音24：36）。路加的旅伴保羅也經常提到我們藉著耶穌基督與上帝同在的平安（參羅馬書5：1）。當天使出現在牧羊人面前時，莊嚴詩班的歌聲為人類最重要的問題之一提供了解答：「當我們四圍充滿苦難時，我們怎麼才能生活在平安之中呢？」「你需要內心的平安嗎？」耶穌就是答案。沒有什麼比一個陷入混亂的心靈更讓人感到無力的了！我非常感謝救主提供了最終的解決之道——與上帝和好。幾年前我讀過一句發人深省的格言（作者不詳），這句話後來成為我信仰之旅的重要鼓勵——「平安不是沒有苦難，而是深知有基督同在。」願救主的同在給你的心靈帶來平安——無論是在今日，或是將來的每一天。

12月 Dec 25

祂的道成肉身

道成了肉身，住在我們中間，充充滿滿的有恩典有真理。我們也見過祂的榮光。約翰福音1：14

位於夏威夷莫洛凱天堂島的卡拉帕帕半島，乃是痲瘋病患的聚居地。多年來，成千上百的人曾經在此與這令人聞之色變的可怕疾病共度了一生。約瑟夫．德．弗斯特（Jozef De Veuster）——或者更廣為人知的名字是達米恩神父（Father Damien），卻樂意獻上自己的生命去觸摸這群旁人不願觸摸的人，與他們生活在一起。他提供了他們在身體、靈性和情感上的支持，以他們需要的方式服務，替他們包紮傷口，餵他們吃飯，甚至製作棺木。在照顧了他們11年後，他自己也染上了痲瘋病，並於1889年4月15日去世。因為他在卡拉帕帕的付出，他被稱為「慈善的殉道者」。在那裡，他的憐憫之心從未因所涉及的風險而動搖（註88）。

當我們談論耶穌在馬槽裡降生的時候，我們實際上是在討論一個稱之為「道成肉身」的奧秘。當上帝謙卑的成為人時，祂的目的是為了救贖我們。這真是不可思議之事！我們看見了道成肉身的上帝，祂在我們中間行走，雖然祂從沒犯過罪，卻背負了我們的罪，以罪犯之身而死（參哥林多後書5：21）。〈約翰福音〉1章14節的用字遣詞是非常重要的。例如，「住」的意思是祂在我們中間紮營，或以舊約的話形容，就是「支搭會幕」。這是一個關鍵詞，源於曠野中的「會幕」一字，在那裡上帝彰顯了祂的榮耀，並與祂的子民同住（參出埃及記40：34，《七十士譯本》）。現在會幕就是耶穌基督，我們透過祂看見了上帝的榮耀。祂是上帝榮耀的最大啟示！祂充滿了恩典和真理（約翰福音1：14）。上帝如此愛我們，以至於願意成為跟我們一樣的人，並在我們中間安營與我們同住，這是一個我們到永生都需要思考的奧祕！祂從天上的寶座下來成為人，在這地球上居住並為我們而死，這是值得我們永遠慶祝的事。即使我們無法完全理解所有的細節，但我們知道一件事：我們對上帝而言是非常特別的！祂絕對愛我們！

祂的角色

當希律王的時候，耶穌生在猶太的伯利恆。馬太福音 2：1

我還記得快到伯利恆時，我簡直掩蓋不住心情的激動！那地方有那麼多非看不可的歷史！我們參觀了傳統上推定的耶穌誕生地和牧羊人的野地。我注意到當地一些商店的招牌上寫著一些有趣的名字：路得餐廳、波阿斯禾場精品店。沒錯！波阿斯和路得的浪漫故事就發生在伯利恆城，它在耶穌的祖先以及祂的救贖使命上扮演了重要角色。

在整部救贖歷史中，上帝在地理和歷史上都以特別的方式行事，這樣我們就不會錯過彌賽亞的到來。這讓我們想到了「Go'el」這個概念，這是《聖經》中最吸引人的主題之一。我真的相信，一旦我們理解了它，我們就能站在一個不同的層次上理解救恩的計畫。「Go'el」是一個希伯來文詞，意思是「贖業至親」或「至近的親屬」。這樣一位至親為他的親屬扮演的角色是無人能及的。例如，他可以贖回一個被賣為奴隸的親戚（參利未記25：47－54），使他獲得自由！同樣地，他也可以贖回一個貧窮的親戚所賣掉的產業（第25－34節）。而他也需要娶近親的遺孀，以確保近親的血脈不至斷絕，從而除去近親的羞恥。〈路得記〉就是以這樣的背景成書的。當拿俄米和路得回到伯利恆時，他們發現波阿斯是他們的「贖業至親」（路得記2：20）。最後，路得請求波阿斯的保護和供應，因為他是她一個「至近的親屬」（路得記3：9）。他們結了婚，生了一個兒子，名叫俄備得，就是大衛王的祖父（參路得記4：17）大衛王也在伯利恆出生，這就是為什麼大衛的後代——馬利亞和約瑟，要去那裡報名上冊的原因（路加福音2：4）。許多預言都預告了「贖業至親」的到來，而耶穌也應驗了這至親的角色，祂釋放了我們並帶走了我們的羞恥。是的！你有一位「贖業至親」！

12月 Dec 27

祂的引導

那生下來作猶太人之王的在哪裡？我們在東方看見祂的星，特來拜祂。**馬太福音2：2**

有一次，當我正處於困境時，我看向窗外，外面濃霧一片；我幾乎看不清樹梢，一切都籠罩在濃濃的霧靄中。我意識到這個情景正好與我內心的境況相互對映：我什麼也看不見，也不知道我前面的道路為何。然而，我感受到上帝在我的心中對我說：「我將引導你穿過濃霧；只要你不放開我的手」。當我知道上帝會引導我時，雖然我沒有一切的答案，但我的內心卻感到無比的平安。二十年過去了，上帝一直引導著我的腳步，尤其是當我在旅途中感到完全迷失的時候。

馬太記述了東方博士的故事（**馬太福音2：1－12**）。這個故事的核心教導是，上帝透過一顆明亮而不尋常的星星（**這是他們能夠理解的方式**）與這些外邦人溝通，從而引導他們走向耶穌。上帝要與這些「東方的博士們」交通，這對於當時〈馬太福音〉的聽眾——以猶太人居多，是一個陌生和具有挑戰性的概念。東方博士是來自波斯或巴比倫祭司階層的天文學家和術士，他們通常是國王的心腹兼顧問（**參但以理書第1、2章**）。是的，上帝引導了他們！就像在舊約時代，上帝透過異夢，把未來傳達給法老和巴比倫王尼布甲尼撒。上帝不斷與所有願意留心祂聲音的人交通。上帝渴望引導我們更深入的了解耶穌的啟示。祂在溝通和指導方面是最出色的專家！祂知道如何向我們揭示祂的道路，無論我們認為自己在屬靈和情感上離祂多麼遙遠，祂都能夠接觸我們，以及我們的孩子、孫子、朋友和家人，而且祂從不放棄！請相信，無論何時我們願意選擇遵行上帝的旨意，祂必定會向我們顯明！我們可以抱持這個最令人欣慰的想法，來為我們這一整年畫下句點。祈願這是我們的見證：「我們看見了……特來拜祂！」

祂的溝通

有主的使者向約瑟夢中顯現。馬太福音2：13

我坐在車裡，準備去一個地方，在那裡我將做出一生中最關鍵、最重要的決定。幾個月來我一直在禱告，尋求上帝的引領，現在我要求祂向我透露，這是否真是祂的旨意。當我禱告時，一種突如其來的平安降臨在我身上，我敏銳地意識到上帝真的願意與我們溝通。如果我們願意去完成祂的旨意，向我們揭示祂的計畫就成了祂的責任，而祂也有無數的方法去完成它。

這是一個非常重要的原則。我們事奉的上帝是一位渴望、且樂意主動與祂的子民交通的上帝。在〈馬太福音〉有關耶穌幼年時期的記述中，上帝不斷的透過超自然的方式與世人交流：一顆特別的星星，以及五個異夢（1：20；2：12、13，19，22）。祂的交通是直接的，但有時也是緊急的：「起來！帶著小孩子同他母親逃往埃及，住在那裡，等我吩咐你；因為希律必尋找小孩子，要除滅他。」（馬太福音2：13）「約瑟就起來，夜間帶著小孩子和他母親往埃及去。」（第14節）如同在摩西出生時，埃及法老王下令殺死所有的男嬰（出埃及記1：16），而耶穌是一位眾人期待已久，更新、更偉大的摩西（申命記18：15，18），必須受保護以脫離另一個試圖殺害救主的邪惡統治者之手。希律必尋找小孩子，要「除滅」他；在這裡「除滅」的希臘原文，與〈馬太福音〉27章20節祭司長和長老挑唆眾人「除滅」耶穌之時，所使用的詞完全相同。邪惡的勢力從頭到尾都在試圖除滅耶穌。人類或許能推遲上帝的計畫，卻無法使其挫敗。為了救主的安全，上帝傳達了一切必要的信息。當上帝賜給我們一位救主以代替我們死亡時，祂清楚的彰顯祂對我們的愛。祂繼續透過祂的話語、祂的靈、屬靈的保惠師，和許多其他的方式與我們交通。如果你願意實行上帝的旨意，請相信祂會使用你所能理解的方式清楚的傳達它！祂真的會引導祂的兒女！

12月 Dec 29

祂的承諾

在拉瑪聽見號咷大哭的聲音，是拉結哭她兒女。馬太福音2：18

在我有生之年，曾經歷過最痛苦、並為其證道的葬禮之一，莫過於一個三十七歲婦女的葬禮，她是我曾經牧養過之教會的教友。她和丈夫有三個年幼的孩子。我把她的一個兒子帶到靈柩那裡，跟他解釋說媽媽在裡面，將一直睡到耶穌再來時才會被叫醒。我永遠不會忘記那孩子明亮的眼睛，他問我：「那是什麼時候？」這是一個我們都想提出的問題：「上帝何時才會根除痛苦和死亡？」

在希律王下令進行可怕的屠殺之前，他自己即將面臨的死亡就已經被宣告了（參馬太福音2：15、16），當他意識到東方博士沒有回來報告新生王的下落時，就大大發怒（參2：12，16）。在瘋狂中，就「差人將伯利恆城裡並四境所有的男孩，照著他向博士仔細查問的時候，凡兩歲以裡的，都殺盡了。」（第16節）馬太譴責國王的殘暴，以及濫用權力的瘋狂行為。希律王的惡名昭彰是因他可怕的暴行：他為了自己的王位，不惜下令處決自己的家人，包括他的岳母、妻子和三個兒子。這些可怕的事件如芒刺在背，痛苦的提醒我們，我們活在一個受虐和死亡的世界，無辜的受害者被酒後駕車的司機撞死，兒童被虐待或死於癌症。在這個情況下，馬太引用了〈耶利米書〉31章15節的預言，描繪了拉結作為以色列人的母親如何為雅各的後代哭泣，因為他們被擄到巴比倫，她「不肯受安慰，因為他們都不在了。」（馬太福音2：18；耶利米書31：15）然而，〈耶利米書〉第31章也在悲劇之中提供了希望：「耶和華說：『你末後必有指望；你的兒女必回到自己的境界。』」（第17節）我很感恩，因為我知道世界歷史的結局。耶穌勝了！上帝承諾要消滅罪惡。「上帝要擦去他們一切的眼淚；不再有死亡，也不再有悲哀、哭號、疼痛，因為以前的事都過去了。」（啟示錄21：4）願祂的承諾在你生病和悲傷之時，也為你帶來安慰。

祂的關心

又在夢中被主指示，便往加利利境內去了。馬太福音2：22

我以前曾經去過那個湖，但這次我直接把車開到湖邊，因為我實在很喜歡那裡的景色！可是當我要離開時，我才發現自己面臨了一個挑戰！我的車輪不停空轉，車子卻紋風不動，直到完全卡住，底盤被卡在沙地上。我不得不承認我無法獨自處理這個情況。突然，一個目睹我受困的人前來幫忙。他想出了一個解決的辦法：他把一根繩子繫在我的車上，隨後他發動了他的四輪驅動吉普車，把我的車拉了出來。

我認為我們並沒有完全領會上帝對祂兒女的關心，也許這就是為何我們經常靠自己想辦法來解決問題。在這一點上，儘管祂一直與我們同在，但在我們最軟弱、恐懼的時候，上帝的同在才能最有力的彰顯出來。亞當夏娃在墮落之後也曾試圖自己解決問題，但是他們卻無計可施，所以上帝介入並施行拯救。上帝知道我們的一舉一動，也知道我們的軟弱。祂對我們每個人的關懷都是無與倫比的。我特別注意到上帝在耶穌幼年時，是如何以詳盡的方法一步步引導約瑟，以保全救主的生命。〈馬太福音〉記載了五則耶穌嬰孩時期的事蹟，最後一個是敘述約瑟和馬利亞從埃及回來，因為希律王已經死了。約瑟就起來，把小孩子和他母親帶到以色列地去；「只因聽見亞基老接著他父親希律作了猶太王，就怕往那裡去。」（馬太福音2：22）沒錯，亞基老！據聞他在一開始統治時就屠殺了三千人（註89）！難怪約瑟會害怕！但是，他應該自己想辦法解決嗎？他們應該去哪裡呢？然而上帝就在那裡，在完全儆醒和大能中與他同在。約瑟在夢中蒙主指示，便往加利利境內去了（第22節），他們到了一座城，名叫拿撒勒，就住在那裡（第23節）。每當你覺得自己陷入「沙」中時，請記住你並不孤單。你的救主關心你並與你同在！

12月 Dec 31

祂的堅定不移

我就常與你們同在，直到世界的末了。馬太福音28：20

我父親的生命就快要走到盡頭。他的身體對治療已不再有反應。我做了一張顏色鮮豔的大海報，貼在他病房的牆上，這樣他就能隨時看到。「你不要害怕，因為我與你同在；不要驚惶，因為我是你的上帝。我必堅固你，我必幫助你；我必用我公義的右手扶持你。」（以賽亞書41：10）他告訴我這個經文對他是多麼的重要，讓他確信上帝在他生命的最後幾天仍然與他同在。

上帝的同在是我們在世上的旅程中，最鼓舞人心的應許。上帝應許與我們同在，無論是好是壞，是疾病或是健康，是安慰或是缺乏。馬太在〈馬太福音〉的開篇和結尾都強調了上帝與我們同在。〈馬太福音〉1章23節告訴我們，耶穌就是「以馬內利」，意思就是「上帝與我們同在」。在結尾，耶穌自己提醒我們，祂就與我們同在，直到世界的末了（馬太福音28：20）。在希臘原文中，若按經文的順序翻出來是這樣的：「我就與你同在，每時每刻，直到世界的末了。」在希臘文中，一個句子強調的焦點向來都在中間；而「每時每刻」就置於這個應許中間。上帝每一天、每時每刻，都與我同在，直到世界的末了！這樣的應許令我感到安慰。在舊約中，上帝同在的應許也給了祂的子民，使他們有能力去完成特定的任務和工作。當摩西在埃及為自己的呼召遲疑時，他對上帝說：「我是什麼人，竟能去見法老，將以色列人從埃及領出來呢？」（出埃及記3：11）上帝回答說：「我必與你同在。」（第12節）同樣的應許也給了約書亞，因為他將帶領以色列人進入應許之地（參約書亞記1：5）。這應許是復活的耶穌在大使命的吩咐中，直接賜給門徒的。戰勝死亡並擁有天上地下一切權柄的耶穌，也是那位應許從日出到日落常與我們同在、直到世界末了的主。我的朋友，請放心，因為永恆的上帝和救主必與你同在！

參考資料 References

1. 關於12門徒的補充研究資料，見伊莉莎白．塔爾博特和艾瓦斯．奧索林斯合著之《激進的門徒培訓》（愛達荷州南帕：太平洋出版社，2016）。
2. 例如，路加福音5：16；6：12；9：18；22：32；23：34。
3. 巴克萊著，梁敏夫譯，《約翰福音注釋》下冊（香港：文藝，1994），72頁。
4. 布魯斯，《約翰福音：逐節解釋》（密西根州急流城：埃德曼斯，1983），原文第112頁。
5. 欲觀看節目，請至http://www.Jesus101.tv.，此節目為《激進的門徒培訓》一書的續作。
6. 萊斯利．吉爾伯彬，「家譜」，《大英線上百科全書》，2017年2月22日， https://www.britannica.com/topic/genealogy
7. 肯尼斯．巴克編，《宗德文 NASB 研讀本聖經》（密西根州急流城：宗德文出版社， 1999），原文第1382頁。
8. 基督復臨安息日會發展與救濟機構，「饑餓和營養」，2019年4月9日，http：//adra.org/impact-areas/hunger-nutrition/
9. 蘭科．斯特凡諾維奇，《耶穌基督的啟示》第二版（密西根州貝林斯普林斯：安德烈大學出版社，2009），原文第553頁。
10. 「上帝要聽你歌唱」（God Wants to Hear You Sing），由更大的視野（Greater Vision）製作。
11. 〈馬可福音〉餵飽多人之記述結論詳見明天課文。
12. 參作者另一著作：《我會使你得安息》（愛達荷州南帕：太平洋出版社， 2015），原文第78頁。
13. 吉恩．愛德華，《第三間牢房的囚犯》（緬因州奧本： 撒種者出版社，1991）。
14. 更多資訊可參閱 www.landfillharmonicmovie.com.
15. 歌詞由史考特．克潘納創作，「聖經故事」，《它就是如此》（斯普林希爾： 2003），光碟。
16. 布魯斯，《使徒行傳修訂版》（密西根州急流城：埃德曼斯，1988），原文第306頁。
17. 魯益師，《意外的驚喜》（紐約：哈珀柯林斯出版社，1955），原文第266頁。
18. 懷愛倫，《使徒行述》（加州山景城：太平洋出版社，1911），原文第104頁。
19. 萊莎．特克爾斯特，《不應該如此》（納什維爾：湯瑪斯．尼爾森出版社，2018），原文第767－777頁。
20. 巴克萊，《約翰福音下冊》（費城：西敏寺出版社，1975），原文第143頁。
21. 懷愛倫，《歷代願望》（加州山景城：太平洋出版社，1940），原文第736頁。
22. 道格拉斯，《希臘文／英文對照新約聖經》第四版，（伊利諾伊州卡羅爾斯特里姆： 廷代爾．豪斯出版社，1993）。
23. 布魯斯，《舊約主題的新約發展》（密西根州急流城：埃德曼斯，1994），書衣文字。
24. 懷愛倫，《傳道良助》（華盛頓：評論與通訊，1915），原文第315頁。
25. 「樞軸」（pivot），《韋氏英語詞典》，2019年4月11日。http://www.merriam-webster.com/ dictionary/pivot

26. 懷愛倫，「基督之死帶來的保障」，《時兆》，1889年12月30日，第四段。

27. 此主題研究，請參考伊莉莎白．塔爾博特，《意外的驚喜》（愛達荷州南帕：太平洋出版社，2010）。

28. 蘭科．斯特凡諾維奇，《耶穌基督的啟示》第二版，原文第604頁。

29. 美國敞開的門，「全球守望名單」，http://www.opendoorsusa.org/christian-persecution/world-watch-list/

30. 尼克．斯奎斯，「食人族部落為吃了衛理公會的教徒而道歉」，《每日電訊報》，2007年8月16日，http://www.telegraph.co.uk/news/worldnews/1560483/Cannibal-tribe-apologises-for-eating-Methodists.html

31. Dictionary.com，「憐憫」，搜索日期2019年4月12日。http://www.dictionary.com/browse/compassion?s=t

32. 懷愛倫，《歷代願望》（加州山景城：太平洋出版社，1940），原文第517頁。

33. 伊莉莎白．塔爾博特，《我會使你得安息》（愛達荷州南帕：太平洋出版社，2015）。

34. 里昂．莫里斯，《約翰福音修訂版》（密西根州急流城：埃德曼斯，1995），原文第463頁。

35. 琳達．迪洛，《平靜我焦慮的心：一個女人尋找滿足的指南》（科羅拉多州科羅拉多斯普林斯: 導航出版社，2007），原文第116頁。

36. 保羅．李．丹，《7700插圖百科全書》（馬里蘭州羅克維爾：保證出版社，1979），原文第272、273頁。

37. 威廉．哈茲利特著， 沃勒和阿諾德．格洛弗編輯，《威廉．哈茲利特作品集》（倫敦: J. M. Dent & Co.: 1904），第10冊第280頁。https://books.google.com/books?id=dS4LAAAAYAAJ&pg.

38. 懷愛倫，《懷愛倫自傳》（加州山景城：太平洋出版社，1943），原文第476頁。

39. 理查德．帕拉迪，「2010年智利礦難救援」，《大英百科全書》，2019年4月11日。https://www.britannica.com/ event/ chile-mine-rescue-of-2010

40. 楊腓力，《恩典多奇異》（密西根州急流城：宗德文出版社， 1997）。

41. 法蘭西，《馬太福音》（密西根州急流城：埃德曼斯，2007），原文第473頁。

42. 桑特斯．范魯延，「約：一個發展進路」，《傳道者》，2004年2月， http://www.ministrymagazine.org/archive/2004/02/the-convnants-a-developkmental-approach.html

43. 法蘭西，《馬太福音》（密西根州急流城：埃德曼斯，2007），原文第751頁。

44. 「善惡計量器」（The GoodOMeter），中央电影，2007年5月12日，http://www.youtube.com/watch?v=XrLzYw6ULYw

45. 馬克．加利使用這句話作為著作標題，該書探討《馬可福音》中難解的章節。

46. 懷愛倫，《天路》（華盛頓：評論與通訊，1941），原文第251頁。

47. 伊莉莎白．塔爾博特，《我會使你得安息》（愛達荷州南帕：太平洋出版社，2015）。

48. www.Dansteves.com

49. 針眼在耶穌時代和今日的意思相同，指耶路撒冷一扇小門之名是基於中世紀時期的典故，與解釋耶穌在西元一世紀的教導沒有關聯性。基納，《新約聖經背景註釋》（伊利諾伊州當勒斯格羅夫: Intervarsity Press，1993），原文第98頁。 https://books.google.com/books?id=（5n3fagaaqbaj&pg.）

50. 美國全國廣播公司，「俄亥俄州女子被綁架多年並生下女兒」，2013年5月6日。http://www.nbc11news.com/home/headlines/2-wowen-missing-for-a-decades-found-alive-in-Ohio-206359751.html

51. 欲獲取更多有關作者馬太福音11:28-30的博士論文資料可聯繫：gospelpastor@Jesus101.tv.

52. 鮑勃．艾奇遜，「羅曼諾夫王室對玫瑰的鐘情」，亞歷山大宮網站（部落格），2019年4月15日。http://www.alexanderpalace.org/palace/blog.html?pid=1213306016379451.

53. 史蒂夫．格林，「精煉之火」，使命（Sparrow Records音樂公司，1989）。

54. 布倫南．曼寧，《衣衫襤褸的福音》圖像版（科羅拉多州科羅拉多斯普林斯：摩特諾瑪圖書出版社，2005）。

55. 陸可鐸，《恩典：超過我們應得，勝過我們想像》（納什維爾：湯瑪斯．尼爾森， 2012），原文第45頁。

56. 威廉．萊恩，《馬可福音》（密西根州急流城：埃德曼斯，1974），原文第360-361頁。

57. 蘭科．斯特凡諾維奇，《耶穌基督的啟示》第二版，原文第388頁；也參考懷愛倫，《歷代願望》（加州山景城：太平洋出版社，1940），原文第758-768頁。

58. 伊莉莎白．塔爾博特和艾瓦斯．奧索林斯，《激進的門徒培訓》（愛達荷州南帕：太平洋出版社，2016），原文第26頁。

59. 唐納德。哈格納，〈馬太福音14-28〉，《聖經注釋》第33卷b（納什維爾：湯瑪斯．尼爾森，1995），原文第572頁。

60. 伊莉莎白．塔爾博特和艾瓦斯． 奧索林斯，《激進的門徒培訓》，原文第17頁。

61. 傑里．托馬斯，《和平之子：耶穌生平經典著作——歷代願望的當代改編》（愛達荷州南帕：太平洋出版社，2008），原文第98頁。

62. 莫琳．吉爾默，「準新娘取消婚禮，邀請無家可歸者赴宴」，《印第安納波利斯星報》，2017年11月20日。 http://www.indystar.com/story/life/2017/07/13/bride/476828001/

63. 懷愛倫，《教會證言》卷7（加州山景城：太平洋出版社，1948），原文第50頁。

64. 比喻的「對比面向」資料參羅伯特．圭里奇，〈馬可福音1-8:26〉，《聖經注釋》，第34卷a（納什維爾：湯瑪斯．尼爾森， 1989）， 原文第246-253頁。

65. 更多有關力克．胡哲的事工，參www.lifewithoutlimbs.org.

66. 懷愛倫，《歷代願望》（加州山景城：太平洋出版社，1940），原文第598-599頁。

67. 唐納德。哈格納，〈馬太福音14-28〉，《聖經注釋》第33卷b（納什維爾：湯瑪斯．尼爾森，1995），原文第680頁。

68. 更多有關力克的事工，參www.lifewithoutlimbs.org

69. 伊莉莎白．塔爾博特，《發現聖經裡的耶穌》著色本（愛達荷州南帕：太平洋出版社，2017）。

70. 道格拉斯，《中希英逐字對照新約聖經》第四版（伊利諾伊州卡羅爾斯特里姆：廷代爾．豪斯出版社，1993）。

71. 芬妮．克羅斯比，〈我蒙救贖〉，中文《讚美詩》第200首。

72. 大衛．耶利米，《得勝者：活出力量、信念、能力的8種生活方式》（田納西州納什維爾：W

Publishing，2018），原文第27頁。

73. 布魯斯，《使徒行傳》修訂版（密西根州急流城：埃德曼斯，1988），原文第502-3頁。

74. 「歌詩達協和號遊輪沉沒：將救生衣給妻子，丈夫犧牲自己消失在水中」，《赫芬頓郵報》，2012年1月16日更新。https://www.huffpost.com/entry/costa-concordia-cruise-disaster_n_1208773

75. 蘭科．斯特凡諾維奇，《耶穌基督的啟示》第二版，原文第559，545頁。

76. 維克多．漢密爾頓，《創世紀：第1-17章》（密西根州急流城：埃德曼斯，1990），原文第191頁。

77. 羅伯遜．麥奎爾金，《堅守應許》（伊利諾伊州卡羅爾斯特里姆：廷代爾．豪斯出版社，1998）。

78. 楊腓力，《我永遠不知道的耶穌》（密西根州急流城：宗德文出版社， 1995）， 原文第1010頁。Kindle電子書。

79. 楊腓力，《我永遠不知道的耶穌》（密西根州急流城：宗德文出版社， 1995）， 原文第1003頁。Kindle電子書。

80. 利昂．莫里斯，《約翰福音》修訂版（密西根州急流城：埃德曼斯，1995），原文第367頁。

81. 維基百科，「感恩節（美國）」，2019年3月27日。 http://en.wikipedia.org/wiki/Thanksgiving_（United_States）

82. 布魯斯，《約翰福音：逐節解釋》（密西根州急流城：埃德曼斯，1983），原文第369頁。

83. 「管轄權」，《韋氏英語詞典》，2019年4月18日。https://www.merriam-webstr.com/dictionary/jurisdition

84. 芬妮．克羅斯比，〈我蒙救贖〉，中文《讚美詩》第200首。

85. 托尼．坎波羅，《讓我告訴你一個故事》（納什維爾：湯瑪斯．尼爾森，2000）， 原文第216頁。

86. 喬爾．格林，《路加福音》（密西根州急流城：埃德曼斯，1997），原文第97頁。

87. 維基百科，「泰德．威廉姆斯」，2019年4月7日，http://en.wikipedia.org/wiki/Ted_Williams_（voice-over_artist）

88. 維基百科，「達米恩神父」， 2019年4月5日，http://en.wikipedia.org/wiki/Father_Damein

89. 約瑟夫，《猶太古史記》，原文第17卷，213-218頁。

國家圖書館出版品預行編目資料

唯有祢勝過一切／伊莉莎白・薇拉 ・塔爾伯特
(Elizabeth Viera Talbot)著；吳金財譯. --初版. --臺北市：
時兆, 2020.11
面； 公分
譯自：Jesus wins!
ISBN 978-986-6314-94-0（平裝）

1. 基督徒 2. 靈修 3.讀經

244.93 109012848

唯有祢勝過一切 JESUS WINS!

作　　者　伊莉莎白・薇拉・塔爾博特（Elizabeth Viera Talbot）
譯　　者　吳金財

董 事 長　金時英
發 行 人　周英弼
出 版 者　時兆出版社
客服專線　0800–777–798
電　　話　886–2–27726420
傳　　真　886–2–27401448
地　　址　台灣台北市105松山區八德路2段410巷5弄1號2樓
網　　址　http://www.stpa.org
電　　郵　service@stpa.org

責　　編　林思慧
文字校對　時兆編輯部
封面設計　時兆設計中心 林俊良
美術編輯　時兆設計中心 林俊良
商業書店　總經銷　聯合發行股份有限公司 TEL：886–2–29178022
基督教書房　TEL：0800–777–798

網路商店　PChome商店街、Pubu電子書城　唯有祢勝過一切

I S B N　978-986-6314-94-0
定　　價　新台幣399元　美金16元　港幣120元
出版日期　2020年11月　初版1刷
郵政劃撥　00129942
戶　　名　財團法人臺灣基督復臨安息日會

本書使用環保大豆油墨印刷